도서출판 대장간은
쇠를 달구어 연장을 만들듯이
생각을 다듬어 기독교 가치관을
바르게 세우는 곳입니다.

대장간이란 이름에는
사라져가는 복음의 능력을 되살리고,
낡은 것을 새롭게 풀무질하며, 잘못된 것을
바로 세우겠다는 의지가 담겨져 있습니다.

www.daejanggan.org

Copyright © Jacques Ellul, 1987

Original published in France under the title ;
La Raison d'etre : meditation sur l'Ecclesiaste.
　　by Jacques Ellul
　　Published by © EDITIONS DU SEUIL, 1987
　　　　25 bd Romain Rolland, 75014 PARIS

Uesd and translated by the permissions of Editions du Seuil.
Korea Edition Copyright © 2016, Daejanggan Publisher. in Daejeon, South Korea

This Korean edition was published by arrangement with LES EDITIONS DU SEUIL (Paris) through Bestun Korea Agency Co., Seoul

자끄엘륄총서 28
존재의 이유 - 전도서 묵상

지은이	자끄 엘륄
역자	김 치 수
초판발행	2016년 5월 10일
초판2쇄	2020년 10월 26일
펴낸이	배용하
책임편집	배용하
등록	제364-2008-000013호
펴낸곳	도서출판 대장간
	www.daejanggan.org
등록한곳	대전광역시 동구 우암로 75-21 (삼성동)
편집부	전화 (042) 673-7424
영업부	전화 (042) 673-7424 전송 (042) 623-1424
분류	성서묵상	전도서
ISBN	978-89-7071-379-3　03230

이 책의 한국어판 저작권은 베스툰 코리아 에이전시를 통해 Editions du Seuil와 독점계약한 도서출판 대장간에 있습니다. 저작권법에 의해 한국 내에서 보호를 받는 저작물이므로 무단전재와 무단복제를 금합니다.

 값 22,000원

존재의 이유
La Raison d'etre

자끄 엘륄 지음
김 치 수 옮김

La Raison d'etre : *meditation sur l'Ecclesiaste.*

Jacques Ellul

◆ 일러두기 ◆
1. 전도서의 원제는 히브리어의 음역으로는 '코헬레트'(Qohelet)이며, 그 뜻은 모임의 인도자나 설교자를 뜻한다고 볼 수 있다. 저자는 '코헬레트'를 때로는 전도서의 저자, 때로는 전도서의 책제목으로 혼용하고 있다. 이를 감안해서 우리말로 옮길 때, 원칙적으로는 '코헬레트'라는 호칭을 그대로 따랐으나, 부득이한 경우 문맥에 맞게 '전도서', '전도서 기자', '지혜자' 등으로 변화를 주었다.
2. 저자 엘륄은 본문에서 기본적으로 1985년 플레이아드에서 출판한 앙트완느 기요몽(Antoine Guillaumont)의 역본을 인용하고 있지만, 때로는 저자 자신의 번역과 다른 학자들의 번역을 소개하기도 한다. 또한 인용된 성서 구절들은 문맥상 표준새번역이나 개역개정판이 맞지 않는 경우가 많았다. 그때마다 역주를 다는 것은 번거롭기도 하고, 본문의 이해에 별로 도움을 주지 않는다는 최종적인 판단에서, 역주는 꼭 필요한 경우로 최소화하고, 인용된 성서 구절들은 문맥에 맞게 여러 역본들을 참조하여 제시했다.
3. 외래어 표기는 일단 현재 일반적으로 수용된 말을 그대로 따르는 것을 원칙으로 했다. 또한 우리말로 확인할 수 없는 말들은 현지 발음보다는 우리말의 외래어 표기법을 따랐다.
4. 본문에서 괄호 안에 넣은 문장들은 경우에 따라 각주로 옮기면서 '▲'라는 기호로 표시했다.

한평생 나에게 존재 이유를 찾게 한
동인이자 소망이었던 나의 아내에게,
최종 결론을 담은 이 책을 바친다.

차례

역자 서문 ··· 11

권두에 붙이는 논쟁적 후기
1. 이 책의 저술 동기 ··································· 15
2. 또 하나의 역설 ······································· 18
3. 기존 연구의 전제들 ································· 21
4. 전도서의 기원에 관한 논쟁 ····················· 28
5. 전도서의 저자 ··· 31
6. 지혜의 성문서 ··· 38
7. 전도서의 구도 ··· 52
8. 모순성의 원리 ··· 58
9. 전도서와 숙곳 절기 ································· 63

제1부 헛되고 헛되다
1. '헤벨' ··· 69
2. 진보 ··· 83
3. 묵상 ··· 94
4. 권력 ··· 101
5. 돈 ··· 116
6. 일 ··· 124
7. 행복 ··· 140
8. 선 ··· 148
9. 인간의 응답 ··· 152
10. 종합 ··· 165

제2부 지혜와 철학

1. 지혜와 실존 ·· 174
2. 아이러니 ·· 186
3. 참된 지혜 ·· 206
4. 지혜의 시험 ·· 240
   1) 말 ·· 241
   2) 소유 ·· 246
   3) 남자와 여자 ·· 252
   4) 종합 ·· 263
   5) 에필로그 ·· 266

제3부 하나님

1. 엘로힘 ·· 276
2. 모순 ·· 297
3. 베푸는 하나님 ·· 319
4. 하나님을 향한 태도 ·· 346
5. 완성 ·· 355

부록-자끄 엘륄과의 대담 ·· 385

엘륄 저서 및 연구서 ·· 393

역자 서문

　저자 엘륄은 자신에게 가장 큰 영향을 미친 책으로 마르크스의 『자본론』과 기독교의 『성서』를 꼽는다. 어쩌면 가장 어색한 조합일 듯싶은 이 두 권의 책들이 사실은 그의 실존의 삶과 현실의 역사에 대한 냉철한 이해와, 보이는 현실 세계 이면의 감추어진 진리에 대한 그의 믿음을 설명해준다. 그리하여 58권에 달하는 그의 저서들은 크게 두 가지 방향으로 구분된다. 하나는 사회학적인 방향의 책들이고, 다른 하나는 신학적인 방향의 책들이다. 이 모든 저서들을 한 권의 책으로 보면서, 엘륄은 전도서에 대한 묵상을 담은 이 책을 결론으로 삼는다. 저자 자신의 존재와 실존적 삶과 인간사회에 대한 최종 결론을 내린 이 책의 제목은 그래서 『존재의 이유』가 되는 것이리라.

　왜 사는가? 이런 질문 앞에 당황하지 않을 사람은 별로 없을 것이다. 물론 질문자의 의도에 따라 다르게 들릴 경우도 있겠지만, 본래의 순수한 의미라면 이 질문은 당황스러운 가운데서도 그냥 비켜나갈 수 없는 내적 울림을 준다. 이 울림은 외적으로 저마다 바쁘게 살아가는 일상의 삶에서 벌거벗은 우리의 내면을 비추어주는 거울이 된다. 아무 것도 가릴 수 없는 그 거울 앞에서 우리는 우리 자신의 실상을 마주하는 경험을 하게 될 것이다.

저자 엘륄은 전도서를 반세기 동안 묵상해왔다고 술회하고 있다. 바꾸어 말한다면 그에게 전도서는 저자 자신으로 하여금 오랫동안 이런 근본적인 질문 앞에 서게 한 책이다. 우리는 그런 질문에 대한 저자의 내적 갈등과 반문과 응답과 대화의 내용을 이 책에서 발견하게 된다. 그러는 가운데 저자는 우리로 하여금 우리 자신의 존재의 이유를 찾아 나서도록 초대한다.

해 아래에 모든 것은 헛되고 헛되다는 말은 탄식이나 감상이 아니라, 삶의 경험을 통한 인간의 지혜에서 나오는 냉철한 현실 인식이다. 그리스 철학에서는 지혜는 앎의 최상의 단계를 말한다. 그런데 전도서에서 말하는 지혜는 그런 앎의 지식적인 차원이 아니라 실존적인 차원에서 삶과 존재에 의미를 부여하는 것이다. 참된 지혜는 실존적인 상황에서 그 의미가 살아나게 한다.

불확실한 미래와 확실한 죽음이라는 인간의 유한성은 아무도 피해갈 수 없다. 그런 인간이 이루어가는 삶과 역사는 필연적으로 헛되고 헛될 수밖에 없다. 그런데 역설적으로 이 인간의 유한성을 인식하고 인정하는 것이 지혜의 출발이다. 유한성 속에서 자기 자신을 성찰하고 새롭게 발견하면서 인간은 '해 아래에' 존재하는 모든 것과 삶의 실상을 알게 되는 것이다. 그런데 이 지혜도 역시 인간에게 속한 것으로 안개처럼 바람처럼 헛된 것일 뿐이다.

바로 거기서 모순으로 보이는 전도서의 변증법적인 전개가 이어진다고 저자는 강조한다. 모든 것이 헛되고, 나 자신의 삶이 헛된 것을 알고 인정할 때, 비로소 나는 세상의 중심에, 인간관계의 중심에, 역사의 중심에, 문화의 중심에 나를 두지 않게 된다. 자신의 기준으로 모든 것을 판단하는 이기주의와 자기중심주의에서 중심 이동이 일어나는 것이다. 이 지점에서 전도서는 자신의 정체성, 삶의 의미, 세상의 이치 등을 찾기 위해 고심하는 인간의 '근심'과, '영원을 향한 갈망'이 하나님으로부터 온 것임을 선포한다. 자신의 지혜가 하나님으로부터 온 것임을 인간이 받아들일 때, 이제 인간의 지혜는 인간적인 차원을 넘어서는 하나님의 지혜가 되고 하나님의 선물이 된다. 인간이 지각하는 현실의 관점에서 모든 것이 헛되다면, 하나님의 진리의 관점에서 모든 것은 하나님의 선물이 되는 것이다.

여기서 저자 엘륄은 비트겐슈타인의 말을 인용한다. "이 세상에 의미가 존재하지 않고 세상 밖에 존재한다. 하나님을 믿는 것은 세상에 속한 요소들을 가지고는 아무 것도 해결할 수 없다는 사실을 인정하는 걸 뜻한다. 하나님을 믿는 것은 삶이 의미가 있다는 사실을 인정하는 걸 뜻한다."

엘륄은 전도서가 모든 것을 단번에 해결해주는 하나님의 존재를 변증하지 않는다고 한다. 하나님에 관해서 '그렇지만 나는 안다'라는 전도서의 말씀은 변증하는 것이 아니라 증언하는 것이고 선포하는 것이고 결단하는 것이다. 그 말씀을 믿음으로 받아들이거나 거부하는 것은 또한 전적으로 독자에게 달려있다. 그 말씀을 받아들이는 것은 곧 우리가 '지금, 여기'에서 깨어있는 그리스도인으로 사는 것이다.

깨어있는 그리스도인으로서 저자 엘륄은 전도서를 무엇보다 자기성찰을 하게 하는 책으로 우리에게 소개한다. 자기 자신을 돌아보는 것은 곧 그리스도의 복음에 다가가는 첫걸음임을 그는 강변한다. 그리고 우리에게 되묻는다. 왜 사는가? 이런 물음 앞에서 저자의 책을 접하는 모든 이들이 자신을 돌아보며, 존재의 이유를 새롭게 새기는 은혜가 함께하기를 역자로서 소망한다. 또한 기꺼이 시간을 내어 번역원고를 꼼꼼하게 검토하며 세심한 조언을 아끼지 않은 한국자끄엘륄협회의 이상민 선생과 도서출판 대장간의 배용하 대표에게 고마운 마음을 전한다.

권두에 붙이는 논쟁적 후기

1. 이 책의 저술 동기

　오늘날 전도서에 관해 또 하나의 책을 쓴다는 것은 유별나게 헛된 욕심을 가진 사람이거나 극히 무분별한 사람에게나 가능한 일이리라! 참고도서 목록만 해도 수많은 장이 할애되어야 하고, 하나같이 훌륭한 학자들이 쓴 주석들의 목록만 해도 수십 장에 이르는데 말이다.[1] 나는 학자도 주석가도 해석학자도 신학자도 아니다. 내가 여기서 내세울 수 있는 것은 단지 전도서를 반세기가 넘게 읽고 묵상하며 기도해 왔다는 사실뿐이다. 내가 그토록 깊이 파고들고 또 그만큼 수확을 얻었던 성서 텍스트는 아마도 전도서가 유일할 것이다. 전도서만큼 나에게 가까이 다가와 말을 건네준 책은 없었다. 여기서 내가 얘기하고자 하는 것은 바로 그 대화 내용이라고 해두자. 그리고 이 책의 전개 방식은 내가 다른 저서들에서 간혹 취하곤 했던 대학의 학문적인 방식과는 다르다는 점을 독자 여러분에게 미리 예고한다.
　대학의 학문적인 방식은 주제에 관한 참고문헌을 작성하는 것부터 시작한다. 가능한 모든 자료들을 다 읽고, 분류 카드에 기록하고, 하나의 기본 구도를 수립한다. 그리고 다른 저자들의 연구 결과들을 확장하거나 또는

---

1) 라우하(A. Lauha)는 200여 쪽을 인용하고 있다.

반박하는 내용으로 편집하는 과정을 거친다. 그런데 이 책의 전개방식은 정반대가 된다.

나는 미리 다른 관계서적들을 읽어서 예비지식을 습득하고 싶지 않았다. 나는 전도서의 텍스트와 일대일로 마주하고 싶었다. 히브리어 원문을 보았지만 그것을 읽는데 나는 아주 서툴렀다. 그래서 도움도 받고 점검도 받을 겸해서 9개의 번역판을 보았다. 그리고 나름대로의 텍스트를 써내려갔다. 내가 쓴 것이 외적인 영향으로부터 완전히 자유롭다고 말하는 것은 물론 아니다. 그걸 쓴 것은 이미 기존에 습득한 문화와 지식을 가진 개인으로서의 나 자신이지 어떤 추상적인 존재가 아니다. 나는 아주 오래 전에 코헬레트2)에 관한 몇 가지 논문들을 읽었었다. 『신앙과 삶』*Foi et Vie* 에 실린 비셔Vischer의 논문, "전도서와 몽테뉴"L'Ecclésiaste et Montaigne는 물론이고 페데르센Pedersen, 루티Lüthi, 폰 라드von Rad 의 글들을 보았었다. 나중에 그 이유를 설명하겠지만, 반세기 전부터 전도서에 관해서 글을 쓰고 싶은 마음이 내게 있었다. 그래서 30년 전에는 델리취3)의 글을 요약하기도 했었다.

그러므로 나의 입장은 중립적일 수 없고 백지상태에서 출발한 것도 아니다. 그러나 점점 써야할 시간이 다가오면서 나는 전도서에 관해서 다른 아무 것도 읽지 않도록 스스로 자제했다. 깊이 숙고하여 나만의 텍스트를 완성하고 나서야 비로소 나는 눈에 띄는 모든 글들을 찾아 읽기 시작했다. 독서 중에 접한 책들 가운데 포드샤르Podechard, 스타인만Steinmann, 바룩Barucq, 라우하Lauha 등의 책들이 좀 무덤덤하게 느껴졌다면, 리스Lys의 책과 마이요Maillot의 책은 나로 하여금 모든 걸 포기하게 할 뻔했다. 그 두 책

---

2) [역주] 앞의 일러두기에서 언급한 대로, 여기서는 '코헬레트' 라는 호칭을 문맥에 맞게 코헬레트, 전도서, 전도서 기자, 지혜자 등으로 옮기기로 한다.
3) Franz Delitszch, *Biblische Kommentar über die poetischen Bu chern, Hohes Lied und Koheleth*, 1875.

들은 각각의 장르에서 완벽하게 보였다. 리스는 학문과 주석학적인 엄정성과 완결성과 진실성의 모범을 보여주면서, 자신의 서문에서 모든 가설들을 검토하고, 각각의 용어에 관해서 해박한 설명을 쏟아놓으면서, 텍스트를 단어 하나하나에 이르기까지 치밀하게 구성하였다. 마이요는 나에게 번뜩이는 예언자적인 영감과 함께 텍스트에 대한 깊은 통찰을 훌륭하게 보여 주었다.

아주 다르지만 완벽하게 서로 보완하는 그 두 권의 책들을 앞에 두고서 나는 더 이상 할 말이 없는 느낌이 들었다. 그러나 나에게는 이제 나만의 텍스트가 있다. 십여 편이 넘는 주석들을 읽었지만 나는 내가 쓴 텍스트의 한 줄도 고치지 않았다. 이와 같은 나의 방식은 전도서의 말씀에도 들어맞는다고 본다. 경험과 지식을 어느 정도 가졌다면 남들의 말4)을 모방하지 말고 홀로서기를 해야 한다.

텍스트를 써가는 가운데 내가 "역사학자들과 주석학자들"의 견해를 넌지시 꺼낸다면, 그것은 보통 어디나 통용되는 사회통념들이거나 일반적인 이론들에 지나지 않는다. 그러나 그 후에 읽은 훌륭한 책들에 대해서는 많은 각주들을 붙여 표시했다. 나는 그런 각주들 속에 나의 견해를 표명하여 입장을 정리했다. 이와 같이 전개해나간 것이 내가 취한 방식이라고 할 수 있다. 당연히 서문이라고 해야 할 제목을 "후기"라고 한 것은 바로 그런 이유에서이다. 또한 "논쟁적"이라고 한 것은 나중에 가서 몇몇 저자들을 비판한 데 따른 것이다. 그것은 한편으로 이 책의 한계들을 보여준다. 즉, 나는 전도서의 새로운 "주석"이나 "요점"이나 거기서 취합한 종교적 강론을

---

4) 참고문헌: André Barucq, *Ecclésiaste*, Paris, Beauchesne, 1968; Aare L. Lauha, *Kohelet*, Munich, Neukirchener Verlag, 1978; Daniel Lys, *L'Ecclésiaste, ou que vaut la vie*, Paris, Letouzey, 1977; Alphonse Maillot, "La contestation. Commentaire de l'Ecclésiaste", in *Cahiers du Réveil*, Lyon, 1971; E. Podechard, *L'Ecclésiaste*, Paris, Gabalda, 1912; J. Steinmann, *Ainsi parlait Qohelet*, Paris, Editions du Cerf, 1955.

제시하려는 것은 아니다.

그렇다면 내가 한 작업이 의미하는 것은 무엇인가? 40년 동안 나는 전도서에 관한 실제적 묵상이 내가 마음속에 그리기 시작한 나의 모든 저서들 전체에 대한 적절한 결론이 될 거라고 생각해왔다. 그런데 그것은 지적이고 활동적인 내 삶의 여정이 끝날 무렵에 가서야 가능할 듯했다. 전도서라는 책은 하나의 결론이지 하나의 출발점일 수는 없다. 나는 그것이 전도서의 말씀에 부합한다고 본다. 전도서의 모든 긍정이나 부정은 일을 다 겪은 후에 일종의 마침표처럼 내려진다. 그것은 결과가 아니라 결론이다. 왜냐하면 내 생각에는 전도서를 기점으로 해서, 또는 전도서 이후로 거기에 덧붙일 만한 말이 별로 없기 때문이다.

바꾸어 말해서, 『세상 속의 그리스도인』이 내가 집필하고자 했었던 모든 책들의 전체적인 서문이라고 한다면, 전도서는 마지막 결론에 해당할 것이다. 사실 나에게 아직 더 많이 쓸 수 있는 여력이 남아있는 것 같지 않다. 내가 마음속에 담아둔 계획을 모두 다 이룰 수 없다는 것은 분명하다. 하나님이 허락한다면 한두 권을 더 쓸 수도 있을 것이다. 그러나 그 한두 권은 이미 저술한 책들을 보완하는데 그치고 말 것이다.

2. 또 하나의 역설

나는 이제 또 하나의 동일한 역설에 마주친다. 즉, 책의 저술을 삼가라는 전도서, 이 한 권의 성서에 관한 묵상을 나는 한 권의 책으로 쓰려고 시도하고 있다. 그러나 나로서는 이 말씀으로 시작할 수밖에 없다. "지혜자들의 말씀들은 찌르는 채찍들 같고 회중의 스승들의 말씀들은 잘 박힌 못 같으니 다 한 목자가 주신 바이니라. 내 아들아 또 이것들로부터 경계를 받으라. 많은 책들을 짓는 것은 끝이 없고 많이 공부하는 것은 몸을 피곤하게 하느니라."전12:11-12 그렇다. 그 점을 처음부터 언급해야 했다. 그것은 나에게 있어서 "나의 작품"이라고 부를 수 있는 것에 대한 종결을 의미한다는 점을 밝혀야 했다.

실존적인 것과 지성적인 것은 서로 대립한다. 지혜자의 말은 찌르는 채찍이다. 채찍이 소의 살갗에 파고들어 소를 앞으로 가게 하듯이, 지혜자의 말은 사람을 앞으로 나아가게 하고 무익하고 그럴싸한 상념들을 이어가는 것에 만족하지 않게 한다. 그런 반응을 끌어내기 위해서 장황하게 설명하는 말이 필요치 않다. 예언자들의 말씀이 그걸 보여준다. 그 말씀들은 생명의 길을 또 다른 방식으로 보여주는 잘 박힌 못들이다. 그 못들은 줄을 매는 명백한 확실성의 못들이고, 방향을 가늠하게 하는 기준이 되는 못들이고, 진리에 붙어있도록 우리의 삶을 확고하게 고정시키는 못들이다. 그러한 계시는 거대담론이나 지적인 증명을 필요로 하지 않는다. 전도서가 "이것들로부터 경계를 받으라"는 말씀으로 우리로 하여금 지적으로 분석하려는 유혹을 경계하게 하는 것은 정말 합당한 것이다.

그렇지만 내가 지금 시도하고 있는 것은 바로 그런 것이다. 나는 이 마지막 책이 다른 책들과 마찬가지로 "모든 것이 헛되다"라는 말씀의 심판 아래 있음을 알고 있다. 계시의 "말씀"의 예봉에 다른 걸 덧붙이려는 일은 헛된 것이다. 예수는 아무 것도 쓰지 않았으며 말씀을 많이 하지도 않았다. 사람들은 그 모든 말씀들을 다 기억할 수 있다. 그 말씀 하나하나는 그대로 하나의 채찍이자 못이다. 거기에 아무 것도 덧붙이지 않으려는 것은 현명한 태도이리라. 그러나 나는 지혜자가 아니다. 나는 처음부터 나의 모든 "작품"을 전도서의 심판 아래에 두었음을 재천명하고자 한다. 나는 "많은 책들을 짓는 것은 끝이 없다"는 사실을 잘 알고 있다.

전도서가 쓰였던 시대에, 책이 귀하던 당시에 그런 판단을 내릴 수 있었다는 사실이 놀랍다. 그러나 또 다시 성서의 말씀은 2천 년의 침묵을 깨고 진리임을 드러낸다. 그 말씀은 어젯밤에 우리를 위해서 쓰인 것처럼 우리 시대에 바로 적용될 수 있다.5) 나이아가라 폭포처럼 쏟아지는 문서들과, 수십 개의 미디어들에서 나오는, 수만 배나 더 많은 정보들로 넘치는 상황에서 한 권의 책을 낸다는 것은 헛된 일이다. 무슨 의미가 있단 말인가? 전도서 기자인 코헬레트는 "그것은 끝이 없다"고 선언한다.

코헬레트는 2천 5백 년 전에 이미 오늘의 상황에 타당한 말씀을 했던 것이다. 그는 "정보-전달-논설-고증-해석"의 어리석은 작업이 끝이 없음을 보았고, 거기에 속한 사람은 바람을 잡는 것 같이 헛된 일을 하느라 한없이 피곤할 뿐임을 알았다. 그건 정말 바람을 잡는 일이다. 이런 경고의 말씀을 앞에 두고 왜 이 일을 하려는가? 왜 미디어들의 잡다한 자료들의 구덩이 속에 파묻혀버릴 글들을 쓰려고 하는가? 왜 이 헛된 일을 하려는가? 헛된 것인 줄 뻔히 알면서 왜 이 마지막 작품을 쓰려는가?

나에게는 거기에 대한 설명이나 이유가 존재하지 않는다. 하나의 물건처럼 그냥 있는 그대로일 뿐이다. 아마도 "네 손이 일을 얻는 대로 힘을 다하여 할지어다"전9:10라는 말씀과 "그러나 이 또한 헛된 것임을 알지어다."라는 말씀을 여기에 적용할 수 있으리라. 나는 그 말씀을 알고 있다. 그래서 나는 크게 내세우지도 않고 내가 하는 일을 경시하지도 않으면서 그렇게 하고자 한다. 내 입장이 아이러니하다는 걸 충분히 알고 있다. 그런 아이러니가 반세기 전에 나를 엄습했었고 아무런 소득도 없이 "육신을 피곤하게 하는" 일에 전념하는 역설에 이르게 하고 말았다. 그 이유로 내세울 수 있는 것은 오늘 이 일을 해야만 하며 수많은 페이지들 중에서 하나님이 어쩌

---

5) 나는 『머리 둘 곳 없던 예수』*Sans feu ni lieu*(대장간 역간, 2013)에서 성서가 우리에게 대도시에 관해서 일관적인 계시를 보여주고 있다는 점을 납득할 만하게 제시할 수 있었다. 그 계시는 현대의 대도시들에 이르러서 완전히 입증된다. 그런데 당시의 성서 기자들은 현대와 같은 유형의 대도시를 가까이 본 일도 없었다. 당시의 니느웨나 바빌론의 규모를 크게 과장하지는 말아야 한다.

면 한 페이지라도 받아줄 거라는 확고한 느낌이, 하나의 느낌에 불과하지만, 나에게 있다는 사실뿐이다.

3. 기존 연구의 전제들

아무튼 전도서에 대한 묵상을 왜 논쟁적인 서문으로 시작하지 못하겠는가? 사람들이 진실한 것, 중요한 것, 과거에 유익한 것으로 여겼고 오늘날도 그렇게 여기고 있는 듯한 것들에 관해서 논쟁을 전개하는 전도서의 본문 자체가 우리로 하여금 그런 발상을 불러일으키지 않는가?6) 전도서 본문에 관한 학문적인 연구서들 가운데 어떤 것들은 근본적으로 잘못된 방향으로 경도된 점들이 있는 것 같다. 이에 수반하여 다른 많은 텍스트들의 경우보다 더 예리한 방식으로, 그런 연구는 일반적인 문제를 제기한다. 감춰진 전제가 잘못된 경우에, 과연 과학적이고 학문적이며 과정상의 과학적 합리성이 확실한 엄정한 방법으로, 과학적으로 정확하다고 인정할 수 있는 결론을 끌어올 수 있을까?7) 나는 전도서에 관한 거의 모든 주석서들 속에서 세 가지 전제들을 발견한다.

---

6) 네헤르(Neher)는 『코헬레트에 관한 논점들』*Notes sur Qohelet* (Paris, Editions de Minuit, 1951) 에서 전도서의 텍스트를 완화시켜서 수용하게 하는 다양한 해석들을 잘 기술하고 있다. 거기서는 절충주의, 상대주의, 미학 담론 등이 전도서의 텍스트를 자기 식으로 동화시켜 보려고 다투어 경합한다. 여기서 그 작업을 재시도하는 것은 무익하다.

7) 나는 여기서 성서의 텍스트들을 해석하는 방법론에 관한 논의를 하지 않을 것이다. 이에 대한 논의들은 정말 많다. (참조: D. Lys, 『읽은 것을 이해하고 있는가?』*Comprends-tu ce que tu lis?*, Paris, Editions du Cerf, 1972.) 지난 수십 년간에 그런 논의들은 많이 늘었다. 궁금증을 풀기 위한 목적으로 나는 게르숌 숄렘(Gershom Scholem)이 『하나님의 이름과 상징들』*Le Nom et les Symboles de Dieu*에서 언급한 아주 오래된 유대교 텍스트를 인용하고 싶다. 조하르(Zohar)에서 인용한 이 텍스트는 네 가지 해석 방법들이 있음을 말해준다. 즉, 문자적인 의미, 우의적인 의미, 설교학적인 의미(여기까지는 잘 알려져 있기에 놀랄 것이 없다), 그리고 "신비한 의미들이 새롭게 끊임없이 솟아나는 생명의 씨앗"으로서의 의미가 있다. 바로 거기에 이 생명의 씨앗이 놓여있는 성서 텍스트의 진리가 있다. 나는 "우리의" 전도서는 살아있는 텍스트이며, 새로운 과학적인 방법의 채택과는 상관없이 신비한 의미들이 새롭게 생겨나고 있다고 본다.

제일 먼저 비모순의 원리에 속하는 것으로 텍스트의 명백한 논리적인 일관성의 요구가 있다.8) 저자는 하나의 교훈과 그에 반하는 교훈을 동시에 쓸 수 없고, 하나의 실재에 가치를 부여하고 나서 그걸 부정할 수 없고, "a"를 "a가 아닌 것"이라고 주장할 수 없다. 이와 같이 논리적인 일관성과 동일한 일치성이 확인된 뒤에, 비로소 텍스트를 평가하는 절차가 시작된다. 여기서 잠시 관점을 바꿔보는 것이 유익할 듯하다.

성서 텍스트를 하나의 텍스트로 평가해야 한다니! 계시를 담은 신성한 것으로 인정된 텍스트를 하나의 문학적인 텍스트를 다루듯이 중립적인 태도로 다룬다는 것은 거의 불가능하다. 하나님의 진리를 담고 있다는 구절들이 있는데, 그 구절들을 과학적으로 연구 분석하고 나면 무엇이 남게 될까? 나는 성서의 텍스트가 보통의 일반적인 텍스트와 같다는 걸 증명해보려는 의도를 지닌 그런 시각을 거의 모든 곳에서 감지했다. 거기에 어떤 부정적이고 파괴적인 의도가 있다는 말은 아니다. 그러나 성서의 모든 텍스트를 하나의 문학적인 텍스트로 보아서 자유롭게 다루어도 된다는 사고방식에는 성서의 텍스트에 대한 일종의 공격적인 태도가 나타난다. 그런 공격적인 태도는 쉽게 이해할 수 있는 것이다.

수천 년 동안 신성하고 종교적인 것으로 수용되어 왔던 책들이 우리 앞에 놓여있다고 하자. 그 책들은 일종의 후광을 덧입으며 특혜를 누리고 있다. 그 텍스트를 연구할 수 있으려면 먼저 그 후광과 특혜를 제거해야 한다. 거기서 주석학자들과 역사학자들의 호전적인 투지가 나온다. 불행하게도 그런 투지는 그들로 하여금 도를 넘게 한다. 그것은 즉각적으로 텍스트에 대한 그들의 이해방식에 영향을 미쳐서 그들의 주석학적인 지식은 재빠르게 전투의 수단이 되어버린다. 이제 그들에게 중요한 것은 그 텍스트

---

8) 하나의 사례로 바룩(Barucq)는 "전도서의 사고의 비논리성"에 경악한다. 이 모든 학자들에게 역설이라는 것은 용인할 수 없는 것이다. 그들은 그런 표현들이 서술방식들에 지나지 않는다고 한다.

가 실제로는 성령의 영감을 받지 않은 걸 증명하는데 있다. 물론 그들이 그걸 의식하고 있는 건 아니다! 그렇게 해서 그들은 학문적인 도구를 변질시킨다. 그들은 성서의 텍스트에 대한 부정적인 선입관을 함양시키고 합리화하면서, 성서를 비방한다.

그들에게서 그런 무의식적인 충동을 발견하는데, 어떻게 내가 그런 연구를 진행시킬 수 있을까? 그건 내가 오랫동안 해왔던 로마법의 해석학적 연구물들과 성서 텍스트의 주석서들을 비교함으로써 가능하다. 로마법의 해석학적 연구는 텍스트를 평정심과 "객관성"과 호의적이고 순응적인 태도로 대한다. 반면에 성서 텍스트의 주석서들은 텍스트를 대할 때 거의 그런 태도를 보이지 않고, 아주 냉정한 분석을 통해서 논쟁점을 찾곤 한다. 텍스트의 한 구절을 볼 때면 "이렇게 조합된 텍스트는 하나님으로부터 온 것일 수가 없다는 게 확실하다"라는 논평이 따르곤 한다. 명백한 논리적인 일관성이라는 기준은 텍스트를 비신성화하는 관점에서는 적절한 기준이 된다. 그러나 텍스트 자체를 이해하는 데는 전적으로 부적절하다. 히브리적 지성은 그런 차원의 논리를 수긍하지 않는다.

논리적인 일관성이라는 원리는 아주 급진적인 결론들을 끌어내게 했다. 여기서 나는 그런 결론들 중에서 두 가지 결론에 주목해보고자 한다. 첫 번째는 모든 증거 자료들을 볼 때 전도서에는 명백한 모순들이 있다는 것이다. 우리는 앞으로 그런 예를 많이 보게 될 것이다. 여기서 그중 하나의 예만을 보자. 전도서 기자는 한편에서 지혜는 바람을 잡는 것과 같다고 분명히 말한다. 그런데 다른 한편에서 우리는 전도서 기자가 지혜를 높이 찬양하는 많은 말씀들을 보게 된다. 거기서 그는 지혜로운 사람과 지혜를 탐구하는 일의 중요성을 주장한다.

현대의 합리적인 사람이 내리는 결론은 동일한 한 사람이 그토록 모순적인 두 가지 내용을 동시에 쓸 수 없다는 것이다. 그 모순은 변증법적인 과정을 거쳐도 해결될 수 없다. 동시에 모순적인 두 가지 내용을 사고하는 것은 불가능하다. 그러므로 그 텍스트를 쓴 사람은 두 사람이라는 것이 자명하다. 그 점은 문체와 어휘의 차이들을 통해 확인된다. 그런 엄정한 연구는 텍스트를 모순되지 않는 일관성이 내재하는 그룹들로 나누어 재구성한다.9) 그러나, 그런 가운데 그 연구는 몇 가지 의문들을 아예 간과해버리며 고려하지 않고 있다.

먼저 동일한 한 사람이 그와 같이 모순된 것들을 쓸 수 없다는 논리를 인정한다고 치자. 그러나 가상의 최종 편집자인 그 한 사람이 어떻게 아주 일관성이 없는 단편적인 내용들을 배치하여 그런 식으로 섞어놓을 수 있었을까? 그렇다면 그 사람 자체가 정신적으로 일관성과 논리성이 결핍된 걸로 봐야 할 것이다. 최악의 경우 그는 그 단편적인 텍스트들 각각의 통일성조차 무너뜨리면서 섞어놓은 것이 된다. 그는 그것들을 아주 서툴게 편집하여 그 모순들이 산처럼 크게 드러나게 했다. 그 사람은 정말 무분별한 인물이어야 한다. 그러나 이보다 더한 것은 그렇게 재가공된 텍스트가 선택받은 백성에 의해 하나님의 영감을 받은 것으로 받아들여져서, "정경"의 목록에 들어갔다는 점이다. 그래서 다른 경전보다 더 순수하고 더 진정한 정경이 되었다는 것이다. 이는 정말 이상야릇한 해석이다.

다음으로, 그런 주석학적인 연구는, "그토록 근본적인 것들을 묵상하며 커다란 번뇌 가운데 있을 경우에, 사람들은 모순적인 것들을 쓸 수도 있지 않을까"라는 의문을 제기하지 않는다. 파스칼, 키르케고르, 니체의 경우에도 모순적인 내용의 글들을 쓴 바람에, 동일한 저자가 『유혹자의 일

---

9) 논리적 실증주의의 관점에서 포드샤르(Podechard)는 *La Bible du Centenaire*의 서문에서 전도서를 기록한 4명의 인물들을 설정한다. 그 인물들은 급진적이고 비관적인 작가, 자신의 스승을 높이 평가하여 스승에 대한 찬가(전12:9-11)를 쓴 제자, 지혜를 옹호하는 "지혜자", 그리고 마지막으로 하나님의 정의를 수호하는 모든 본문들을 쓴 경건한 사람(지혜자와 경건한 사람은 동일한 인물일 수가 없으니 이는 자명하다)이다.

기』와 『그리스도교 훈련』을 썼다는 사실이 부인되어버릴 수도 있지 않은가?10)

비모순성의 원리에 따른 연구의 또 다른 결론을 보자. 부조리한 세상 속에 있는 인간의 폐쇄성과 회의적이고 환멸적인 태도를 아주 솔직하게 표현하고 있는 부분들과 하나님의 존재를 인정하는 부분들 사이에서 전도서는 그 내용이 외적으로는 불균형을 이루고 있다. 언뜻 보기에 그건 사실이다. 두 부분들의 내용은 상반된 것으로 보인다. 하나님에 관한 구절들은 내용 전개상으로는 좀 단절되어 보이거나 괄호를 친 것같이 불필요한 여분처럼 보인다. 다른 구절들이 아주 강력하고 통렬하여서 종교적인 것은 재미없고 무미건조하게 보이는 만큼 그것이 더더욱 뚜렷하게 부각된다. 텍스트를 잘 마무리하려고 명백하게 덧붙인 것으로 보이는 그런 결론적인 구절들에 관해서는 어떤 평가를 내려야 하는가?

의례적인 설명은 이렇다. 사실 전도서 원래의 텍스트는 순전히 인간에 관한 것이었으며, 하나님에 관한 말은 없었고, 회의적이고 허무적인 내용이었다는 것이다. 포드샤르와 같이 그렇게 설명하는 주석학자는 "모든 것이 헛되다"라고 쓴 사람이 하나님에 관해 쓴다는 것은 불가능하다고 주장한다. 사용한 용어들 자체도 모순적이고 사고방식은 더더욱 모순적이다. 전도서의 저자는 이스라엘의 전통적인 신앙을 부인하는 사람이다. 그런 사람이 하나님에 관한 언급을 피하는 것은 불가피하다. 그러므로 전도서에서 하나님에 관한 모든 구절들은 가필된 것이다.11) 단지 그다지 뛰어나

---

10) [역주] 키르케고르가 쓴 『유혹자의 일기』Le Journal d'un séducteur에는 결혼의 선택 앞에서 회의에 빠지는 남자가 나오고, 『그리스도교 훈련』L'Ecole du christianisme에는 그리스도와 신앙적으로 일치하는 삶이 제시되고 있다. 그래서 이 모순적인 내용의 책들을 동일한 사람이 썼다고 볼 수 없다는 논쟁이 일어나기도 했다.

11) 이와 같은 "논리적인 일관성"이라는 원리는 여러 학자들로 하여금 솔로몬이 전도서의 저자일 수 없다는 논평을 쓰게 했다. 왜냐하면 전도서는 왕권을 신랄하게 비판하고 있기 때문이다. 어떻게 왕 자신이 왕권을 비판할 수 있겠는가? 그것은 명백하게 불가능하다는 것이다. 그런 논평을 하는 학자들은 왕권을 행사한 왕들이 왕권을 엄하게 다루었던 수많

지 않은 경건한 편집자나 학자가 이곳저곳에 하나님에 관한 구절들을 첨가한 것뿐이다.12) 게다가 그는 또한 본문을 부드럽게 고쳤다. 그는 신랄하고 준엄한 내용을 부드럽게 하면서 본문에 전혀 없는 경건한 성찰을 삽입했다. 그러나 전도서를 정경에 포함시키기 위해서는 그런 종교적인 채색이 반드시 필요했다는 사실이 명백하다는 것이다.

이제 나는 난처한 상황에 빠졌다. 전도서가 정경에 포함되는 것이 필요했던 이유는 무엇이었을까?13) 전도서가 정말 터무니없고 무신론적이고 회의적이었다면 분명한 해결책이 있었다. 한쪽으로 치워버려서 찾아보지 않고 어떻게든 종교적인 경전으로 받아들이지 않으면 되었다. 아무도 그런 문제제기에 대해서는 답변을 하지 않는다. 다만 전도서가 정경에 포함되었기에 종교적으로 만들어야 했다고만 한다. 이는 잘못된 틀린 주장이라는 점에 주목하자. 아가서를 중립적으로 읽어보면 거기서 종교적인 것이라고는 하나도 발견할 수 없다. 전도서와는 다른 면에서 문제를 일으킬 수 있는 아가서 본문에는 하나님에 관한 언급이나 지향을 담은 구절이 전혀

은 역사서들에 대해서 자신들의 심각한 무지를 드러낼 뿐이다.

12) 이것은 A. Lauha가 『코헬레트』*Kohelet* (Munich, Neukirchener Verlag, 1981)에서 아직도 견지하고 있는 가설이다.

13) 정경화 과정에 관해서는 로베르 로랭(Robert Laurin)이 "전통과 정경"(La Tradition et le Canon)(『구약의 전통과 신학』*Tradition et Théologie dans l'Ancien Testament*, Paris, Editions du Cerf, 1981)이라는 논문에서 아주 잘 설명하고 있다. 역동적인 정경화 과정과 정적인 정경화 과정을 구분해야 한다. 전자는 성령의 활동에 대한 믿음에 기초하고, 후자는 외적인 위협에 대한 안전과 방어의 필요에 의해서 전통을 수호하는 차원이다. 로랭은 이렇게 말한다. "여기서 중요했던 것은 내용이 아니라 그 당시에 공동체가 특정한 경전들의 권위에 대해서 가진 신념이었다." 그것은 서기관들이나 제사장들과 같은 전문가들의 일이 아니고 공동체 전체의 신념의 문제였다. 왜냐하면 시대마다 하나님의 백성은 지금 여기서 전해지는 하나님의 말씀으로 다가오는 성령의 음성을 들어야 하기 때문이다. 그러므로 전도서를 받아들인 것은 본문을 부드럽게 고쳤기 때문이 아니라, 구체적인 상황 속에서(예를 들어 그리스 사상과 충돌하는 상황에서) 신앙 공동체가 전도서에서 계시된 진리의 말씀을 발견했기 때문이다. 게다가 전도서에 대해서는 처음에는 이견이 없었다고 라우하(Lauha)는 말한다. 이견이 나온 것은 포로기 이후의 유대교 안에서였다. 아무튼 전도서는 처음부터 그리스도교에서 수용되었다. 그는 전도서 본문들과 신약 성경의 본문들 간의 병행 구절들에 관한 아주 흥미로운 목록을 제시하고 있다.

삽입되지 않았다. 그러므로 전도서의 경우에도 그런 것을 삽입해서 유익할 것은 없었다.

비모순의 원리라는 첫 번째 기본 입장에 이어서, 우리는 이론의 여지가 있는 두 가지 또 다른 원리들을 제시할 수 있다. 이것들도 역시 이론의 여지가 있다. 위에서 이미 언급했던 것 같은데, 먼저 "형식적인 해석"lecture au premier degré으로 연구를 한정하는 것이다. 그것은 텍스트를 가장 직접적이고 명백한 의미로만 받아들이는데 그치는 것이다. 이는 주석학자들로서는 좀 이상한 태도이기도 하다. 한편으로 그런 학자들은 텍스트가 원본이라고 상정하는 걸 미리 처음부터 부정하면서 텍스트를 의심하여 있는 그대로 이해하려고 하지 않는다. 그들은 텍스트 속에서 이질적인 층위들을 찾아 재단한다. 그러나 그것은 순전히 형식을 중시하는 관점이다.

다른 한편으로 그들은 그 의미를 표면적으로만 이해한다. 그들은 그 텍스트가 보다 더 근본적인 의미가 있어서 구조와 양식이라는 관점에서도 연구에 결정적인 영향을 미칠 수 있다는 걸 고려하지 않는다. 그렇게 해서는 데카르트의 책들도 제대로 의미를 파악할 수 없다. 마치 자신의 적들의 의견을 자기 자신의 것처럼 표현하여 독자를 어쩔 수 없게 몰아가는 식의, 잘 알려진 수사법을 사용하는 작가들의 경우는 어떻게 하는가. 이는 심층적인 해석lecture au second degré을 필요로 한다. 그런데 역사학자나 주석학자는 미지의 영역에서 결코 그런 모험을 하지 않는다.

그러나 모든 전도서의 말씀이 심층적인 해석을 필요로 한다는 점은 분명하다. 거의 모든 학자들에 대해서 내가 정말 경악하는 것은 그들이 히브리어, 고대 언어들, 이집트와 바빌로니아 문화, 다양한 정보, 풍부한 문헌 자료들에 관해서 뛰어난 지식을 가지고 있다는 사실14)과 함께, 사고의 빈약성, 일관성이 없는 성찰, 신학의 결핍을 보여준다는 점이다. 이는 그런 방

---

14) ▲심지어 전도서 기자보다 더 잘 알고 있는 학자들도 있다.

면에 관한 관심과 연구가 전적으로 결핍되어서 그들이 텍스트를 전혀 이해하지 못한다는 사실을 설명해준다.

4. 전도서의 기원에 관한 논쟁

주석학자들의 세 번째 전제는 전도서 본문은 원래 히브리적인 사상에서 나온 텍스트가 아니라 주변 민족들의 문화에 그 뿌리가 있다는 그들의 확신에서 찾아볼 수 있다. 그 기원이 다른 민족들의 문화에 있다는 가정과 함께 그런 연구를 제일선에 놓게 되면 우리는 커다란 불확실성에 빠지게 된다. 우리는 거기서 수많은 다양성을 보게 된다. 양식적 문학적 분석에 매달리면 모든 가설들이 가능하다. 긴스버그Ginsberg에게 그것은 아르메니안 문서이고, 다후드Dahood에게 그것은 페니키아 문서이고, 레이니Rainey에게는 아케메니드 시대의 메소포타미아의 상업적 언어를 사용한 문서이다. 여기서 또 다시 양식적 분석은 각각의 연구자들이 각기 자신의 가설을 취할 수 있게 한다.

심도 있는 분석을 할 때, 우리는 두 개의 중요한 이론들과 한 개의 보조적인 이론을 발견하게 된다. 두 개의 중요한 이론들 중 하나는 전도서 본문이 그리스에 기원을 두고 있다고 하는데, 이는 아주 오래된 고전적인 해석이다. 현재는 이집트 기원설이 더 우세하다. 그러나 그보다 덜 언급되는 이론이 하나 있는데 그것은 바빌로니아 기원설이다.

그리스 기원설과 영향설이 가장 가능성이 높아 보인다. 전도서의 많은 본문은 그리스 문화를 연상시킨다. 적어도 기원전 4세기 후로 그 위치가 그리스 문화의 영향권에 놓였고, 그 이전에도 "아시아의 그리스"가 근접해 있었다는 사실을 유념해야 한다. 그러므로 다른 가설을 배제하는 것은 아니지만 적어도 그리스 문화의 영향 속에서 그 텍스트가 편집되었을 개연성은 인정해야 한다. 이 팔레스타인 지역에는 수많은 다양한 문화들의 영향이 미친다. 그러나 그 사실에 의거해서 전도서를 결국 견유학파, 소피스트 등의 그리스 사상의 한 흐름에 연결시키는 결론을 내리게 할 수는 없다.15) 헤라클레이토스의 "판타 레이"16)의 영향을 받았을 수도 있지만 그 반대도 가능하다. 아무튼 나는 한 인물이나 사상의 직접적인 영향을 찾아내야 한다고 생각하지 않는다.

테오니스 드 메가르17)의 영향을 주장했던 사람들이 많다. 뒤에스베르18)에 따르면, 그리스 학생들에게 널리 알려지고 언급되는 이 시인은 기원전 332년 알렉산더 대왕의 침공이 있기 전에 이스라엘에 이미 알려져 있었을 가능성이 있다. 그가 쓴 시들이 전도서 본문과 어느 정도 유사한 부분들이 있음은 사실이다. 그러나 그는 개인적인 경험에 머물러서 보편적인 것으로 뛰어넘지 못하고 '신학'이 없고 운명이나 몇몇 신들을 비난하거나 탓했다고 뒤에스베르는 지적한다. 이 점은 나에게는 흥미롭다. 왜냐하면 전도서는 바로 그런 부분에서 진가를 발휘하기 때문이다. 전도서가 테오니스의 영향을 받았을 수 있다. 그러나 전도서는 그런 절망과 분노가 이스라엘의 신앙에 접목될 때 어떻게 모든 것이 변화되는지 보여준다.

더욱이 그리스 사상은 군사적인 접촉이 있기 전에 이미 팔레스타인 지역에 널리 퍼져 있었다는 것은 분명하다. 그러므로 전도서는 유대 사상이 그런 인간적인 지혜를 수용하고 소화하여서 이질적인 시내산의 계시에 통합

---

15) 페데르센(Pedersen)은 아주 부정적인 그리스의 영향이 있다면서, 그리스 철학은 히브리적 사고방식을 해체하는 요소로 작용했다고 한다. 그러나 전도서는 그리스 철학을 인지하고 있었다 하더라도 거기서 아무 것도 도용하지 않았다. 왜냐하면 전도서는 "국제적인 정신"에 젖어 있기 때문이다.
16) [역주] 그리스어로 panta rhei. 만물은 유전한다는 뜻이다.
17) [역주] Théognis de Mégare, 기원전 6세기에 활동한 그리스의 시인. 그가 쓴 시들은 교훈적이고 도덕적인 특징을 지녔다.
18) 뒤에스베르(Hilaire Duesberg), 『구약의 기독교적 가치들』 *Valeurs chrétiennes de l'Ancient Testament*, Paris, Casterman, 1960.

하여 그 의미와 가치를 그 근본적인 뿌리들에서부터 변화시킨 모델이 아닌가 싶다. 전도서는 훌륭한 그리스 철학을 저급하게 반영하는 수준에서 멀리 벗어나, 그 사상을 뒤집고 바꾸어 내적으로 반전시킨 것이 아닐까. 여기서 근본적으로 부질없다는 표현은 엘로힘 문서의 작성자와 예언자들이 '종교'적인 영역에서 했던 말을 '지혜'에 속하는 말로 이어간 것이리라.

앞에서 말했던 것처럼 오늘날 학자들은 이집트 기원설에 경도되어 있다. 그러나 그 동기는 각기 다르다. 이는 일반적인 '분위기'의 문제라기보다는 전도서와 유사한 이집트 문서들이나 중심 사상들과 비교해서 연구하는 경향의 문제이다. 전도서는 순환적인 시간, 치유로서의 죽음, 하나의 관사를 붙인 신이라는 단어의 사용으로 명백하게 이집트적인 관념들을 반영했을 수 있다.[19] 전도서에서 이집트의 관습들이나 시편들이나 격언들을 발견할 수 있다. 나는 거기에 대해 조금 회의적이라는 점을 밝힌다. 나는 『현자 이푸웨르Ipuwer의 탄식』[20], 『하프연주자의 노래』[21]와 같이 연관성이 있다는 텍스트들을 살펴보았다. 거기서 나는 중국이나 아스텍 문명에서 찾아볼

---

[19] 전도서 속에 있는 이집트의 영향을 가장 잘 보여준 인물들 중에 훔버트(Humbert)가 있다. (「이스라엘 지혜서의 이집트 자료들에 관한 연구」, Neuchâtel 대학 학위논문, 1929.) 그는 특히 모든 구약의 책들은 삶에 대해 현실주의적인데 반해, 전도서는 그런 삶의 가치에 이의를 제기한다고 지적한다. 죽음이 하나의 치유이고 죽음으로 돌아가는 것이 유일하게 확실한 행복("마셔라, 죽음이 임한다")인 이집트 문화와 같이 전도서의 죽음에 관한 본문들은 이스라엘에서는 예외적인 내용이었다. 아주 특징적으로 훔버트는 하나의 원본이나 하나의 전통이 있어야만 한다면서, 이집트의 자료들을 뒤졌다. 마찬가지로 모든 것은 다 이집트에 그 기원이 있다. 전도서의 신이라는 단어는 이집트에서는 흔히 왕(전 8:2)을 지칭한다. 자주 발견되는(뒤에 가서 다시 살펴볼 것이다), 신이라는 단어에 관사를 붙이는 것은 이집트의 신성이라는 개념에 부합하는 이신론적인 관념에서 연유하는 것이다. 훔버트에게 전도서는 결국 이집트의 도덕적 교육적 문서들을 단순히 전달한 내용에 불과하다. 전도서의 내용과 도덕적 교훈들은 거기서 넘겨받은 것이다.
[20] [역주] 이집트의 고왕국에서 중왕국으로 넘어가는 제1중간기(B.C. 2134-2040)의 작품으로 추정되는 문학작품. 피라미드의 도굴과 약탈을 자행하는 당시의 세태에 대해 탄식하는 글이 나온다.
[21] [역주] B.C. 1235년경의 피라미드(람세스3세)의 벽화에 하프 연주의 모습과 함께 기록된 상형문자는 하프연주자가 부르는 노래라고 알려져 있다.

수 있는 이야기들을 발견했다. 그 이야기들은 전도서에도 있지만 그렇게 단정 짓기에는 불충분하다. 상투적인 말들에 관해서도 전도서가 언급하지 않은 것을 마치 실제로 언급한 것처럼 여기는 것이 아닌가 싶다. 따라서 나는 이집트의 영향을 받았다는 설에 대해서 아주 유보적이다.

그러나 라우하Lauha의 주장 또한 주목해야 한다. 그는 지배적인 영향은 오리엔트와 바빌로니아에서 왔다고 한다. 이를테면 지혜의 공표는 왕의 표장이자 유언에 해당하고, 다루는 주제들은 바빌로니아의 지혜 문서들과 연관되고, 길가메시 서사시와는 분명히 유사한 점들이 있다는 것이다. 그럼에도 불구하고 라우하는 전도서의 중심적인 문제는 그러한 비교들을 통해서가 아니라 히브리 사상 자체에 의해 밝혀질 수 있다고 결론을 맺는다. 바꾸어 말해서, 전도서에서 우리는 그 모든 것을 조금씩은 다 발견할 수 있다.

나는 지배적인 영향을 찾는 것은 무익하다고 생각한다. 전도서는 문명들이 교차하는 곳에서 기록되었다. 복합적인 다양한 사고방식과 사상들이 그곳에 광범위하게 퍼져 있었음에 틀림없다. 전도서는 분명히 융합적인 관점의 책이다. 그러나 바로 그 점이 전도서의 가장 놀라운 점으로 보인다. 왜냐하면 무엇보다 전도서는 유대인의 책이기 때문이다. 헬레니즘 사상은 유대인 사회가 겪는 위기의 시기에 일종의 대안을 제시했을 것이다. 헬레니즘의 실용적이고 이론적인 철학을 접하면서 전도서는 이스라엘의 계시의 특성을 증명하기 위해서 작성된 것이다.

5. 전도서의 저자

전도서에 관한 거의 모든 입문서들이나, 히브리 문서의 역사들에서 거론되는 문제들은 내가 논의하고자 하는 바가 아니다. 거기에 대해서는 몇몇 요점들만을 간략하게 상기하는 것으로 끝낼 것이다. 히브리 문서를 연구하는 역사학자들과 주석학자들은 많은 불확실한 부분들 중에서 네 가지 점들에 관해서는 의견이 일치된다.

첫째는 기록연대이다. 기원전 7세기부터 3세기말의 커다란 간격 내에서 오르내리다가, 오늘날 전도서의 기록연대는 기원전 350년과 250년 사이로 좁혀졌으며, 알렉산더 대왕의 정복 시기인 320년 전후가 우세하다. 둘째는 기록연대와 모든 증거로 보아 솔로몬이 전도서 전체를 쓴 저자는 아니라는 점이다. 이점은 뒤에 가서 다시 논의할 것이다. 셋째는 저자로서 지칭되는 코헬레트의 어원이다. 이는 해석상의 어려움이 전혀 없다. 마지막으로 전도서의 히브리어는 아주 저급한 것으로 시적인 것이 아닌, 과장적인 표현이 뒤섞인 후기의 언어라는데 모두가 동의한다. 그것은 이민족의 영향을 받은 바로크 풍의 화려한 언어이지만 마소라 텍스트 내에 심각한 변화가 있었음을 보여주고 있다고 말하는 학자들도 있다. 어찌됐든 전도서의 메시지는 원래의 것이 아니며 거의 신뢰할 수 없다는 것이다.

우리는 여기서 전도서의 두 저자들로 보이는 코헬레트와 솔로몬에 대해서 조금 더 살펴볼 것이다. 코헬레트의 어원이 모임을 뜻하는 카알Qahal이라는데 이론의 여지가 없다. 그러나 그 파생어는 전도서에만 있는 조어인 것 같다. 그것이 의미하는 바는 무엇인가? 그 점에 대해서 다양한 의견들이 존재한다. 이는 모임을 소집하는 자나 모임의 장이거나 연설자일 수 있다. 루터는 모임의 설교자로 보았다. 웅변가로 보는 사람들이 있는가 하면, 로쯔Adolphe Lods는 제자들이 스승에게 부친 "존칭"으로 본다. 여기서 코헬레트는 일종의 철학 교사가 된다. 그러나 그 경우에 회중ecclesia이라고 번역되는 "모임"을 말할 수 있을까?

다니엘 리스Daniel Lys는 아주 능란하게 코헬레트에서 카알의 제도적 의미를 분리시킨다. 코헬레트는 모으는 사람이지만 꼭 사람들만을 모으는 것은 아니다. 여론이나 사상이나 격언들을 모으는 사람을 코헬레트라고 지칭할 수도 있을 것이다. 그렇다면 격언들을 수집하는 사람이라는 의미로서 전도서를 대표하는 사람으로 12장에서 언급된 인물이 될 수 있다. 그러나 이와 같은 해석은 다른 해석들과 같이 동일한 문제에 봉착한다. 그것은 카알의 여성 분사라는 문제이다. 예를 들어 7장 27절에서는 실제로 본문 자체 내에서 여성형으로 쓰인다. 그렇다면 그것은 모임의 소집자나 회장이 될 수 없다. 더욱이 히브리 사회의 조직과 제도에는 모임의 장이나 공식적인 연설자라는 직위가 존재하지 않는다.

뤼소 신부Mgr Lusseau, 22)는 지혜자들의 모임의 장이라고 말한다. 그러나 그런 제도적 기관은 다른 어느 곳에서도 찾아볼 수 없다.

어떤 경우에 어떤 목적으로 이런 모임이 소집되었을까? 뜻밖에도 거기에 대해서는 어떤 흔적도 남아있지 않다. 그리고 여성형이라는 문제가 있다. 어쩌면 그것은 인격화된 지혜일까? 그러나 전도서에서 지혜에 관한 지혜의 담론은 별로 고무적이지 않다. 마이요의 해석은 가장 그럴듯하다. 그것은 우리 모두를 소집하고 모으는 죽음에 관한 것이다. 물론이다. 그러나 여기서 또한 일과 행동과 기쁨과 하나님을 향한 찬양을 권하는 코헬레트의 말씀을 어떻게 죽음에 연관시키는가의 문제가 있다. 죽음은 전도서 말씀의 아주 작은 부분만을 차지한다. 전도서의 나머지 부분에서 죽음은 아주 곤혹스러운 것일 뿐이다.23)

내가 살펴본 연구서들 중 어느 하나도 내게는 그다지 만족스럽지 않다는 걸 밝혀둔다. 내 생각에는 코헬레트는 직함이나 직무가 아니라 최종 저자

---

22) Cazelles, 『구약 입문:코헬레트』 *Introduction à l'Ancient Testament: Qohelet*, Paris, Desclée de Brouwer, 1973.

23) ▲한편 마이요는 아주 재미있는 언어의 유희를 제시한다. 문법적으로 정확한 것은 아니지만 코헬레트의 어원을 비난하다, 비판하다, 이의를 제기하다와 같은 뜻의 카랄(qalal)이라고 볼 수도 있을 것이다. 그렇게 해서 그는 모임을 주도하는 사람이라는 긍정적인 말이 신랄한 조롱을 뜻하는 케라라(qelalah)가 될 수도 있다는 가능성을 언급한다.

가 쓴 별다른 근거 없는 호칭이다. 그것은 전도서 전체에서 표현된 문제의식과 아이러니라는 맥락과 연결된다. 바꾸어 말해서, 그 명칭은 어원이 아니라 전도서의 내용이라는 측면에서 이해되어야 한다. 코헬레트는 전형적으로 개인적인 묵상의 책이자 자기 성찰의 책이다. 하나의 모임에서 낭독하는 것은 불가능한 사상들로 구성된 책이다. 코헬레트에 의거해서 설교하는 설교자가 과연 얼마나 있을까? 항상 등장하는 동일한 두세 구절들은 예외이다! 전도서에 기초해서 신학 이론을 전개한 신학자로는 누가 있는가? 대충 토머스 아 켐피스와 키르케고르, 두 사람만이 떠오른다.

전도서는 개개인들을 위해 쓰인 개인적인 책이다. 반어법적으로 저자의 명칭을 붙인 것은 이 책의 특성에 포함된다고 본다. 모임을 소집하는 사람이라는 호칭은 저자가 고독한 사람이기 때문이다. 이 책에서 계속되는 역설을 고려할 때 이해할 수 있는 하나의 필명에 해당한다. 여성에게 아주 가혹한 이 전도서의 저자 이름에 여성형 명칭을 붙인 것도 마찬가지 이유일 것이다. 그러므로 코헬레트라는 단어를 다른 뜻으로 해석하지 말고 필명이라는 사실 그대로 수용해야 한다.

아무튼 그리스어로 번역하지 말자. 더더욱 프랑스어로 번역된 전도자 Ecclésiaste라는 명칭은 쓰지 말자. 회중ecclesia, 즉 교회의 책이라는 것은 그것이 제도적인 뜻을 함축한다는 사실과 함께 아주 주목할 만하지 않은가! 이제 그 의미는 사라졌는데 회중을 모으는 전도자Ecclésiaste라는 단어는 대체 무얼 상기시킬 수 있겠는가? 공허하고 진부하여 "모든 것이 헛되다"고 하지 않을까. 그 말을 사용함으로써 전도서의 의미가 실추되었다. 이는 마치 요한계시록이 "묵시록"Apocalypse이라는 제목 때문에 계시에 관한 책이 아니라 대재앙에 관한 책이 된 경우와 같다. 그와 마찬가지로 코헬레트의 심오하고 역설적인 의미는 가버리고 "헛되고 헛되다"는 말만 남는다. 사실 정말 유념해야 할 것은 필명, 반의어, 역설, 아이러니인 것이다.

이제 전도서 저자의 두 번째 명칭인 솔로몬을 살펴보기로 하자. 기록연대로 볼 때 솔로몬이 전도서의 저자가 될 수 없다는 사실은 이미 앞에서 언급했다. 다음과 같은 범용한 이론들을 참조하는 것은 무익하다. 여기서는 그 이론들을 논쟁적인 측면에서 인용할 뿐이다. 바룩Barucq은 전도서는 그 내용이 아주 격렬하게 왕권에 반대하는 것으로 솔로몬에 대항하는 정치적인 실제 강령이라고 평가한다. 마찬가지로 긴스버그Ginsberg는 전도서가 압제에 대해 말하고 있어서 분명코 압제를 비난하는 왕이 저자일 수 없다고 한다. 왕이라면 오히려 그 책을 폐기시켰을 것이다. 더욱이 모임을 소집하는 사람이라는 호칭은 결코 저자를 왕과 동일시할 수 없게 한다. 이런 부질없는 주장들은 그냥 흘려보내기로 하자.

솔로몬의 이름이 전도서에서 특별히 언급되지는 않는다. 그러나 저자의 의도에 관해서는 의심의 여지가 없다. 그는 다윗의 아들이자 이스라엘의 왕이요 예루살렘의 왕이다. 즉, 저자는 북왕국 이스라엘과 남왕국 유다로 왕국이 분열되기 이전의 사람이다. 그러므로 그는 솔로몬일 수밖에 없고 다윗의 다른 후손일 수가 없다. 우리는 전도서 말씀이 어느 만큼이나 솔로몬을 가리키고 그의 통치의 특징들을 보여주는지 살펴볼 것이다.

리스Lys는 아주 정확히 쓰고 있다. "전도서는 하나님으로부터 지혜를 구하는 총명한 인물의 후원 아래 지은 것이다. 그는 '일을 숨기는 것은 하나님의 영화요 일을 살피는 것은 왕의 영화니라' 잠25:2라는 말을 한 인물로 여겨진다." 물론 나는 솔로몬이 저자가 아니라는데 모든 사람이 동의하고 있다는 사실을 이미 밝혔다. 그 사실을 전통적으로 설명하는 방식은 이렇다. 고대인들은 같은 유형에 속하는 모든 기록물들을 하나의 책으로 보아, 전형적인 모범이 되는 한 인물의 이름을 택하여 그 저자로 삼았다. 그래서 모든 율법들은 이상적인 입법자의 원조인 모세를 저자의 이름으로 택했다. 지혜와 관계된 모든 기록들은 지혜의 이상적 모범인 솔로몬을 그 저자의 이름으로 삼았다. 그럴 수 있다. 그 말이 틀리다는 것은 아니다. 다만 그런 이론은 아주 엄청난 내용의 책을 조금 단순화시켜버린 것이 아닌가 한다.

사실 솔로몬 왕을 원저자로 삼은 것은 극히 중요하다. 물론 그에게는 지혜가 있다. 누가 그와 같이 지혜를 말할 수 있으며, 정의의 모범으로 보이는 일천 오백여 개의 격언들을 누가 썼다고 할 수 있겠는가? 지혜자가 아니라면 누가 지혜의 헛됨을 결론으로 내릴 수 있었겠는가? 또한 왕권을 비판하기 위해서는 권력의 바깥에서가 아니라 권력 내에서 왕권을 경험해야 했을 것이다. 게다가 종교적인 의식과 의례는 성전 건축을 한 솔로몬 이외에 누가 더 잘 말할 수 있었을까? 성전을 건축하고 봉헌한 위대한 왕 솔로몬은 희생 제사를 예루살렘에서 드리는 것으로 일원화시켜서 예루살렘을 중심지로 삼았다. 예루살렘 성전이라는 이름은 샬롬, 평화라는 말의 근원이 되었다. 저자로서 논의해야 할 인물은 바로 솔로몬이다. 그는 지혜를 평화로 통합 발전시켰다. 그래서 이런 말이 가능했다. "솔로몬 왕 이전에는, 예루살렘 이전에는 이스라엘의 삶에 샬롬이 없었다." 그러나 솔로몬은 또한 이례적으로 수많은 여성들을 처첩으로 삼았다. 그 경험은 코헬레트의 글으로 나타난 강한 반여성적인 경향을 가능하게 했다.

우리는 마지막으로 헤벨hevel, 곧 "헛됨"이라는 단어는 우상들을 암시하고 있고, 아무 것도 아닌 우상들이라는 말로 직접적으로 표현될 수도 있다는 점을 볼 수 있을 것이다. 통치 말기에 가서 솔로몬 왕이 우상을 섬기는 왕이 되었다는 점을 유념하자. 모든 것이 연기요, 헛된 것이요, 우상이라는 선언은 솔로몬 자신의 경험에 부합한다.

전도서의 모든 내용은 솔로몬이 저자라는 점에서 일치한다. 솔로몬이라는 이름은 그냥 무작위로 택한 것이 아니었다.24) 명칭을 현대적으로 해석하는 걸 넘어서서 더 깊이 분석할 필요가 있다. 코헬레트는 자신이 왕인 것

---

24) 솔로몬의 이름을 지칭하는 문제는 2부에서 다시 고찰할 것이다.

처럼 쓰고 있다. 그는 왕을 대신한다. 그는 솔로몬이 썼다고 여길 수 있도록 책을 낸다. 그러나 그는 왕국이 없는 왕이다. 그는 위대한 솔로몬 왕은 아니지만 왕처럼 처신한다. 그의 책은 왕과의 관계를 나타낸다. 그는 왕권을 정당화하고 백성에게 왕을 돕도록 요청하기까지에 이른다. 코헬레트는 신하의 왕에 대한 관계를어쩌면 왕의 하나님과의 관계 그리고 나와 나 자신과의 관계를 나타내는 명칭이다.

전도서의 저자는 코헬레트와 솔로몬으로 지칭된다. 왜 두 개의 가명들을 쓰는가? 왜 서로 모순적인 두 개의 가명들을 쓰는가? 하나는 모임의 주재자, 연설자를 뜻하고, 다른 하나는 지혜의 왕, 묵상하는 사람을 의미한다. 그 가명들은 서로 전혀 조화가 되지 않는다. 여기서 나는 불가피하게 키르케고르와 그의 클리마쿠스와 안티클리마쿠스25)라는 필명들을 떠올리게 된다. 여기서 이 주제에 관해서 키르케고르가 쓴 글을 인용하고자 한다. "앞서 사용한 필명들은 모범적인 저자보다 열등한 수준에 있음을 뜻한다. 새로운 필명은 더 높은 수준을 의미한다. 일종의 정지 혹은 비약이 일어난 것이다. 초월적인 것의 출현은 나로 하여금 이전의 경계로 되돌아가서 방어하게 한다. 그것은 나의 삶이 그런 고귀한 요구에 응답하지 못하여서, 나의 의사표현은 시적인 영역에 귀속할 수밖에 없다는 걸 깨닫고, 스스로를 비판하게 한다."26)

---

25) [역주] 키르케고르는 헤겔 철학에 대한 비판으로서 1846년에 출판된 『철학 단상에 대한 결론적 비학문적 후기, 모방적 감상적 변증법적 구성, 실존적인 기고』이라는 저서에서 클리마쿠스라는 필명을 썼다. 그 뒤 1849년에 출판된 『죽음에 이르는 병』이라는 저서에서 그는 안티클리마쿠스(Anti-Climacus)라는 필명을 붙였다. 여기서 안티라는 말은 반대한다는 뜻의 'anti'가 아니라 앞선다는 뜻의 'anticipate'로서 시적이고 이론적이고 추상적인 클리마쿠스를 앞서는, 더 고결하고 '겸손'한 지혜자를 지칭한다. 이렇게 키르케고르는 각각의 책에서 클리마쿠스와 안티클리마쿠스라는 필명들을 사용함으로써 그 두 권의 저서에 대해 각기 다른 자신의 평가를 담고 있다. 참고로 요한 클리마쿠스(John Climacus)는 7세기 동방교회 영성의 대가인 고백자 막시무스와 동시대 인물로서, 동방교회 영성의 대작 중의 하나인 『영적 상승의 사다리』라는 책을 남겼다.

26) 쇠렌 키르케고르(S. Kierkegaard), 『전집 17권』, *OEuvres complètes*, XVII, Paris, Editions de

키르케고르가 쓴 필명들이 표현하는 것은 다음과 같다. "[그것은] 미학적인, 철학적인, 관념적인 것이 기독교적인 결단들이라는, 보다 심오한 단계로 진행하는 것이다… 그것은 묵상과 고유한 신앙이 합하는 것이다. 신앙인은 묵상에 온전히 열중하게 된 뒤에는 그 묵상으로부터 완전히 벗어나 겸손으로 돌아간다. 독자들은 그 여정이 겸손에 이르게 한다는 사실을 이해하게 될 것이다."

이는 코헬레트에 적용될 수 있는 것으로 보인다. 내 생각에 코헬레트와 솔로몬이라는 가명들의 모순성은 전도서 내용 자체의 모순성을 드러낸다. 그것은 그 모든 다양한 세부 묘사들과 개략들과 신앙의 표명과 함께, 철학자와 회의주의자와 시인 사이의 모순성을 보여준다. 초월적인 존재의 출현이, 현실적인 삶의 지혜와 목가적인 일탈에 돌이킬 수 없는 완전한 종지부를 찍는다. 그러나 삶의 지혜와 목가적인 일탈은 또한 유일하고 초월적인 하나님을 선포하는 겸손으로 돌아가게 하는 각각의 여정이다. 하나님의 현존은 전도서 전체의 의미요 목적이며 시작과 끝이다.

6. 지혜의 성문서

이제 보다 더 미묘한 주제에 접근해 보자. 궁극적으로 전도서는 무엇인가? "성문서들[27]"에 속한다고 금방 답할 수 있다. 우리가 아는 바와 같이 지혜서들은 계시된 성서의 책들 가운데 서열상으로 제일 낮은 위치에 있다. 단순화시켜서 말하자면, 토라인 "모세오경"은 그 자체가 곧장 하나님

---

l'Orante, 1982, p. 264.

27) [역주] 기독교의 성서 구분법과 달리, 히브리어 구약 성서는 토라와 예언서와 성문서로 구분된다. 유대인들에게 모세오경인 토라는 가장 중요한 것이고, 예언서는 토라의 재해석이며, 성문서는 토라와 예언서에 대한 해석의 연장이다. 여기에 일종의 서열이 적용된다고 볼 수 있다. 전도서는 시편, 욥기, 잠언, 룻기, 아가서, 예레미야 애가, 에스더, 다니엘서, 에스라, 느헤미야, 역대기와 함께 성문서로 분류된다.

의 온전한 말씀이다. 그러므로 토라는 경전의 근본으로서 나머지 모든 책들은 토라를 기준으로 이해되어야 한다. 그보다 급이 낮은 것이 하나님의 영감으로 전했다는 예언서들이다. 그러나 거기에는 하나님의 말씀의 순수성을 오염시킬 수 있는 인간이라는 매개자가 개입된다. 마지막으로 성문서들은 아주 다른 특성이 있다. 그것은 인간이 한 말이라는 것이다. 인간이 말하고 하나님은 그 말을 입증하고 채택하여 거기에 계시의 의미를 부여한다. 그러나 그것은 어디까지나 토라를 기준으로 삼아 이해해야 하는 인간의 말일 뿐이다.

나이트28)는 이렇게 강조해서 말한다. "구약의 계시에 관한 연구에서 지혜를 완전히 무시하는 경우가 흔하다." "아무튼, 성문서들은 중요도가 가장 낮은 것으로 취급된다." 게세29)는 성문서들의 교훈은 구약 세계에서는 낯선 것이라고 흔히들 인정한다고 강조한다. 야훼 문서는 지혜를 평가하는 기준이 된다. 어찌됐든 간에 그것은 한 권의 지혜서일 뿐이다. 여기서 우리는 당혹감에 빠진다. 지혜는 아주 명백한 개념은 아니다. 전도서의 지혜는 욥기에서 말하는 지혜의 의미와는 완전히 다르다. 또한 욥기의 지혜는 잠언의 지혜와 다르다. 이와 같이 지혜는 미묘하고 다채롭고 다의적이고 난해하다.

가장 초보적인 수준에서 보자면 이 지혜는 하나의 교육 과목으로서 잠언은 암기를 위한 것이 된다. 또한 교육적인 시들도 있어서, 주기적으로 순환하는 흐름들에 관한 시전1:4-7와, 시간과 기회들전3:1-11에 관한 시가 있다. 폰 라드는 그 시들은 아주 오래된 것으로 전도서 기자가 다른 맥락에서

---

28) 더글러스 나이트(Douglas A. Knight), "전통에 의한 계시"(La Révélation par la Tradition), in 『구약의 전통과 신학』*Tradition et Théologie dans l'Ancien Testament*, Paris, Editions du Cerf, 1982.

29) 앞의 책.

사용한 것이라고 한다.30) 다른 학자들에게 그것은 잠언처럼 격언들을 수집하여 만든 평범한 모음집에 지나지 않으며, 그 내용들은 서로 연관성이 부족하다. 그것은 펜이 가는 대로 무작위로 기록된 단편적인 상념들이다. 파스칼의 『팡세』와 같이 거기에는 하나의 기획이나 일관성이 없다.

몇몇 학자들은 그 점을 우아하게 표현하는 단어들을 찾아냈다. 하늘의 보상이라는 문제를 일으키는 "다양한 작은 주제들", 혹은 "다양한 성찰들", 바룩의 "다양한 격언들" 등이 그런 말들이다. 이는 주석학자들의 당혹감을 말해준다. 또한 전도서 기자가 매일 쓴 "사적인 일기"인지도 모른다는 탁월한 아이디어를 낸 사람도 있었다. 나에게는 그런 이론들이 하나도 납득이 되지 않는다. 내 생각에는 교육적인 시들은 아주 짧고 명확하지 않다. 일관성이 없는 모음집이라는 주장에 대해서 말한다면, 나는 전도서에 출발점과 도착점이 있고 내적인 깊은 일관성이 있다고 본다. 라우하Lauha는 전도서의 통일성과 일관성에 관해서 아주 타당한 주장을 펼치고 있다.

나로서는 두 가지 점을 고려할 것이다. 즉 하나는 그것이 시라는 점이고, 다른 하나는 그것이 지혜의 시라는 점이다. 시라는 면에서 대부분의 주석학자들은 전도서의 언어가 아주 부정확하다고 한다. 그런데 나에게 이상하게 여겨지는 것은 전도서의 번역본들 속에서 대단히 시적이고 시사적이고 다채롭고 감동적인 텍스트를 접하게 된다는 점이다. 나는 이것이 번역자들의 시적인 재능에 연유한다고 믿지 않는다.

"범사에 기한이 있고 천하만사가 다 때가 있나니"와 같은 시보다 더 뛰어난 것이 있는가. 또 "너는 청년의 때에 너의 창조주를 기억하라 곧 곤고한 날이 이르기 전에…"라는 시가 있다. 이런 시들은 성경에서 가장 아름다운 구절들이다. 그러나 전문적인 학자들에게는 이 시들이 가장 우수한 히브리 시에 해당하지 않는다. 나는 거기서 일종의 신비를 본다. 나는 그것이

---

30) 폰 라드(Von Rad), 『이스라엘과 지혜』*Israël et la Sagesse*, Genève, Labor et Fides, 1970.

시의 창조적인 신비라고 믿는다. 진정 창조적인 시인은 표현과 동시에 언어를 만들어낸다. 형식과 내용이 분리될 수 없다. 전달할 아이디어가 없는데 말로 표현한다는 것은 있을 수 없다. 그런 일은 정말 없다. 우리는 깊은 수원지에서 물이 쏟아져 나오는 걸 보고 있는 것이다. 물이 나오는 땅과, 물이 헤쳐 나와 길을 내고 모습을 드러내는 지하의 물길은 분리시킬 수 없다.

그와 같이 시인에게는 생각이 따로 있고 좋은 문체가 따로 있는 것이 아니다. 그는 자신의 생각을 표현하는 말이 있을 뿐이어서, 달리 표현할 수 없다. 그는 낱말들이 그 생각을 연상시킴에 따라서 생각한다. 이런 이중적인 움직임은 이미 널리 알려지기 시작했다. 나는 그런 점에서 전도서의 뛰어난 시적인 위상이 있다고 믿는다. 철학적인, 회의적인, 실용적인 생각을 무겁고 바로크적인 문체에 담을 수 없다. 천재적인 감응이 일어나서 모든 전형적인 기준들을 전도시키고 언어를 창조하는 동시에, 거칠고 신랄하고 전면적인 문제제기와 가차 없는 의문이 솟아난다. 거기에 진정한 제작활동poiein, 31), 창조행위가 존재한다. 이 세상 어디에도 전도서를 대체할 수 있는 것은 없다. 그것은 언어학자들의 평가를 넘어서서 독자에게 감동을 주는 시집이다. 그렇기 때문에 모든 번역자들이 아름답고 조화로운 텍스트를 제공한 것이다. 시가 있고, 허술한 문법에도 불구하고 언어가 아름다우며, 난해한 문제를 직시하는 깊은 성찰을 담고 있기에, 그들은 전도서의 시들이 빛을 보게 할 수 있었다.

전도서는 또한 지혜의 시이다. 전도서가 성문서에 속하기 때문에 거의 모든 학자들은 거기서 지혜서 계열의 성찰을 보려고 했다. 그러나 지혜가 실제로 전도서에서 중요한 비중을 차지하지만, 전도서의 기원, 목적, 의미는 아니다. 우리는 그 사실을 본론에서 다시 살펴볼 것이다. 더욱이 이 지

---

31) [역주] 그리스어 'poiein'은 동사로서 '제작하다'라는 뜻이다. 아리스토텔레스는 인간의 지적인 활동을 삼분하여, 보는 것(theorein)과 행하는 것(pratein)과 제작하는 것(poiein)으로 나누었다. 예술적인 창조 행위는 그중에서 인간의 제작하는 지적 활동에서 연유한다고 한다.

혜는 역사학자들과 주석학자들에게 수없는 문제들을 가져왔다. 지혜란 결국 무엇인가? 그 지혜는 모든 전통적인 히브리적 지혜를 부정하는 것인가? 아니면 그 독창성과 함께 히브리적 사유를 재조명하고 심화하는 것인가? 아주 다양한 의견들이 줄을 잇는다. 크렌쇼Crenshaw는 코헬레트의 색다른 이질성은 이교적인 정신과 내용을 드러낸다고 한다. 나이트Knight는 "지혜"는 고대 근동 지역 전체에서 공유하던 사상들에 연유한다고 평가한다.

지혜는 당시에 "반체제적"인 것이었다. 지혜는 "위대한 하나님의 신학"에 기초한 다양한 전통들에 그 뿌리가 있다. 그것은 선민, 언약, 율법, 용서와 언약, 하나님과 인간의 교제와 같은 이스라엘 신앙의 핵심은 등한시되고 있다는 사실을 암시한다. 거기에는 창조주와 피조물의 관계를 맺게 하는 계시가 존재하지 않는다. 지식은 경험으로만 얻을 수 있다는 것이다.32) 진리를 발견할 수 있는 유일한 길은 인간의 정신 속에 있다. 하나님은 이스라엘을 선택하지 않았으며, 모든 사람들은 하나님 앞에서 동등하고, 그들 각자의 생각은 다 존중된다.

반론으로 표현되는 것은 바로 이 지혜의 고유한 관점이다. 그러나 그런 반론을 크렌쇼와 같이 가볍게 취급하는 비판들을 보면서 나는 좀 충격을 받는다. 예언자는 "주님을 찾으라, 그러면 네가 살리라"고 말하는 반면에, 지혜자는 "어리석은 행위종교적인 행위도 포함하는?를 멈추라, 그러면 네가 살리라"고 선포한다. 크렌쇼는 그 증거로서 하나의 예를 든다. "창세기 1장은 창조를 좋은 것으로 말하는 반면에, 전도서는 하나님이 만물을 때를 따라 적절하게 만들었다고 인정하면서도, 거기에 하나님의 무관심이나 악의가 게재되어 있을지도 모른다는 의심을 덧붙인다."33) 이런 논리는 순전히 크렌쇼가 만들어낸 것이다. 그 본문을 고찰해보면, 전도서의 회의주의를

---

32) ▲그러나 우리는 이런 역사학자들의 시각이 얼마나 잘못된 것인지 보게 될 것이다.
33) ▲인간은 하나님이 행한 모든 것을 다 알 수 없다.

야훼 문서34)의 모든 전통적인 가치들과 대립시키려고만 하는 크렌쇼의 아주 진부한 주장을 보게 될 것이다. 그래서 그는 모든 것을 단순화시킨다.

크렌쇼는 코헬레트가 삶을 경멸하고, 이득을 추구함으로써 삶에 대한 증오심을 키운다고 선언한다. 그에 따르면, 전도서는 예언자들이 약속한 영광스러운 역사役事와 하나님의 언약들을 거부한다고 한다. 왜냐하면 "미래에 일어날 일을 아무도 기억하지 않는다"고 전도서는 전하고 있기 때문이라는 것이다. 그 모든 주장이 나에게는 너무나 피상적인 것으로 보인다. 나는 폰 라드의 이론이 훨씬 더 깊고 견고하다고 본다. 폰 라드는 전도서에서 제기되는 문제들에 대해 말하면서, 전도서는 전통적인 지혜서와 완전히 맥을 같이 하고 있는 반면에, 단편적인 경험들에 주목하지 않고 삶 전체에 주목한다는 면에서는 여타의 지혜서와 굉장한 차이를 보여준다고 주장한다. 그는 심층적인 내적 구조와 텍스트의 내적인 일치성이 존재한다는 사실을 밝혀준다.

지혜의 시라는 면에서, 우리는 흔히 하는 두 가지 해석들을 분리시켜야 한다. 하나는 코헬레트는 형이상학적이거나 도덕적인 책으로 볼 수 있다는 것이다. 다른 하나는 코헬레트는 사실적인 시각에서 인간 조건과 현실을 있는 그대로 묘사하는 구체적 현실주의에 기초한 것으로 실용주의적인 사유에 입각하고 있다고 말할 수 있다는 것이다. 그런데 무엇보다 먼저 전도서의 지혜는 형이상학이 아니다. 이 단어는 아슬아슬하도록 애매한 뜻을 지니고 있다. 이는 철학적인 측면과, 계시인 하나님의 말씀에 기초한 사상

---

34) [역주] 프랑스어로는 'yahvisme'이고, 구약의 모세오경에서 하나님을 주로 야훼로 호칭하는 부분들을 통칭하는 것으로 '야훼 문서'로 번역된다. 19세기에 독일 신학자들이 세운 문서설은 모세오경이 각기 전통이 다른 4개의 문서로 편집되었다는 가설을 전제로 한다. 야훼 문서는 그 중의 하나이며, 나머지 문서들은 신명기적 문서, 제사장 문서, 엘로힘 문서이다.

인 신학을 자주 혼동하게 한다.

  하나님, 스스로 계시하는 하나님, 하나님의 말씀인 성서 등을 다 믿지 않는 사람들에게는, 하나님에 관한 모든 이론은 데카르트의 것이든 아리스토텔레스의 것이든 형이상학적인 차원에 속한다. 그러나 사실 성서는 이 형이상학을 거부하는 것이다. 하나님에 관한 것은 "물리학 너머의 것"이 아니다. 하나님에 관한 계시는 철학적인 논문이 아니다. 세상의 일에 하나님의 말씀이 개입됨으로써 발생하는 의문과 충격과 혼란은, 유체 물리학에서 말하는 질서를 유발하는 무질서와 와동설과는 다른 것이다. 물리학적으로 확실한 현상 세계에는 철학을 넘어서는 세계가 없다. 거기에는 계시에 다가갈 수 있는 것이 존재하지 않는다.

  이 계시에 대한 묵상은 하나의 철학으로 볼 수 없다. 하나님의 말씀에는 지혜와 같은 것은 없다. 전도서가 제기하는 이 심각한 문제에서 형이상학적 차원을 발견할 수 없다. 이하나 이상이라고 할 수 있는 것이 없기 때문에 전도서는 형이상학이 아니다. 전도서는 불가해한 것, 말할 수 없는 것, 궁극적인 것, 무조건적인 것을 밝혀주거나 접할 수 있는 인간의 지성적 가능성을 하나도 언급하지 않는다.

  우리는 전도서에서 다룬 주제들은 철학자들이 선호하는 주제들이며 형이상학의 대상이 될 수 있었다고 부득이하게 인정할 수 있다. 그러나 그게 전부 다. 천체의 별들은 점성술의 대상이 될 수도 있고 천문학의 대상이 될 수도 있다. 형이상학자들이 삶, 죽음, 신, 행복 등을 다루었다고 해서 그들이 말하는 모든 것이 형이상학이 될 수는 없는 것이다. 전도서는 더더욱 그렇게 될 수 없다! 그러므로 형이상학은 형이상학자들에게 맡기고, 우리는 전도서의 말씀을 듣도록 하자. 그것들을 뒤섞지 말자. 그러면 전도서가 형이상학과는 다른 것을 말하고 있다는 사실을 알게 될 것이다.

  전도서는 분명히 훨씬 덜 도덕적이다. 전도서에서 도덕적인 것은 문제가 되지 않는다. 전도서를 도덕적인 차원에서 본다면, 전도서에서 말하는 도덕은 잠언의 경우와 같이 아주 단순하고 기초적인 것이다. "수고하는 것은 무익할 뿐이다." "자신의 장래 일은 아무도 알 수 없다." "왜 가지고 갈 수도 없는 재물을 축적하는가." 그것이 하나님의 말씀이 삶에 대해서 우리에게 전해줄 수 있는 전부라면, 우리 자신들도 그보다는 더 잘 말할 수 있다. 특히나 전도서를 도덕규범으로 해석하지는 말아야 한다.

모든 경건한 일반적인 관념들이 "모든 것이 헛되다"라는 말에 다 무너지고 마는 것이 반도덕적일 수도 있다. 그렇다. 도덕도 역시 헛된 것이다. 그것이 전도서의 보석과 같은 말씀들을 일관성이 없는 말들을 모아놓은 모음집으로 볼 때 우리가 내릴 수 있는 결론이다. 반면에 우리는 분명하게 제시된 하나의 원리로서 그 말씀들을 받아들일 수 있다. 그 원리의 한 축은 모든 것은 헛되다는 것이고, 다른 한 축은 하나님의 현존이다. 이제 전도서는 형이상학도 도덕도 아니다.

반대로 전도서를 구체적인 현실주의로 해석하는 학자들도 존재한다. 코헬레트는 당위적인 것이나 희망적인 것을 말하는 것이 아니라 있는 그대로를 말한다. 인간의 삶을 있는 그대로 전한다. 그것은 교훈이 아니라 사실이다. 허식과 환상이 없는 노골적인 현실을 일깨우기 때문에 그 결과로 우리는 그 현실을 직면할 수밖에 없다. 꿈속으로 도피하지 말자. 전도서가 세상의 가치들과 환상들을 거리낌 없이 무너뜨리기 때문에 우리는 전도서를 회의적이라고 평가할 수 있다. 전도서를 그리스 철학자 피론[35]이나 프로타고라스[36]와 같은 회의주의나 소피스트 계열에 포함시키지 않는다는 걸 전제 조건으로, 나는 그 말에 또 다시 동의할 수 있다. 우리는 그 둘 사이에는 엄

---

35) [역주] 엘리스의 피론(Pyrrhon, B.C. 360?-270?), 회의주의의 시조라고 불린 그리스의 철학자.
36) [역주] 프로타고라스(Protatoras, B.C. 485?-414?), "인간이 만물의 척도다"라고 단언한 소피스트로서 인식론적 상대주의를 내세운다.

청난 차이가 존재한다는 걸 보게 될 것이다. 더욱이 전도서는 회의적이지 않다. 왜냐하면 행복은 터무니없는 것이라고 말하면서도 전도서는 생생하게 세상에서 얻을 수 있는 모든 행복을 다 누리라고 충고하기 때문이다.

이미 강조했던 바와 같이, 이는 모순적인 것의 작용이다. 전도서는 회의적이지 않다. 왜냐하면 하나님의 현존과 행위에 대해서 단 한 번도 의문을 가지지 않기 때문이다. 모든 것을 다 문제 삼는다. 그러나 그 모든 것은 또한 하나님의 선물이다. 어떤 회의주의자도 그런 신앙 고백을 하지는 않는다. 실용주의라고? 물론 그렇다. 왜냐하면 전도서는 삶을 끊임없이 진행되는 활동이라고 보기 때문이다. 그것은 현실에 대한 근본적인 인식에 기인한다. 그러나 모든 것이 활동으로 귀결되는 것은 아니다. 이 활동조차도 하나님의 현존이라는 진리의 또 다른 측면인 "모든 것이 헛되다"는 준엄한 말씀에 구속된다.

물론 전도서는 현실적이며 실용적이다. 그러나 일반적인 의미에서 그렇다는 것은 아니다. 전도서가 현실을 묘사할 때, 그 현실은 인간이 묘사할 수 있는 것과 결코 같지 않고 같을 수도 없다. 인간은 언제나 현실에 대해 틀에 박힌 두 가지 방식으로 대처한다. 하나는 인간이 현실의 가혹한 실상을 은폐하고 감추고 꾸미고 장식하는 것이다. 다른 하나는 반대로 현실을 너무나 무섭고 과도하게 표현하는 것이다. 그래서 사람들은 그것을 위협적인 사실로 받아들이지 않게 된다. 왜냐하면 그게 실제 사실일 것 같지 않기 때문이다. 첫 번째 경우는 전통적인 것으로서 신화와 거짓 소망과 장밋빛 미래와 종교와 덕의 숭상과 부르주아 풍습 등과 같이 현실[37]의 냉혹한 문제를 회피하도록 변형시킨 모든 양태들이 나타난다.

그러나 오늘날 우리가 마주치는 것은 전혀 다른 양상이다. 서구사회는

---

37) 현실을 직면하는 것은 너무나 힘든 것이기에 인간에게 현실을 회피할 방법을 줌으로써 선전이 먹힌다는 사실을 『선전』*Propagandes*, (대장간 역간, 2012)에서 밝힐 수 있었다.

너무나 현실을 두려워하여, 그 현실을 직면하지 않으려고 끔찍하고 과도한 이미지와 상징에 빠져 들어갔다. 영화와 텔레비전과 소설은 우리에게 실제보다 더 어두운 세계를 보여줌으로써 우리가 살고 있는 세계의 어두움을 직면하는 것을 회피하게 한다. 그 세계에서 인간은 모두 다 예외 없이 흉측한 괴물이다. 원자핵분열이 지구 전체를 관통하고 있다. 도시는 의식이 없는 기계화된 자동인형들의 세계가 되었다. 로봇이 우주의 주인이 된다. 대양은 모든 생명체를 없애려고 생겨난 괴물들을 은닉한다. 일찍이 인간의 역사에 없었던 퇴폐적인 풍속이 생겨난다. 작품 하나하나가 이런 유형들 중의 하나에 속한다고 할 수 있다. 그런 스펙터클을 보고 난 사람들은 이렇게 말한다. "이런! 그건 현실이 아니야. 계절에 맞게 날씨가 좋구나. 여자들은 친절하고. 우리 애들은 착하고." 흉측한 스펙터클을 통해서 현실을 도피한다.

전도서는 그런 현실 도피에 빠지지 않는다. 전도서는 우리에게 삶의 참된 현실을 얘기한다. 전도서는 개인적인 지혜나, "현실은 이렇다"라고 주장하는 경험자로서 말하는 것이 아니고, 하나님의 현존에 대한 신앙으로 우리에게 말한다. 전도서가 우리에게 주는 것은 하나님의 계시이다. 그렇다. 그러나 이에 대한 오해가 없어야 한다. 그것은 시리우스Sirius 별자리에서 바라보는 것도 아니고 하나님이 바라보는 것도 아니다. 코헬레트가 현실에서 멀리 떨어져 있기에 초연하고 침착하게 곤충을 해부하듯이 인간의 세부적인 행동들을 평가할 수 있었던 것이 아니다. 멀리 있는 별에서 관찰하거나 과학자로서 세심하게 혹은 한가하게 관찰한 것이 아니다.

코헬레트는 끊임없이 우리에게 내가 해봤다, 경험했다, 시도했다, 권력을 누렸다, 지혜를 구했다고 한다. 그것은 자신이 말하는 것과 동떨어져 있는 추상적인 인물의 얘기가 아니다. 그것은 자기 자신에 관한 얘기이다. 전도자는 시리우스의 관점을 취하지 않는다. 그는 인간이 할 수 있는 모든 일에 뛰어들어서 웬만한 일들은 다 경험하게 되었다. 그는 자신의 경험을 진지하고도 예리하게 엄격한 태도로 진술했다. 코헬레트는 자기 자신을 철저하게 살피고 점검했다. 아마도 칼 마르크스는 "모든 것을 의심하라"는 말을 격언으로 삼았을 것 같다. 그런데 마르크스가 처음은 아니다. 『모든 것은 의심되어야 한다』38)는 키르케고르의 책이 있다. 그러나 마르크스는 모든 것을 의심하지 않았다. 그는 자기 자신39)이나 진보나 노동에 대해서는 의심하지 않았다.

코헬레트는 모든 분야에 대해서 마르크스보다 훨씬 더 깊은 의심을 던졌다. 그는 자기 자신을 도마 위에 올려놓는 것으로 시작하여 자신이 행한 모든 일을 보여주었다. 그리고 그 모든 것이 아무 것도 아니라는 걸 알게 했다. 코헬레트는 완전한 체제 비판자40)였다.41) 그러나 그것은 하나님의 시각도 아니다. 왜냐하면 코헬레트는 하나님을 아주 완벽하게는 모르기 때문이다. 코헬레트는 하나님이 아니다. 그는 우리에게 하나님은 알 수 없는

---

38) *De omnibus dubitandum est.* [역주: 소렌 키르케고르가 요하네스 클리마쿠스라는 필명으로 1843년 출판한 책.]

39) ▲프루동이나 바쿠닌에 대한 경멸과 증오를 보라!

40) 내가 알기에 전도서의 체제 비판에 대해 주목한 첫 번째 사람은 마이요(A. Maillot)였다. 그러나 『구약의 전통과 신학』에 실린 크렌쇼(Crenshaw)의 논문 "인간의 딜레마와 비판적인 문서"(Le dilemme humain et la littérature contestatiare)는 코헬레트의 체제 비판적인 성격을 정말 잘 분석하고 있다. 그는 전도서의 체제 비판을 여섯 가지 요점으로 나누고 있다. 그 여섯 가지는 문학적인 모티프, 사회 변화의 구조적 특징, 이스라엘 역사의 유기적인 현상(항구적인!), 동시대인들의 대립, 사회 해체의 요인, 의존적 태도에 대한 프로메테우스적인 공격 등이다. 크렌쇼는 마지막 요점이 다른 모든 요점들을 종합한다고 주장한다. 이 비판은 예언과 지혜가 다 담긴 것으로서 '반체제 문서'를 구성한다. 이 비판의 자료들은 제도의 구조와 인간의 본성과 실존의 모호성과 같이 다양하다. 크렌쇼는 지혜의 글들을 다음과 같이 나눈다. 제사장들은 에토스(ethos)의 수호자로서 신성한 전통들을 보존한다. 예언자들은 파토스(pathos)의 담지자로서 하나님의 고통에 대한 얘기를 전한다. 지혜자들은 로고스(logos)의 주창자로서 이스라엘이 하나님이 원하는 질서를 회복하고 모든 인간의 지식의 한계를 인정할 수 있도록 경험에 기초한 주장을 내세운다.

41) 코헬레트는 신성에 도달한다고 한 모든 신비주의자들과 모든 열광적 추종자들이 걸려 넘어지는 모퉁이돌이다. (에크하르트의 전대미문의 여정과, 그의 제자인 카트린느 자매가 "주님, 기뻐해 주세요. 제가 신성에 이르렀습니다."라고 선언한 것을 상기해 보라.)

존재라는 말을 계속한다. 어떤 존재도 하나님을 대체할 수 없으며 하나님이 생각하는 것을 생각할 수 없으며 하나님과 같이 인간에 대해, 자기 자신에 대해서조차 판단을 내릴 수 없다.

그렇다면, 코헬레트는 무슨 명분으로 말하는가? 그는 어떻게 그렇게 완벽하면서 결함도 없고, 동시에 절망적이지 않고 과장적이지 않은 그런 준엄한 현실주의적 입장을 견지할 수 있을까? 나는 코헬레트가 하나님에게 사로잡힌 인간이 인간과 사회에 대해서 이해하고 인지할 수 있는 것의 모범을 보여주고 있다고 생각한다. 하나님은 신비이다. 그러나 이 살아있는 하나님은 인간에게 행동을 취하여, 인간을 새로운 상황에 처하게 하고, 그 새로운 상황 속에서 인간이 자신과 남들과 이 세상을 볼 수 있게 한다. 그는 있는 그대로의 현실을 볼 수 있고, 그와 동시에 하나님 앞에서 하나님을 위해 존재하는 그 실존의 깊이인 진리42)를 볼 수 있다. 현실은 진리가 구름이나 꿈속의 지적인 혹은 미학적인 도피처와 같이 되는 것을 가로막는다. 진리는 현실이 절망적이 되어서 인간으로 하여금 회의주의와 허무주의에 빠져 종국적으로는 자살로 치닫게 하는 것을 막아준다.

현실의 관점에서 모든 것은 헛된 것이다. 진리의 관점에서 모든 것은 하나님의 선물이다. 그것이 내가 이해하는 전도서이다.

그러므로 전도서는 지혜의 시이다. 그러나 이 난해한 텍스트를 이해하기 위해서 모든 노력을 다 기울인다는 뜻에서, 마지막으로 나는 코헬레트가 훌륭한 질의자라는 주장을 살펴보고자 한다. 역사학적, 심리학적, 사회학적 이해는 전도서 텍스트를 조금은 다르게 해석할 수 있게 한다. 그리고 조금은 시사적인 가설을 세울 수 있게 한다. 전도서는 하나의 주문처럼 암

---

42) 현실과 진리의 대립과 관계에 대해서는 1981년 파리에서 출판된 자끄 엘륄의 『굴욕당한 말』 *La Parole humiliėe* (대장간 역간, 2014)을 참조하라.

송할 수도 있고 노래할 수도 있다. 전례적인 텍스트로 정해서 읽는 것은 아니다. 주기적으로 반복하고, 소망의 이유를 제시하고, 절망의 사실을 확인하고, 삶의 확실성을 입증하는 것은 활력을 불어넣는 전례적 가치를 지닌다. 사실 전도서에는 4명의 중심인물들이 있다. 솔로몬 왕으로 자처하는 왕, 그리고 저자인 동시에 집례자인 해설자와, 회중인 백성이 있고, 네 번째는 숨, 안개, 영으로 불리는 존재가 있다.

전도서는 왕에게 전달되는 텍스트로서, 그 목적은 위기 때에 그걸 암송하여 상황의 변화를 불러일으키기 위한 것이다. 그러므로 전도서는 미래를 위한 텍스트이다. 코헬레트는 객관적인 현실이 아니라, 왕이 당면한 현실을 말한다. 그래서 왕으로 하여금 현실을 다르게 볼 수 있게 한다. 따라서 전도서는 전례에서 암송되어 사회의 일체성을 구하고, 왕국을 구하는 식의 역사적인 목표를 설정할 수 있다. 전도서는 왕권을 구하는 텍스트가 될 수 있다.43)

심층적으로 살펴볼 때, 그 모순적인 말들을 통해서 코헬레트는 모든 대립적 요소들이 다 사라져버리는 사람의 시각을 취했다고 말할 수 있다. 이제 더 이상 참도 거짓도 선도 악도 없게 되는 것이다. 그것은 정향을 무너뜨리고, 개별적인 차이가 사라지게 한다. 심리학에서 그것은 사회적인 아노미이다. 모든 것이 동일하게 귀결된다. 모순적인 말들을 반복함으로써 이 차이의 상실을 치유해야 한다. 그것은 일종의 사회적인 로고테라피44)가 된다. 그것은 왕에게서 절망을 벗어나게 하고, 절망에서 왕을 벗어나게 하는 것이다.

전도서는 악을 축출하는 산파술mài eutique의 텍스트이다. 이는 왕에게 은

---

43) ▲더욱이 이 사실은 전도서가 정경에 편입해야 할 요건을 정당화시켜주는 역할을 한다.
44) [역주] 프랑스어로는 'logo-sociothérapie'. 심리학자 빅터 프랭클(Viktor Frankl)의 "로고테라피"를 응용하여 만든 조어라고 볼 수 있다.

혜가 다시 임하게 하는 것인데, 다만 그 문제를 본문에서는 명시적으로 거론하지 않는다. 집례자는 병자인 왕과 함께 하기 위해서 왕과 자신을 동일시한다. 그는 왕의 길에 함께 하다가 거기서 떠난다. 그리고 다시 그는 왕의 세계로 돌아와서 왕으로 하여금 나아가게 한다. 왕의 초연한 태도는 싫증과 권태와 무익함에 기인한다. 모든 것이 다 왕에게는 마찬가지다. 아무런 차이가 없다.

그렇기 때문에 본문에서 하나님의 돌연한 등장은 전환점이 된다. 이제 현실에 다시 개입하는 것이다. 그러나 우리가 이 가설을 그대로 인정한다면, 그 텍스트가 기록된 시대는 훨씬 더 이전일 수 있다. 전도서는 우리 시대의 책들과 같이 한 사람의 저자와 하나의 중심사상과 하나의 메시지로 쓰인 것이 아니다. 전도서는 하나의 전례적인 텍스트로서, 일회성에 그쳐야 했던 이 '신분 차이를 무시하는 상황'과 연관된 것이다. 전도서는 아마도 솔로몬 왕이 자신의 통치 말년에 쓰라린 마음으로 기록했던 것을 기반으로 해서, 새로운 요소가 생겨남에 따라 편집자들이 하나둘 축적하고 첨가하면서 확대된 책일 수 있다.

우리는 이렇게도 말할 수 있었다. "회중과 왕솔로몬? 앞에서 전례적인 절차로 암송하고, [개인적, 정치적 문제나 왕과 백성 간의 관계] 문제를 해소하고, 반목을 중재하고, 장래의 난관을 헤쳐나아가려는 목적에서 하나의 텍스트가 마련되었다면, 그 텍스트는 전도서와 다르지 않았을 것이다."45) 이 모든 것이 사실이라면, 전도서가 우리에게 말해줄 것은 아무 것도 없다고 단정을 내릴 수 있다. 일반화하면 안 된다는 식으로 말이다. 그러나 우

---

45) 물론, 솔로몬의 통치 시대와 전도서의 시간적인 커다란 간극은 직접적으로 그 둘을 연관시킬 수 없게 한다. 그러나 "정신적인 책"이라 부를 수 있는 책 속에 기억된 텍스트들이 전파될 수 있는 엄청난 가능성을 고려해볼 때, 전도서는 원래의 전례에서 나온 산물로 볼 수 있지 않을까? 그 점이 전도서의 문체가 무겁고 일탈적인 것을 설명해주는 것이 아닌가싶다.

리는 전도서가 하나님의 영감을 받은 것으로 인정을 받았기 때문에 역사적인 맥락을 넘어서서 보편적인 가치를 지니는 거룩한 성서가 되었다는 사실을 잊지 말아야 한다. 전도서는 계시된 하나님에 관한 진리를 담고 있고, 솔로몬이라는 개별적인 인물을 통해서 인생의 요체를 밝혀주고 있다.

7. 전도서의 구도

이 엄청난 전도서에 관해서 이해하려고 노력하는 가운데 수많은 다양한 이론들 속에서 헤매다가 불가피하게 마주치는 의문이 하나 있다. 이 모든 텍스트들은 시와 사상들로 뒤죽박죽 섞어놓은 것인가, 아니면 하나의 일관적인 구도가 있는가? 많은 학자들이 하나의 구도를 찾으려고 시도했다. 슈라키46)는 전도서의 구도로서 도입부와, '삶과 죽음', '지식과 지혜', '징계와 사랑'의 세 부분으로 구성된 본론과 에필로그를 제시했다. 그러나 1장과 12장은 각각 도입부와 에필로그로 볼 수 있다면, 그 나머지 장들은 훨씬 더 불분명하거나 아예 명확하지 않다. 페데르센47)은 1장부터 6장까지 인생은 살아갈 만한 가치가 없다고 단정하는 첫째 부분이고, 둘째 부분은 그 귀결점들을 말한 것이라고 주장한다. 서로 교환할 수 있는 단원들을 설정하여 부분적으로 본문 구절들을 재배열하는 학자들도 있다. 반면에 글라세르48)와 같은 학자들은 원래의 배열을 엄격하게 지키면서 전도서의 구도를 탐색했다.

---

46) [역주] 앙드레 슈라키(André Chouraqui, 1917-2007), 프랑스의 학자로서 이스라엘의 정치와 종교에 관한 글들을 썼다.

47) [역주] 페데르센(Johannes Pedersen, 1883-1977), 덴마크의 구약학자.

48) [역주] 글라세르(Etienne Glasser), 『전도서의 행복 문제』*Le Procès du bonheur par Qohelet*, Lectio Divina 61, Paris, Cerf, 1970.

그러나 모두를 능가하여 가장 적합한 구도를 찾은 학자는 다니엘 리스49)이다. 그는 하나의 일관적인 구조를 제시하는데 성공했다. 그 구조는 커다랗게 두 부분으로 나뉘어서, 첫째 부분은 이론적인 차원에서 1장 4절에서 4장 3절까지 인간의 조건을 다루면서, 두 개의 하위 단원으로 객관적인 진술, 주관적인 진술, 존재의 이유에 대한 질문을 포함하는 총평과, 시간과 하나님의 정의를 나타내는 운명을 설정한다. 이어서 둘째 부분은 실용적인 차원에서 인간 조건을 개관하는 것과 함께, 두 개의 하위 단원으로 일, 돈 등에 관한 모순들과, 여성, 철학 등에 관한 상대적인 윤리로 구성된다. 이는 정말 잘 분석한 것이다.

그런데 나는 여기에 전혀 동의하지 않는다. 예를 들어, 왜 일이나 돈을 다루는 부분이 윤리에 포함되지 않는가? 왜 불의와 성공은 모순들에 포함되지 않는가? 반복되는 많은 구절들은 어떻게 하는가? 사실상 이런 식의 구도들은 현대 서구의 합리적인 논리에 부합하고, 전통적인50) 사유 방식에는 전혀 맞지 않는다. 합리적이고 과학적인 구성은 전도서의 사상가들과 예언자들의 관심 사항이 아니었다. 그렇다. 나는 각각의 단원에서 하나의 주어진 문제를 다루는, 논리적이고 일관적인 구도는 없다는 결론을 확실히 내리게 되었다.

그렇다면 단원들을 그냥 이어붙인 것인가? 19세기의 역본들이 제시하는 것은 무엇인가? 그러나 4장, 5장, 7장, 9장은 제목을 붙일 수도 없고 어떤 주제에 포함될 수도 없다는 사실은 곧바로 인식된다. 그렇다면 크게 분할

---

49) [역주] 다니엘 리스(Daniel Lys), 『읽은 것을 이해하고 있는가?』*Comprends-tu ce que tu lis?*, Paris, Editions du Cerf, 1972.
50) 나는 『기술 혹은 세기의 쟁점』*La Technique ou l'Enjeu du siècle*에서 책의 구도를 문제 삼는 것은 사실 현대의 과학적인 사유 유형과 함께 나타났다는 사실을 입증했다. 그 사유 유형은 주로(그러나 유일하게는 아니다!) 데카르트의 등장과 함께 형성된 것이다.

할 수 있는 지점들을 찾아볼 수 있을까? 물론 그런 방향으로 시도한 연구가 있었다. 가장 명백한 것은 "모두 다 헛되어 바람을 잡으려는 것이다"라는 말을 각각의 단원의 결론으로 삼는 것이다. 그렇게 해서 8개의 단원들로 나눌 수 있었다. 그러나 각각의 단원 속에서 내적인 일체성을 하나도 발견할 수 없었다. 나는 또 다른 분할 지점을 찾으려고 했다. 한동안 나는 3장 11절과 15절, 5장 17-19절, 9장 7-10절 등의 하나님을 언급한 말씀이 매번 단원의 분할과 변화를 표시하는 것으로 보았다. 그러나 세밀하게 분석한 결과 이 가정이 성립될 수 없음을 알게 되었다. 그리고 나는 다른 분할의 논거를 발견할 수 없었다.

그 의문은 해소되지 않은 채 그대로 남았다. 어떻게 아무런 구도도 없는 이 전도서가 하나의 사상에서 나오는 그런 확실성과 견고성과 일관성과 순수한 구성을 지닐 수 있을까? 그 점은 전도서가 훨씬 더 준엄한 내적인 논리를 따르면서 우리의 교수자격시험 과목보다 극히 더 섬세한 하나의 구도를 지닌다는 사실을 뜻하는 건 아닐까? 혹시 현대소설에서 샹피옹J. Champion과 알랭 로브그리에A. Robbe-Grillet와 같은 작가가 복선들을 흐릿하게 하려고 설정하는 그런 구도와 조금은 비슷한 성격의 구도가 아닐까? 혹은 두 개의 시퀀스들에서 등장한 어떤 상징이 관객을 그 지점으로 유인하기 때문에, 하나의 시퀀스를 떨어진 또 다른 시퀀스에 연결시켜주는 상징적 영상 장치와 플래시백 필름들이 가지는 구도와 같은 것인가? 그것은 드러낼 수 없는 구도이다. 왜냐하면 그것은 메카노51)가 아니고, 아이러니와 은유와 환유와 예변법prolepse과 암시가 들어있는 섬세한 작품이기 때문이다.

이제 의도적으로 산만하게 펼쳐놓은 것 같은 20여개의 중심 주제들을 접하게 된다. 전도서를 보다 보면 서로 상응하거나 맞물리는 성찰들을 접하

---

51) [역주] 프랑스어로는 Meccano. 금속제로 만든 완구제품의 유명한 상표이다.

게 되고, 의문들이 일어났다가도 몇 장을 읽어가다 보면 해답을 찾게 된다. 이는 '울림'écho이라고 부르는 것이 작용하는 것으로 섬세하게 얽혀짐으로써 예술적인 효과를 얻어내려는 것이 아니라 말씀을 접하는 사람으로 하여금 불가피한 결론에 다다르게 하는 것이다. 모든 것이 내가 보기에는 일정한 효과를 얻어내도록 의도된 것이다. 그러나 그것은 어떤 구절은 그냥 넘어가는 식으로 해서 애매한 도덕적 형이상학적 교훈을 추론하려고 하지 말아야 한다는 걸 의미한다. 하나하나의 요소와 하나하나의 단계가 다 중요하다. 함께 엮어나가야 한다. 나는 전도서의 일관성은 하나의 구도가 아니라 하나의 직물구조trame에서 비롯된다는 생각을 하게 되었다.

나는 전도서에서, 다채색 천의 복합적인 직물구조와 같은 것을 보았다. 그것은 처음도 끝도 방향도 찾을 수 없는 것이지만, 천을 구성하는 요소들이 놀라운 방식으로 섞여있는 것이다. 직물의 실들은 얽혀있는 것이 아니라, 그렇게 되면 천은 짤 수가 없다 군데군데 나타나다가 일순간에 모습을 드러낸다. 그러나 그 실들은 깊숙한 곳에 항상 존재했었다는 사실을 알아야 한다. 그 실들이 존재하기 때문에, 전도서는 모든 것이 하나의 일관된 통합체를 이루는 것이다. 그래서 전도서는 격언들과 잠언들과 진부할 수도 있는 교훈들을 수집한 하나의 모음집이 될 수 없다. 그 사실이 모든 구조나 구도를 가로막는 동일한 주제들의 반복 현상들을 설명해준다.

우리는 일을 1장, 2장, 4장, 6장, 9장, 10장, 11장에서 발견한다. 행복은 2장, 3장, 5장, 7장, 8장, 9장, 11장에서 볼 수 있다. 권력은 1장, 3장, 4장, 8장, 10장에 나타난다. 돈과 소유와 죽음과 말에 대해서도 계속해서 이와 같이 열거할 수 있다.

그러나 또 다른 사실을 유념해야 한다. 이 직물구조에는 큰 것과 작은 것이 있다. 여성에 대해서는 단 하나의 텍스트만 있다면, 일에 대한 것은 스무 개 정도가 된다. 정의에 대해서 두세 개가 있다면, 권력에 대해서는 열

다섯 개가 된다. 텍스트의 숫자가 중요성을 말해주는 것은 아니지만, 우리의 성찰에는 유익함을 제공한다.

모든 주제가 아이러니한 시각으로 검토되면서 스쳐가는 가운데, 항상 불변하는 상수들이 있다. 곧바로 헛됨vanité 지혜sagesse라는 두 개의 불변하는 요소들이 떠오른다. 이 둘도 모순적이다. 지혜가 헛됨에 예속된다는 점은 분명하다. 그러나 헛됨에 대한 유일한 무기는 지혜이다. 여기서 우리는 지혜와 헛됨 사이에 벌어지는 논쟁을 보는 것 같다. 지혜는 모든 것의 헛됨을 드러나게 하지만, 지혜 자체도 헛된 것이다. 그러나 지혜자는 모든 헛됨을 넘어서기 때문에 헛됨은 그 적절하고 신랄한 특성을 잃어버리게 된다. 나는 여기서 코헬레트의 가능성 중 하나를 본다. 그러나 전도서는 지혜와 헛됨의 내재적인 불가피한 순환배열의 구도로 끝날 수가 없다. 왜냐하면 전도서는 하나님을 언급하고 있기 때문이다.

내가 이미 지적했던 바와 같이, 그것은 실증적인 주석학자에게는 너무 강한 요리의 맛을 완화시키기 위해서 집어넣는 양념과 같은 경건주의적인 첨가물에 해당한다. 그러나 스스로 이미 너무 나 잘 알고 있다고 판단한 나머지 객관화하는 독서나 성급한 독서를 하는 대신에, 성찰하는 독서에 매진한다면, 하나님을 언급하는 구절들이 중심적이고 결정적인 매듭이 된다는 확신이 점차적으로 깊이 스며들어올 것이다. 그 사실이 산만하게 펼쳐진 요소들을 연결시켜주면서, 또 하나의 모순이 드러나게 한다. 그러나 본문에 하나님이 돌연히 등장하는 것은 보완적인 것이나 부차적인 것이나 부가적인 것이 아니라, 모든 내용 전환에 있어서 핵심적인 것이다.

더욱이 실로 짜는 비유가 아주 오래 전에 이미 있었다는 점은 정말 놀라운 사실이다. "토라52)가 어떤 의미에서 하나님의 이름에 대한 설명이 되는

---

52) [역주] 유대교는 구약성서를 율법서와 예언서와 성문서로 구분한다. 율법서는 모세오경을 말하는 것으로 유대교에서는 가장 중요한 경전이다. 토라(Torah)는 이 율법서를 지칭하는 것이다.

전도서의 구도

헛됨	지혜	하나님
1:1-11		
	1:12-18	
2:1-11		
	2:12-19	
2:20-23		
		2:24-26
	3:1-8	
3:9		
		3:10-17
	3:18-22	
4:1-16		
		5:1-7
	5:8-17	
		5:18-6:2
6:3-12		
	7:1-12	
		7:13-18
	7:19-25	
		7:26-29
	8:1-9	
8:10		
		8:11-13
8:14-17		
		9:1
	9:2-6	
		9:7-10
	9:11-18	
10:1-20		
		11:1-12:7
12:8		
	12:9	
		12:10-14

가? 지카틸라53)의 대답은 토라는 하나님의 이름으로 짜져 있다는 것이다." 그는 그 단어를 사용한 최초의 인물인 것 같다. 그 목적은 하나님의 이름이 토라의 구조54) 속에서 늘 새롭게 등장하는 사실을 알리는 것이었다. "하나님의 지혜를 통해서 토라가 짜인 방식을 알라. 모든 토라는 하나님의 속성들로 직조된 것이다. 그 속성들은 하나님의 다양한 이름들로 직조된다."55)

게다가 뤼소 신부는 실로 짜짓는 직조라는 비유적 개념을 언뜻 파악한 탓에 두 가지 관점의 성찰들이 서로 얽혀있다고 말했다. 그 하나의 관점은 헛됨에 관련된 것으로 욥기에 속한다. 다른 하나는, 훨씬 더 짧고 부정확하게 보이는 것으로, 잠언에 나오는 구절들이다. 그는 독백과 격언을 구분한다. 그렇지만 한편으로 그것은 독백이라기보다는 진술이다. 다른 한편 대립하고 있는 것은 문학적인 형식이 아니라 내용에 있다. 우리는 코헬레트에 있는 이 얽힌 직물구조를 앞에서와 같이 하나의 도표로 만들어볼 수 있다.

8. 모순성의 원리

이 불가해한 전도서를 읽어가는 데서 부닥치는 주요한 난관들 중의 하나를 다시 살펴보자. 그것은 모순성의 문제로서 많은 학자들로 하여금 전도서가 일관성이 없다고 평가하게 하거나 본문을 나누고 분할하게 한 것이다. 가장 주목할 만한 것은 전도서의 다양한 장들에서 인간의 삶의 복합적인 양상들이 일관적으로 다루어지지 않았다는 사실이다. 나는 돈에 대한 텍스트들

---

53) [역주] 조셉 지카틸라(Jeseph Gikatilla, 1248-1305), 중세 유대교의 신비주의 전통인 카발라에 속한 유대교 신비주의자.
54) [역주] 프랑스어로는 texture. 이 단어는 실로 짠 직조물이라는 뜻이다. 거기서 구성이나 구조라는 의미도 연유한다. 이 단어를 쓴 것은 앞에서 언급한 실로 짜는 것(tissage)의 비유에 연결되기 때문이다.
55) [역주] 게르숌 숄렘(Gershom Scholem, 1897-1982), 독일계 유대인 철학자로서 유대교의 신비주의 전통인 카발라를 현대적으로 해석했다.

이나 지혜에 관한 텍스트들을 하나로 모을 수 없다. 왜냐하면 그 주제에 관한 말들이 모순적이기 때문이다. 우리가 앞에서 이미 본 바와 같이 전도서는 끊임없이 모순을 말한다. 전도서는 행복은 아무 것도 아니라고 하고 나서, 인간이 삶에서 합당하게 취할 수 있는 유일한 것이 기쁨과 즐거움을 얻고 최선의 행복 속에서 살아가는 것이라고 한다. 전도서는 지혜와 어리석음은 결국은 동일한 것이라고 하고 나서, 지혜는 제일 귀한 것이라고 한다. 우리는 전도서에서 각각의 주제에 대한 이런 모순들을 계속 발견한다.

이런 모순들은 대충 잊어버리고 넘어갈 것들이 아니라, 정반대로 전도서를 이해하는 하나의 열쇠가 될 수 있다. 성서에는 때로는 시대를 관통하는 놀라운 일관성을 띤 말씀들이 존재한다. 도시에 대해서 내가 밝히려고 했던 바와 같이, 때로는 성서에서 모순되는 말씀들이 발견된다. 그 이유는 무지나 태만에서가 아니라 우리를 궁지로 몰아서 또 다른 진실을 깨닫게 하기 위한 것이다. 전도서보다 더 모순적인 책은 없다. 나는 전도서가 가지는 중요한 의미들 중의 하나가 바로 이 모순들에 있다고 생각한다. 전도서는 우리로 하여금 인간의 실존에 관해서 그 현실뿐만 아니라 진실을 목도하도록 이끌고 촉구한다. 인간의 실존은 그 자체가 본질적으로 모순적이다.

코헬레트는 인간과 하나님의 모순, 죄와 거룩함의 모순, 본성과 은혜의 모순 등에 관해서 우리가 흔히 하는 것보다 더 치밀하게 고찰한다. 그는 그 사실을 부정하지 않는다. 그러나 그는 살아있는 인간 존재와 사회의 내면을 더 깊숙이 파고들어간다. 그는 모든 것에서 인간의 어쩔 수 없는 불합리한 모순의 끔찍한 양상을 드러나게 한다. 정말 모든 것에서 드러나게 한다. 코헬레트는 "헛되다"라고 말하면서 우리는 그 말을 "아무 소용없다"는 뜻으로 받아들인다 팔을 내리고 고개를 숙인 침통한 사상가와 같지 않다. 그는 능숙한 외과의사로서 상처를 쨴다. 그 상처는 모든 인간이 가지는 상처이다. 그는 우리의 신념과 주장과 확신과 집착의 엄청난 마그마가 드러나게 한다.

이 전도서의 중심적인 가이드라인 중의 하나가 바로 이 어쩔 수 없는 모순성이다. 선과 악, 하나님을 향한 순종과 불순종 간에 아무런 구분도 없다. 인간의 모순적인 존재가 있을 뿐이다. 그것이 전부다. 모든 것에서 나타나는 이 모순성이 총체적으로 우리가 "헛되다"라고 말할 수 있게 하는 것이다. 그러나 그것은 포기도 실망도 아니다. 정반대로 코헬레트는 언제나 삶을 촉구한다.

그러므로 이제 비모순의 원리를 텍스트에 적용하지 말고, 모순의 원리를 따라 코헬레트를 읽고 독해해야 한다. 모순의 원리는 코헬레트의 사유의 열쇠이다. 전도서 텍스트의 의미는 바로 이 모순성에 있다. 그 사실에서 출발하여 모순적인 두 개의 자료들을 읽어가야 한다. 여기서 흔히들 내세우는 유명한 모순이 생긴다. 즉, "모든 것이 헛되다"라고 쓴 사람은 동시에 "하나님이 모든 일을 했다"라고 쓸 수가 없다는 것이다. 그런데 이 말씀들은 서로에게 의미를 부여한다. 그 점을 우리는 뒤에 가서 살펴볼 것이다. "헛되다"는 가혹하고 신랄한 선언은 이스라엘의 하나님을 선포하는 구절을 통해서 가치와 조명과 전망을 얻게 된다. 피상적인 해석과는 반대로, 그것은 "매끄럽게 하기 위해 전체적으로 기름칠을 하여" 텍스트의 말씀을 완화시키고 축소시키는 것이 아니라, 아주 예리하고 신랄하게 그 이면을 드러내는 것이다. 이스라엘의 하나님의 또 다른 계시56)가 거기에서 나타난다.

---

56) 크렌쇼는 자신의 논문, "인간의 딜레마와 비판적인 문서"(Le dilemme humain et la littérature contestatiare)에서 합리적인 해석을 취한다. "전통의 책임자들은 자신들의 모든 주장을 부인하는 한 권의 책을 통합할 방법을 발견했다 [...]. 전통은 전통을 부인하는 주장을 무력화시키는 다른 주장들을 첨가함으로써 근본적인 회의주의를 희석시키는 방법을 찾은 것이었다." 그러나 크렌쇼는 코헬레트의 힘은 바로 그 모순성에 있다는 점을 이해했다. "신앙 고백의 선언과 중대한 반론의 표현을 병렬시킨 것은 전기 충격을 주는 것과 같은 효과를 불러일으켰다[...]. 우주에서 하나님만이 숭고한 헌신을 받을 자격이 있다는 엄숙한 고백이 인간의 고통스러운 부르짖음 속에 감추어져 있다. 반대하는 의견과 함께 내놓는 신조 교리의 힘은 바로 거기에 있다. 한 마디로 말하자면, 진리는 신앙 고백과 회의주의 안에 함께 있다." 그러나 왜 한 권의 책에서 그 진리를 발견하기 위해서 여러 명의 저자들을 필요로 할까?

하나님을 언급하는 구절들이 내용을 완화시키는 글이라고 보는 것은 하나님을 언급하는 말은 다 약간은 유치하고 경건주의적인 감상주의라고 보는 기존관념을 따르는 것이다. 모순만이 발전을 가능하게 한다는 사실을 인정해야 한다. 비모순의 원리는 죽은 원리이다. 모순은 커뮤니케이션의 전제 조건이다. 모순만이 존재를 이해하게 하고, 용해를 통한 합치가 아닌 통합을 가능하게 한다. "통합은 동일한 존재들에게는 불가능하다." "모순적인 것들에게만 하나의 관계와 활동과 연합이 존재한다."57)

이와 같은 것이 전도서의 모순성이 주는 교훈이다. 그것은 궁극적으로 모순에 의해서 이해되는 근본적인 실존적 경험인 "삶의 비극적인 자각"58)에 부합한다. 그것은 실존하는 가운데 죽음을 경험하는 것이다. "삶은 비극이다. 비극은 승리도 없고 승리의 소망도 없이 영원히 투쟁하는 것으로 하나의 모순이다."라고 우나무노는 말한다. 그것이 전도서의 전부다. "살아있는 모든 것은 이 모순 속에 있다. 이 모순 속에 있지 않으면 살아있는 것이 아니다."59) 그렇기 때문에 전도서는 계속해서 모순을 말한다. 이제 우리는 모순의 구조와 함께 하나의 중심적인 내용을 파악한 것이다. 그래서 여러 차례에 걸쳐서 나는 아이러니와 역설에 대해 언급했던 것이다.

그러나 우리는 계속해서 더 깊은 성찰을 이어가야 한다. 내가 읽었던 책들 중에서 비셔, 마이요, 루티 등이 지은 책들이 보여주는 가장 큰 결함 중의 하나는 모든 성찰이 몇몇 일반적인 단순한 관념들에 그치고 만다는 것이다. 모든 것이 불합리하다. 사람들은 삶에서 의미를 추구한다. 어떤 사

---

57) 네헤르(A. Neher), 『유배의 우물』 *Le Puits de l'exil*, Paris, Albin Michel, 1966.
58) [역주] 미구엘 드 우나무노(Miguel de Unamuno, 1864–1936), 스페인의 작가. 남유럽의 키르케고르라 불릴 정도로 인간의 삶에 신앙과 이성과 같은 대립적인 요소들이 내재하는 것을 주장하면서, 피와 살을 지닌 개인만이 구체적으로 실존하는 실재라는 '생의 철학'을 구가하였다. 『삶의 비극적인 자각』 *Le sentiment tragique de la vie* 을 1913년에 출판.
59) 몰트만(Moltmann), 『삼위일체와 하나님의 나라』 *Trinité et Royaume de Dieu*, Paris, Editions du Cerf, 1984.

람들은 자신들이 선호하는 의미를 너무 많이 밀고 나아간 탓에 이렇게 말한다. "저자가 은혜에 자리를 내주기 위해서 장소를 소제하고 모든 거짓 지혜들을 다 없애 버렸다." 이런 말에 우리는 만족할 수도 있다. 그러나 이것은 위험한 일반화요 확대적용이다. 왜냐하면 전도서에서 그런 것이 문제가 되지 않기 때문이다.

코헬레트는 단언이나 일반적인 관념 나열에서 멈추지 않는다. 나는 전도서가 격언들의 모음집이 아니라고 이미 말한 바 있다. 전도서를 이해하기 원한다면 대부분의 성급한 독자들처럼 하면 안 된다. 그들은 이렇게 말한다. "맞아. 모두가 다 헛된 것이야. 돈, 지혜, 권력, 가정, 즐거움, 영광, 청춘, …" 그들은 그 사실을 인정하고는 다른 주제로 넘어간다. 그건 아니다. 왜냐하면 반대로 정말 중요한 것은 그 정확한 이유이기 때문이다.

어떤 전체적 내용과 어떤 문맥에서 어떤 관점으로 사랑이나 미래에 대한 지적을 한 것인가가 사람들의 이해에 중요한 영향을 미치는 것이다. 바꾸어 말해서, 중요한 것은 "의인이 자신의 의로움 탓에 멸망하기도 한다"라거나 "지혜는 지혜자를 열 사람들보다 더 강하게 한다"라는 구절과 같은 일반적인 관념이나 돌연한 선언에 있는 것이 아니다. 중요한 것은 입증하는 것이 아니라, "눈앞에 있는 것을 보라. 나는 보았다."라는 말과 같이 보게 하는 것이다. 전체적인 맥락에서 보게 함으로써, 혹시라도 두 개의 단원들 이전에 반대되는 말씀을 보았다 할지라도, 반박할 수 없게 하는 것이다.

전도서의 "모든 것이 헛되다"라는 말은 그런 경우도 있긴 하지만 인간의 죽음을 척도로 해서 나온 말이 아니다. 만약 그렇다면 그런 판단을 쉽게 내릴 수도 있을 것이다. 어떤 미미한 소피스트라도 그걸 알았을 것이다. 거기에는 커다란 지혜가 필요 없다. 그 사실을 "하나님의 말씀"으로 확실히 할 필요는 더더군다나 없다. 중요한 것은 그 말씀의 맥락과 전체적인 문맥에서 인생의 모순적인 것들을 조명하는 것이다. 그러므로 결론에 집착하지 말고, 그 과정을 성찰하자. 그 과정은 전도서의 직물구조를 구성하는 두 번째 요소이다.

9. 전도서와 숙곳 절기

근본적인 문제들을 간략하게 개괄해보는 이 서문에서, 나는 마지막으로 코헬레트가 숙곳60) 절기에서 독송하는 중요한 경전들 중의 하나였다는 사실을 다시 지적하고자 한다. 이 절기는 장막절이나 초막절로서 더 정확히 하자면 나뭇가지로 만든 초막에서 지내는 것이다. 이 절기는 복합적이다. 계절적으로 가을에 열리는 것으로 수확하는 사람들의 나뭇가지로 만든 초막들을 암시하는 농촌의 추수절기이기도 했는데, 신학적으로 발전되어서 전혀 다른 아주 복합적인 성격의 절기가 되었다. 한때는 솔로몬 성전의 봉헌절이 되었는가 하면, 이스라엘이 분열된 뒤에는 여로보암에 의해서 베델 성전의 봉헌절이 되었고, 나중에는 제단의 복구에 따른 예루살렘성전 제사의 회복을 기념하는 절기가 되었다. 그러므로 세 개의 종교적인 행사가 있는 축제로 지냈었다고 말할 수 있다.

현대의 많은 학자들은 주로 성전과 제단 봉헌을 위한 절기로 본다. 이는 전도서도 또한 전례적인 경전이었다는 사실을 말해준다. 그러나 이 절기는 또 다른 차원에서 에스라에 의해서 율법을 다시 읽는 절기였고, 스가랴에 의해서 메시아의 날을 위한 절기로서 야훼 왕국의 선언과 빛의 발현과 예루살렘 도성 안에 생수의 출현을 기념하는 것이었다. 이 모든 사실에 의거해서 그것을 궁극적으로 이스라엘 백성이 하나님의 율법을 지켜야 하는 언약을 위한 절기로 이해하는 알트Alt, 모빙켈Movinckel, 폰 라드von Rad와

---

60) [역주] 숙곳(Souccoth)은 이스라엘이 출애굽한 뒤 처음으로 숙영한 곳이다. 이스라엘은 그것을 기념하기 위하여 초막절(수장절)로 정하고 오순절(칠칠절)과 맥추절과 함께 3대 축제들 중의 하나로 삼았다.

같은 사람들이 많다.

    그러나 이 왕국을 하나님이 받아들인 것을 확인하는 하나님의 왕국 축제라는 사실을 어떻게 잊을 수 있겠는가? 그것은 결국 주님의 축제라는 이름을 가지게 된다. 이 모든 것은 "장막"tente, "오두막"cabane이라는 명칭으로 불린다. 이는 이스라엘 백성의 광야 여정에서 장막 생활을 한 사실을 전통으로 삼은 데서 기인한다. 이스라엘 백성의 광야 경험은 사막의 행진과, 시험과 유혹과 헐벗음과 함께, 자유가 지니는 위험과 예기치 않은 사건과 부닥치는 것이었다. 광야는 이미 주어진 자유와 아직 실현되지 않은 약속의 땅이 분리되어 있는 시간을 의미했다.

    나는 전도서 전체를 이 절기가 지니는 모든 의미들과 연관시켜서 보아야 한다고 생각한다. 전도서는 솔로몬 왕의 책이자 성전 봉헌의 책이며, 위대한 언약의 책이자 나뭇가지로 만든 오두막을 통해 인간의 거주지의 취약성을 알게 하는 책이고, 광야를 통해 소유의 덧없음을 보여주는 책이며, 하나님의 절대적인 왕국의 책이다. 그러나 이와 동시에 전도서는 동절기로 들어가는 늦가을에 모든 생산 활동이 끝나는 때를 기념하는 책이다. 그럼에도 이 시기는 백성에게는 기쁨을 나누는 한 주간의 축제 기간이다. 그것은 백성에게는 축제 자체는 덧없다는 사실을 상기시켜주면서 피조물이 그 의미를 파악할 수 없는, 하나님이 행한 일의 신비와 상징들의 복합성을 생각하게 하는 것이다.

    숙곳의 초막절 절기에서 하나님이 주님이라는 핵심적인 선언을 접하면서, 어떻게 하나님을 언급한 구절들은 원래의 회의주의적인 책에 나중에 첨가된 것이라고 말할 수 있을까? 이 축제의 날에 함께 하는 코헬레트의 존재는 언약과 방황을 증언하고, 방황의 불안정성과 그리고 예루살렘과 성전을 향한 집념을 증언한다. 이 덧없음의 경험을 통해서 이스라엘 백성은 비로소 성전과 율법과 함께 추수와 수확의 모든 것을 주시는 하나님의 언약에 들어갈 수 있다는 사실을 발견한다. 또한 그것은 코헬레트가 열거하는 '때'들을 다 포함하는 메시아의 날에 대한 선포를 지향하는 정향을, 모순되고 알쏭달쏭한 말에 담고 있다. 우리는 지금까지 여기서 전도서의 첫 번째 계열의 주제들을 살펴보았다. 이제 두 번째 것을 보고자 한다.

초막 생활은 일주일 동안 지속된다. 초막절 일주일의 밤들에 관한 하산의 훌륭한 묵상61)을 살펴보자. 매일 밤 유대인들은 이스라엘 역사의 소중한 조상들인 아브라함, 이삭, 야곱, 요셉, 모세, 아론, 다윗을 한사람씩 차례로 맞이한다. 아브라함은 사랑의 덕을 담고 있다. 이삭은 강인한 덕인 엄격함을 구현하고 있고, 야곱은 끊임없이 충격적인 일을 당하면서 끌어안고 우는 사람이다. 요셉은 유배와 왕국을 말하고, 모세는 이스라엘의 영원성을 보증한다. 아론은 대제사장으로서 인간과 공간과 시간을 통합시키는, 지극히 숭고한 존재의 이름을 발설한다. 그 숭고한 존재 안에서 "전쟁 기간에도 너는 샬롬을 사라지게 하거나, 평화의 부름을 벗어날 수 없다... 그리고 마지막으로 다윗은 위대한 호산나, 구원자로서 구원의 선포를 개시한다." 그들이 전도서를 읽으면서 결코 잊지 말아야 할 일곱 개의 빛들이다. 왜냐하면 그 빛들이 전도서를 밝게 비춰주기 때문이다.

이스라엘의 역사에서 이 중요한 일주일에 읽을 책으로 전도서가 선택된 것은 우연도 아니고 역사적인 사건도 아니다. 불안정성과 이원성을 드러내는 절기에 개인적으로 읽는 것이 아니라 모든 백성에게 선포되고 전해지는 전도서는 아무 것도 아닌 무無이자 전부이며, 무거운 의무이자 은혜이며, 제로이자 무한이다. 그런데 가장 경이로운 것은 이 초막절에서 일주일이 지난 후에 여덟 번째 날, 아니 여덟 번째 밤에 "토라 안에서의 기쁨"이라는 특

---

61) 하산(A. Hazan), 『속죄일, 전쟁과 기도』 *Yom Kippour, Guerre et prière*, Jérusalem, Koumi, 1975.

별한 축제의 시간을 갖는다는 것이다. 이는 코헬레트를 읽으면 기쁨62)을 누리게 된다는 의미로 여겨진다.

숙곳의 초막절은 일시적이고 취약한 거처인 장막에서 지내던 때를 기념한다. 개개인은 "엉성한 장막을 야외에 세우고, 그곳에서 삶과 삶의 기쁨을 누려야 한다. 왜냐하면 토라는 초막절 일주일 동안 기쁨에 자신을 맡기고 맘껏 즐기라고 권고하기 때문이다." 인간적인 거처의 취약함과 연약함을 기리는 축제는 오직 하나님에게서 피난처를 찾는 것이다. 매년 한 번씩 모든 안전상태와 확고한 기반들을 뒤집어보는 것이다. "모든 문명들이 소멸하게 되는 것은 세월이 흘러가면서 그 문명들이 역사적으로 주어진 도전들을 제대로 감당할 수 없었기 때문도 아니고, 변화하지 않았기 때문도 아니다. 그것은 그 문명들이 자신들의 미래를 전적으로 자신들의 고유하고 확고한 기반들에 의탁했고, 본래의 신화적 의미들로 견고해진 공고한 체제에 전적으로 의존했기 때문이다. 이집트와 열국의 잘못은 일 년에 한 번씩 일주일 동안 자신들이 이미 이룬 모든 것들을 하나의 작은 오두막으로 옮겨 이사하지 않는 것이다."63)

이제 우리는 코헬레트와 초막절 사이의 밀접한 근본적인 연관성을 살펴보았다. 전도서는 이 취약한 기반을 문제 삼고, 양심을 성찰하게 하고, 모든 공고한 기반들을 흔들어서, 우리로 하여금 역사의 주재자인 절대자의 보호가 없이는 무너질 수밖에 없는 우리의 운명 앞에 서게 한다. 그 점에서 전도서는 어떤 책보다도 더 탁월하다.

---

62) 리스(D. Lys)는 이렇게 강조했다. "이 숙곳의 축제는 혼인과 기쁨의 시간이다. 전도서는 기쁨을 준다."
63) 하산(A. Hazan), 앞의 책.

제1부

헛되고 헛되다

안개, 연기, 무상함, 덧없음, 사라짐, 헛됨

헛된 것에 대한 모든 연구는 베르나노스*의
명언을 표제로 삼아야 한다.

**기만하지 않는 것에 소망을 두고자 한다면,
먼저 기만하는 모든 것에 대해 절망해야 한다.**

전도서의 전체 내용이 이 말에 담겨 있다.

---

* 조르지 베르나노스(Georges Bernanos, 1888–1948), 프랑스의 작가. 1926년 발표한 『악마의 태양 아래서』 *Sous le soleil de Satan*에서, 그는 인간이 거룩한 성품을 좇아 살아갈 때 절망의 유혹을 받게 되지만, 소망을 가지고 인내함으로 끝까지 견딘다면 참된 은혜를 알게 된다고 주장한다. 그때 이 세상의 모든 것이 은혜임을 깨닫게 된다고 한다.

제1부 헛되고 헛되다 안개, 연기, 무상함, 덧없음, 사라짐, 헛됨

"내가 알게 된 것들은 이렇다. 삶의 의미란 생계수단을 얻는 것으로 특히 왕실의 고문이 되는 것이다. 사랑의 환희란 상당한 지참금을 지닌 젊은 처녀를 얻는 것이다. 우정의 행복이란 돈 문제로 곤란할 때 서로 도움이 되는 것이다. 지혜란 다수의 견해이다. 열정이란 연설을 하는 것이고, 용기란 은화 열 냥의 벌금을 낼 위험을 무릅쓰는 것이라는 사실을 알게 되었다. 성의란 가정의 안주인에게 의례적인 감사를 표하는 것이고, 경건이란 일 년에 한 번씩 영성체를 하는 것이라는 사실을 알게 되었다. 이런 것들이 내가 알고 나서 웃을 수밖에 없었던 것들이다."65)

1. '헤벨'

첫 단어부터 턱 막혀버렸다! 헤벨66)을 어떤 말로 번역할 것인가? 전통적으로 오랫동안 헛됨vanité이라고 번역했다. 그러나 20여년 전부터 이 단어의 원래 문자적인 의미는 안개buée라는 사실을 알게 되었다. 그것은 아벨

---

65) ▲쇠렌 키르케고르(S. Kierkegaard), 『대안, 되풀이, 전집 3권』*L'Aternative, Diapsalmata, OEuvres complètes, III*, Paris, Editions de l'Orante, 1982.

66) [역주] 헤벨(hevel)은 헛되다는 뜻을 가진 히브리어 단어의 음역이다. 히브리어 원전의 전도서 본문은 첫 단어인 이 헤벨로 시작한다.

Abel과 동일한 단어이다. 성서를 구체적으로 해석하는 일반적인 시각에서 나오는 의미는 안개, 수증기라고 할 수 있다. 또한 관념론적인 철학의 맥락에서는 영적으로 해석하기도 했다. 간혹 거칠기도 한, 성서의 가장 구체적인 단어들은 영적인 의미를 지닌 어휘로 전환되곤 했다. 가장 고전적인 사례는 루아흐67)로서 숨soufle이나 바람vent이라는 뜻인데 영esprit으로 번역했다. 그러나 구체적으로 해석하는 맥락에서는 그와 반대되는 일이 일어난다. 그것은 구체적이고 현실적으로 접근하는 것으로 예언서나 복음서에서 일상적인 삶에 더 직접적으로 연결될 수 있도록 평범한 말을 쓰는 것이다. 그런데 그것은 아무런 정당한 사유 없이 어떤 말씀들을 저속하게 깎아내리기도 한다.

예전에 영으로 번역한 것을 오늘날 숨으로 번역하는 것은 맞지 않다. 그것은 헤벨을 안개로 번역하는 것과 같다. 그러나 그게 더 정확한 것일까? 왜냐하면 그 단어는 히브리어로 비유적인 의미를 가지기도 하기 때문이다. 그것은 우리가 만든 말이 아니라, "헛되다"는 의미를 가지는 말이다. 그렇다면 왜 "안개 중의 안개"68)로 번역한단 말인가? 개인적으로 나는 그와 같은 말이 가지는 의미를 이해하지 못하겠다.

슈라키Chouraqui는 연기라는 단어를 선호하여, 애석하게도 나는 동의하지 않지만, 다음과 같이 해석한다. "연기 중의 연기와 같이, 모든 것이 연기이다." 그러나 그는 자신의 선택에 대해 합당한 사유를 댄다. "헛된 것은 가치가 없는 것이다. 헛되다고 말하는 것은 주어진 실재에 대한 가치 판단을 내포한다. 헤벨이라는 단어는 구체적인 단어이다[…]. 코헬레트는 실재하는 것에 대해서 가치 판단을 하지 않는다. 전도서는 모든 것이 연기와 같

---

67) [역주] 루아흐(ruach)는 숨이나 영이라는 뜻을 가진 히브리어의 음역이다.
68) [역주] 프랑스어로는 이 구절이 "la vanité des vanités"로서 문자 그대로 번역한다면, "헛됨들 중의 헛됨"이 된다. 저자는 이 프랑스어 구절에 빗대어서 "buée des buées"(안개들 중의 안개)라는 표현을 사용하고 있다.

다는 확인된 사실을 전하는 것뿐이다. 그 단어는 히브리어와 프랑스어로서 구체적이고 비유적인 두 가지 의미에서 해석되어야 한다. 구체적으로 모든 것은 원초적인 연기와 같은 것으로부터 나온 것이고 그곳으로 돌아간다. 그 단어의 비유적인 의미는 달아나듯이 사라지고 마는 모든 실재를 지칭하는 것이다. 코헬레트는 객관적으로 사실을 확인하는 차원에서 말하고 있다."

그런데, 나는 이와 같은 해석에 동의하지 않는다. 먼저 나에게 부닥친 어려운 문제로서 "연기 중의 연기"라는 말의 의미를 잘 알 수 없다. 그것은 무의미한 중언부언이다. 이어서 원초적인 안개에 대한 말은 흔히 하는 표현으로 '수정과 연기 사이에서' 69) 무질서로부터 나오는 질서를 일컫는다. 그러나 그것은 전도서의 내용과는 부합하지 않는 것 같다. 마지막으로 "내가 헛되다고 인정된 행동을 하지 않을 수 있다"는 식의 판단을 '헛됨' 이라는 단어가 내포하고 있다는 이유를 내세우면서, '헛됨' 이라는 단어를 폐기해야 한다는 주장은 근거가 없어 보인다. 코헬레트는 끊임없이 판단을 내리고 있는데 말이다!

나는 실제로 헤벨은 "그냥 원래 그렇다"는 식의 확인만이 아니라 하나의 판단을 내포하고 있다고 생각한다. 부휼는 헤벨이자 연기라는 말은 하나의 가치 판단이다. "그건 세상의 악"이라거나 "그것은 직업이자 일로서 나쁘다"라는 말이 얼마나 많이 반복되고 있는가. 그건 "좋다거나 나쁘다"는 말로 끝이 난다. 그런 사례들이 많이 있다. 위에서 해석한 바대로 그것이 하나님이 인간에게 계시한 그대로의 인간의 실재이지, 구체적으로 존재하는

---

69) [역주] 프랑스어로는 "entre le cristal et la fumée"이다. 이 구절은 프랑스의 생물학자이자 철학자인 앙리 아틀랑(Henri Atlan)이 1979년에 출판한 『수정과 연기 사이』 *Entre le cristal et la fumée* 에서 따온 말이다. 유기체는 모두 다 동일한 구조의 입자로 구성된 수정과 같은 상태로 존재할 수도 없고, 모두 다 흩어져 무질서한 연기와 같은 상태로 존재할 수도 없다. 유기체는 그 둘의 중간 상태라고 할 수 있다. 즉, 유기체의 구성은 완벽하게 동일한 질서와 완벽하게 다른 무질서의 중간에서 이루어진다고 한다.

것에 관한 냉정하고 객관적인 묘사가 아니라고 할 때, 거기에 판단이나 평가가 개입되지 않았다고 어떻게 말할 수 있겠는가? 물론, 그것은 우리가 흔히 말하는, 철학적인 의미의 가치 판단은 아니다. 평가를 위한 이론이나 가치 체계가 여기에 없다. 그러나 인간의 모든 행위와 활동에 내포된 의미들이 함축되어 있고, 일이나 돈에 잘못 부여된 의미들은 제거되어 있다. 모든 실재에 대해 하나의 척도를 적용하는 것이다.

마지막으로 주석학적인 관점에서는 쇼피노의 연구70)가 제일 뛰어나며, 나는 그의 이론을 따를 것이다. 제롬71)은 이미 헤벨이 일반적으로 수증기, 연기, 금방 사라지는 작은 숨souffle 등으로 번역된다는 사실을 알고 있었다. 아람어로 된 바빌론의 탈무드에서도 동일한 단어들인 숨, 허무 등으로 번역된다. 70인역 구약성서에서 비로소 "헛됨"이라는 단어를 발견한다. 쇼피노는 비교할 수 있던 전체 단어들과 비교해야만 그 단어의 의미를 찾을 수 있다고 생각한다. "언어학적인 환경climat은 주어진 맥락과 상황 속에서만 실제 의미를 가진다." 한편으로 헤벨이 나오는 모든 텍스트들을 조사하여 다른 비슷한 단어들과의 관계 도표를 만들어야 한다. 아무튼 헤벨은 다양한 의미를 가지고 있고 많은 것을 연상시키는 단어이다.

전도서 기자는 전도서보다 앞선 구약성서인 욥기, 시편, 창세기 4장 등에서 헤벨이라는 단어를 쓰고 있다는 사실을 이미 알고 있었다는 사실을 유념해야 한다. 그는 창세기 4장의 아벨이라는 이름을 다른 성서들과 연관시켜서 해석할 수 있었다. 그런데 헤벨과 연관되어 사용된 단어들의 일람표는 아주 명백하게 밝혀준다. 이사야서에서는 성과 없는 노력, 환상, 우

---

70) 자끄 쇼피노(J. Chopineau), 『히브리 성서의 헤벨. 구약의 의미론과 주석에 관한 연구』 Hevel en hébreu biblique. Contribution entre sémantique et exégèse de l'Ancien Testament, 스트라스부르그 대학 박사학위논문(thèse doctorat devant l'université de Strasbourg), 1971.

71) [역주] 제롬(Jérôme)은 예로니모(Jeronimo)로 불리우며, 라틴어로는 에우세비우스 소프로니우스 헤로니무스(Eusebius Sophronius Heronymus, 348-420)이고, 라틴어로 번역한 성경 불가타의 역자이다.

상, 죽음과 함께 바람과 숨을 지칭하는 모든 단어들이 헤벨과 연관성을 가진다. 예레미야서에서는 우상, 우상을 섬기는 행위, 허무하게 되는 모든 단어들이 연관된다.72)

헤벨을 복수로 쓰면 우상들을 지칭한다. 코헬레트는 그 사실을 알고 있었다. 어쨌든 우상들이 헛되다거나 우상들은 바람과 같다고 번역할 수 있지 않은가! 아무튼 이사야서와 같이 전도서에서도 그 모든 것은 무익성을 뜻한다. 헤벨은 허무虛無를 뜻한다고 결론을 내릴 수 있다. 현실의 관점에서 보면 취약하고, 진리의 관점에서 보면 거짓이고, 효용성의 관점에서 보면 무익하고, 안전의 관점에서 보면 기만이다.

욥기에서 헤벨은 금세 사라지고 기만적이고 아무런 성과도 없는 것이기 때문에 근본적으로 허망한 것을 나타낸다. 그것은 시편에서도 규칙적으로 발견할 수 있다. 그러나 물론 그것은 가벼운 호흡과 가벼운 바람안개, 수증기?이라는 의미에서 루아흐ruach와도 연관되어 있다. 그리고 전도서에서는 흔히 동의어로 사용되는 단어들을 발견할 수 없다. 전도서 기자는 헤벨이라는 단어 자체의 의미를 뚜렷하게 부각시키려고 했다. 그러나 그가 그 단어의, 과거에 쓰였던 의미들을 다 알고 있었다는 사실은 명백하다.

이 점에서 논쟁이 벌어진다. 한쪽에서는 그 의미는 처음에는 헛됨으로 번역되는 추상적인 것이었는데, 점차 구체화되어, 전도서가 기록될 무렵에는 안개, 연기, 숨을 뜻하는 것이 되었다. 이 논리는 참으로 놀라운 것으로서 일반적으로 구체성에서 추상성으로 옮아가는 상식적인 전개 방식과는 반대가 된다. 다른 쪽에서는 반대로 그 의미가 처음에는 구체적인 것이었다가 점차 추상적이고 상징적이 되었다는 것이다. 때로는 바람으로 때로는 무익하고 헛된 것으로 번역했다.

---

72) 라우하(Lauha)는 헤벨이라는 단어가 신명기, 열왕기, 예언서들에서는 이방민족의 신들을 공박하는데 사용된 단어였다고 말한다.

그러나 나는 그것을 연기로 번역하면서 무無나 제로의 뜻이 아니라고 한 리스Lys의 주장이 옳다고 믿는다. 그것은 연기와 안개로서 흩어져 아무런 것도 남기지 않지만, 무無는 아니다. 게다가 쇼피노는 전도서에서 이 단어의 맥락을 조사했다. 그는 "악"이라는 맥락을 발견했다. 악은 우리가 말하고 범하고 괴로워하는 것으로 고통으로 확인되는 것이다. 그것은 노동으로 수고하고 통증으로 느끼는 것이다. 이런 표현들은 인간의 모든 행위가 허망한 수고로 귀착되는 걸 뜻한다. 그것은 실제로 악이다. 남아있는 것은 아무 것도 없다. 그러나 그것은 무無가 아니다. 왜냐하면 아주 적은 부분이 살아남기 때문이다. 그것은 기쁨이다.전2:10,3:22,5:19 실존은 기쁨과는 반대되는 것으로 묘사된다. 그러나 기쁨은 남아있다!

쇼피노가 보여준 아주 중요한 또 다른 측면은 모든 것이 헤벨이라는 것이다. 그러나 그 모든 것은 한가지이다. 전체와 모든 사람들에게 하나의 운명만이 있다. 헛된 하나의 숨이 있다. 모든 것은 한 곳으로 향한다. 그것은 총체적인 일체성이다. 나는 모든 것을 경험했다. 모든 사람들은 모두가 한가지로 헤벨에 휩싸여서 모든 것이 하나가 되는 것이다. 근본적으로 중요한 것으로 또 다른 점을 지적해야겠다. 그것은 헤벨이 또한 운명을 나타낸다는 사실이다. 전도서는 죽음의 실재를 직면하는 것을 특징으로 한다는 점은 아주 분명하다. 마이요는 처음에 자신의 논집의 제목을 "형제여, 죽음은 필연이라네."라고 했다. 모든 것이 죽음을 향한다. 지혜자도 어리석은 사람과 마찬가지로, 인간도 짐승과 마찬가지로 죽는다.

헤벨이라는 단어는 인간의 행위 전체를 특징짓는 운명이라는 단어로 나타난다. 모든 것은 무의미함이라는 유일한 운명에 굴복한다. 그렇게 때문에 마지막으로 쇼피노는 헛됨73)이라는 전통적인 번역을 유지하면서, 최근

---

73) 라우어(Aare L. Lauha)도 『코헬레트』 *Kohelet*에서 "헛됨"이라는 번역을 유지하고 있음을 유념하라.

에 유행하는 번역을 따르지 않았다. 나는 그가 옳다고 생각한다. 그는 수증기, 안개, 연기, 숨과 같은 구체적인 단어로 번역하는 것을 피해야 한다고 한다. 왜냐하면 그런 식의 번역은 문맥상의 용법보다 어원을 더 중시하게 되기 때문이다. 그리고 그런 번역은 그 프랑스어 단어들이 히브리어 단어와 동일한 뜻을 전혀 내포하고 있지 않는 탓에, 헤벨에 해당하는 프랑스어 단어를 적시하지 못하기 때문이다. 게다가 전도서에서 헤벨이라는 단어의 의미는 하나의 단어를 넘어서서 묵상의 주제가 된다.

예전의 용법들과 전도서의 문맥과 창세기의 헤벨의 의미를 다 고려해야 한다. 왜냐하면 전도서 기자는 언제나 창세기를 눈앞에 두고 있기 때문이다. 그러므로 헤벨은 구체적인 것에서 추상적인 것으로 진화하며, 그것은 "어휘화된 은유"métaphore lexicalisée이다. 그 구체적인 의미는 시리아어와 아람어로 입증되었지만, 그것으로 충분한 것은 아니다.

리스Lys가 제공하는 다양한 언어들의 많은 병행구절들을 통해서, 동일한 뿌리를 가진 단어가 수증기, 입김을 뜻한다는 사실이 입증되지만 그것으로도 충분하지 않다. 그러나 그것들을 유일한 의미로 받아들일 수 없지만, 그런 처음의 의미들을 배제할 수도 없다. 그런 측면에서 두 가지 의미를 다 유지해야 한다. 안개는 아침에 땅에서 올라와 해가 뜨면 사라져버리는 것으로 모든 것이 사라지는 걸 의미한다. 그것은 그 단어를 사실 자체에 국한시킨다는 조건 하에서 사실이다. 그러나 그것은 가변적인 사실이다. 그것은 또한 헛됨을 의미한다. 즉, 어떤 길을 택하여 가는 것이나, 어떤 이득을 찾는 것이 헛되다는 것이다. 그것은 "가치가 배제된" 것이라는 말로도 충분하지 않다.

헛됨이라는 말은 그 말보다 훨씬 더 강한 뜻을 가진다. 헛됨은 먼저 환상이다. 하나의 신기루를 좇는 것이다. 이는 안개와 직접적인 연관성을 가진다. 사람들은 환상을 갖는다. 사람들은 현실을 환상으로 포장한다. 그리고 그걸 과시한다. 그것은 환상의 특징이다. 사람들은 남들이 환상을 가질 수 있도록 선전한다. 그것은 상품을 진열하는 것과 같이 겉모양을 통해 속이는 것으로 화장한 여자, 가면을 쓴 남자와 같다. 그것들은 헛된 것에 빠져 들어간다. 전도서는 그 가면들을 벗기고 그 환상들을 드러나게 한다. 그러나 헛됨이란 스스로를 내세우는 것이고, 자기 자신의 가면에 빠지는 것이고, 남들 속에서 교만한 것이다. 여기서 전도서는 하나의 거울을 제공한다. 너의 실재를 바라보라. 네 자신이 스스로 최고로 만족한 것 중에서 남아있는 것이 무엇이냐?

그리고 헛됨은 미래와 출구가 없는 것으로 내일이 없는 전혀 무익한 것이다. 전도서는 말한다. 무슨 소용인가? 노동을 하고 정치를 하고 돈을 벌고 해서 결국 우리가 얻는 유익은 무엇인가? 헛되거나 헛되지 않거나, 진실로 유익하거나 무익하거나, 우리가 얻는 게 무엇인가? 그렇기 때문에 나는 헛됨으로 번역하는 것을 선호한다. 연기, 수증기, 연기를 늘 염두에 두면서 말이다. 그것이 이 헤벨이 비극적인 개념이라는 네헤르Neher의 의견과 왜 모순되는지 나는 모르겠다.

코헬레트가 하는 말은 모든 것의 덧없음과 무의미함을 비극적으로 선포하는 것이다. 그러나 그 말은 아무 것도 아니라거나 허무라는 것도 아니다. 이는 정확히 헛됨이라는 말의 뜻이 된다. 전도서는 우리에게 먼저 실패로 규정된 운명을 말한다. 그러나 우리에게 운명을 말할 때, 그 말은 아낭케ananké나 파툼fatum이나 모이라74)를 뜻하는 것이 아니다. 운명은 신이 아니다. 운명은 신을 넘어서는 것이 아니고, 인간에게 속한 것으로 인간 가운데 있다. 운명은 인간 조건의 일부분이다. 그러므로 코헬레트가 우리에게 말하는 것은 운명을 통제할 수는 없지만 알 수는 있다는 것이다.

---

74) [역주] 모이라(moïra)는 그리스어로 그 뜻은 배당이나 수명인데, 보통 운명의 여신을 말한다.

이와 같은 많은 해석들의 다양성이 중요한 만큼, 코헬레트가 하지 않는 하나의 질문으로 "그게 무슨 소용이 있는가?"가 존재한다는 사실이 더욱 중요하다. 효용성을 중시하는 우리의 관점에서 그 질문은 핵심적인 것으로 우리가 늘 제기하는 것이다. 그러나 코헬레트는 효용성을 중시하지 않는 입장이다. 전도서는 '일이나 돈이 무슨 소용이 있는가'라고 말하지 않는다. 인생의 근본적인 헛됨은 구체적인 효용성이나 비효용성보다 훨씬 더 중대한 것이다. 물론 일에 대해서 이렇게 말할 수는 있다. "수고하는 사람이 어떤 유익이나 이득을 얻을 수 있는가?" 그러나 그것은 기술과 경제의 효용성과는 상관이 없다. 전도서는 그 질문을 하지 않는다. 왜냐하면 그 문제는 그 사회와는 아주 무관한 것이기 때문이다.

게다가 그것은 이스라엘의 하나님의 계시와는 전혀 관계가 없는 것이다. 나는 이 점에서 근본적인 차이가 존재한다고 믿는다. 한편으로 코헬레트는 효용성을 중시하는 일상적인 시각에서 제기하는 "그게 무슨 소용이 있는가?"라는 현대의 문제를 거부한다. 그러나 전도서가 묻는 질문은 "어떤 유익이 있는가? 그 일로 수고하는 사람에게 무슨 유익이 있는가?"라는 것이다. 이 동일한 의문을 전도서는 계속해서 제기하고 있다. 사람이 어떤 유익을 취할 수 있는가? 그러나 그것은 결코 동일한 질문이 아니다. 코헬레트는 돈으로 얻는 이득을 말하는 것이 아니다. 그는 필요한 모든 것을 다 소유했고 많은 재물을 소비했다. 그는 궁극적인 의미[75]라는 핵심적인 질문에 응답할 수 있는지 그 여부에 대해 말하고 있다.

"그게 무슨 소용이 있는가?"라는 현대의 질문과 "어떤 유익이 있는가?"라는 코헬레트의 질문 간의 모순은 "무엇에"를 "누구에게"로 바꾸면 해소된다. 누구에게 그게 소용이 있는가? 이는 전도서의 본문들이 주는 교훈이

---

75) [역주] 의미라는 뜻의 "sens"라는 단어가 여기서는 대문자로 시작하는 "Sens"로 쓰여 있다. 그 점을 고려하여 "궁극적인(유일한) 의미"로 번역하였다.

다. 우선적인 관심이 누구라는 인간에게 있다. 누구라는 인격, 행위자, 살아있는 존재에게 관심이 있는 것이다. 전도서는 "무엇"에는 전혀 관심이 없다. 그것은 중립적인 것으로 사물이고 기구이고 소유물이고 수단으로서 우리가 무엇보다 우선적으로 인지하는 대상이다. 전도서는 우리의 질문들의 중심을 어긋나게 한다. 왜냐하면 깊은 성찰을 통해서 전도자가 한 것이 바로 이 질문의 전환이기 때문이다. 그것은 코헬레트가 우리를 가장 당혹하게 하는 것이다.

"인간에게 무슨 유익이 있는가?"라는 질문의 뜻은 "인간이 자신에게 불가피하게 주어질 질문들에 대해서 어떻게 응답할 수 있는가?"이다. 우리는 그 대답을 끊임없이 발견한다. 끊임없이 부정적인 대답으로서 "그것은 지혜의 획득이나 죽음의 극복을 위해서는 아무런 소용도 없다"76)라는 것이다.

이 본문이 주는 놀라운 점이 또 있다. 먼저 "헛되고 헛되다"는 구절이 있다. 이 구절을 듣는 것만으로도 감동적인 울림이 있다. 그런데 그 의미는 무엇일까? 사실 그것은 보통 히브리어에서 비교의 최상급 표현 방식이다. 그것은 거의 절대적인 최상급에 해당한다. 즉, 모두가 인정하는 것이다.

---

76) "무슨 소용인가?"("모든 수고가 사람에게 무엇이 유익한가?" 전1:3)라는 코헬레트의 질문을 설명하면서 그 현실적이고 실용적인 성격을 강조한 리스(Lys)의 주장은 일리가 있다. "이트론[히브리어로 유익이라는 뜻]이라는 단어의 뿌리는 남은 것, 잉여, 즉 노력과 결과의 차이를 뜻한다." 우리는 그 뿌리를 전도서에서 18번 발견한다. 이 점은 그 문제의 중요성을 보여주고 있다. 이 유익이라는 말은 전도서가 상업적인 환경에서 기록되었다는 점을 나타낸다고 하는 다후드(Dahood)의 이론을 배제한 점에서 리스의 입장은 또 다시 일리가 있다. 얼마나 단순한 논리인가! 그러나 그것이 근본적인 질문으로 전도서의 존재 이유가 되는지는 나는 전혀 확신할 수 없다. "삶은 수익 좋은 사업이 될 수 있을까?" 내가 보기에는 그것은 코헬레트가 말하는 문제의 핵심이 아니다. 그러나 전도서는 그 질문을 철저하게 제기한다. 왜냐하면 그 질문은 아주 단순한 수준의 직접적인 경험에서 모든 사람이 불가피하게 제기하는 질문이기 때문이다. 그러나 그것은 코헬레트의 궁극적인 질문이 아니다. 전도서의 모든 여정을 통해서 우리는 질문이 또 다른 지평으로 전환되고, 어떤 의미에서 중심 이동이 일어나는 걸 목격한다. 즉, 첫 번째로 제기한 자연스러운 질문에서 출발하여 "유익"(profit)한 것이 아니라 "무익하다"(pour rien)라는 관점으로 모든 문제를 새롭게 갱신하는 것이다.

그것은 완전하게 헛되다는 말이다. 하나의 예외도 없이 헛되다는 것이다. 이 절대적인 최상급은 가치판단을 배제하여, 더할 것도 덜할 것도 없다. 어느 정도 타당한 상대적 가치 등급이 존재하지 않는다. 사물 하나하나가 다 헛된 것이다. 인간의 모든 것과 그 행위의 모든 것을 모아본다면, 그것은 헛되고 헛되다고 할 수밖에 없는 헛된 것들로 묶은 한 다발의 묶음에 지나지 않을 것이며, 그 묶음 자체도 헛된 것이 될 것이다. 나는 모든 것이 오직 헛된 것임을 깨닫는다. 모든 것을 다 둘러보고 나서 얻은 결론은 다 헛되고 헛되다는 것이다.

그 말은 절대적 최상급이라는 점과 함께, 헛됨이라는 단어가 모든 헛된 것들을 수식하는 속격이라는 점으로 설명될 수 있다. 여기에서 속격을 인정한다면 놀라운 결과들을 얻을 수 있다. 즉, 그것은 "모든 것이 헛되다"라는 선언 자체도 헛된 것이라는 뜻이 되게 한다. 그러나 그것은 또 우리에게 부정의 부정을 연상시킨다. 그것은 소멸의 소멸, 종말의 종말, 죽음의 죽음 등으로 이어져서 결국 헛된 것의 소멸에 이르게 된다.

그러나 그것은 헛된 것을 제한하는 경계를 두지 않는다. 그 점은 모든 것이 헛되다는 말 자체에 내포되어 있다. 그러므로 더 이상 구분할 필요가 없다. 코헬레트는 그 점에서 명확하다. 유익한 것과 무익한 것, 실제적인 필요와 인위적인 필요, 가치 있는 것과 가치 없는 것, 의미 있는 것과 의미 없는 것, 올바른 것과 올바르지 않은 것, 의로운 사람과 불의한 사람, 정당한 전쟁과 부당한 전쟁, 역사를 주도하는 계급과 역사에서 배제된 계급 등과 같은 모든 구분은 헛된 것이다. "해 아래에서"[77] 차별할 것은 없다. 우리는

---

[77] 리스(D. Lys)는 "해 아래에서"라는 표현이 전도서에서는 29번 나오지만, 다른 구약성서에서는 발견되지 않는다고 한다. 이 표현은 "하늘 아래에서"나 "이 세상에서"나 이 낮은 곳에서와 같은 말과 뜻이 비슷하다. 그것은 지상의 세계이고 그곳을 넘어서는 곳이 아니다. 그것은 하나님의 영역을 침범하지 않는 인간의 영역이다. 하나님의 처소인 하늘은 하나님을 찾을 수 있는 곳을 말하는 것이 아니라, 하나님의 절대적인 초월성과 비접근성을 말한다. 어떤 학자들은 이 "해 아래에서"라는 말에서 그리스의 영향을 찾아보려고 한

헛된 것을 제한하는 경계의 문제를 다시 살펴볼 것이다. 그 이외에는 어떤 착각도 일으킬 것이 없다. 하나의 계급과 하나의 카테고리가 있을 뿐이다. 선을 그어야 할 영역이나 경계가 없다. 예를 들어 코헬레트에게 악은 구체적인 것이지 관념적이거나 이론적인 것이 아니라는 걸 확인하면서 그 점을 다시 깨닫게 된다. 해 아래에서 모든 것은 헛된 것이라는 단일한 범주에 모두가 다 포함된다.

이러한 코헬레트의 판단은 성격적 특성으로서의 비관주의를 표출한 것이 아니다. 그것은 근거 없이 내린 판단이 아니다. 코헬레트는 하나님의 지혜자가 가진 지식에 속한 비밀을 사람들이 알아볼 수 있게 하고자 애쓴다. 그러나 매번 그는 자신의 모든 경험과 탐구와 성찰에서 동일한 벽에 부딪치게 될 뿐이다. 그렇다면 지혜는 아예 존재하지 않고, 모든 것은 바람과 같으며, 우주의 비밀을 탐구하는 것은 바람을 좇는 것과 같은 것이 된다. 혹은 지혜는 존재하지만, 전달될 수 없어서 모든 것이 헛된 것이다. 왜냐하면 의미 있는 것은 아무 것도 없거나 찾아도 찾을 수 없는 의미만 존재하기 때문이다.

나는 아벨과 연관되는 점도 경시하지 말아야 한다고 생각한다. 우리가 아벨로 번역한 것은 헤벨이다. 아벨은 사라져버리는 안개요 숨이요 연기이다. 그의 이름은 그의 비극을 말해준다. 그는 생존할 수도 없고, 승리할 수도 없고, 후손을 가질 수도 없도록 지어졌다. 그는 죄가 없고 의롭다.78) 아벨은 죽었다. 그는 자신의 형제에게 살해당했다. 그게 그의 이름의 뜻이

다. 그리스어의 유사한 표현과 병행관계가 분명 존재한다. 그러나 또한 거기에는 이집트의 이미지도 존재한다. 이 이미지는 셈족 문화에도, 그리스 문화에도 다 존재한다. 해가 밝혀주는 장소는 인간을 탐구해볼 수 있는 곳이다. 그러나 해는 인간의 삶과 일에 의미를 줄 수 있는 것을 밝혀줄 수는 없다. 그것은 다른 곳에서만 올 수 있는 것이다.

78) ▲히브리서 11장 4절은 그 사실을 정확하게 지적한다. 아벨은 불의한 사람이고, 불쌍한 가인이 저지른 행위를 당해 마땅한 존재라는 점을 입증하려는 현대의 연구는 왜곡된 정당화에 불과하다고 나는 생각한다. 그런 연구는 전도서의 이 되돌릴 수 없는 판단과 충돌한다.

었다. 사실 코헬레트의 말씀을 이해하기 위해서는 이 호칭을 소홀히 하지 말아야 한다고 본다.

모든 것은 우리가 살펴본 의미에서 헛된 것이다. 또한 모든 것은 이미 그런 선고를 받은 아벨이기도 하다. 즉, 모든 것은 아벨의 이름을 지닌다. 그것은 코헬레트가 극히 엄격하게 말하는 것이다. 인간의 눈에 권력과 영예와 성공으로 보이는 모든 것은 이미 헛된 것의 범주에 들어가 있다. 즉, 사라지고 증발하여 후손도 없이 아무 것도 남지 않게 되는 것으로 미리 선고가 확정되어 있다.

그러나 아벨은 의인이고 경건하여 희생 제사를 올렸다. 그것도 역시 아무 소용이 없다. 의인은 살해당하여 죽은 것이다. 그는 아무런 죄도 짓지 않았으나 사라져버렸다. 아벨에 관한 것은 아무 것도 남은 게 없다. 경건하고 신앙심이 깊은 사람도 마찬가지이다. 아벨은 그의 모델이 된다. 그 사람은 죽음도 남들의 사악함도 살해도 막지 못한다. 그 사람은 자신의 종교와 희생과 함께 자신이 살해되는 원인을 제공할 수밖에 없다.

우리 모두가 아벨의 종족에 속한다. 연약하고 죄가 없다는 의미에서가 아니라 죽음의 선고를 받고 소멸하는 존재라는 의미에서 그렇다. 가인 족속을 포함하여 우리 모두는 권력과 무기와 지배력을 얻은 사람들이다. 코헬레트는 아벨과 가인이 헛된 존재라는 점에서 불가분리의 한 쌍임을 우리에게 강력하게 시사하고 있다. 그렇기 때문에 인간의 모든 현실을 경험하는 가혹한 여정을 시작하는 시기에 아벨의 이름이 나온 것이다.

네헤르[79]는 헤벨이 우선적으로 물질이 아니라 인간을 지칭한다고 지적한다. 이 단어의 선택은 처음부터 하나의 임무를 부여받은 인간의 신화에 운명을 덧붙이는 것이다. 아벨은 "또 다른 존재가 아니라 한 형제로 태어났다. 무엇인가가 그가 나오기 전에 존재했다. 아벨의 탄생을 환영한 존재

---

[79] 네헤르(A. Neher), 『코헬레트에 관한 주해』 *Notes sur Qohelet*, Paris, Editions de Minuit, 1951.

가 결국 아벨을 죽이게 된다. 아벨은 소멸할 수밖에 없는 운명으로 날 때부터 숨이요 안개였다. 그 이름은 아벨 자신을 뜻하는 것이다. 안개는 희생제물과 같이 올라가면 사라져버린다. 아벨의 소멸은 완벽한 것으로 그에게는 자녀가 없다. 아벨에게는 존재도 소유도 없다. 그러나 하나님은 아벨의 피의 목소리를 듣는다!" 그것은 전도서의 내용이기도 하다.

네헤르는 자신의 이론을 더 심화시킨다. 가인은 쟁취하고 소유하는 존재이다. "가인은 영원하고 아벨은 탈락한다. 아벨은 아무 것도 남기지 못하지만 가인은 언제나 더 많은 것을 남긴다. 그는 쟁취한 사람이다." 네헤르는 가인이 전도서 2장에 등장한다는 사실을 놀라운 방식으로 보여준다. 모든 행위에 대해 묘사할 때, 카나qanah, 80)라는 동사를 사용하는데 그 동사는 가인이라는 이름의 어원이다. 전도서 2장 10절에서 "쾌락과 권력을 추구하는 파우스트적인 욕망"을 다시 발견한다. 그러나 가인이 많은 수고를 해서 획득한 것을 코헬레트는 헤벨이요 아벨이요 헛된 것이라고 선언한다!

모든 존재는 사실상 아벨의 자손이다. 아벨은 셋Seth에 의해 대체되고 셋은 인류 전체가 된다. 네헤르는 "모든 것이 바람을 좇는 것이다"라는 말씀을 이렇게 해석한다. "해 아래에서 모든 사람들은 아벨의 동반자들이요 그의 자손을 대신하는 사람들이다. 그들은 아벨과 함께 길을 가고 아벨을 대표한다." 네헤르에 따르면 그것이 전도서 4장 15절의 난해한 구절을 해석하는 열쇠가 된다. "나는 해 아래에서, 그의 자리를 대신하는 둘째 아이와 함께, 다니는 모든 사람들을 지켜보았다."전4:15, 81) 이와 같이 모든 사

---

80) [역주] "남녀 노비들을 사기도 하였고 나를 위하여 집에서 종들을 낳기도 하였으며…"(전 2:7)에서 "사기도 하였고"의 히브리어 원어의 음역은 "카나"(qanah)이다. "카나"는 획득하다, 사다 등의 뜻이다. 네헤르는 가인의 이름의 어원이 이 "카나"라는 사실을 지적하면서, 그런 행위를 통해서 전도서에 가인이 등장한다고 주장하는 것이다.
81) [역주] 한글 개역개정판의 번역이 문맥상 맞지 않아서 저자 엘륄이 제시한 프랑스어판 구절을 문자적으로 번역하였다. 참고로 그 프랑스어 구절은 다음과 같다. "J'ai vu tous les vivants qui marchent sous le soleil: avec le second enfant, celui qui se tient à sa place."

람들이 아벨과 함께 길을 간다. 그의 자리를 대신하는 사람은 바로 셋이다. 이와 같이 코헬레트는 아벨이라는 한 인간 안에서 인류 전체를 본다. 그래서 인간을 믿는 신앙은 더 이상 성립될 수 없는 것이다.

2. 진보

진보는 존재하지 않는다. 이는 첫 번째로 확실한 사실이다. 전1:4-10 전도서의 판단이 엄청난 것은 먼저 역사를 자연과 동일시하는 점이다. 그 반대로 보는 것이 우리에게는 익숙하다. 해는 뜨고 해는 진다. 해는 자신의 숙소로 헐떡거리며 갔다가, 잠시 시간이 흐른 뒤에 다시 일어나 나온다. 같은 해이다. 바람은 남쪽으로 불고 나서, 북쪽으로 돌아간다. 그리고 다시 남쪽으로 분다. 강물은 바다로 가되 바다를 다 채우지 못한다. 강물은 어디로 흐르든지 그리로 연하여 흐른다.82) 진부한 사실의 확인이다.

여기서 리스Lys에게 진부하지 않은 것은 해를 비신성화désacralisation한다는 점이다. "이 구절은 노예와 같은 이 해의 가소로운 특성을 강조한다. 그 특성은 해를 신적인 존재로 볼 수 없게 한다. 그 행위는, 예기치 않은 미래의 일을 피하려는 신비주의 종교에서와 같이, 절망적으로 반복하는 것으로 유익한 효과가 없다. 불이 아니라 해를 언급한 것은 영원한 것이 아니라 자신도 피곤하고 남들도 피곤하게 하는 세상에서 피곤한 피조물을 말하는 것이다. 피조물의 수고는 아무 의미 없고 말도 안 되는 것이 명백하다."

포드샤르Podechard는 그 구절이 순환 운동이 아니라 계속되는 반복적인 시작을 말하는 것이라고 아주 정확하게 지적하고 있다. 그러나 그 지적은 영구적인 반복 운동의 무의미함을 말하는 것이다. 무익한 것을 다시 시작

---

82) 특이한 점을 하나 명시하고자 한다. 전도서 본문을 보면 전도서 기자가 바닷물이 증발하고 다시 땅을 적셔서 강물에 수원을 제공한다는 사실을 이미 알고 있는 것 같다.

하는 것이 무슨 소용인가? 마지막으로 마이요Maillot는 자연의 안정성을 인간의 연약함에 견주면서 "자연은 안정적이다"라고 덧붙인다.

이런 자연의 요소들을 근거로 하여, 리스는 가장 극단적인 주장을 다시 내놓는다. "코헬레트는 인간에 관한 시지프스, 다나이데스의 그리스 신화들을 응용하여 그런 자연의 요소들에 관한 그리스 식의 사유를 조롱하고 있다. 코헬레트가 행한 비신화화는 두 차례로 진행된다. 세계를 구성하는 것으로 세계를 설명하는 것은 미흡하다. 우주는 인간의 변화하는 역사에 무감각하다. 우주의 변동은 인간의 변화하는 역사와 같이 의미가 결여되어 있다. 왜냐하면 그것은, 인간의 세대적 계승과 같이 의미 없이 변동해가고 있기 때문이다."

자연의 리듬에 관한 이러한 인식은 진부한 사실의 확인과는 다른 점이 있다. 미세한 변화가 있다는 그 사실 자체가 자연이 영원히 불변하는 것이 아니라는 점을 확인시켜준다. 바람은 미친 사람처럼 사방으로 다닌다. 인간은 어쩌면 종교적인 신화들 밖에서 확고한 근거가 되는 것을 모색해왔을 수 있다. 코헬레트는 자연은 그 근거가 될 수 없다고 넌지시 말한다. 인간은 어쩌면 거기서 어떤 영원성을 추구했을 수도 있다. 그러나 코헬레트는 자연도 역시 영원하지 않다고 말한다.

계절적인 것도 포함하는 자연의 순환에 대한 진부한 사실 확인에서 코헬레트는 인간이라는 주제로 넘어간다. 이제 말하는 것에 진저리가 난다. 더 이상 말을 할 수가 없다. 그러나 "눈은 보아도 족함이 없고 귀는 들어도 가득 차지 아니하도다." 인간은 항상 말진리의? 정보의?의 생산자요 제작자가 되는 것이 아니다. 영속적인 수신자요 소비자로서 보고 듣게 됨으로써, 인간은 말을 멈추는 것이다. 그러나 거기에 변화나 진보는 없다.

근본적인 성찰을 시작할 출발점이 여기에 있는 것 같다. 처음에 코헬레트는 자연적인 질서라는 질서의 이미지를 제공했다. 자연은 하나의 리듬에 따라간다. 자연 자체가 하나의 질서이다. 그러고 나서, 전개되는 모든 말은 우리가 믿는 인간이 만드는 질서는 그리고 지혜는 사실상 하나의 무질서라는 사실을 밝히는 것이다. 인간의 정치적, 사회적 세계에는 질서의 외양만이 존재한다. 코헬레트의 역설적인 사유는 그것이 실제로는 무질서라는 사실을 드러낸다. 그러나 먼저 역설적인 사유가 존재해야 한다. 그런 사유는 궁극적으로 "너의 창조주를 기억하라. 하나님을 경외하라"라는 말씀으로 인도된다. 거기에 참된 질서가 있다.

거기서 나는 미학적인 단계에서 윤리적인 단계로 나아가는 키르케고르의 여정을 생각하지 않을 수 없다. 특히 전도서가 다루는 대부분의 주제들을 훌륭하게 망라한 "대안 문화"[83]는 놀라운 것이다. 전도서는 하나도 인용되지 않았다! 그 주제들 중에는 헛된 것에 부합하는 권태에 대한 뛰어난 분석과 함께, "실용적인 비관주의"에 정확히 들어맞는 것으로서 모든 소망의 부인이 있다. 가치 있는 것이 하나도 없다는 것이다. 특히 사회참여를 하는 것, 친구를 사귀는 것, 결혼하는 것, 기억하는 것, 공직을 가지는 것, 무엇이든 나름대로 즐기는 것과 같은 모든 것이 다 그렇다. 다 헛된 것이다.

"사람들은 우연적인 것을 절대적인 것으로 만든다." 그것이 코헬레트가 밝혀주는 무질서이다. 그것은 우연적이지 않은, 유일하게 절대적인 존재를 찾을 때까지 계속된다. 그러나 기다리다보면, 궁극적으로 그것들은 다 동일한 것들이다. 사람들은 듣는다. 궁극적으로 그것들은 다 동일한 말들이다. 짧고도 진부하고도 시대에 뒤떨어진 이런 지혜의 말을 오늘날 다시 언급하다니! "이미 있던 것이 후에 다시 있겠고 이미 한 일을 다시 할지라. 해 아래에는 새 것이 없나니, 무엇을 가리켜 이르기를 보라 이것이 새 것이 할 것이 있으랴. 우리가 있기 오래 전 세대들에도 이미 있었느니라."전1:9-10

그것은 우리 시대에는 정말 맞지 않고 잘못된 것이다. 그렇다면 어떻게

---

83) 키르케고르, 『대안, 전집 3권』*L'Alternative, OEuvres complètes*, III.

해야 하는가? 그러나 오늘날 모든 것은 다 새로운 것이다. 우리가 발명한 전기, 원자핵분열 등과 같은 것은 결코 들어 본 적이 없다. 그런데 왜 과학의 발명들과 기술 제품들을 나열하고 있는가. 전례 없는 경제적 위기 상황들, 생활수준, 의학, 세계 인구, 정치 제도들 등과 같이 오늘날 모든 것이 다 새로운 것이다.

나는 아이러니한 사례로 에드가 앨런 포우의 『미라와의 토론』*Petite Discussion avec une momie* 을 들 수 있다. 미라를 깨운 학자들은 인간이 발견한 모든 것들을 보여주면 미라가 탄복할 줄 알았다. 그러나 하나씩 보여줄 때마다 미라는 기원전 3000년 전에 그 모든 것을 다 잘 알고 있었다고 거드름을 피웠다. 그런데 포노너 박사Dr Ponnoner가 그에게 간장약을 주자마자 미라는 갑자기 무너졌다. 그는 그런 것을 예전에 본 적이 없다고 말했다.

본래의 주제로 돌아가자. 코헬레트가 기원전 5세기나 3세기에 전도서를 쓸 때, 자신이 살고 있는 근동 지방에 3000년 전부터 새로운 것이 계속 등장해왔다는 사실을 바보가 아닌 바에야 알고 있었음에 틀림없다. 바퀴, 관개시설, 농업, 항해술, 가축 등이 보여주듯이, 진보는 멈추지 않았다. 물론 코헬레트는 이 사실을 알고 있었다. 지금처럼 신속한 것은 아니었다 할지라도 인간의 미래를 향한 근본적인 진보가 이루어졌다. 그러나 코헬레트는 그와 같이 말하는 것이다. 그 구절이 그런 진보를 겨냥한 것이 아니었다는 점은 확실하다.

그는 과학과 기술에 대해서 말하지 않는다. 도구들에 대해서도 말하지 않는다. 그는 전도서 1장 8절에서와 같이 인간에 관해서 말한다. 진보가 만개한 19세기에, 마르크스가 모든 것을 구축한 그 시대에 진보에 대한 확신을 다짐하는 것은 정말 중요했을 것이다. 수많은 사람들이 다짐하는 그 확신은 다음과 같은 한 인간의 주장으로 표현될 수 있을 것이다. "새로운 것이다. 정말 새로운 것이다! 이 세상에 일찍이 없었던 것이다!"

새로운 것을 찾는 것은 불가능하다. 우리는 여행을 한다. 좋은 일이다. 풍경은 바뀌고 신기한 것들과 조명과 풍습이 줄을 잇는다. 오늘날은 카메라로 바뀐 여행객들의 눈은 새로운 것들로 가득 차 있다. 그렇다면 더 말할 것이 있을까? 이제 여기서 대답이 바뀐다. 어디서나 남자는 늘 강한 정복자로서 비정하고 잔인하다. 여자는 노예처럼 비천하다. "찾지 않았는데도 우리는 어디서나 불멸의 죄악이 펼쳐지는 권태로운 광경을 보게 된다. 그것이 지구 전체에 관한 영원한 보고서이다." 오직 죽음만이 해결책이다.84)

오늘날 감히 이런 말을 하는 설교자가 있다면, 신학자들에 의해서 자신의 자리에 대한 중대한 경고를 받게 될 것이다. 그러나 그 말을 한 사람이 보들레르다! 그는 코헬레트의 말을 반복한다. 왜냐하면 그 말은 같은 내용이기 때문이다. 코헬레트는 장식의 효과를 알고 있었다. 솔로몬 왕인 그는 장식을 만든 자로서 파라오나 루이14세처럼 행했다. 그러나 장식 뒤에는 무엇이 있는가? 『황야의 늑대』85)에서 나오는 무대 장식에서와 같이 그 뒤에서 우리는 동일한 광경을 목격하게 된다.

전도서에서는 인간의 진보란 없다. 인간은 언제나 도구들을 더 완벽하게 할 수 있고, 더 많은 것들을 조정할 수 있고, 더 잘 할 수 있다. 그런데 그는 자신의 존재를 넘어서지 못한다. 그의 삶은 달라지지 않는다. 인간은 자신의 조건에, 자신의 공간과 시간에 갇혀 있다. 오늘날의 인간이 오 천년 전의 인간보다 더 현명하지 않다. 그는 더 의롭지도 않고 더 나은 것도 아니다. 그는 아는 것조차 더 많지 않다. 왜냐하면 오늘날 인간이 대량으로 습득하고 문화와 인격으로 통합되지 않은 지식은 본성, 본능, 직관, 관계 등

---

84) ▲샤를 보들레르(Charles Baudelaire), "여행"(Le voyage), 『악의 꽃』 *Les Fleurs du mal*.
85) [역주] 헤르만 헤세(Hermann Hesse, 1877-1962)가 1927년에 발표한 작품 *Der Steppenwolf* 이며, 프랑스어로는 *Le Loup des steppes* 로 번역 출판되었다.

에서 인간이 상실한 지식에 의해 많은 부분이 상쇄되어 버리기 때문이다. 20세기의 급격한 진보를 맞이한 우리 인간들로서는 믿을 수가 없는 이러한 경고를 통해서, 우리는 이 시대에 가장 근본적일 수 있는 문제를 아주 진지하게 고찰해 보아야 할 것이다.

각각의 진보가 실제로 치러야 하는 대가는 무엇인가? 하나의 성과를 얻을 경우, 무엇을 잃게 되는가? 하나의 발명이 이루어질 경우 무엇이 사라지게 되는가? 기술이 하나 늘어날 경우 어떤 새로운 위험을 초래하는가? 코헬레트는 "결국 무슨 유익이 있는가?"라고 물을 것이다. 이러한 질문들에 대해서 충분한 답변을 할 수 없는 한, 진보의 찬가를 그만 멈추어야 한다.86)

1980년의 인간이 어느 면에서나 더 우월하지 않다. 그는 새로운 존재도 아니다. 그는 왔다가 갈 뿐이다. 인간에 관해서 얘기할 수 있는 것은 예전과 같이 그것이 전부 다다. 그는 아무런 흔적도 남길 수 없다. 옛날 사람들에 대한 추억은 남아있지 않다. 물론 인간은 자신이 사용했던 물질들을 흔적으로 남긴다. 그러나 인간 자신에 대해서는 어떤가? 우리 세대는 어떤가? 인간은 장래에 올 사람들에게 어떤 추억도 남기지 못할 것이다.전1:11 그 사실이 우리의 이데올로기와 오만한 태도에 대해서 어떤 의의를 가지는지 유념해야 한다. 그리스도인으로서 우리는 어떤 면에서도 하나님의 나라를 향해 조금이라도 나아간 것이 없다는 사실을 확실히 인식해야 한다. 하나님의 나라는 역사를 통해서 이루어지지 않고, 세계가 점차 기독교로 개종되고 사회가 더 정의로워질 때 임하지 않는다는 사실을 알아야 한다.

현대에 와서는 테이야르 드 샤르댕에서 절정을 이루고 있는 거대한 이 단hérésie의 지속성과 영속성을 확인하는 것은 정말 무서운 것이다. 이 이단

---

86) 자끄 엘륄(Jacques Ellul), "기술 진보의 양가성"(L'ambivalence du progrès technique), *Revue adminitrative*, 1964.

에 따르면, 영적인, 종교적인, 문화적인 진보는 우리로 하여금 하나님의 나라를 향하여 나아가게 한다. 하나님의 나라가 역사의 당연한 결론이고, 강물이 바다로 흘러들어가는 것처럼 인간의 역사가 하나님의 나라에 도달한다는 것이다. 그러나 그것에 대한 많은 경고가 주어져 있다!

하나님의 나라가 새로운 창조를 통해 도래하기 전에, 요한계시록과, 마태복음 24장과 베드로후서 2장과 3장은 세상과 교회가 다 멸망할 최후의 재앙을 향하여 우리의 역사가 나아가고 있다고 선언한다. 먼저 혼란이 일어나서 모든 종교와 경건과 문화와 제도가 무너져버린다. 선량한 테이야르 신부가 설정해놓은 단계들이 연속적으로 전개되는 과정은 존재하지 않는다!

전도서는 여기서 좀 더 나아간다. 역사는 하나님의 나라로 이어지지 않을 뿐만 아니라 아무런 진보도 없을 것이다. 물론 하나의 역사가 존재한다. 그러나 역사 속에서 인간은 인간의 실재라는 면에서 열등한 단계에서 보다 우월한 단계로 나아가지 않는다. 이와 같이 우리는 우리의 서구 사회에 대한 평가를 재고해봐야 한다. 사회에 대한 해석뿐만 아니라 전적으로 진보에 대한 신념에 기초한 마르크스주의 그 자체를 다시 점검해야 한다.

그러나 나는 진보의 부재는 동일한 상태나 정체 상태를 의미하지 않는다는 점을 강조하고 싶다. "이미 있던 것이 후에 다시 있겠고 이미 한 일을 후에 다시 할지라." 이는 양적인, 실용적인 차원의 평가가 아니라 이미 있던 것이 후에 다시 있게 되는 인간의 존재와 행위 양식을 말하는 것이다. 징기스칸은 칼로 사람을 죽였고 우리는 원자탄으로 죽였다. 그 행위의 방법에는 엄청난 변화가 있지만 사람을 죽인다는 행위 그 자체에는 아무런 변화가 없다. 살인과 탐욕과 지배욕은 변하지 않았다. 해 아래에 새로운 것이 정말 없다. 고전적인 방식에 따라 대조적으로 말한다면, 거기에는 양적인 발달은 존재할지라도, 인간의 질적인 발전은 없는 것이다. 우리가 앞에서 살펴본 바와 같이 하나님이 우리에게 계시한 실재의 관점에서 보면 그렇다. 우리는 하나님이 계시한 진리가 우리에게 실재를 보여주기 전까지는, 이 진보라는 환상 속에 살아간다.

우리는 또 다른 반론에 부딪칠 수 있다. 즉, 뛰어난 지혜와 관대한 태도로 아무튼 지금 우리가 말하는 것은 고대의 일반적인 유명한 철학과 같다고 반박하는 사람이 있을 수 있다. 그 철학은 시대는 돌고 돈다는 역사의 순환론이다. 그러면서 곧바로 꽤 많은 그리스 철학자들을 나열하면서, 제국들과 사회들이 생겨나서 발전하고 절정에 도달하여 쇠퇴하고 소멸하고, 다시 모든 것이 새로 시작된다고 할 것이다. 그러나 전도서가 우리에게 말하는 것은 전혀 그런 것이 아니다. 전도서가 말하는 것은 결코 붕괴와 갱신이 아니다. 전도서는 고전적인 생장 과정을 모델로 삼지 않고, 순환적인 모델도 취하지 않는다. 해와 강물에 관해서조차, 전도서는 그 순환적인 특성을 들지 않고, 동일한 것이 계속되는 것을 말한다. 전도서 기자는 해의 여정과 재출현을 좇지 않는다. 전도서 기자는 해가 뜨고 해가 지는, 가공하지 않은 사실을 말한다. 그런 현상 속에 새로운 것은 하나도 없다.

그는 여기서 사건이나 상황의 재현이 아니라 인간 스스로 가지는 자기정체성을 말한다. 사건들은 변한다. 인간 조건과 수준도 또한 그렇다. 그러나 인간이 근본적으로 동일한 존재라면, 코헬레트는 하나의 순환주기나 영원한 회귀를 말하는 것이 아니라 다양하거나 비슷한 사건들로 점철된 선형線形적인 시간을 가리킨다. 그 사건들은 살아있는 존재의 동일성으로 인해서 있으나마나한 것이 되어버린다! 우리가 새로운 것을 접한다고 믿는 것은 어제 일어난 일을 망각한 탓이다. 그러나 우리의 진보 이데올로기를 부정할지라도, 전도서는 그 반대의 이데올로기에 떨어지지 않는다.

그 반대의 이데올로기는 그 시대에 지배적인 경향으로서 과거가 더 좋고, 옛날은 황금기이고, 인간은 쇠퇴하고 있다는 것이다. 그렇지 않다! "옛날이 오늘보다 나은 것이 어찜이냐 하지 말라. 이렇게 묻는 것이 지혜가 아니니라."전7:10 전도서는 간단하게 부정한다. 처음의 황금기라든가 행복했던 과거라는 말을 신뢰하는 것은 터무니없다. 지금 있는 것은 옛날에 있었던 것이다. 더도 덜도 아니다. 게다가 그 과거는 실재와 진리의 측면에서 망각되었다. 우리는 집단적으로나 개인적으로나 옛날을 동경하지 말아야 한다.

이 복잡한 사유 방식이 아직 다 설명된 것이 아니다. 전도서는 예측불가능성을 아주 강하게 피력한다. 그것은 모순적으로 보인다. 나중에 있을 일이 이미 있었던 일이 된다면, 사람들이 일어날 일을 틀림없이 미리 예측할 수 있게 되지 않을까. 전혀 아니다. 먼저 이전 세대에 대한 진정한 기억이 없다.전1:11 코헬레트는 마음을 다하며 지혜를 써서 하늘 아래서 행하는 모든 일을 궁구하며 살펴본즉, 이는 괴로운 것이라고 말을 맺는다. 우리는 과거의 일에서 장래에 대한 어떤 결과나 교훈도 얻어낼 수 없다. 왜냐하면 우리는 과거의 일에 대해 겉으로만 알고 있고, 단편적인 증언들만 가지고 있기 때문이다. 우리는 거기서 가공의 이야기만을 얻을 수 있고 진리를 알 수는 없다. 왜냐하면 모든 것은 망각되기 때문이다.87)

이미 있었던 일이 나중에 있게 될 것은 맞다. 그러나 이미 있었던 일은 지혜자의 삶이건 우매자의 삶이건, 좋은 사례이건 나쁜 사례이건 간에 망각 속에 기억할 수 없게 되고 말았다.전2:16 "뒤에 오는" 사람은 예전에 있었던 일을 다시 하게 된다.전2:12 그것은 성찰이나 지식에서 나오는 것이 아닌 단순한 반복이다. 뒤를 잇는 후세대가 모든 것을 주관하게 될 것이지만, 우리는 그 세대가 지혜로울지 어리석을지 알 수 없다. 애석하게도 우리는

---

87) 전반적인 망각이라는 근본적인 주제는 쿤데라를 생각나게 한다. 그는 자신의 작품 『농담』 *La Plaisanterie* (Paris, Gallimard, 1968)에서 이렇게 그 무서운 진리를 전하고 있다. "사람들은 모두 두 가지 잘못을 저지른다. 그들은 자신들이 하는 일은 하나도 망각되지 않을 것이며, 동시에 모든 일은 다 용서받게 될 것이라고 믿는다. 진리는 모든 일은 다 망각되지만, 하나도 용서받지 못한다는 것이다." 전도서는 마치 복음서의 서문 같다.

그 세대가 우리의 경험에서 아무런 이득도 취하지 못할 것이라는 사실을 확실히 알고 있다. 왜냐하면 우리의 경험은 망각될 것이기 때문이다. 그러므로 미래는 예측불가능하고, 과거는 망각되고, 현재만이 남아있게 된다.

여기에 또 하나의 한계가 있다. 우리에게는 현재만이 남아있다. 히브리어에서는 "존재하다"라는 동사의 현재형을 쓰지 않는다.88) 이와 같이 우리에게는 지금 살아가는 현재만이 남아있다. 그러나 영원이 순간 안에 있다는 식의 진부하고 고전적인 말과 같이 우리의 현재 안에 절대적 존재와 영원이 존재한다고 자랑스럽게 주장할 수 없다.

모든 것이 무無가 되는 것인가? 우리가 시도하는 모든 일은 무無가 되는 것 이외에 다른 길이 없는가? 그렇지 않다. 전도서의 첫 번째 답변을 보자. "이제 있는 것이 옛적에 있었고 장래에 있을 것도 옛적에 있었나니 하나님은 이미 지난 것을 다시 찾으시느니라."전3:15 시대는 망각되고, 이뤘던 업적은 다 사라지고 모든 것이 다 상실되었는데, 하나님은 다시 취하고 모은다. 과거에 사라졌던 것은 미래에도 사라질 것이다. 하나님은 다시 모은다. 하나님은 다시 찾고 확실히 찾는다.

하나님의 기억은 뮈스너89)가 진술한 것처럼 근본적으로 불변하는 것이다. 하나님은 하나라도 잃어버리는 존재가 아니다. 하나님은 노아, 아브라함, 삼손, 예레미아와 같은 개개인들을 다 기억한다. 하나님은 언약을 기억하고, 하늘의 무지개는 하나님이 영원히 기억한다는 표지이다. 하나님은 이스라엘 백성과의 언약을 기억한다.겔16:60; 시105:8-11 기억한다는 동사는 신학적이고 역사적인 의미를 갖는다고 뮈스너는 말한다. 에스겔서에서, "운명의 전환점을 두 번, 예루살렘의 회복은 세 번, 언약은 다섯 번

---

88) ▲단 하나의 예외는 "스스로 있는 자"의 경우이다. [역주: 이는 출3:14절에 나오는 하나님의 이름이다.]

89) 프란츠 뮈스너(Franz Mussner), 『유대인에 관한 소고』 *Traité sur les Juifs*, Paris, Editions du Cerf, 1981.

언급한다. 하나님은 이스라엘과 옛날에 맺었던 언약을 기억한다. 그 기억이 역사를 움직이고 앞으로 나아가게 하면서 운명의 전환점에 도달하게 한다. 하나님의 기억은 하나님의 신실성을 말해주는 것이다." 이것이 하나님은 하나도 잃어버리는 존재가 아닌 이유이다. 하나님은 사라지는 것을 찾는다.

하나님은 아무 것도 잃지도 않고 잊지도 않는다. 그러나 그것은 인간에게는 해당되지 않는다. 한마디로 하자면, 수수께끼와 같이 들릴지도 모르지만, 우리는 신약의 그리스도의 총괄갱신90)을 준거로 삼는다. 그러나 낙심하지는 말아야 한다. "종말의 때를 기다려야 한다면, 재고를 쌓아가듯이 하나님이 그리스도 안에 모두를 집약시킨다는 그리스도의 총괄갱신에 모든 존재가 의존한다면, 우리 손으로 맡은 것이 아무 것도 없다면, 우리에게 어떠한 개선이나 진보의 희망도 없다면, 우리가 과학과 행동의 발전을 진보로 간주한 것이 타당하지 않다면, 우리는 되는 대로 하자는 운명주의에 빠져버리게 되지 않을까?"

이 인간적인, 너무나 인간적인 문제에 대한 반론으로 은혜의 신학을 참고할 수 있다. 모든 것은 은혜이다. 그것은 우리로 하여금 되는 대로 하는 대신에 사도 바울이 전하는 것처럼 극적인 행동을 취하게 할 수 있다. 그러나 우리는 전도서의 본문 말씀 자체를 상고해야 한다. 전도서는 우리에게 놀라운 답변을 한다.

새로운 것은 하나도 없고 모든 것이 무익하고 진보란 있을 수가 없다고

---

90) 자끄 엘륄, 『머리 둘 곳 없던 예수』*Sans feu ni lieu*(대장간 역간, 2013); 『요한계시록: 움직이는 건축물』 *L'Apocalypse: architecture en mouvement*. [역주: 프랑스어로는 'récapitulation'이다. 교부시대에 이레네우스는 그리스도가 만인을 총괄하여 십자가에 죽기까지 하나님에게 순종함으로써 인류를 구속하고 새롭게 하였다고 주장한다. 이를 우리말로는 총괄갱신이라고 하며, 당시에 기독론의 중요한 근간이 되었다. 엘륄은 『개인과 역사와 하나님』*Ce que je crois*의 제3부 5장에서 이 총괄갱신론에 대한 자신의 개인적인 견해를 전개하며 구원의 보편성의 논거로 삼는다.]

서두에서 강력하게 말하고 나서, 전도서는 삶 속으로 깊이 들어간다. "마음을 다하며 지혜를 써서 하늘 아래서 행하는 모든 일을 궁구하며 살핀즉,"전1:13 "내가 큰 지혜를 많이 얻었으므로 나보다 먼저 예루살렘에 있던 자보다 낫다 하였나니,"전1:16 "나의 사업을 크게 하였노라. 내가 나를 위하여 집들을 지으며"전2:4 예술을 발전시켜서 "또 노래하는 남녀와 인생들의 기뻐하는 처와 첩들을 많이 두었노라."전2:8

그는 먼저 어떤 진보도 어떤 훌륭한 일도 없다고 선언하고 나서 그런 행동을 취한 것이다. 바꾸어 말해서, 그런 현실을 확인하고 나서는 어리석은 사람이나 교만한 사람만이 행동을 멈출 것이다. 왜냐하면 그들은 자신의 이름을 영원히 남기고 싶어 하고 역사의 변화나 더 나아가서 인간의 변화를 희망하기 때문이다. 거기에는 모순이 없다. 그러나 반대로 깊은 일관성이 있다. 우리는 그 점을 점차 발견하게 될 것이다. 그러나 과거는 인간에 의해 망각되고 미래는 예측 불가능한 그 시점에서 코헬레트의 지혜가 주는 첫 번째 도덕적인 교훈이 나온다. 인간에게는 현재만이 있다. 인간은 이 현재를 살아야 한다. 코헬레트는 끊임없이 그렇게 말한다. 추억이나 영광스런 미래의 나날들로 도피하지 말라. 오늘 현재 그대로 너는 존재해야 한다. 그것이 전부다.

3. 묵상

헤벨의 안개와 함께 진보의 부재를 확인하고 나서, 이제 다른 차원의 성찰로 나아가야 한다.

새로운 것은 없다. 어제 있었던 일이 내일 있게 될 것이다.

어제 있었던 일은 완전히 망각되었다. 과거는 결코 일어난 적이 없었던 것과 같다.

내일 일어날 일은 알 수가 없다. 예측할 수 있는 가능성은 하나도 없다.91)

우리는 "역사의 교훈"을 기대하지 말아야 한다. "역사의 의미"란 없다. 왜냐하면 의미를 수립하려면 기준점들과 과거의 의미가 있어서 미래를 향한 지향점을 설정할 수 있게 해야 하기 때문이다. 역사는 반복되지 않는다.92) 하나의 역사적 상황은 또 다른 상황에 비견할 수 없다. 어제 일어났던 일에 근거해서 오늘 해야 할 일을 산정할 수 없다.

그러나 해 아래에 새로운 것은 없다. 내일 일어날 일은 새로운 것이 아니다. 그것은 이미 어제 있었던 일이다.

모든 것은 바람이 돌고 도는 듯이 변한다. 모든 것, 즉 그 어떤 것이라도 그렇다. 한 세대가 가고 또 다른 세대가 온다. 그것뿐이다. 강물은 흘러서 자기 길을 간다.

이 순간은 모두를 위한 시간이다. 그것은 모든 것, 즉 그 어떤 것도 예외로 하지 않는 시간이다. 결코 동일할 수도 재현할 수도 없는 모든 행위를 위한 것이다. 그 모든 것에는 기원도 없고 미래도 없다. 왜냐하면 그 반대는 동일한 것이기 때문이다.93)

이런 말들은 분명히 서로서로 모순적이지만 반론을 펼 수가 없다.

이제 우리는 쿤데라94)에 의해 재론되는 딜레마에 직접 부딪치게 된다.

---

91) 우리는 이 예측 불가능성을 제2부에서 살펴볼 것이다.
92) 역사의 교훈을 얻을 수 있다거나 역사적인 시기들과 변화들 사이에서 비슷하거나 동일한 사례들을 추출할 수 있다고 주장하던 시대를 거치고 나서(그 중에 흥미진진한 모델은 토인비가 제시한 것으로, 현대와 로마제국의 멸망을 비교한 것은 의례적인 사례였다), 현재에 와서는 반대로 그와 같은 연구는 불가능하다는 결론에 이르게 되었다. 거기에는 너무나 많은 요인들이 작용하고, 너무나 많은 전혀 다른 변수들이 존재하고, 너무나 이질적인 정신적인 풍조들이 존재한다. 각각의 문화는 각기 개별적인 특성을 지니고, 각각의 시대는 각기 유일하다. 무의미한 일반적인 사실들을 제외하고는 우리가 과거에 대해 시기별로 알 수 있는 것들 사이에 아무런 유사성도 존재하지 않는다.
93) 우리는 제3부에서 "모든 일에 때가 있다"에 관한 시를 살펴볼 것이다.
94) 이어지는 텍스트는 1984년 파리에서 출판된 밀란 쿤데라의 『참을 수 없는 존재의 가벼

영원 회귀란 말도 안 되는 것이다. "어느 날 모든 것이 이미 경험한 바와 같이 반복되고 그 반복이 무한정으로 계속될 경우를 생각해보라." 그건 미친 짓이다. "우리의 삶이 매 순간 무한히 반복되는 것이라면, 우리는 예수 그리스도가 십자가에 못 박힌 것과 같이 영원에 못 박히는 것이다. 얼마나 끔찍한 생각인가! 영원 회귀의 세계에서는 동작 하나하나가 참을 수 없는 책임감의 무게를 지니고 있다. 그것이 니체로 하여금 영원 회귀의 개념은 가장 무거운 짐이라는 말을 하게 했다." 그러나 이 영원 회귀의 신화는 우리에게 이렇게 부정적으로 말한다. "단번에 사라지고 다시 되돌아오지 않는 삶은 하나의 그림자와 유사하다. 그것은 아무 무게가 없고 오늘 이미 죽은 것이다. 무섭고도 아름답고 황홀하기도 하지만, 그 아름다움과 무서움은 아무런 의미가 없다." "같은 사건이 셀 수 없을 정도로 반복된다면 그 사건은 하나의 진영을 형성하고, 그 어리석은 짓은 면죄를 받는다."95)

"그러나 영원 회귀가 가장 무거운 짐이라면, 그걸 배경으로 하는 우리의 삶은 정말 황홀할 정도로 가볍게 보이지 않을까? 그런데 실제로 무거움은 가벼움처럼 무섭고도 아름다운 것일까? 가장 무거운 짐은 우리를 짓밟고 그 아래에 굴복시켜서 지면에 짓누른다. 그러나 동시에 그것은 가장 치열한 삶의 이미지이다. 짐이 무거울수록 우리의 삶이 지면에 더 가까이 근접할수록 우리의 삶은 실재에 가깝고 참된 것이 된다. 반면에 그 짐의 완전한 부재는 인간 존재를 공기보다 더 가볍게 한다. 인간은 날아가고96), 지면에서 멀어져서 반은 실재에서 떨어져 있는 상태가 된다. 인간의 활동은 자유로운 만큼 무의미하게 된다. 무거움이나 가벼움 둘 중에 어느 것을 선택

움』 *L'insoutenable légèreté de l'être* 에서 인용한 것이다.
95) 어떤 역사적 사건이라도 우리가 그 결말을 알고 있다면 무서운 것이 된다. 전쟁의 결말을 알고 있다면 누가 제1차 세계대전을 다시 시작하고 싶어 하겠는가?
96) 숨과 안개와 아벨처럼...

할 것인가? 그것이 파르메니데스Parménide, 97)가 제기한 문제이다.98) 무거움이나 가벼움, 이 둘 중에 어느 것이 긍정적인가? 파르메니데스는 가벼운 것이 긍정적이고 무거운 것은 부정적이라고 답변했다. 그의 말이 타당할까 아닐까? 그것이 문제이다. 확실한 점이 하나 있다. 가벼움과 무거움의 모순은 모든 모순들 중에서 가장 신비하고 애매한 것이라는 점이다."

코헬레트가 우리에게 보여주는 것이 바로 그 모순이다. 코헬레트는 가능한 모든 주제들을 꺼내면서 끊임없이 그 모순으로 돌아간다. 그것은 궁극적인 주제에 다다를 때까지 계속된다.

쿤데라의 말로 다시 돌아가자. 삶이 반복되지 않고 영원 회귀가 존재하지 않는다면, 모든 상황이 다 새로운 것이 된다. 우리는 아무런 사전 지식 없이 결정을 내려야 한다. "어떤 결정이 좋은 것인지 검증할 수 있는 방법이 하나도 없다. 왜냐하면 비교의 대상이 존재하지 않기 때문이다. 모든 상황을 사전 대비 없이 처음으로 겪게 된다. 그것은 마치 배우가 아무런 연습 없이 무대에 출연하는 것과 같다. 그러나 처음으로 연습하는 삶이 삶 그 자체가 된다면 삶은 어떤 가치가 있게 될까? 그러면 삶은 늘 하나의 스케치와 유사하게 될 것이다. 그러나 스케치도 정확한 표현은 못 된다. 왜냐하면 하나의 스케치는 항상 무엇인가를 그려서 하나의 그림을 준비하는 것인데 반해, 우리의 삶이라고 하는 스케치는 아무 것도 그릴 수 없는, 그림 없는 밑그림이기 때문이다."99) 그래서 헛된 것이다.

---

97) [역주] 기원전 5세기의 고대 그리스 철학자. 모든 진리의 근본은 이성이고, 이성에 의해 사유될 수 없는 것은 존재하지 않는다고 주장했다. 그의 철학은 플라톤의 존재론에 커다란 영향을 미쳤다고 전해진다.
98) ▲파르메니데스는 세계를 긍정과 부정의 양극으로 나누었다.
99) 그렇기 때문에 마가리트 미드의 황당한 생각과는 반대로 실험 결혼이란 존재할 수가 없다. 결혼은 같이 동침하는 것이 아니라, 좋은 날들이나 좋지 않은 날들이나 늘 함께 하는 삶의 앙가주망이다. 앙가주망이 없는 결혼은 성립될 수 없다. 앙가주망을 했다면, 실험이란 있을 수가 없다!

독일의 속담에 "한 번뿐인 것은 전혀 없는 것이나 마찬가지다"100)라는 말이 있다. 단 한 번만 일어난 것은 의미가 없다. 단 한 번만 일어난 일은 전혀 일어나지 않은 것과 같다. "삶을 단 한 번만 살 수 있다는 말은 전혀 살 수 없다는 말과 같다." 파르메니데스와는 다르게 베토벤은 무거움을 긍정적인 것으로 보았다. 무겁게 내린 결정은 운명의 소리와 연관된다. 그래야만 한다.101) "무거움과 필연성과 가치는 심층적으로 밀접하게 연관된 세 가지 개념들이다. 필요한 것은 비중 있는 것이고, 무게가 나가는 것이 가치 있는 것이다."

"그러나 반대로 한 사건이 뜻밖의 우연적인 사건들로 많이 얽혀있을수록 더 큰 비중과 의미를 지니게 되는 것이 아닐까? 우연만이 하나의 메시지로 해석될 수 있다. 필연적으로 일어나며 일상적으로 예기되고 반복되는 일은 전하는 메시지가 없다. 우연만이 말한다. 우연은 마술과 같고, 필연이 아니다. 잊을 수 없는 사랑이 가능하려면 처음 만나는 순간부터, 새들이 성 프란체스코의 어깨 위에 앉듯이, 우연적인 사건들이 함께 해야 한다. 그러나 우연을 가벼움이나 삶과 사건의 유일성에 비견할 수 있다고 믿는 것은 커다란 잘못이다. 우연이 운명이나 필연의 반대라는 말도 마찬가지로 잘못이다. 우리는 반대로 썩 좋은 것은 아니라도 우연과 필연이 결합한다는 사실을 인지하게 되었다.

코헬레트는 우연이나 운명에 대해 말하지 않는다. 그러나 냉철한 논쟁을 통해서 코헬레트는 좌우간 우연과 필연을 함께 소멸시키기를 바라는 것 같다. 그는 우연과 필연으로부터 삶에 관한 모든 영향력을 배제해버린다. "인간의 삶은 단 한 번만 있다. 우리는 어떤 결정이 좋고 어떤 결정이 나쁜

---

100) ▲Einmal ist keinmal.
101) [역주] 베토벤은 자신의 현악4중주 16번 마지막 4악장에 이 말을 기록했다. 독일어로는 "Es muss". 쿤데라의 소설 『참을 수 없는 존재의 가벼움』에서 이 말이 언급된다.

것인지 검증할 도리가 없다. 왜냐하면 모든 상황 속에서 우리는 단 한 번만 결정을 내릴 수가 있기 때문이다. 여타의 다른 결정들을 검토할 수 있도록 두 번째, 세 번째, 네 번째의 삶이 우리에게 주어지지 않는다." "한 번뿐인 것은 전혀 없는 것이나 마찬가지다. 역사는 개인의 삶만큼이나 가벼운 것이다. 그것은 참을 수 없을 정도로 솜털처럼, 날아다니는 먼지처럼, 내일 사라지고 말 물체처럼 가볍다." 그것이 문제의 핵심이다. 그것이 논의할 만한 가치가 있는 유일한 것으로서, 코헬레트가 언급하고 있는 것이다.

인간은 두 가지 유형이 있다. 하나는 삶과 역사의 가벼움을 수용하는 인간의 유형이다. 그러나 그 경우 한 번뿐인 것은 전혀 없는 것과 같다는 말도 수용해야 한다. 모든 것은 안개요 헛된 것이다. 다른 하나는 그 사실을 수용하지 않는 인간의 유형이다. 그는 불변의 근거를 원하고 역사의 진로의 예측을 바란다. 베토벤과 같이 "그래야만 한다고? 그래야만 한다."라고 반복한다. 그는 마치 역사는 하나의 스케치가 아니고 완성된 그림인 양 행동한다. 그는 자신이 옳다고 믿고 자신의 활동을 결코 의심하지 않고 확신한다.

그는 코헬레트가 그렇게도 철저하게 부정하는 유형의 인간이다. 왜냐하면 그는 전체주의적인 인간이라고 불리는 모델과 흡사하기 때문이다. 그는 정치적 구호와 같은 말을 하고, 어떤 작은 의문도 떠올리지 않는다. 그가 모르는 것이 하나 있는데 그것은 그가 헛된 존재라는 것이다! 그러나 어떤 회의도 없는 그런 유형의 인간에 비해서, 전체주의체제에 대항하여 투쟁하는 인간은 수많은 의문과 회의를 통해서만 투쟁을 계속할 수 있다.102) 그렇지 않다면, 그도 또한 하나의 진리와 단순한 신념을 대변하는 인간이 되어 똑같은 역할을 맡게 된다.

아벨과 연기와 안개는 확실히 부정적인 뜻을 담고 있는가? 그러나 헤벨

---

102) ▲이는 나로 하여금 권력의 헛됨에 대한 다음 장의 내용을 이해할 수 있도록 도와준다.

은? 우리는 이미 그 말이 "헛되지 않은 것은 아무 것도 없다"103)라는 말과 같지 않다고 했다. 더 나아가서 우리는 쿤데라와 함께 마지막 문제에 접근한다. 가벼움은 사랑의 가능성이다. 유일하고 사라지고 두 번 볼 수 없는 존재만이 전도서가 여러 번 언급했던 기적의 순간에 사랑을 불러올 수 있다. "두 번 볼 수 없을 것처럼 사랑하라." 영구적으로 존재하고 동일한 존재로 반복적으로 출현하는 사람을 어떻게 사랑할 수 있는가? 불변하는 존재를 어떻게 사랑할 수 있는가? 예수는 유일하고 연약한 존재였다. 운명적, 불변적, 숙명적인 것에는 사랑의 가능성이 하나도 없다. 사랑은 순간적인 것과 사라지는 것을 통해서만 실재와 진리로 나타날 수 있다.

"연못가의 다이애나처럼 울고 있는 그의 사랑은 말이 없고 언제나 위협을 받고 있다." 순환하는 것에는 사랑의 가능성이 없다. 의심과 재고를 거치지 않고는 사랑의 가능성이 없다. 운명과 숙명 속에는 사랑의 가능성이 없다. 영원 회귀는 사랑의 모든 가능성을 부정하는 것이다.

하지만, 그렇다면 아벨의 덧없음은 무엇을 뜻하는가?

이 모든 것이 전도서의 중심 내용이고, 우여곡절 속에서 늘 다시 돌아오는 주제이다. 모든 것이 헛된 것이고, 모든 것이 바람과 같이 가볍고, 바람을 좇는 것과 같이 완전히 무익한 것이라면, 과연 코헬레트는 무겁고 견고하고 불변하는 것을 찬성한다는 말인가? 그러나 하나도 새로운 것이 없는 무거움은 모든 것이 헛되다는 사실을 밝혀주는 것이다. 바꾸어 말해서, 코헬레트는 인간이 안정적이고 구체적이고 확정적이고 기득적인 것으로 여기는 모든 것은 바람과 같다는 사실을 보여주려고 집요하게 말한다. 그것은 춤추는 먼지의 유쾌한 가벼움이 아니라 서쪽에서 부는 바람에 사라져버

---

103) [역주] 니체의 『자라투스트라는 이렇게 말했다』*Also sprach Zarathustra*에 나오는 구절이다. 자라투스트라에게 모든 것이 헛되다며 허무주의자인 예언가(쇼펜하우어를 닮은)가 하는 말이다.

리고 마는 연기와 같다.

확고한 것은 아무 것도 없다. 유일하게 확정적인 것은 새로운 것은 아무 것도 없다는 사실이다. 본질적인 것은 결코 변할 수 없다는 사실이 코헬레트로 하여금 인간의 위대한 구상을 무익한 것으로 물리쳐버리게 한다. 불변하는 것은 모든 것이 헛되다는 사실이다. 헛되다는 사실은 불변하는 것은 없다는 것을 보여준다. 그러나 헛되다는 것과 불변한다는 것은 서로 상반되지만, 인간은 이 두 가지로 구성되어있다. 인간에게는 이 두 가지가 다 있다. 그는 안정적인가 하면, 벼락같은 분노를 드러내기도 한다. 그는 안개와 같이 애매한 존재인 동시에, 뚜렷한 자기정체성을 가지고 있다. 그는 가벼움이자 무거움이다. 그는 이 근본적인 이중성을 피할 수 없다. 그것이 코헬레트의 교훈이다. 가벼움이 은혜가 되고 무거움은 영원이 되어 마지막에 모든 것이 변화하는 때까지 그렇다. 하나님은 언제나 영원하고 새롭다. "하나님은 새롭고 영원하다." 그것이 코헬레트가 말하는 의도이다.

4. 권력

코헬레트는 자신이 예루살렘에서 왕이었다고 선포한다. 그는 권력을 탐구했고 다양한 권력 형태들에 대한 지식을 축적해왔다. 여기서 '왕'이라는 타이틀에 현혹되지 말아야 한다. 그 타이틀은 솔로몬이라는 이름에 덧붙인 의례적인 명칭일 수 있다. 혹은 그것이 단순히 예루살렘에 재산을 가진 대소유주를 지칭하는 것일 수도 있다. 아무튼 우리의 기억에는 아직도 1900년대의 "강철왕"이나 "철도왕"이 남아있다. 그런 말에 근거를 두지 말아야 한다. 그럼에도 불구하고 나는 그것이 하나의 의미가 있다고 믿는다. 즉, 코헬레트는 말한다. "권력에 대한 나의 말은 추상적이고 이론적인 것이 아니고, 국외자의 것도 아니다. 나는 왕이었다. 그 결과로 나는 경험적으로 내가 말하는 것이 무엇인지 알고 있다!"

그런 입장에서 권력의 실재에 대한 경이적인 분석이 개진된다. 왕이 첫 번째로 확인한 근본적인 사실은 권력은 언제나 절대적이라는 것이다. 권력을 절대적인 것으로 간주하는 이 확신은 "내가 해 아래서 내 지혜를 다해서 이루어놓은 모든 것을 그에게 물려주어 맡겨야 한다니 "전2:19라는 말씀에서 사용한 단어로 확실해진다. 그 단어는 파괴할 수 있는 가능성과 더불어, 절대적인 주권과 무한한 권위를 지칭한다. 항의해봐야 아무 소용없다. 나는 왕의 말을 통역하는 사람으로서 너에게 권한다. "왕의 명령을 지키라. 이미 하나님을 가리켜 맹세하였음이니라. 왕 앞에서 물러가기를 급하게 하지 말며, 악한 것을 일삼지 말라. 왕은 그 하고자 하는 것을 다 행함이니라. 왕의 말은 권능이 있나니, 누가 이르기를 왕께서 무엇을 하시나이까 할 수 있으랴."전8:2-4

이 구절들은 지혜에 관한 앞의 구절의 대위對位, 104)가 된다. "지혜자와 같은 자 누구며 사리의 해석을 아는 자 누구냐. 사람의 지혜는 그 사람의 얼굴에 광채가 나게 한다."전8:1 여기서 코헬레트는 왕을 위해 일하는 서기관과 같은 입장에 있다. 지혜로운 서기관은 율법들을 해석할 수 있을 뿐만 아니라, 왕 앞에서는 어떤 지혜도 어떤 지식도 소용이 없다는 사실을 알고 있다. 그는 유리한 때를 잡기 위해 주의를 기울여야 한다. 기회를 잡아야 하지만, 그것은 아슬아슬하다.

지혜자는 권력이 없다. 왕은 지혜자가 아니다. 지혜자가 왕의 결정에 대해 항의하는 것은 아무 소용없는 일이다. 왜냐하면 왕은 자신이 하고 싶은 대로 하기 때문이다. 그리고 아무도 왕의 행동에 대한 이유들을 물어서는 안 된다. 독재자나 절대적인 군주와 같다고? 그렇다고 치자. 다국적기업

---

104) [역주] 프랑스어로는 contrepoint. 음악에서 대위법은 주제 멜로디와 다른 멜로디를 병치함으로써 음악적인 효과를 얻는 방법이다. 엘륄에게 있어서 이 대위법은 변증법과 함께 사회의 역사와 개인의 삶을 설명해주는 기본적인 도구이다.

의 이사회나 현대의 정부와 관료기관은 독재자나 군주와 마찬가지로 권위적이고 자의적이고 절대적이다. 설명을 요구하거나 이의를 제기하는 것은 아무 소용이 없다. 권력은 항상 권력이다. 헌법적인 형식에 상관없이 권력은 항상 절대적인 권력의 형태로 회생한다.

그러나 권력은 권력을 행사하는 인물에 따라 변화될 수 있지 않을까? 두 번에 걸쳐서 코헬레트는 우리에게 말한다. 그래도 현명한 제후들의 보좌를 받는 지혜롭고 경험 있는 왕이 더 낫다. 그 제후들은 잔치를 벌이지 않고 연회로 소일하지 않으며 일을 하는 사람들이다. 왕이 자유로운 평민[105] 출신이면 더 낫다. 그러나 거기에 너무 기대서는 안 된다. 왜냐하면 곧바로 전도서의 지혜의 말은 모순을 불러오기 때문이다. 그 모순은 이중적이다.

경험 있는 왕은 어린아이보다 낫다고? 그것은 분명하지 않다. 이에 대한 수수께끼 같은 구절전4:13-16이 있다. 그 구절은 늙고 어리석은 왕과 가난하고 지혜로운 소년을 대립시키는 듯하다. 그 소년은 감옥에 갇히기도 했다가 쿠데타를 일켜서? 풀려났다. 비천하게 태어났지만, 그는 권좌에 오른다. 그 사실은 솔로몬 왕의 계승에 의거한 것일 수도 있고, 전도서가 기록된 시대에, 기원전 3세기쯤이라고 해두자 왕권이 아무 힘이 없던 탓에 범죄자들이 권력을 탈취했던 사실에 의거한 것일 수도 있다. 그런 경우에 해석을 달리 해야 한다. 예를 들어, 감옥에서 나와서 통치하게 된 왕은 통치자임에도 불구하고 신분은 미천한 채로 남아있을 수 있다. 여론과 군중을 비롯한 모든 사람들이 그를 따르고 박수를 친다. 그는 감옥에 있었다가 그런데 왜 두 번씩이나? 모든 사람들의 지지를 받거나 적어도 그들의 동의를 얻어서 왕이 된 것이다. 일이 잘 진행되었다. 백성들은 행복하고 인구는 많았다. "저의 치

---

[105] 이 말은 이스라엘보다는 그리스에서 벌어지는 일과 관련된다고 볼 수 있다. 그리스에서는 각료들이 해방된 노예 출신인 경우가 생겨났다. 그런 경우가 로마제국의 황제 치하에서는 엄청나게 많이 발생했다. 모든 권력이 사실상 과거의 노예들의 손에 넘어갔다.

리를 받는 백성들이 무수하였다."전4:16

  그 사실이 왕권의 엄청난 비신화화를 나타낸다는 점을 잘 헤아리고 있는가? 그러나 아직 결말을 기다려야 한다! "후에 오는 자들은 저를 기뻐하지 아니하리니 이것도 헛되어 바람을 잡으려는 것이로다."전4:16 이것이 지혜로운 왕에 대한 판단이다. 그는 어리석은 왕을 대체하며 모든 백성의 박수를 모았던 소년이었다. 이는 우리에게 얼마나 많은 정치적 격변들을 떠올리게 하는가? 태양 왕이라 불렸던 끔찍한 노인에게서 벗어난 온 백성의 열망 가운데 왕위에 등극한 소년이었던, 사랑 받는 왕 루이15세는 어떻게 되었는가? 왕좌에 오를 가능성이 거의 전무였던 소년으로서 왕좌에 올랐는데, 그는 모든 미덕을 갖추고 비범한 지혜를 가진 것 같았는가? 그의 장례식 행렬은 일반 백성의 무관심 속에 지나갔다. 헛되고 바람을 잡는 것과 같다. 이와 같이 결국은 둘 다 비등비등한 것으로 끝난다. 미래에 대해서 생각해보면 이 점은 더 확실해진다.

  현재 좋은 왕이 있지만, 나중에 누가 뒤를 계승하게 될 것인가?전2:12 이는 수수께끼 같은 구절106)로서 아마도 솔로몬을 계승한 왕들에 대한 좋지 않은 기억을 환기시키는 것이리라! 그게 아니라면 그 누가 권력은 새로운 것을 불러오지 않고 새로운 왕으로부터 아무런 선한 것도 기대할 것이 없다는 말을 할 수 있을까? 그게 아니라면 그 누가 새로운 왕은 예전의 왕이 해놓은 것을 관리하는 수준에 그칠 것이라고 말할 수 있을까? 어쨌든 희망을 가질 것은 하나도 없다.

---

106) 다니엘 리스는 탁월한 연구 검토를 통해서 이 본문에 대한 해석들이 9개가 된다고 밝혀냈다! 게다가 그 해석들은 나에게는 거의 다 비슷비슷하게 보인다. 그러나 리스의 해석만은 아주 흥미롭다. "후계자인 왕은 전임자인 왕이 그렇게 육성해 놓은 존재이다." 유감스럽게도 그것은 솔로몬 왕의 계승에는 썩 잘 적용되지 않았다. 리스는 이를 솔로몬의 "내 탓이오"(mea culpa)라는 말로 여길 수 있다고 추론한다. 물론 그 전제 조건으로 전도서가 "솔로몬에 반대하는 정치적 야당"의 팜플렛이라는 주장을 다시 내세우지 말아야 한다. 아무튼 그것은 지혜가 훌륭한 후계자를 보장할 수도 없고 교육만으로는 왕위 계승을 준비하는데 부족하다는 사실을 입증하는 또 하나의 증거가 된다.

권력의 헛됨을 나타내는 것으로 코헬레트가 명예와 명성과 영광에 대해서 말한 것도 포함되어야 한다. 그것은 어린 왕의 인기전4:13-16에 결부되는 것으로 사람들이 곧 싫증을 느끼는 것이다. "명예가 값비싼 향유보다 더 낫다."전7:1 많은 사람들에게 그것은 의미 없는 진부한 속담과 같은 말에 지나지 않는다.107) 사람들은 단순히 전도서가 아무런 가치도 없는 격언들도 포함하는 모든 종류의 텍스트들을 수집했다고 받아들인다. 사람들이 그렇게도 강력하고 명석한 저자가 쓴 책에 관한 그런 식의 판단을 그렇게 쉽게 받아들인다는 사실이 나에게는 충격적이다. 우리가 이 책을 진부한 책으로 본다는 점이 사실은 우리 자신이 피상적이고 진부한 것을 드러내는 것이 아닌지 우려스럽다. 무엇보다 두 개의 분절分節을 결합시킨 온전한 한 구절을 주목해야 한다. "명예가 값비싼 향유보다 더 낫고, 죽는 날이 태어나는 날보다 더 중요하다." 명예와 영광과 명성은 그렇다 치자. 그러나 왜 그것들을 향유에 비유했을까?

나는 거기에 엄청난 아이러니가 있다고 믿는다. 다른 본문들은 그 점을 확인시켜준다. 그럼 향유의 특성은 무엇인가? 향유는 좋은 향기가 나고, 기분 좋은 느낌을 주지만, 금방 증발해버린다.108) 병을 열어놓는다면 곧 하나도 남지 않고 다 사라져버린다. 바로 그 점에서 명예와 비유된다. 명예도 금방 증발하고, 흩어져 사라져버린다. 향수보다는 덜 빠르겠지만, 그 성질은 같다. 명예는 지속성이 없다. 그렇기 때문에 코헬레트는 계속해서 우리에게 "죽은 사람은 다 잊혀진다"는 말을 반복한다.

죽은 사람들에 대한 기억은 남아있지 않다. 뒤를 잇는 사람들도 아무런 자취도 남기지 못한다. 사람이 악을 저지른 것을 사람들은 잊어버리고, 나

---

107) ▲사람들은 그 구절을 "명예는 황금전대보다 더 낫다"라는 말과 비교하곤 한다.
108) 향수가 기름으로 만들어진 것이 아니라는 것을 조건으로 한다. 그렇지 않다면 기름은 역한 느낌을 준다.

중에 그 사람이 명예를 얻기도 한다. 선을 행한 사람은 사람들의 기억에서 지워진다. 지혜롭고 덕스러운 훌륭한 정치가가 성을 구하였지만, 아무도 그를 기억하지 않는다.전9:15 그와 같이 사람들은 자신들이 박수쳤던 군주를 떠난다. 대중의 여론은 본질적으로 불안정한 것이다. 더욱이 그의 지혜, 민중적인 지혜, 그의 확신, 그의 사상들은 그것들을 나눴던 사람들과 함께 사라지고 만다.

그것을 욥이 자신의 친구들에게 한 통렬한 말과 연결시켜보자. "지혜로운 사람이라곤 너희밖에 없는 것 같구나. 너희가 죽으면, 지혜도 너희와 함께 사라질 것 같구나."욥12:2 이와 같이 그 말씀은 지혜와 명예와 교양은 본질적으로 상대적이고, 일시적이고, 사라지기 쉽고, 불확실하면서, 곧 죽고 말 한 세대 이상 지속될 수도 없다는 사실을 환기시킨다. 사람들은 하나님이 아니다. 사람들은 정치나 진리에 대해서 결코 결론을 내릴 수 없다. 군중으로부터 얻는 명예와 영광은 아무 것도 아니며, 하나님의 계시와 아무 상관이 없다. "백성의 말이 하나님의 말이다"라는 말은 거짓말이다. 이런 항구적인 관점에서 그 구절을 읽어야 한다. "명예가 값비싼 향유보다 더 낫다." 이런 상황에서 영광과 세계적인 명성을 구하는 것은 정말 우스운 일이다.109)

그러면 죽음은 삶보다 더 낫다. 왜냐하면 삶은 끝없이 점점 소진되고, 대중과 사람들의 열광을 포함하는 권력은 하나의 덫에 지나지 않기 때문이다. 그것이 진부한 격언을 사용하여 코헬레트가 전하는 것이다. 코헬레트는 정확하게 현실을 보여준다. 명예를 얻은 위인들을 따라가 보라! 계속해

---

109) 그러므로 나는 마이요(Maillot)가 인용한 뒤에스베르(Duesberg)의 해석과 전적으로 견해를 달리한다. 그는 명예는 죽고 난 후에도 지속되고, 향료 기름은 신생아들을 씻기는 것이라고 말한다. 그러나 나는 마이요의 해석과도 견해가 다르다. 그는 명예의 명칭을 바꾸어서, 존재는 겉으로 드러난 것보다 더 낫다고 해석한다. 그러나 그것은 두 번째 분절과 맞지 않는다.

서 누리는 사람이 누군가? 망각 속에 사라져버리지 않는 사람이 누군가? 정치계의 위인들을 떠올려 보자. 푸앵카레110)나 에리오111)를 지금 누가 기억하고 있는가? 문학계의 위인들을 보자. 아나톨 프랑스112)를 지금 누가 기억하는가? 이는 코헬레트의 관점을 잘 적용한 것이다. 나는 미디어 스타들의 영광을 믿는 모든 사람들에게 19세기의 『그랑 라루스』113)를 읽어보라고 마음 깊이 권한다. 사람들은 1890년에 상당한 명성을 가졌던 수백 명에 이르는 위인들이 한 세기도 지나지 않아서 모두 다 잊혀져버린 사실을 발견하게 될 것이다. 코헬레트가 맞다. 왜 명예를 얻으려고 삶을 낭비하는가. 그 누가 권력을 얻으려는가.

그러나 거기에 더하여, 아주 작은 한 구절이 우리의 주의를 끈다. "왕도 밭에 구속된다."전5:9, 114) 이것은 왕의 위엄에 한계를 보여준다. 바로 위의 구절에서는 "땅"을 언급하고 나서 그 땅을 아이러니하게 밭이라는 차원으로 축소시킨 것은 그냥 그런 것이 아니다. 그것은 어쩌면 나봇의 포도원과 같은 옛날의 역사들을 들추려는 것이었을지도 모른다. 땅과 밭은 또한 조국과 국가가 된다. 이는 권력의 근원과 한계를 보여준다. 왕은 모든 것을 할 수 있다. 그러나 그는 땅을 수호하고 더 많은 땅을 정복해야 할 필요성에 구속된다. "구속"이란 말은 그냥 흘려버릴 수 있는 말이 아니다. 단 한

---

110) [역주] 푸앵카레(Raymond Poincar , 1860-1934), 제1차 세계대전 기간 동안 대통령을 지낸 프랑스의 정치가.
111) [역주] 에리오(Edouard Herriot, 1872-1957), 프랑스의 정치가.
112) [역주] 아나톨 프랑스(Anatole France, 1844-1924), 프랑스의 작가.
113) [역주] 『19세기 세계대백과사전』*Grand Larousse encyclopédique*, 프랑스의 대표적 백과사전으로, 언어학자 라루스가 1866-1876년에 발행.
114) [역주] 이 구절은 문맥상 저자 엘륄이 프랑스어로 번역한 것을 따른다. 한글 개역개정판은 "왕도 밭의 소산을 받느니라", 표준새번역은 "왕이 있으므로 백성은 마음놓고 농사를 짓는다"이다. 참고로 프랑스어 번역 원문은 다음과 같다. "Un roi est asservi à un champ."

마디로 코헬레트는 사람들이 고귀하게 보이려고 하는 현실의 헛됨을 드러나게 한다. 이론의 여지없이, 정치권력은 영토의 방어와 정복과 확보에 구속된다. 영토가 없으면 정치권력은 존재할 수가 없다. 정치권력이 헛되다는 사실이 거기에 있다. 영토는 국가와 민족과 권력의 일부분을 구성하면서, 프랑스의 식민지 정복과 같이 정치권력의 헛됨을 보여주고, 그 헛된 취약성을 드러낸다. 권력은 그 모든 강력한 하부구조와 엄청난 수단들에도 불구하고, 하나의 밭과 같은 땅에 구속된다. 언제나 그렇다.

그러나 코헬레트는 거기서 더 나아간다. 권력이 헛된 것일 뿐만 아니라 사악하다는 것이다. 악에는 두 가지 양상, 즉 불의와 압제가 존재한다. 독자들은 그 말이 아주 새로운 것이 아니라고 생각할 것이다. 예언자들은 그 말을 하고 또 했다. 그러나 여기서, 우리는 더 극단적인 급진성을 발견한다. "내가 세상에 또 다른 것을 보았다. 재판하는 곳에 악이 있고, 공의가 있어야 할 곳에 악이 있다."전3:16 아주 정확히 말해서, 정의가 실행되어야 하는 곳에, 즉 권력이 사람들에게 정의를 시행하도록 수립된 곳에 악이 존재한다는 것이다. 악이 재판관처럼 자리 잡고 있다.

그러나 이 결정적인 말을 더 무겁게 하는 것은 그것이 명확한 사실의 확인이라는 점이다. 코헬레트는 선지자들이 의례적인 교훈으로 하듯이 "왕이 악하다면 회개하고, 불의가 존재한다면 왕은 정의의 길에 다시 들어서야 한다."라고 전하지도 않고, "때때로 권력이 불의에 빠지기도 하고, 또 간혹 선하고 정의로운 권력이 성립되기도 한다. 우리는 권력이 그렇게 되도록 우리 스스로 노력해야 하고, 좋은 제도를 확립할 수 있도록 노력해야 한다."라고 말하지도 않는다. 그것은 모든 정치학자들과 철학자들의 희망 사항이기도 하다.

코헬레트에게는 차별화하는 것도 없고, 절반의 해결책도 없고, 대안도 없다. 그것은 그것일 뿐이고 다른 것이 아니다. 코헬레트가 통고하는 방식은 얼마나 준엄한가! 정의가 임하는 곳에 악이 자리 잡는다. 우연이라고? 그는 우연이 아니라며 한 발 더 나아간다. "어느 지방에서든지 가난한 사람을 억압하고, 법과 정의를 짓밟아도, 너는 그것을 보고 놀라지 말아라. 높은 사람 위에 더 높은 이가 있어서, 그 높은 사람을 감독하고, 그들 위에는 더 높은 이들이 있어서, 그들을 감독한다."전5:8 이와 같이 한 명의 악한 사람이 권력을 잡았을 때 우발적으로 악을 저지르는 것이 아니다. 그는 자신보다 더 높은 지위에 있는 사람들에게 복종할 뿐이다. 그들은 더 사악하다. 그들조차도 더 사악하고 더 높은 지위에 있는 사람들에게 복종한다. 이와 같이 권력의 사다리를 올라갈수록 더더욱 사악한 사람들과 연루된다.115)

바룩은 위에 나오는 구절을 아주 흥미롭게 번역하고 해석한다. "가난한 사람을 억압하는 것을 보게 된다면, 놀라지 말라. 실제로 더 높은 지위에 있는 사람이 그걸 덮어버린다. 그들 위에서 또 다른 권력자들이 있다." 바꾸어 말해서, 압제의 한 요인은 "정치적, 행정적 계급이" 공고하게 결속되어 있다는 사실이다. 불의한 관료에게는 언제나 그를 감싸주는 상급자가 있기 마련이다.

그것이 코헬레트가 경험한 권력이다. 코헬레트는 권력에 악이 존재하는 것은 악한 조직이나 악한 사람들 탓이 아니라고 정확하게 지적한다. "높이 올라갈수록 더욱더 사악하다." 이 말은 누군가에게는 교만으로, 또 다른 누군가에게는 권세의 영으로 받아들여질 것이다. 이는 결코 다르게 바뀔 수가 없다 . 왜냐하면 이 급진적인 판단은 하나님과 연관되기 때문이다. 정의가 있는 인간의 장소는 정확히 악이 군림하는 곳이다. 그러므로 "나는 마음속으로 생각하였다. '의인도 악인도 하나님이 심판하실 것이다.'"전 3:17 달리 말해서, 하나님의 정의 이외의 다른 정의는 불가능하다. 거기서

---

115) ▲항소심이 하급심보다 더 낯은 판결을 하리라는 건 얼마나 큰 환상에 불과한가!

만 정의가 표현될 수 있다. 그러나 그것은 우리로 하여금 인간은 정의에 대한 관념조차도 가질 수 없다고 생각하게 한다. 인간은 악하다. 인간은 권력의 자리에 앉는다. 그렇다면 인간이 어떻게 정의롭게 심판할 수 있는가? 막다른 골목이다.

권력의 또 다른 측면은 압제이다.전4:1,5:8 그것은 더 이상 정치권력과 왕에 관련된 부차적인 문제가 아니라, 형식과 수단을 불문하고 한 인간이 또 다른 인간에게 행사하는 모든 권력과 관련된 핵심적인 문제이다.116) 그는 이상한 말을 한다. 인간은 사물에 대한 권력에 있어서는 제한을 받는 반면에,117) 다른 사람들에 대한 권력은 가질 수 있다. "내가 이 모든 것을 보고 해 아래에서 행하는 모든 일을 마음에 두고 살핀즉, 사람이 권력을 가지고 사람에게 고통을 주는 때가 있다."전8:9, 118)

많은 다른 본문들도 이 사실을 확인시켜준다. 인간에 대한 인간의 권력은 어떤 것이든 악을 행하는 것으로 귀결된다. 결국 세상에는 압제자와 피압제자라는 두 종류의 인간만이 존재한다. 중립적인 존재는 없다. 압제는 가난한 사람들의 눈물과 불행만으로 끝나는 것이 아니다. 더 나아가서, "압제는 지혜로운 사람을 어리석게 만든다."전7:7, 119) 우리는 여기서 중요

---

116) 마이요(Maillot)는 이 본문에 관한 깊은 성찰을 전해준다. "인간은 아는 것이 없는 것처럼 권력도 하나도 없는가? 아니다. 코헬레트는 인간이 한 가지 능력을 가지고 있다는 사실을 발견한다. 그것은 자신의 이웃에 관한 능력이다. 인간은 자신의 삶과 미래와 죽음을 통제할 수 없다. 그러나 인간은 자신의 형제를 통제할 수 있다. 인간은 그를 놓아주지 않는다. 인간의 커다란 권력은 악을 행하는 것이다."
117) ▲바람에 대해서 권력이 있는 사람은 아무도 없고, 죽는 날에 대해서도 마찬가지다. 그리고 오늘날 우리는 사정이 달라져 있다는 사실을 확인할 수 있다. 우리는 사물에 대해 거의 무제한적인 권력을 가지게 되었다. 그러나 그렇다고 사정이 더 나아진 건 아니다.
118) 여기서 나는 플레이아드 역본의 번역을 택했다. 이 번역이 내 생각에 훨씬 더 일관성을 가진 것 같다. 그러나 이 번역은 마소라 텍스트의 구두점을 수정하는 걸 전제로 한다.
119) [역주] 프랑스어로는 "L'oppression rend fou un sage." 한글 개역개정판에서는 "탐욕은 지혜로운 사람을 어리석게 만들고"라고 한다. 여기서는 문맥상 프랑스어 역본을 직역했다.

한 사실을 접한다. 지혜는 압제에 저항하지 않는다. 가난한 사람들과 억압받는 사람들의 흥분된 외침에 놀라지 말아야 한다. 코헬레트는 우리에게 저항하는 가운데 겪는 대학살과 마찬가지로 불합리한 이데올로기들과 헛된 신념들의 분별없는 수용도 다 압제의 산물이라고 선포한다. 이를 착각하지 말자. 코헬레트는 또한 하나님과 연관된 심오한 지혜를 암시하면서, 압제가 그 지혜를 왜곡시킬 수도 있다고 말한다.

지혜의 왜곡이 압제의 자연스러운 결과였다면, 지금은 그것을 현대의 정신적인 압제 수단으로 불러일으키려고 한다. 이 엄청난 악을 피할 수 있는 건 아무 것도 없다. 왜냐하면 지혜조차도 이 악에 저항할 수 없기 때문이다. 지상에서 보상받는 일은 없다. 권력으로 악을 행하고 억압하고 그렇게 행동했던 사람이 끝에 가서도 영예롭게 된다. "나는, 악한 사람들이 죽어서 장례행렬이 따르는 가운데 무덤에 묻히는 것을 보았다... 그런데 사람들은 생전에 그들이 한 악행들을 곧 잊어버린다."전8:10

그들이 죽고 난 뒤에는 그들의 악행에 대해 사람들은 더 이상 얘기하지 않는다. 히틀러와 스탈린이 다시 복권되고 있다! 이제 코헬레트는 분명히 선언한다. 그것 역시 헛된 것이다. 역사의 심판에 대해 희망을 걸거나, 독재자의 사후에 정의가 회복되기를 바라는 것은 환상에 지나지 않는다. 참으로 헛된 것이다. 그러나 그 모든 압제들을 알고 있는 것이 중요하다.전4:1 그 압제들의 특징은 한계가 없는 것이다. 하나의 압제에서 또 다른 압제로 이어지면서 멈추지 않는다. 그리고 거기에는 위로하는 사람이 없다.

코헬레트는 여기서 주목할 만한 말을 한다. 그는 "위로의 부재"가 아니라 "위로자"의 부재를 말한다. 위로는 환상이고 헛된 것이다. 사람이 있어야 하다. 그가 말하는 사람은 재판관이나 우리는 재판관의 권력이 헛되다는 사실을 보았다! 상황을 개선시킬 사람이 우리는 하나의 압제에서 또 다른 압제로 옮겨간다는 사실을 알았다! 아니다. 그가 말하는 사람은 위로하는 사람이다. 그 사람은 억압받는 사람에게 혼란스러운 헛된 말이나 헛된 소망이 아니라 압제에 대한 근본적인 인식을 가져다주는 사람이다. 그러나 그는 고통과 폭력과 눈물 속에서전4:1 억압받는 사람을 지켜주는 동시에, 위로와는 차원이 다른 소망을 가져다준다. 신중을 기해서 말하자면, 그 소망은 한 인간에게 충만하게 육화된 소망이다. 위로하는 사람은 자비의 행위를 제공하는 것이 아니라, 자신의 존재 자체가 온전한 위안이 되는 것이다.

코헬레트는 그런 위로자를 모르고 또 그 존재를 확신할 수 없기 때문에 이렇게 결론을 맺는다. "아직 살아 숨 쉬는 사람보다는, 이미 숨이 넘어가 죽은 사람이 더 복되다."전4:2 죽음이 삶보다 더 좋다는 말은 성서에서는 아주 보기 드문 예이다. 그러나 우리는 곧 코헬레트가 그 말을 상쇄하는 말을 하는 걸 보게 될 것이다. 이 말은 압제와 직접적으로 관계가 있다. 인간이 인간을 억압하고, 억압당하는 사람은 아무런 도움도 구할 수 없고, 아무도 그의 눈물을 닦아주지 않고, 폭력이 곳곳에 난무하고, 위로하는 사람은 존재하지 않기 때문에, 죽음이 삶보다 더 나은 것이다.

이런 상황에서 참다운 삶은 없다. 헛됨과 악함에 뒤이어서, 권력의 부정적인 마지막 속성은 어리석음이다. 우리는 이미 왕도 어리석은 존재가 될 수 있다는 사실을 보았다.전4:13 그것은 "헛된 것"이 아니라 악한 것이다. "어리석은 사람을 높은 자리에 앉혔다."전10:6 누가 그렇게 했는가? 그 본문은 이상하고도 모호하게, 그것은 아마도 "주권자"가 범한 "잘못"일 것이라고 한다. 어쩌면 그 말은 하나님을 겨냥한 것일 수도 있다. 그와 같이 어리석은 사람에게 권력을 넘겨주거나, 권력을 어리석은 것으로 간주하는 것이 하나님일 수도 있다. 그럴 수도 있지 않은가. 아무튼 이 가설은 정치 권력은 정의로울 수밖에 없는 하나님의 뜻에 따라 세워져서 왕권에 정통성을 부여한다는 이론을 무너뜨린다. 그게 아니라는 것이다. 통치자가 잘못을 범하는 것처럼전10:5 하나님이 잘못을 범하기도 하는 것같이 보인다. 우리에게는 권력이 존재한다. 그러나 우리는 권력을 행사하는 것이 어리석을 수 있다는 사실을 확인하게 되었다.

헛됨과 압제와 어리석음이라는 세 장의 카드로서, 우리는 인간의 권력을 모두 다 규정지을 수 있다. 끝으로 대부분의 모든 다른 헛된 것들의 경우와는 반대로, 권력에는 어떤 보상도 어떤 유보도 어떤 변증법도 적용되지 않는다는 사실을 주목해야 한다. 모든 권력을 그렇게 규정하는 데는 유보나 여지를 둘 것도 없다.

그럼에도 불구하고, 마지막으로 지적할 점이 있다. 그 본문 전체를 볼 때 그 내용은 당혹스럽게 여겨진다. "어리석은 사람을 높은 자리에 앉히고, 부자들120)을 낮은 자리에 앉히는 것이다. 내가 보니, 종은 좋은 말을 타고, 상전은 종처럼 걸어 다니는 일이 있더라."전10:6-7 이는 물론 우리의 평등한 민주주의적 정서로 보면 충격적이다. 왜 부자들은 높은 자리에 앉아야 하는가. 아무튼 종이 말을 타고 주인이 걸어가는 것도 괜찮지 않은가 말이다. 이를 설명하느라 코헬레트에게 부자는 자신의 지혜를 통하여 부를 얻은 사람을 의미한다고 말할 수도 있다. 그러나 나는 거기에 착오가 있다고 본다.

부자는 지혜로운 지혜자가 아니다. 그는 권력자이기도 하다. 부자는 자신의 부를 자신이 얻은 지식지혜가 아닌을 통해서 얻었다. 그 본문이 말하는 것은 어찌됐든지 어리석은 사람보다는 영리한물론 사악한 사람이 권력을 얻는 것이 낫다는 것이다. 그와 마찬가지로 종은 통치 능력이라곤 전혀 없는 사람인 반면에 상전은 겉으로 보기에는 더 많은 능력을 가지고 있다. 특히 말을 다룸으로써 전쟁을 수행하는 면에서 그렇다. 그게 전부다. 현실적이

---

120) [역주] 표준새번역은 '존귀한 사람'으로 번역했지만, 개역개정판은 '부자들'이라고 번역했다. 히브리어 원문을 보면 '부자들'이 더 적합해 보인다.

고 급진적인 코헬레트는 권력을 누리고 행사하는 사람을 높이 평가한다기보다는 억압자로서 덜 해로울 수 있는 사람을 인정해주자는 것이다. 이는 권력에 대한 코헬레트의 비관적인 태도와 일치하는 것 같다.

코헬레트가 말하는 것은 권력의 헛됨이지만, 그것은 또한 권력의 실패, 왕권의 실패를 뜻하기도 한다. 여기에 관련되는 왕은 솔로몬 왕이다. 그러므로 위대한 왕, 지혜로운 왕의 실패가 길게 서술되어 밝혀진다. 왜 그 왕이 솔로몬이어야 하는지 잘 이해할 수 있다. 그런데 논의를 조금 더 발전시킬 수도 있다. 최근의 연구121)는 지혜의 속성은 이스라엘의 주변 민족들에게는 왕의 특별한 속성에 속한다는 사실을 보여주었다.

이집트의 왕은 레122)로부터 영감을 받았다. 레는 자신의 지식으로 우주의 수호자이자 안내자가 되었고, 이집트의 첫 번째 왕이 되었다. 왕은 지혜로웠고, 자신의 지식을 자신의 백성에게 나누어주어서 평화 속에 통합될 수 있게 했다. 바빌론에서 지혜는 왕에게만 나타나는 신적인 특권이었다. 바빌론의 왕은 위대한 일들을 성취했다. 즉, 지혜로운 생각들을 실행에 옮겼다. 우가리트에서, 정의와 지혜는 왕의 중요한 덕목들이었다. 그러나 거기서는 무엇보다 왕은 가난한 사람들을 돌보았고, 과부와 고아들을 보호했다.

열왕기가 우리에게 솔로몬의 지혜를 보여줄 때, 그것은 주변 민족들의 문화라는 역사적 맥락과 연관되는 것이다. 그러나 전도서는 왕의 이러한 지혜에 대해 비판하고 있다. 솔로몬 왕의 말년에 이미 깊은 통찰력이 있는 비판이 있었다. 그러나 전도서의 비판은 얼마나 신랄한가! 우리는 그 차이

---

121) 레오니다스 칼뤼길라(Léonidas Kalugila)의 『지혜로운 왕』 The Wise King에 대한 귈맹(S. Guilmin)의 서평을 참조하라. 그 서평은 1984년 9월에 출판된 『신앙과 삶』 Foi et Vie의 『성서 노트』 Cahier biblique 23호에 게재되어 있다.

122) [역주] Rê. 고대 이집트의 태양신.

를 분간한다. 이집트의 파라오와 바빌론이나 우가리트의 왕은 지혜로운 지혜자라고 전제가 되어 있다. 왕에 대한 정의가 신화적으로 그렇게 되어 있어서, 왕이 다른 존재가 될 수가 없다. 그것은 경험과 역사와 신학적, 현실적 판단으로 점검할 수 없는 것이었다. 그런데 이스라엘 왕들의 경우는 사정이 완전히 달랐다. 다윗과 솔로몬, 이 두 왕들만이 지혜로운 왕들로 불려졌다. 그런데 그 왕들의 지혜는 실재라는 준엄한 척도로 점검을 받았다. 다윗은 얼마나 많은 잘못을 저질렀으며, 또 솔로몬은 얼마나 많은 우상들을 섬겼는가.

지혜로운 왕은 어떻게 악이 정의의 자리에 군림하는 걸 알아보았을까? 그는 자신이 땅에 예속되어 있고, 자신이 행한 위대한 업적들이 아무 것도 아니라는 사실을 알아차렸다. 게다가 그는 왕의 지혜의 속성으로서 가난한 사람들과 미약한 사람들을 보호하는 것을 자신의 주요한 관심사로 삼지 않았다. 왕의 지혜는 먼저 권력의 헛됨을 인정하는 것이고, 결국 지혜로운 왕은 존재하지 않는다는 사실을 인정하는 것이다.

유대인의 현실주의는 끈질기다. 여기서 귈맹Guilmin이 성서의 예언과 함께 왕들이 지킬 수 없었던 "왕권 이양"을 적절하게 제시한 것으로 볼 수 있다. 왕은 지혜로운 사람이 아니므로, 지혜는 공동체 전체의 책임이 되어야 하지 않을까. 히브리 민족 전체가 지혜의 담지자가 되는 것이다. 이는 선지자들이 전해준 말이다. 그러나 그것은 코헬레트의 명칭에 대한 하나의 설명이 되지 않을까! 솔로몬이 지혜로운 말을 할 수도 없고, 지혜로운 행동을 취할 수도 없다면, 코헬레트는 백성의 말을 전하는 회중의 대표로서 지혜를 전할 수 있지 않을까! 솔로몬이 지혜의 왕으로 지명된 것이라면, 코헬레트는 왕은 지혜로운 사람이 아니고 지혜는 헛된 것이며 왕의 업적도 마찬가지라고 답변하는 것이 아닐까. 이와 같이 이스라엘은 주변 세계의 종교 체계에서 점차 분리되어간다.

5. 돈[123]

두 번째로 헛된 것은 돈이다. 이 말은 우리에게 덜 충격적이다. 코헬레트의 이런 사상은 우리에게 더 익숙하고 더 쉽게 수용된다. 본질적인 것은 돈은 모든 것을 허용하는 것이고, 동시에 돈은 헛된 것이라는 깊은 모순이다. "돈은 만사를 해결한다"전10:19라는 구절도 급진적으로 단언한 말이다. 아무 것도 돈을 벗어날 수 없다. 돈은 모든 것을 살 수 있고 모든 것을 소유할 수 있게 한다. 그것은 도덕주의도 정신주의도 회피도 환상도 아니다. 그것은 수백 년 뒤에 요한계시록 끝부분에도 반영된다. 돈은 인간의 육체와 영혼을 살 수 있게 한다. 더욱이 코헬레트는 그 당시에 아무런 판단도 내리지 않는다. 예루살렘의 왕, 솔로몬인 코헬레트는 부자이자 건축가로서 실제로 돈의 무한하고도 총체적인 위력을 행사했다.

그는 우리에게 앞서서 먼저 선언한다. "나는 경험상 그 모든 것이 아무 것도 아니라는 걸 안다." 이는 뒤에 가서 우리에게 얘기할 수 있게 하기 위함이다. 돈에 의한 행복, 돈에 의한 건축과 궁전, 돈에 의한 정원수와 과일나무 재배, 돈에 의한 대공사와 관개수로 공사전2:6, [124], 돈에 의한 남녀 노예와 일꾼의 매입, 그리고 돈에 의한 예술전2:8, 음악가와 가수, 그 모든

---

[123] 여기서 나는 3장에서 코헬레트가 기술한 세 개의 중요한 경험들에 대한 비셔(Vischer)의 해석(리스가 채택한)에 주목하고자 한다. 비셔에게 이 경험들은 형이상학적 경험과 감각적인 경험과 문화적인 경험이었다. 여기서 그는 문명의 업적들에 대해 얘기한다. 리스는 셋째 구절부터 시작하는 세 번째 경험은 의미와 쾌락의 종합이라고 설명한다. 철학도 쾌락도 의미를 산출하지 않는다. 하나를 통해서 다른 하나를 낳아야 한다. 더욱이 위대한 일은 문화의 창조이다(전2:4-11). 비셔와 리스에 대한 나의 경의와 호평에도 불구하고, 나는 그런 의미로 그 본문들을 해석하는데 동의할 수가 없다. 그것은 돈이 부여하는 모든 것들에 관한 것이지, 문화적인 일에 관한 것이 전혀 아니다. 그것은 권력과 능력과 부의 문제이다. 그것이 전부다. 그것은 "하나의 문화가 궁극적으로 가능한 것일까?"라는 리스의 질문에 해당하지 않는다.

[124] 여기서 내가 대공사에 대해서 얘기하는 것은 용어를 남용하는 것이 아니다. 관개수로 공사는 아주 중요하기에 마르크스는 거기에서 "아시아의 생산" 모델을 수립했다.

것이 아무 것도 아니라는 것이다.

여기서 물질적인 차원에서 영적인 차원으로 점차 진전되어가는 것을 주목해야 한다. 솔로몬은 자신의 커다란 부를 통해서 모든 일을 했다. 그는 모든 일을 마치고 난 뒤에도, "나의 지혜가 아직 나에게 남아있다"는 사실을 확인하며 만족해했다. 지혜는 솔로몬으로 하여금 갑작스러운 결론을 내리게 한다. "모두가 헛되어 바람을 잡으려는 것과 같다." 그 모든 것이 아무 것도 아니다.125) 그러나 우리는 묻게 된다. "무엇에 근거해서 헛되다는 것인가?"126) 여기서 논의가 잠시 더 진부해진다. 그것은 상식적으로 확인되는 것이다.127)

첫째로 먼저, 우리는 결코 돈에 만족한 적이 없다. 돈을 좇아가는 일은 끝이 없다. 우리는 결코 "이제 충분해"라고 말할 수 없다. "돈 좋아하는 사람은 돈이 아무리 많아도 만족하지 못한다."전5:9 돈으로 얻는 충만함은 있을 수가 없다. 이 한이 없는 욕망의 특성은 인간에게서 오는 것이 아니라,

---

125) 물론 나는 가장 자연스럽게 떠오르는(명료한) 의미로 이 구절들을 해석했다. 학자들에 따라서는 이 구절들을 알레고리로 해석하기도 한다. 70인역은 정원(전2:5)이라는 단어를 낙원(paradeisos)으로 해석하여 창조(하나님이 정원을 만들었다)와 연관시키고, "과수원"이라는 단어는 선악과와 연관시킨다. 그렇다면 우리는 정원을 향한 향수에 대해 묵상할 수 있다. 인간은 하나님의 정원을 다시 세울 수 있을까? 아니면 이스라엘의 상징인 "포도원"을? 우리는 그 본문의 의미를 상당히 넓게 확대하였다. 그것은 내가 "세상을 만든다"는 것이다. 그러나 그것이 하나님의 창조와 연관되는가? 나는 그런 알레고리의 근거는 아주 허술하다는 인상을 받는다.

126) 그러나 우리가 내가 제시했던 가설에 따라서 산파술적인 정화(catharsis)의 목적을 지니는 것으로 암시적으로 해석한다면, 이 구절들은 전혀 다르게 이해된다. 즉, 대공사를 한 뒤에 그것이 헛된 것이라고 낭독자(le récitant)에게 선언한 것은 왕이다. 그러나 왕이 한 말은 반대로 낭독자에게 그 모든 것이 실제로 존재하며 아무 것도 아닌 것이 아니라고 보여주는 결과를 낳는다. 이루어진 모든 것이 이 사회와 미래의 세상에서 발견될 수 있다는 것이다. 그래서 왕은 이렇게 말할 수 있다. "내 마음이 낙심하기 시작했다." 그러나 낭독자는 그것은 왕이 자기 자신에 대해 스스로 만든 이미지요 허상에 지나지 않는다고 밝혀준다. 낭독자가 왕에게 환기시키려는 것은 그 허상과는 반대인 현실이다. 이런 식의 이해가 아마도 정확할 것이다. 그러나 이런 이해는 왕이 선포하는 진실과 낭독자가 환기시키는 현실이 상반됨을 뜻한다.

127) ▲이는 성서가 독창성을 모든 것의 기준으로 삼지 않는다는 사실을 우리에게 상기시켜준다! 상식이 참된 진리를 말하면 성서는 그 사실을 가감 없이 인정한다.

돈의 본질에 속하는 것이다. 왜냐하면 돈은 완전히 수량적인 것이기 때문이다. 처음 10억을 모은 뒤에 왜 다시 10억을 더하지 않겠는가? 결코 한계가 있을 수 없다. 왜냐하면 한계를 정하고 중지하려고 하면, 통제와 지혜가 있어야 하기 때문이다. 지혜가 있었다면, 처음부터 돈에 대한 욕심을 가지지 않았을 것이다. 인간과 돈이 연결되는 과정 속에 처음부터 돈 욕심이 나타나거나, 그렇지 않으면 지혜가 나타난다. 사람들은 돈에 대해 지나치게 흥미를 가지지 않거나, 반대로 지나친 관심을 가지게 된다. 지나친 관심을 가지게 되면, 한 순간이라도 우리를 멈출 수 있는 것은 아무 것도 없다.

그러나 이 본문에는 아이러니가 있다. 사람들은 언제나 더 얻고자 하는 욕구를 멈출 수 없다. 그러나 돈을 벌어서 어디에 쓰려는 것인가? 간접적으로 코헬레트는 우리에게 말한다. 그것은 호사와 사치와 풍요와 "식객들"이다.전5:10-11 그 시대에 돈을 쓸 수 있는 것들은 금그릇들과 보석 장신구들과 궁전들이었다. 거기에 돈을 쓰고 나면, 소득은 더 이상 많이 남아 있지 않게 된다고 지혜자는 바로 지적한다. 그리고 돈을 버는 경주를 다시 시작한다. 얼마나 재미있는 일인가! 오늘날 우리는 다시 그런 상황에 놓여 있다. 언제나 더 많이 소비할 수 있기 위해서 언제나 더 많은 돈을 벌어야 한다.

국가적인 차원에서는 사정이 더 악화될 뿐이다. 국가적인 부를 계속 끊임없이 늘려야지 무기와 설비와 도로와 비행장을 더 많이 만들 수 있다. 결국 사람들은 빚을 지게 된다. 사람들은 어떻게 사회보장제도의 손실을 충당할지 모른다. 그래서 세계의 수많은 국가들은 총체적으로 빚더미에 앉게 된다. 이 모든 것은 오늘날의 "호사"에 해당한다. 그것은 보석 장신구들과 궁전들을 대체하지만, 문제의 핵심은 바뀌지 않았다.

문제는 돈을 사랑한다는 것이다. 예수는 사랑의 문제를 돈에 대입시킨다. "너의 보물이 있는 곳에 네 마음도 있느니라." "하나님과 돈을 겸하여 사랑할 수 없다." 하나님과 돈을 겸하여 섬길 수 없는 것이다. 코헬레트는 이런 행위의 무분별함을 지적한다. 우겨도 아무 소용없다.

같은 본문에 또 다른 아이러니가 있다. 풍요한 부는 불가피하게 그걸 먹고사는 기생충과 같은 고객들인 사업가들을 유인한다. 우리는 그걸 아주 잘 알고 있다. 그러나 요점은 예리하다. 결국 자신의 돈을 먹고사는 모든 사람들에게 둘러싸인 부자는 "자신의 눈에 눈요깃거리"만 가지게 될 뿐이다. 우리는 본문이 암시하는 바, 연회와 같은 것들을 아주 잘 안다. 그러나 돈을 얻기 위해 모든 것을 동원하는 풍요로운 현대 사회에서도 사정은 정확히 동일하다. 그 모든 엄청난 생산과 축적과 낭비를 거쳐서 결과적으로 남게 되는 것은 무엇인가? 그것은 스펙터클이다. 풍요와 소비의 사회는 스펙터클의 사회이다. 거꾸로 우리가 현재 살아가고 또 원하는 스펙터클의 사회는 돈에 대한 갈망과 사랑을 내포한다.

둘째로 궁극적으로 돈은 연기와 같이 사라지는 허무한 것이다. 전5:13-14 단 한 번 재난을 맞는 것으로도, 재산이 하나도 남아있지 않게 될 수 있다. 본문에 나온 대로, 호사를 누리려고 돈을 쓰는 대신에 돈을 "조심스럽게 축적할 때" 발생하는 일을 보라. 재산을 아끼고 지킨 사람에게 재산이 오히려 해를 끼친다. 왜냐하면 그게 사실이기 때문이다. 그가 재산을 아끼고 지켰다면, 그는 재산을 그토록 사랑한 것이다. 그가 재산을 잃는다면, 그것은 그에게 당연히 불행이다. 돈을 쓰든지 아끼든지 간에 돈은 환상이요 연기요 안개다. 돈에 중요성을 두는 것은 헛된 것이다.

마지막 셋째로, 앞의 것들과 마찬가지로 상식적인 것이지만 전도서에 계속 등장하는 말로 "우리는 돈을 하나도 가져갈 수 없다"는 것이다. 우리가 평생을 바쳐서 돈을 벌었다 하더라도, 삶이 끝날 때 우리에게 남아있는 것은 아무 것도 없다. 가난한 자나 부자나 죽는 것은 마찬가지이다. 우리는 어떤 이득도 어떤 혜택도 받을 수 없다. 죽음 너머의 세계에서 돈은 무용지

물이다. 죽음 너머의 세계에서도 죽은 사람이 계속 쓸 수 있다고 믿으면서 죽은 시신 주위에 음식과 무기와 전차를 남겨두는 종교에 대한 신랄한 비판이 거기에 담겨있으리라는 것만은 유념하자.

코헬레트는 당연히 그렇지 않다고 말한다. 그건 아예 아무 것도 아닌 것보다 더 좋지 않은 것이다. 왜냐하면 우리가 살아있는 동안 계속 의심에 시달리기 때문이다. "세상에서 내가 수고하여 이루어 놓은 모든 것을 내 뒤에 올 사람에게 물려줄 일을 생각하면, 억울하기 그지없다. 뒤에 올 그 사람이 슬기로운 사람일지, 어리석은 사람일지, 누가 안단 말인가? 그러면서도 세상에서 내가 수고를 마다하지 않고 지혜를 다해서 이루어 놓은 모든 것을, 그에게 물려주어서 맡겨야 하다니, 이 수고도 헛되다."전2:18-19 "세상에서 애쓴 모든 수고를 생각해 보니, 내 마음에는 실망뿐이다. 수고는 슬기롭고 똑똑하고 재능 있는 사람이 하는데, 그가 받아야 할 몫을 아무 수고도 하지 않은 다른 사람이 차지하다니, 이 수고 또한 헛되고, 무엇인가 잘못된 것이다."전2:20-21

돈을 버는 것이 무슨 소용인가, 후세에 다 남겨줄 뿐인데. 우리는 후세의 사람들이 무슨 일을 할지 하나도 알 수가 없다. 이는 하나의 되풀이되는 주제이다. 이는 "우리는 돈을 하나도 가져갈 수 없다," "우리가 남긴 것이 어떻게 쓰이게 될지 우리는 하나도 알 수 없다"라는 말과 중복되는 말이다. 그런데 왜 거기에 평생을 다 바치는가?

그러나 약간의 돈은 사는 동안 약간의 행복을 가져다줌으로 무익한 것이 아니다. 우리는 이점을 뒤에 다시 살펴볼 것이다. 그걸 정당화할 수 있는 유일한 이유는 현재 살아가는 인간에게 그런 가능성을 준다는 것이다. 돈은 여기서 직접적으로 행복과 연결이 된다. 그러나 신중하자. 그 행복은 순전히 물질적이고 구체적인 것으로 마시는 것, 먹는 것, 즐거움을 누리는 것이다. 돈은 그 선을 넘어서지 않는다. 더 이상은 아무 것도 허용하지 않는다. 아무튼 그게 그리 나쁜 것은 아니다. 왜냐하면 정죄 받지 않은 행복은 오직 이 행복뿐이기 때문이다. 우리는 그 점을 다시 보게 될 것이다.

그러나 코헬레트가 이와 같이 부를 비판할 때, 잊지 말아야 할 것은 당시에 지혜자들은 부를 하나님의 은혜의 표지로 보았다는 사실이다. 그와 마찬가지로전6:2 코헬레트는 실제로 하나님이 부를 주었다고 인정한다. 그러므로 부를 비신성화함으로써 코헬레트는 당시의 사상을 비판한다.128)

그러나 물론 경험으로 아는 것은 아니라 할지라도, 오늘날 우리는 이 모든 것을 알고 있다. 그렇지만 얼핏 보기에는 참신함이 없는 이 고찰들을 통해서 우리는 중요한 사실을 파악할 수 있다. 즉, 전도서에서 돈은 그 자체로서는 악으로 규정되지 않는다는 것이다. 정죄되는 것은 구체적인 현실의 돈이 아니다. 본문의 구절들을 가까이 연결시켜서 보아야 한다. 악이란 돈은 아무 것도 아닌데 모든 것을 허용한다는 것이다. 그것이 악이다. 너는 이 아무 것도 아닌 것인 돈을 가지고 모든 것을 할 수 있다. 너는 거기에 네 전부를 다 투신할 수 있다. 그러나 그것은 네가 아무 것도 아닌 것에 예속된다는 걸 의미한다. 그것이 악이다. 그것은 불행이나 아이러니만이 아니라, 악이다.

이 헛되고 연기와 같은 모든 불확실성은 돈이 모든 것을 허용하는 것이라는 이 명확한 사실과 모순을 이룬다. 또 허무néant라는 중세의 악마는 모든 것을 허용하는 존재이고, 인간에게 부와 성공과 명예 등을 안기는 존재이다. 그 점을 깊이 성찰해봐야 한다. 역으로 생각해보면, 모든 것을 허용하고 모든 수단을 주는 존재는 아무 것도 아닌 것rien이고, 바람을 잡으려는 것과 같은 것이다.

그것을 두 가지 방향으로 성찰해볼 수 있다. 한 가지 방향은 오늘날 자명

---

128) ▲그 비판은 동일한 구절에서 확인되고 있다. 코헬레트는 거기서 장수하고 자녀들을 많이 가지는 것을 헛된 것이라고 지적한다. 그것은 유대인의 사상에서는 축복을 받은 가장 가시적인 증거였다.

한 것으로 알려진, 존재와 소유라는 것이다. 소유를 늘리면 늘릴수록 우리의 존재는 더 작아진다. 소유를 축적하고 활동을 소유의 추구에 다 고정하는 것은 점차로 존재를 상실해가는 것이다. 마르크스는 가브리엘 마르셀129) 이전에 이미 상세하게 이 끔찍한 현상을 묘사했다. 과학에서처럼 모든 현대의 뛰어난 사상들에도 불구하고 우리는 거기서 벗어날 수가 없다. 존재는 소유의 추구와는 또 다른 의미를 내포한다. 소유를 늘리는 것은 존재를 상실하는 것이다. 예수의 말도 이와 다름없다. "사람이 자기 생명존재을 잃고 나서 세계를 얻는 것이 무슨 소용인가. 사람이 자신의 생명과 교환할 수 있는 것이 무엇인가?"

성찰의 또 다른 방향은 당혹스러운 것이다. 오늘날 "모든 것을 허용하는" 것은 돈만이 아니다. 그것은 모든 소유와 모든 행동의 수단인 기술이다. 나를 원망하지는 말라! 그러나 이 기술은 돈이 있어야만 제대로 작동하고 발전할 수 있다. 우리는 정확히 같은 모델에 다시 빠져 들어간다고 본다. 모든 것을 허용하는 것은 아무 것도 아닌 것이다. 기술 자체도 바람과 같은 것이고 연기와 같은 것이다. 헛된 것이다. 돈에 대해 얘기할 수 있는 것은 전부 다 기술에 적용할 수 있다. 특히 기술이 악으로 간주될 수 없다는 사실이 그렇다. 기술은 돈과 같이 악이 아니다. 그러나 기술이 돈처럼 그 자체는 아무 것도 아니면서 모든 것의 매개가 된다는 것이 악이다. 어제는 인간을 지배하는 것은 돈의 유혹이었다. 오늘은 그것이 기술의 유혹이다.

마지막으로, 돈에 대한 전도서의 모든 성찰들의 주요 원리는 모든 성공이 때에 좌우된다는 점이다. 본문은 그 본질을 말한다. "나는 세상에서 또 다른 것을 보았다. 빠르다고 해서 달리기에서 이기는 것은 아니며, 용사라고 해서 전쟁에서 이기는 것도 아니더라. 지혜가 있다고 해서 먹을 것이 생

---

129) [역주] 가브리엘 마르셀(Gabriel Marcel, 1889-1973), 프랑스의 철학자. 1929년 회심하여 가톨릭에 귀의하고 난 후, 유신론적 실존주의 철학을 전개. 저서로는 『형이상학적 일기』(1927), 『존재와 소유』(1935), 『존재의 신비』(1951) 등이 있다.

기는 것도 아니며, 총명하다고 해서 재물을 모으는 것도 아니며, 배웠다고 해서 늘 잘되는 것도 아니더라. 불행한 때와 재난은 누구에게나 닥친다. 사람은, 그런 때가 언제 자기에게 닥칠지 알지 못한다. 물고기가 잔인한 그물에 걸리고, 새가 덫에 걸리는 것처럼, 사람들도 갑자기 덮치는 악한 때를 피하지 못한다."전9:11-12

우리는 전도서에서 계속되는 이 '때' 라는 주제를 뒤에 다시 살펴보아야 할 것이다. 그러나 여기서 우리는 아무 것도 아닌 것은 인간에게 속하지 않고, 그것은 돈과 관계된다 아무 것도 아닌 것은 인간의 특성에 좌우되지 않는다는 사실만을 강조하려고 한다. 모든 것이 좌우되는 맹목적인 우연을 언급하는 대신에, 코헬레트는 시간을 내세운다.

우리는 돈이 시간 탓에 우리에게서 빠져나가는 것을 보았다. 유리한 때가 있는가 하면 불리한 때가 있다. 그것은 우리의 손목시계가 알려주는 수학적으로 계산된 무차별적인 수치가 아니고, 분과 시간 단위로 중립적으로 진행되는 것이 아니다. 시간은 규정되는 것이다. 시간에는 두 종류가 있다. 그리스인들은 이 사실을 잘 알고 있었고, 복음서에서도 볼 수 있다. 흘러가는 시간과 각인된 시간이다. "아직 내 시간이 아니야." "내 때가 아니야." 우리가 이길 수밖에 없는데, 시간이 우리의 승리를 막는다. 왜냐하면 유리한 시간이 아니기 때문이다. 시간이 불리하기 때문에 우리는 모든 것을 다 잃을 수 있다.

우리가 어떤 면에서건 결코 통제할 수 없는 유일한 것이 시간이다. 그것은 2천 5백 년 전과 같이 오늘도 마찬가지이다. 거기다가 역사, 우연, 상황, 정세, 구조 등 그 무엇이라고 이름을 붙여도 실상은 동일한 것이다. 돈을 압도하는 불리한 시간이 있다. 실제로 시간에 대한 돈의 의존성이 돈의 헛됨을 드러낸다는 점을 코헬레트가 잘 보여준다는 사실을 우리는 알게 되었다. 그러나 인간의 모든 행위는 시간에 예속된다. 우리는 시간에 대해 아무 것도 모르고 아무 것도 변화시킬 수 없다.

6. 일

성서의 다른 많은 책들과는 달리 전도서는 돈과 일에 많은 성찰을 할애한다. 그러나 코헬레트는 일을 돈과 권력처럼 다루지 않는다. 우리는 또 다른 차원의 세계로 들어간다. 물론 헛되다는 것은 언제나 마찬가지지만, 때때로 의미가 주어진다. 여기서 코헬레트는 권력과 부의 경우처럼 자신의 경험을 말한다. "나는 여러 가지 큰일을 성취하였다."전2:4 "그러나 내 손으로 성취한 모든 일과 이루려고 애쓴 나의 수고를 돌이켜보니, 참으로 세상 모든 것이 헛되고, 바람을 잡으려는 것과 같고, 아무런 보람도 없는 것이었다."전2:11

일하는 것은 결국 아무 소용도 없다. 인간이 이룬 것은 곧 연기처럼 흩어져버린다. 그러므로 이 말은 일이 그 자체로는 아무런 의미도 아무런 가치도 없다는 점을 우리에게 경고하는 것이다. 일은 가치가 아니다. 일은 삶을 정당화시켜 주는 의미가 아니다. 일은 삶의 전부가 아니다. 일이 의미를 갖는 것은 산출하는 결과에 의한 것이다. 사람들은 일을 그 결과로 판단한다. 그러므로 전도서를 시작하는 서두 부분에서 질문이 던져진다. "사람이 세상에서 아무리 수고한들, 무슨 보람이 있는가?"전1:3

이 질문은 전도서에서 처음으로 제기되는 질문이기도 하다. 코헬레트에게는 일이 인간의 삶에서 예외적인 위치를 차지한다. 그러나 그가 살던 사회는 우리 사회처럼 "일의 사회"가 아니었다. 그러나 그가 던지는 질문이 현대에 맞는 질문이라는 점이 그만큼 더 중요하다. 그가 일에 부여하는 상당한 비중은 고대 사회에서 일에 대해서 가지고 있던 일반적인 노예나 하는 것이라는 식의 경멸을 공유하고 있지 않다는 점을 보여준다. 코헬레트에게 일은 중요한 것이다. 행복이나 권력만큼이나 일에 대해서도 우리 스스로 자문해볼 가치가 있다. 이는 주목할 만한 점이다.

아무튼 일이 삶에 의미를 주는 것일까? 이 질문은 우리 시대에도 하고 있다. 코헬레트는 이 질문에 대해 결국 아니라고 대답한다. 그러나 그가 "사람에게 무슨 유익이 있는가?"라고 말할 때, 주의해야 한다. 그는 결코 일이 아무런 성과도 낳지 않는다고 말하는 것이 아니다. 반대로, 그는 일은 돈과 권력을 얻을 수 있게 한다며, 일하지 않는 것은 어리석은 것이라고 말한다. 여기서 성과란 물론 물질적인 성과를 말하는 것이다. 그는 단지 일이 삶을 전부 다 바칠 만한 것이라는 주장은 부정한다.

평생을 일에 다 바치고, 모든 수고를 다하는 것은 헛되고 바람을 잡는 것과 같다. 바람을 잡는 것이라고? 확실히 그렇다. 왜냐하면 우리는 코헬레트를 통해서 일과 돈과 권력으로 얻을 수 있는 것은 다 헛된 것임을 보았기 때문이다. 인간이 일을 통해서 할 수 없는 것은 먼저 진보를 성취하는 것으로 인류가 진보하게 하는 것이다. 다음으로 그 어느 것이라도 근본적이고 결정적인 것을 변화시키는 것은 일을 통해서 할 수 없다. 바꿀 수 없는 현실을 변화시키는 것은 일을 통해서 할 수 없다. "구부러진 것은 곧게 할 수 없고, 결여된 것은 셀 수 없다."전1:15

물론 우리에게는 구부러진 것을 펼 수 있거나 곧은 것을 구부릴 수 있는 기술적인 수단들이 코헬레트의 시대에서도 이미! 있다. 그러나 코헬레트가 말하고자 하는 것은 구부러진 나무나 구부러진 철과 같은 명백한 것이 아니다. 이 본문의 후반부에서 '결여된 것'이란 구부러진 것, 즉 근본적으로 악한 것으로 본질적으로 변질되고 사악해지고 왜곡된 것이고, 도덕적인 면에서 위선적인 것이라고 볼 수 있는 것이다. 우리는 그것을 바로잡을 수 없다. 우리는 본질을 변화시킬 수 없다. 우리는 아무런 메시지도 없는 통지문에 메시지를 담을 수 없다. 우리는 근본적으로 죄인인 인간을 하나님 앞에서

의로운 인간으로 만들 수 없다. 일은 사물과 인간의 깊은 본질을 변화시킬 수 없다. 다만 일은 외적인 부분인 행실과 외양은 변화시킬 수 있다.

"결여된 것은 셀 수 없다"라는 후반부의 구절은 이 사실을 말해준다. 물론, 우리는 알고 있던 전부에 비교해서 아직 부족한 부분이 있다는 걸 알고, 우리 기준으로 보아서 예측한 것이 빠져있다고 생각할 수 있다. 그러나 그것이 참으로 무한에 대해서 "결여된 것"을 말하는 것이라면, 우리는 그것을 헤아릴 수 없다. 우리는 하나의 차원이 끝나는 지점과 무한 사이의 거리는 알 수 없다. 일은 완전히 무익한 것이다.

하나의 길이 절벽을 만나 끊긴다. 이 지점까지 우리는 걸음을 셀 수 있었다. 그 너머로는 길을 측정할 방법이 없다. 일은 인간의 한계를 넘어서는 영역에 대해서는 아무 것도 변화시킬 수 없고, 질적이고 영원한 것을 배제시킨다. 이제 우리는 일의 한계를 인식한다. 우리는 그런 일의 한계를 부정하거나 경멸적으로 규정하지 않는다. 그러나 일이 그런 한계를 가진다면, 일에 모든 것을 다 헌신할 가치는 없는 것이다. 일을 위해 일하는 것은 그럴 만한 가치가 없다.

여기서 두 개의 '모티프'가 섞여 있는 본문이 하나 있다. "나는 세상에서 헛된 것을 또 보았다. 한 남자가 있다. 자식도 형제도 없이 혼자 산다. 그러나 그는 쉬지도 않고 일만 하며 산다. 그렇게 해서 모은 재산도 그의 눈에는 차지 않는다. 그러면서도 그는 가끔, '어찌하여 나는 즐기지도 못하고 사는가? 도대체 내가 누구 때문에 이 수고를 하는가?' 하고 말하니,130) 그의 수고도 헛되고, 부질없는 일이다."전4:7-8 그러므로, 일에 헌신하는 것은 간단명료하게 말해서 나쁜 것이다.

그러나 감추어진 긍정적인 측면도 있다. 그것은 누군가를 위해 일하는 것이다. 일은 정당화될 수 있다. 필연적으로 그런 것은 아니다. 그것은 타인을,

---

130) ▲여기서 일은 행복을 배제하는 것이다!

동료를, 형제를, 자녀를 돕기 위해 일하는 것이다. 그것은 덜 무의미하다. 타인의 존재는 전도서에서는 일반적으로 신중하게 다루므로, 여기서는 그 점을 더더욱 강조해야 한다. 아무튼 그렇지 않다면 일은 아무런 의미가 없다는 판단은 명백한 것이다. 물론, 그렇다고 게으른 사람이 옳다는 말은 정말 아니다. 그러나 일의 한계를 인정하고 가치가 없음을 인정해야 한다.

"사람이 먹으려고 수고를 마다하지 않지만, 그 영혼131)을 채울 길은 없다." 전6:7 사리가 분명하다. 일은 먹으려고 하는 것이다. 그게 전부다. 일이 무익한 것은 물론 아니다! 전철로 출근하여 일하고 잠자러 집에 오는 생활은 먹기 위해 일하고, 일하기 위해 먹는 것이다. 이는 처음부터 끝까지 성서의 모든 교훈에 부합하는 것이다. 나는 이 점을 길게 설명했었다. 일은 필요한 것이다. 일은 가치도, 미덕도, 선도, 치료제도, 인간의 표현 행위도, 인간을 드러내는 것도 아니다. 이것이 "그 영혼을 채울 길은 없다"라는 말이 의미하는 것이다. 배는 채울 수도 있지만 말이다. 그러나 사회 전체가 일을 통해서 영혼을 채운다고 주장하는 것은 심각한 왜곡으로 잘못된 것이다. 그것은, 모든 다른 열정들이 결국 빠져들고 마는, 커다란 허무, 엄청난 공허를 초래할 수밖에 없다.

일에 대한 논의는 끝나지 않는다. 모든 일과 인간의 일에 대한 모든 재능들과 모든 수고는 일의 성공에 대한 최소한의 확증도 보장도 주지 않는다. "나는 해 아래에서132) 또 다른 것을 보았다. 빠르다고 해서 달리기에서 이

---

131) [역주] 표준새번역과 개역개정판에는 '식욕'으로 나오는 것이 저자 엘륄이 택한 플레이아드 프랑스어 번역본에서는 '영혼'으로 바뀐다. 히브리어 원문의 단어는 두 가지 뜻을 다 담고 있다. 여기서는 문맥상 엘륄의 프랑스어 번역을 따라 '영혼'을 택했다. 참고로 프랑스어로 번역된 구절을 소개한다. "Tout le travail de l'homme est pour sa bouche – et pourtant l'âme n'est pas comblée"
132) 언제나 '해 아래에서'라는 말을 사용함으로써, 코헬레트는 형이상학적인 교훈을 주지 않으려고 하는 자신의 입장을 밝힌다.

기는 것은 아니며, 용사라고 해서 전쟁에서 이기는 것도 아니더라. 지혜가 있다고 해서 먹을 것이 생기는 것도 아니며, 총명하다고 해서 재물을 모으는 것도 아니며, 배웠다고 해서 늘 잘되는 것도 아니더라. 불행한 때와 재난은 누구에게나 닥친다. 사람은 그런 때가 언제 자기에게 닥칠지 알지 못한다. 물고기가 잔인한 그물에 걸리고, 새가 덫에 걸리는 것처럼, 사람들도 갑자기 덮치는 악한 때를 피하지 못한다."전9:11-12, 133)

이와 같이 재능, 일, 인간의 수고라는 면과 결과와 성공이라는 면은 서로 전혀 인과관계를 가지지 않는다. 모든 일은 "때를 따라" 그냥 그렇게 일어난다. 우리는 나중에 모든 일에는 때가 있고, 인간이 자신의 때, 적절한 순간, 유리한 시간, 잡아야 할 기회를 모를 때, 모든 수고가 다 무용하게 된다는 걸 다시 살펴볼 것이다. 그렇지 않다면 단순히 우연적으로 일이 발생해서, 새나 물고기 같이 그물에 걸리는 것이 되고 만다. 모든 일은 완전히 무익한 것이 된다. 능력에 따라서 보상과 성공이 따라오는 것이 아니다.

여기서 전도서는 우리에게 근본적인 교훈을 준다. 우리는 언제나 능력에 따른 성공을 저해하는 것은 나쁜 사회라고 믿어왔다. 그리고 일에 따라 전체적으로 정직하게 보상받는 것을 가로막는 것을 불의라고 믿는다. 우리는 입술에 "기회 균등", "능력의 보상", 정의, 공정한 보수를 받을 권리와 같은 말을 달고 산다. 임금의 급여가 생산된 가치에 따라 전체적으로 균등하게 되는 것은 사회조직과 정치체제의 문제이다. 그런데 코헬레트는 아니라고 말한다.

그것은 우리가 상상하는 것보다 더 심오한 것으로 이 세계와 존재에 선천적으로 주어진 것이다. 더 잘 조직화된 노동과 경제 체제로도 우리는 불리한 때가 인간에게 어쩔 도리 없이 다가오는 것을 막을 수 없다. 우리는

---

133) 우리는 앞에서 이 본문을 "나쁜 때"라는 면에서 살펴보았는데, 여기서는 일의 헛됨이라는 면에서 살펴본다.

기회나 우연도 멈출 수 없다. 더욱이 우리는 아주 엄격한 조직 내에서도 "뒷배경"piston, 134)을 막을 수 없다. 이와 같이 능력과 일의 연결은 헛되고 바람을 잡으려는 것과 같다. 진짜 능력주의 사회가 도래하는 것은 결코 있을 수 없다.135) 우리는 언제나 기회균등과 가장 공정한 능력 보상을 내세우면서, 사실은 성공에 결정적인 역할을 하는 우연과 기회와 예측불가능한 일을 결코 통제할 수 없다.

코헬레트는 우리에게 더 안타까운 내용을 전한다. 코헬레트는 이런 설명과 이런 식의 상대화에 만족하지 않는다. 그는 비난을 받고 있는 일에 대

---

134) 이점에 관해서 아주 중요하고 시사점이 많은 미셸 보슬렌스키(Michel Voslensky)의 『특권적 관료체제』*La Nomenklatura*(Paris, Belfond, 1980)를 참조하라. 그는 이 저서에서 특권과 배경과 부패의 체계가 어떻게 수립되는지 잘 밝혀주고 있다.

135) 나는 이 시점에서 마이요(A. Maillot)의 훌륭한 논평이 담긴 글을 길게 인용하지 않을 수 없다. "사람이 적재적소에 배치되지 않는 사실을 고발하는 것은 불의가 아니다. 권리가 있는데도 권리대로 혜택을 얻는 사람들이 거의 없는 데는, 근본적으로 뒤틀려진 이상한 상황이 존재한다. 코헬레트는 낙관론(자유주의적인)을 반대한다. 낙관론은 개개인이 출발점에서 다 동일한 기회를 부여받았으므로 나름대로 경주를 해나갈 수 있다고 본다[...]. 정직한 인간은 뒤틀려진 이상한 상황뿐만 아니라 아예 뒤집혀버린 상황을 확인하게 된다. 빨리 달리지 못하는 느림보들이 경주에서 승리하고[...], 멍청이들이 부자가 된다. 물론, 이 사실은 경주와 전쟁에서 패배한 사람들에게는 작은 위로가 될 수 있다[...]. 다만, 그것은 다시 한 번 거꾸로 부정적인 방식으로 망각하는 것이다. 여기서 코헬레트는 바울이 말한 은혜에 다가간다. 모든 것이 세상에서는 역전되어 있다. 그렇기 때문에 하나님은 그리스도 안에서 재역전시켜서, 약하고 어리석고 존재감이 없는 것들을 택한다. 그것들을 통하여 하나님은 자신의 힘과 지혜를 나타내고 존재감이 없는 것들에게 존재감을 부여한다. 더욱이 이 재역전은 그리스도 자신이 팔복 선언에서 행했다." 이는 코헬레트의 죄에 대한 인식을 밝혀준다. "죄는 그에게는 세상을 혼란시키는 것으로서 사람들이 적재적소에 배치되지 못하는 결과를 불러온다. 아무도 피할 수 없는 어긋난 세상이 존재한다[...]. 거기서는 가라지가 알곡들 한가운데 있고, 사람이나 사물이나 있어야 할 자리에 없다[...]. 이 본문을 더 깊이 묵상한다면, 우리는 그것이 인간의 근본적이고 본질적인 타락을 말한다고 보지 않게 될 것이다. 잘못된 것은 인간과 사물의 관계이다. 본질을 말하는 것이 아니다[...]. 그것이 인간이 맺고있는 하나님과의 관계, 세계와의 관계, 타인과의 관계, 자기 자신과의 관계를 말하는 것이다. 그리스도의 일은 우리의 본질이 아닌, 우리의 관계를 변화시키는 것이다. 노예가 우리의 자녀가 되고, 적이 우리의 형제가 된다. 바로 그것이 화해(그리스어로는 Katallege)이다. 그것이 참으로 자리를 바꾸는 것이다."

한 논의를 전개한다. 이제 일은 하나의 악이 되어서 증오, 절망, 질투, 타락을 낳는다. "세상에서 내가 수고하여 이루어 놓은 모든 것을 내 뒤에 올 사람에게 물려줄 일을 생각하면, 억울하기 그지없다. 뒤에 올 그 사람이 슬기로운 사람일지, 누가 안단 말인가? 그러면서도 세상에서 내가 수고를 마다하지 않고 지혜를 다해서 이루어 놓은 모든 것을, 그에게 물려주어서 맡겨야 하다니, 이 수고도 헛되도다."전2:18-19 이미 보았던 "뒤에 오는 사람에게 물려줄 일"에 대한 논의는 넘어가자. 그러나 증오가 있다. 나는 일이 궁극적으로 나를 충족시킬 수 없기 때문에 일을 증오한다. 일은 나의 기대를 다 충족시킬 수 없다. 내 희망을 일에 두고, 일을 통하여 영원에 도달할 것이라 기대했던 만큼, 내 절망은 큰 것이어서, 나로 하여금 증오에 빠지게 한다.

내가 한 일은? 그 일은 어떤 사람에게 어떻게 이용될 것인가? 그건 흔해 빠진 상황이 아니다. 마르크스가 자신이 한 모든 일을 스탈린이 어떻게 했는지 알게 된다면, 아인스타인이 자신이 한 일을 사람들이 어떻게 했는지 알게 된다면, 증오심이 올라올 것이다. 그것은 "그게 무슨 소용인가?"라는 것만이 아니다. 증오와 절망이다. 코헬레트는 곧 말을 잇는다. "세상에서 애쓴 모든 수고를 생각해 보니, 내 마음에는 실망뿐이다."전2:20 물론 거기에는 "이 모든 것을 무능력하거나 사악한 사람들에게 넘겨주다니"라는 식의 변함없는 주제가 담겨있다. 그러나 거기에 절망이 있다. 인간 안에, 사회 안에 의미와 진보의 가능성이 부재한 것은 소망과 기쁨을 사라지게 한다. 그렇게 큰 수고를 한 뒤에 그 결과가 무익한 것으로 나올 때, 남는 것은 증오에 뒤이은 절망이다.

일에 대한 증오는 자기 자신에 대한 깊은 절망이다. 코헬레트는 우리에게 수많은 책들을 지은데 대한 절망을 경고한다! 그것은 "그게 무슨 소용이야"라는 일시적으로 지나가는 피상적인 말과 같지 않다. 세상에서 인간이 한 일과 마음을 쏟아 탐구한 일이 인간에게 가져다주는 것은 무엇인가. 왜냐하면 우리가 원하는 바는 우리가 하는 일이 먹고사는 문제와는 다른 무엇이 되고, 마음을 쏟은 탐구에 부응하는 수단이 되는 것이기 때문이다. 그것은 아마도 진리나 영원이나 선과 같은 것이 될 수 있다. 아무튼 응답은 없다. 거기에 대처하는데 주어진 유일한 수단이 헛된 것을 알게 되면 절망만이 남는다.

우리가 일을 너무 높이 평가하면, 일이 우리의 인격을 파괴하게 된다. 왜냐하면 일에 대한 증오는 삶에 대한 증오로 진행되기 때문이다.전2:17 삶의 전부를 일에 다 바쳤을 때에 그런 결과는 당연한 것이다. 그 점에서 코헬레트는 일을 인간을 공고하게 결속시키는 제일 훌륭한 수단이 아니라, 정반대로 인간의 대립을 일으키는 원천으로 판단한다. "온갖 노력과 성취는 바로 사람끼리 갖는 경쟁심에서 비롯되는 것임을 나는 깨달았다. 그러나 이 수고도 헛되고, 바람을 잡으려는 것과 같다."전4:4 일은 경쟁이요 남들을 제거하는 것이요 제일 강한 자가 승리하는 것으로서, 성공하는 경우에는 질투를 야기한다. 그게 일이다.

또 다시 현실주의가 경건한 이상주의를 압도했다. 일은 인간관계를 망가뜨리는 것이다. 일을 통해서 결속이 이루어지는 것이 아니라 지배와 적대의식이 일어난다. 여기서 헛되고 바람을 잡으려는 것과 같다는 말은 일이 인간에게 아무 소용없다는 것을 뜻한다. 일은 유익하지도 않으며 헛수고일 뿐이고 무의미하며 적대감과 경쟁을 불러일으키고, 헛된 것을 놓고 싸우는 인간의 갈등을 야기한다는 것이다. 그게 헛된 것이다.

일에 대한 논의에서 마지막으로 지적할 점이 한 가지 남아 있다. 그것은 일을 하는 사람에게 일이 미치는 부정적인 효과가 있다는 사실이다. 사람은 일 탓에 삶을 증오하기 시작할 뿐만 아니라, 더 나아가서 일의 역효과라고 할 수 있는 것에 빠진다. 일은 일하는 사람에게 거꾸로 해를 끼칠 수 있다. "구덩이를 파는 자는 거기에 빠질 수가 있고, 담을 허무는 자는 뱀에게 물릴 수가 있다. 돌을 떠내는 자는 돌에 다칠 수가 있고, 나무를 패는 자는 나무에 다칠 수가 있다."전10:8-9 때로는 일을 하지 않는 것이 더 나을 때가 있다. "철 연장이 무딘데도 그 날을 갈지 않고 쓰면, 철 연장은 그 사람의 힘을 강하게 한다.136)"전10:10 이는 놀라운 역설이 되는 것으로서, 기계가 대신하기 때문에 우리 자신의 힘을 강하지 않게 할 뿐인 기계를 좇는 우리의 열의에 의문을 제기한다. 또한 기계가 인간을 대신해서 사고하기 때문에, 인간은 기본적인 사고 활동도 멈추게 될 것이다.

모든 일은 일하는 사람에게 거꾸로 해를 끼칠 수가 있다. 긍정적인 영향과는 거리가 먼 위험을 불러오거나, 일하는 사람의 존재를 축소시킨다. 그런데 이 구절들은 권력의 헛됨을 밝히는 구절과 말의 모순적인 중요성을 지적한 구절 사이에 놓여있다. 거기서 이 구절들은 의미를 갖는다. 이와 같이 하나의 순환고리가 완성되었다. 일은 실망을 줄 수 있고 위험을 초래할 수 있다. 그 결과로서, 일이 필요한 상황에서 우리는 이 점을 다시 살펴볼 것이다 조언을 한다면, 최소한의 일을 확보하면서 가능한 한 적게 일하라는 것이다. "적게 가지고 편안한 것이, 많이 가지려고 수고하며 바람을 잡는 것보다 낫다."전4:6

그것은 우리가 처해있는 상황에서 내릴 수 있는 결정적인 선택이 된다. 서구사회가 선택한 것과 같이 많이 소비하기 위해서 많은 일을 하거나, 전통적 사회들에서 간혹 의도적으로 선택하는 것과 같이 적게 일하면서 적게 소비하는 것을 받아들이는 것이다. 오늘날, 우리는 모든 것을 쌓아놓고서,

---

136) [역주] 이 구절은 개역개정판에는 "철 연장이 무디어졌는데도 날을 갈지 아니하면 힘이 더 드느니라," 표준새번역에는 "도끼가 무딘데도 그 날을 갈지 않고 쓰면, 힘이 더 든다"라고 되어 있다. 그런데 엘륄이 인용한 구절은 앞에서 언급한 프랑스어 성서 플레이아드판의 구절로서 그 의미가 우리말 성서의 구절과 조금 달라진다. 즉, '힘이 더 든다'는 부분이 '그 사람의 힘을 강하게 한다'로 바뀐다. 이는 히브리 원문에 대한 해석을 달리하는데 따른 것이다. 참고로 프랑스어 플레이아드판의 구절은 다음과 같다. "Si le fer est émoussé, et que celui-ci n'aiguise pas le tranchant, il fortifiera ses forces!"

적게 일하고 많이 소비하기를 원한다. 그러나 일에 대한 코헬레트의 모든 판단은 계속 유효하다. 삶의 증오와 치명적인 경쟁과 허무한 느낌과 근본적인 문제에 관한 무력감에 대해서 지금까지 우리가 말한 모든 것은 지금도 유효하다. 우리는 이제 과도한 소비를 통해서 일의 허무와 무의미성을 보상할 수 없다는 사실을 잘 알고 있다.

이러한 논의를 근거로 삼아, 일을 단죄하고, 일하는 것을 중단해야 할까? 전혀 그럴 수 없다. 그것은 전도서의 교훈이 아니다. 여기서 이전의 주제들과 비교해서 어조가 바뀐다. 이전에는 권력과 돈에 대해서는 긍정적인 말을 전혀 하지 않았다. 이제는 역으로 전체적으로 잘 배열되고 세밀하게 선정된 비판적인 구절들 가운데에 하나의 대위점contrepoint이 등장한다. 일을 하지 않는 것은 어리석다. "어리석은 사람은 팔짱을 끼고 앉아서, 제 몸만 축낸다."전4:5 게으른 사람은 일하는 사람보다 운이 더 좋은 것이 아니다. 마찬가지로 삶의 의미를 더 많이 갖춘 것도 아니다. 게으른 사람은 스스로를 파괴한다. 일이 미덕은 아니라 할지라도, 게으름은 어리석음이다. 그것은 극단적으로 말하자면 존재를 부정하는 것이다. 존재는 필요한 조건에 예속된다는 측면에서, 그 말은 성서적인 사유에 부합한다. 일의 긍정적인 면을 보자면, 먹고살기 위해 필요하다는 점은 제외하고, 우리는 일을 통하여 두 가지 조촐한 보상을 받을 수 있다.

하나는 먼저, 일을 만족스럽게 잘 하면 평화로운 잠을 자게 된다. 정말 그렇다.전5:11 이는 중요하고 유익한 것이다. 본문에 따르면, 일을 통해서 아주 잘 먹을 수는 없는 경우에도, 잠은 잘 수 있다. 부자는 휴식을 모른다. 이를 아주 편협한 겉치레뿐인 도덕이라 할 수도 있다. 더 나아가 이는 이런 이데올로기를 침투시키려고 하는, 가진 자들의 도덕이라고도 할 수 있다. 우리는 그런 주장을 알고 있다 아마 그럴지도 모른다. 그러나 그냥 간단하게 현실을 있는 그대로 인정할 수는 없을까? 아무튼 책임을 지고 일을 하는 사람은 누구나 그게 정확한 사실이라는 걸 안다. 만족스럽게 일을 하고 나면, 단잠을 잘 수 있다.

다른 하나는, 결국 우리가 앞에서 본 바와 같이 무딘 날을 갈지 않는 사람은 힘을 더할 것이고, 날을 갈며 수고하는 사람은 지혜를 얻을 것이다.전 10:10 일하면 지혜를 얻는 측면이 있다. 우리 시대에는 여기서 무언가를 배울 수 없다. 왜냐하면 우리 시대는 그런 걸 다 계산해서 모든 걸 설정해 놓았기 때문이다. 이 모든 것이 우리 시대에는 그리 중요한 것이 아니다.

본질적인 것으로 돌아가서 결론을 맺자. 본질적인 것은 역설적인 것이다. "모든 일은 헛되고 바람을 잡으려는 것이다. 그러나 일은 해야 한다." 그런데 우리는 중대하고 구속력 있는 필요조건이라는 이 당위성의 선을 넘어선다. 왜냐하면 전도서는 훨씬 더 멀리 나아가기 때문이다. 일은 하나님의 선물이기 때문에 해야 한다. "이제 보니, 이 모든 것은, 하나님이 사람에게 수고하라고 지우신 짐이다."전3:10 이 구절은 정말 놀라운 것이다. 코헬레트는 일에 대한 자신의 아이러니와 정죄를 하나도 철회하지 않는다. 그런데 이제 일이 하나님이 인간에게 부여한 짐이라는 것이다.

두 개의 구절이 나란히 있다. "사람이 애쓴다고 해서, 이런 일에 무엇을 더 보탤 수 있겠는가?"전3:9 이에 대한 답변이 곧 "일은 하나님의 선물"이라는 것이다.전3:10 그러므로 일이 유익하기 때문에 일하는 것이 아니라, 일이 하나님의 선물이기 때문에 일하는 것이다. 일은 강제도 아니고 의무도 아니고 선물이다. 우리는 불가피하게 일의 의미나 가치를 찾을 수 없지만, 하나님의 말씀에 귀를 기울이고 일이 하나님의 선물임을 받아들이자.

여기서 말하는 일은 물론 무슨 일이나 다 포함하는 것은 아니다. 왜냐하면 일은 또한 헛되고 바람을 잡으려는 것이기 때문이다. 우리는 이런 두 가지 면에서 인간에게 부과된 이 특별한 일을 살펴볼 수 있을 것이다. 선물인 것과, 바람을 잡으려는 것과 같이 헛된 것을 분간하는 것은 우리에게 정말 어렵고 불가능하기까지 하다. 이점에서 코헬레트는 두 가지의 놀라운 실제적인 조언을 준다. 하나는 "네 손이 일을 얻는 대로 힘을 다하여 할지어다."전9:10, 137)라는 것이다.

사람들은 코헬레트를 부정적이고 회의적으로만 본다. 그러나 모든 것이 헛되다는 말을 더 깊이 이해해야 한다. 인간의 모든 일은 헛된 것이다. 네 손이 일을 얻는 대로 힘을 다하여 하라. 바꾸어 말해서, 헛된 것이라는 데 대해 걱정하지 말고, 유익한지 무익한지 생각하지 말라. 어쨌든 그건 중요한 게 아니다. 이는 우리가 나중에 살펴볼 다음의 본문에서도 확인되는 것이다.

"너는 네 빵을 물 위에 던져라. 여러 날 후에 도로 찾으리라. [...] 바람을 살펴보는 자는 파종하지 못할 것이요 구름만 바라보는 자는 거두지 못하리라."전11:1-4 강물에 빵을 던지듯이 행할 수 있는 것이다. 어느 날인가 너는 도로 그걸 찾게 될 것이다. 따라서 상황, 의미, 가치, 가능성, 일의 성공 가능성 등에 대해서 걱정하지 말라. 그런 걸 다 계산하고자 하면, 너는 아무 일도 못하게 될 것이고, 그래봤자 아무 것도 이루지 못할 것이다. 그러므로 너무 근심하지 말라. 미리 앞서서 걱정하지 말라. "걱정하지 말라! 근심하지 말라"는 얼마나 좋은 말인가. 그러니 이제 네 손에 닿는 일을 해라. 그게 전부다.

씨를 뿌리는 사람과 추수하는 사람은 동일한 사람이 아니다. 무슨 상관인가! 우리는 권리와 의무를 따지고 권리를 계속 주장하는 것과는 반대다.

---

137) 여기서 코헬레트는 또 다시 창세기로 돌아간다. 창조에 관한 성서의 기사는 인간에게 "일하라, 성취하라"는 초대로 끝을 맺는다. 라소트[일](창2:1-3): "안식을 성서적 경제에 통합시키는 것은 역사적 존재의 존엄성을 배려하는 것이다. 안식의 도입은 일에 대한 회고와 전망을 불러온다... 유대교 전통에 따르면, 불완전성은 창조를 드러내는 표지이다. 그 불완전성이 인간이 창조해야하는 필요성과 역사에 대한 인간의 역할을 정당화시켜준다. 그것이 인간으로 하여금 행동을 취하게 한다."(A. Hazan, 앞의 책).

네가 빵을 강물 위에 던지듯이 네가 할 일을 해라. 강물은 우리의 삶과 세계로서 네가 한 일을 담고 갈 것이다. 일은 헛되고 무익한 것인가? 종국적으로 의심의 여지가 없는 사실이다. 그 사실을 알고 있어야 우리의 일을 비관적으로 보지 않는다. 우리의 일은 거리를 두고 감정이 없이 바라보아야 한다. 헛된 것에 왜 감정을 쏟는가? 그러나 모든 걸 시도해 보아야 한다. "너는 아침에 씨를 뿌리고 저녁에도 손을 놓지 말라.138) 이것이 잘 될는지, 저것이 잘 될는지, 혹 둘이 다 잘 될는지 알지 못함이니라."전11:6 너는 언제나 네가 한 일의 성과나 열매를 알 수 없다. 그러니 시도하고 노력하고 참여하고 찾고 이것저것 해봐라. 그 중 하나가 성공할 수 있다. 성과나 결과는 너에게 속한 것이 아니다. 우연히 "네 손에 닿는 일을" 하라.

그러므로 모든 일을 다 해봐라. 그 일이 좋을지 유익할지 하나님의 뜻일지 너무 알려고 하지 말라. 네 손에 닿는 일이면 그걸 해라. 그러나 그것은 희생자를 손아귀에 둔 살인자나, 전쟁을 치를 수밖에 없는 군인처럼 정말 위험한 일일 수 있다. 그 본문에서 이전의 내용과 이후의 내용을 분리시키지 말아야 한다. 이전의 내용은 "하나님이 네가 하는 일들을 벌써 기쁘게 받으셨음이니라"전9:7로서 "네가 하는 일 가운데 얻게 되는 네 행복"과 연결되는 것이다. 거기에 두 가지 제한이 담겨있다.

그것은 모든 일이 아무 것이나 다라는 말이 아니라는 것이다. 거기에는 하나의 선택이 존재하고 그 선택한 것이 곧 일이다. 범죄나 광기가 아니다! 그것이 하나님이 기뻐하는 것일 수 있다. 이후의 내용은 "네가 어떤 일을 하든지, 네 힘을 다해서 하여라. 네가 들어갈 무덤 속에는, 일도 계획도 지식도 지혜도 없다"전9:10라는 말씀이다. 이는 그 모든 것에는 일과 계획과 지식이 있다는 것이다. 그것은 세 번째의 제한이다. 그러나 이 세 가지 제한들 중에, 모든 것이 들어가 있어서, 다른 것은 고려할 필요가 없다. 해야 할 일

---

138) ▲우리에게 게으름부릴 것을 권고하고서는 이런 조언을 하다니 좀 이상하다!

이 네가 성취할 수 있는 전부이다.

그러나 "네 힘을 다해서"라는 귀중한 구절을 그냥 넘어가지 말아야 한다. 이 구절은 곧 기드온에게 내려진 명령을 상기시킨다. 이스라엘 백성에게 닥친 재앙들을 보면서 기드온은 하나님이 이스라엘을 버렸다고 믿었다. 그때 하나님은 기드온에게 말한다. "너에게 있는 그 힘을 가지고 가서, 이스라엘을 미디안의 손에서 구하여라."샷6:14 이는 두 가지 의미, 즉 긍정적인 의미와 제한적인 의미로 이해해야 한다. 긍정적인 의미는 너는 힘이 있다는 것이다. 그 힘을 가지고 너는 너의 일을 행해야 한다. 어쩌면 너는 그 사실을 모를 수도 있다. 어쩌면 너는 스스로를 너무 연약하고 무능력하다고 보는 지도 모른다. 그러나 전도서는 재차 "네 힘을 가지고"라고 말한다. 네 힘이 너에게 있다. 그 힘을 무시하지 말라.

코헬레트가 하나님이 기드온에게서처럼 너에게 할 일을 주었다고 말했기 때문에, 너는 네가 하는 일을 할 수 있는 힘과 권위가 너에게 주어질 것이라는 점을 기대할 수 있다. 그러나 너에게는 이미 그 힘이 있다. 그것은 기드온 자신이 스스로 너무나 연약하게 느꼈던 것과 같다. 그러나, 곧바로 거기에 한계가 나타난다. 나 자신도 그 한계를 수년 동안이나 짐작도 못했었다. 네가 하려는 일은 오직 네가 가진 힘으로 해야 한다. 너는 네 힘에서 벗어난 일을 하려고 해서는 안 된다. 너는 하나님이 너에게 스포츠의 영웅적인 위업과 같은 일을 벌이거나, 스타하노프 운동139)의 기록을 세우게 하려는 것이 아니라는 점을 유념해야 한다. 네 능력을 뛰어넘는 예술 작품을 만들게 하려는 것도 아니다. 네가 가진 힘 이상을 구하라는 것이 아니다. 너는 그걸 알고 그 한계를 인정해야 한다. 네가 가진 힘을 다하여 최선을

---

139) [역주] 스탈린 시대인 1935년에 탄광 노동자인 알렉세이 스타하노프를 영웅으로 만들어서 한 개인의 일일 최고 석탄 채굴 기록을 세운 것으로 대대적으로 홍보했다. 그리하여 스탈린 체제의 소련은 모든 생산 분야에서 스타하노프 운동을 일으켜 생산량을 증대시키려고 했다.

다하지만 네 힘을 넘어서지는 않는다.140)

그것은 개인적인 명령이다. 그래서 늙어가는 법을 터득한다는 것은, 힘이 쇠해졌을 때 20년 전에 가능했던 일을 할 수 있다며, 자신의 능력을 넘어서는 일을 한다고 주장하지 않는 것이다. 그러나 전도서의 본문은 우리로 하여금 더 멀리 나아가게 한다. 네가 가진 힘을 가지고 일을 하라. 곧바로 모든 문명의 문제가 제기된다. 우리는 에너지를 무한대로 증대시킬 수 있을까? 우리는 제한된 힘을 무한한 에너지원으로 대체할 수 있을까? 우리는 인간이 행할 수 있는 것의 수백만 배나 뛰어넘어서 세계의 잠재력을 다 동원하게 되는 일들을 할 수 있을까? 물론 지금 가능성의 영역에서 가능한 일이다.

그러나 그것은 허용된 것인가? 이 단순한 질문이 곧바로 분노와 비판을 불러일으키리라는 것을 나는 잘 알고 있다. 그 분노와 비판은 그 질문이 보여준다고 여기는 퇴보적 정신에 대한 것이다. 나는 본문과 같이 단순한 말로 답하련다. 하여튼 네 일은 헛된 것이고 바람을 잡으려는 것이다. 우리의 위성들과 우주 탐사기들과 원자력 발전소들과 수십억의 전력들과 수백만의 자동차들과 텔레비전들은 바람을 잡으려는 것이다. 아무 것도 남지 않는다. 모두가 가는 죽음의 세계에는 아무 것도, 완전히 아무 것도 남지 않는다.

원자력 발전소의 에너지가 아닌, 네가 가진 힘으로 네 손에 닿는 일을 하는 것은 네게 충분한 기쁨을 준다. 네 손에 있는 한 줌의 밀과 같은 소소한 것들이 주는 만족감으로 충분하다. 왜냐하면 더 화려한 일들은 더 큰 불안을 주고, 무익한 것을 얻어내기 위한 세상의 탐욕은 세상의 부의 헛됨에 대해 더 날카롭게 양심을 깨우고, 세상의 부를 얻자마자 잃게 되는 것에 대한 절망을 낳기 때문이다. 네 일을 열심히 하라. 그러나 그것은 헛되다! 이런

---

140) ▲이는 일에 관한 것이라는 점을 유념하라!

식의 거침없는 지혜는 우리가 중대하게 여기는 것에 대한 역설로서 우리에게 반발을 일으키지 않는가. 일은 헛된 것인데, 그 일을 하나님의 선물로 받아들여야 한다고? 말도 되지 않는데, 전력을 다하라고? 그렇다. 그것이 코헬레트가 말하는 것이요, 성서 속 하나님의 모든 계시가 전하는 바이다.

우리는 이제 세 가지 근본적인 정향定向들을 결론으로 내릴 수 있다. 첫 번째 정향은 본문 자체에서 나온다. "이 세상에서 네가 무슨 재난을 만날지 모르니, 투자할 때에는 일곱이나 여덟으로 나누어 하여라."전11:2 이는 "네 빵을 물 위에 던져라" 하고 나서 곧바로 이어진 구절이다. 이와 같이 일이란 주는 것이라는 정향을 가진다. 네가 일을 하면, 줄 수 있고 일의 열매를 타인과 나눌 수 있는 가능성이 너에게 열린다. 그것은 의미가 있다. 불행에서 벗어날 채비를 하고 괜히 훨씬 더 많은 일에 마음을 쓰지 말라. 이제 하나의 연관성이 수립된다. 하나님이 너에게 일을 선물로 주어서, 네가 네 일을 통하여 뭔가를 줄 수 있게 하는 것이다. 여기서도 우리는 이득과 일에 대해서 얼마나 많은 모순적인 인식들을 하고 있는지 모른다.

반복되는 말에 주의하자. 우리는 코헬레트가 일, 돈, 부는 다 헛된 것이라고 끊임없이 반복하는 것을 보았다. 더 나아가서 그것들은 숙명적으로 고통을 수반한다. 왜냐하면 결국 네가 쌓아온 것을 누군지도 모르는 사람에게 물려주고 그가 받을 만한 사람인지 유능한 사람인지도 알 수 없게 되기 때문이다. 그런 반면에 네가 줄 때, 모든 것은 명백하다. 너는 네가 주는 사람에 대해 안다. 죽음이 너를 탈취하지 못한다. 네가 능동적으로 행동하는 것이다. 이제 네 뒤를 잇는 사람은 우연에 의해 정해진 어리석은 사람이 아니다. 네가 분별하여 네 자리를 주고, 그렇게 줌으로써 관계를 수립한다. 하나의 사실이 다른 사실을 밝혀준다. 코헬레트는 결코 일관성이 없는 것이 아니다.

두 번째 정향은 "소소한 것들"과 관련된 것이다. 일은 소소한 것이어서 사소한 것으로 판단할 수 있는 것이다. 그것은 헛된 이 세상에 속한 것으로 중요하게 생각하지 말아야 한다. 그러나 그 일은 해야 한다.141) 그것도 진지하게 해야 한다. 그 말은 복음서와 궤를 같이 한다. "잘 했다, 착하고 충성스러운 종이여. 네가 작은 일에도 충성을 다하였으니, 네게 큰일을 맡기리라." 코헬레트는 우리에게 단호하게 말한다. "큰일들이 아니라, 소소한 일들이 삶을 이루는 것이다. 삶은 유지하는데 있다. 물론 모든 것은 헛된 것이고 바람을 잡으려는 것이다. 이 점을 전제로 하면서, 무익한 일들을 충성스럽게 잘 해라. 그러나 그 일들의 무익함을 늘 유의하고, 바람을 잡으려는 일에 인생의 전부를 다 바치지는 말라!"

마지막으로 세 번째 정향은 전도서의 역설을 공고히 하는 것으로 계시의 역설을 극단적으로 이끌고 간다. 계시는 예수 그리스도 안에서 가장 커다란 역설을 취한다. 하나님은 모든 일을 하고, 우리에게는 해야 할 모든 일이 있다는 견고한 진리를 우리는 살아야 한다. 이 진리에는 형식 논리는 제외하고 어떤 모순도 없다. 그것은 인간과 하나님의 관계, 즉, 성서의 세계에서 하나님이 인간에게 계시한 모든 것을 담고 있다.

7. 행복

우리는 여기서 긍정적인 면으로 한걸음 더 나아간다. 물론 상대적으로

---

141) 무익하지만 그래도 해야 하는 이 일은, 나로 하여금 하나님도 무익한 거동을 하는 걸 보여주는 이야기들을 생각하게 한다. 라치(Rachi)는 우리에게 시혼 왕에게 평화의 뜻을 전하면서 자신을 통과하게 해달라고 부탁하는 모세의 행동(무익한 거동)에 대해 이렇게 말한다. "나의 평화를 위한 행동이 무익하다는 걸 하나님은 알고 있었다. 나는 하나님이 말씀으로 시혼 왕에게 평화를 선포하라는 명령을 받지 않았다. 그러나 나는 평화의 협상을 시도했다. 미드라스는 하나님도 스스로는 헛된 일이라는 걸 미리 잘 알고 있으면서도 그 일을 한다고 우리에게 얘기하고 있지 않은가? 토라를 사람들에게 선물로 주려고 했을 때, 하나님은 먼저 에서(그는 거부했다)에게, 그리고 이스마엘(그도 거부했다)에게, 그리고 마지막으로 이스라엘에게 주었다. 이스라엘은 그 토라를 받아들였다… 그 사례가 나에게 영감을 주었다."

긍정적인 면을 말한다. 한마디로 말하자면, 행복은 아무 것도 아니다. 행복도 역시 헛된 것이다. 그러나 행복은 인간이 갈망할 수 있는 전부이다. 코헬레트는 서문처럼, 머리말처럼, 행복은 여타의 것들과 마찬가지로 헛된 것이라고 전제한다. 그러나 행복은 그가 제일 먼저 내세운 욕구이자 제일 먼저 시험한 것이었다. "나는 혼자서 이런 생각도 해 보았다. '내가 시험 삼아 너를 즐겁게 할 것이니, 너는 네 마음껏 즐겨라' 그러나 이것도 헛된 일이다."전2:1-2 그러므로 인간 조건을 탐색하는 제일 첫걸음은 제일 명백하고 직접적인 것으로 행복을 경험하는 것이다. 여담으로 말하자면, 그것은 행복을 이상, 삶의 중심, 목적으로 삼는 것이 현대 사회뿐만이 아니라는 사실을 보여준다.

양자의 차이점은 코헬레트는 빠르게 행복의 경험에 관한 결산을 내놓는데 반해서, 현대 사회는 행복을 잘못된 가치라고 판단할 수 없다는 사실에 있다. 양자의 유사점은 그 수단들이 동일한 만큼 더 큰 것이었다. 그 수단들은 사치와 소비와 사람들과 여자들과 돈과 쾌락들이다. 동일한 것은 제외하고, 개선되고 발전된 현대 사회가 우리에게 무엇을 가져다주는가? 그것은 하나의 문화의 용어들과 다른 하나의 문화의 용어들을 바꾸는 것뿐이다. 확실한 제일의 목적이 행복이라는 것을 우리가 심각하게 생각해보는 것은 오늘날 근본적으로 중요하다고 나는 믿는다. 그러나 어제와 마찬가지로 행복은 헛되고 어리석고 무의미하고 행복이 무슨 소용인가? 바람을 잡는 것과 같다.

우리는 이 교훈을 전혀 이해하지 못했다. 현대 사회는 마치 아무 일도 없었던 것처럼 계속 그 길을 간다. 이는 마치 행복과 행복추구권만이 인간 존재의 목적이요 충만함이요 깊은 자기실현이라는 듯하다. 그러나, 코헬레트에게 행복이 중요한 것은 "내가 누구인가"라는 물음에 답하기 위해서 첫 번째로 시도한 경험이기 때문이라는 점이다. 그는 행복을 경험함으로써 인간의 욕망을 충족시킬 수 있는지 알아보려고 한 것이다. 무엇보다 행복을 찾아서 경험하려고 한 것이다. 그러나 아주 맑은 정신으로 깨어서 행복이 주는 안락함이나 수동적인 상태에 빠지지 않은 채로 말이다.

코헬레트는 금세 결과를 내놓는다. 그것은 행복은 무의미하다는 것이다. 행복은 결국 아무런 의미도 없고 어리석은 것이다. 지혜와 반대되는 것으로 행복은 여타의 것과 마찬가지로 헛된 것이다. 이제부터 우리가 행복에 관해 읽게 되는 모든 구절들은 이 전체적인 판단에 구속된다. 우리는 그 모든 말씀을 행복은 어리석고 헛된 것이라는 전제 하에서 수용해야 한다.

그러나 이는 코헬레트를 쾌락주의 철학자로 분류하려던 연구자들과 역사가들이 얼마나 착각했는지 보여준다. 그들은 이 머리말과 첫 명제를 잊어버린 것임에 틀림없다. 그런데 그것은 그 여타의 것을 다시 조망케 하고 합당하게 조명시켜 줄 뿐만 아니라, 코헬레트가 하나의 철학자로 분류할 수 없는 존재임을 입증시켜준다. 그 전개 방식은 대단히 중요한 의미를 지닌다.

"나는 장담하였다. '나는 지혜를 많이 쌓았다. 이전에 예루살렘에서 다스리던 어느 누구도, 지혜에 있어서는 나를 뛰어넘지 못할 것이다. 지혜와 지식을 쌓는 일에서, 나보다 더 많은 경험을 한 사람은 없다.'"전1:16-17라고 전도서 1장은 끝을 맺는다. 그리고 곧바로 지혜, 일, 행복 등의 길이 무엇인지에 대한 경험들이 시작된다. 그러므로 이는 코헬레트가 행복을 추구한 것은 단순히 기쁨을 얻기 위한 것만이 아니었다는 사실을 말해준다. 그것은 지혜의 길과 수단을 탐구하는 일종의 철학적인 경험이었다. 철학의 중심과 기반을 찾는 것이었다. 그래서 그가 얻은 결과는 행복과 행복의 추구에 정초한 철학은 존재하지 않는다는 것이다.

그러나, 이 근본적인 말을 전제로 하고 나서, 일련의 긍정적인 구절들이 죽 이어진다. 전도서 전체가 행복에 대한 언급으로 점철되어 있다고 말할 수 있을 정도다. "사람에게 먹는 것과 마시는 것, 자기가 하는 수고에서 스스로 보람을 느끼는 것, 이보다 더 좋은 것은 없다. [⋯] 내가 없이는 누가 먹을 수 있으며, 누가 즐길 수 있겠는가?"전2:24-25 더 나은 것은 없다. 그러나 그것이 절대 최상급이 아니라는 사실을 유념해야 한다. 그것은 세상 속의 인간 조건으로 상대적인 것이다. 그것은 헛된 것이다. 그러나 그것은 다른 여타의 것들보다는 더 나은 것이다. 너에게 주어진 즐거움을 네가 취하지 않는다면, 누가 그걸 취할 것인가?

행복의 질은 고급스러울 필요가 없다. 그것은 미학적인, 영적인, 신비주의적인 고상하고 숭고한 행복이 아니다. 그것은 사유나 영혼을 꽃피우는 것이 아니다. 그것은 그냥 먹고 마시고 일을 잘 하는 것이다. 코헬레트가 감동하는 것은 언제나 어느 누구에게나 가능한 그런 행복이다. 코헬레트에게는 행복에 대한 에피쿠로스의 높고 까다롭고 엄격한 관념이 없다. 그것은 누구나 가질 수 있는 행복이다. 거기에 두 가지 점을 덧붙일 수 있다.

하나는 행복은 또한 자신이 한 일들을 즐기는데서 얻을 수 있는 것이라는 점이다.전3:22 우리가 보았던 것처럼 잘 알려진 만족감이 그것이다. 그러나 그것은 궁극적인 것이 아니다. 헛된 행복이 어떻게 일의 만족도를 결정할 수 있겠는가? 역으로 헛된 일이 어떻게 행복을 절대적으로 고양시킬 수 있겠는가?

다른 하나는 사랑하는 여자와 관련된 것으로 확실히 중요한 것이다. "너는 너의 사랑하는 아내와 더불어 즐거움을 누려라."전9:9 그것은 좋은 것이고 선한 것이고 경험할 만한 가치가 있다. 그러나 애석하게도, 곧 그 한계가 제시된다. "너의 헛된 모든 날[⋯], 너는 너의 사랑하는 아내와 더불어 즐거움을 누려라." 그러므로 그것은 헛된 데서 벗어나지 못하게 하는 것이고 의미를 찾을 수 없게 하는 것이고, 인간을 자기 자신에게서 벗어나지 못하게 하는 것이다. 그것은 헛된 것 안에서, 너의 헛된 날들 속에서 사랑의 행복을 누리는 것이 더 낫다는 것이다. 그것은 하나님 앞에서 이루어지는 것이다. 단, 거기서 절대나 영원을 끌어낼 수 있다고 믿지 않는다는 조건이 붙는다. 네가 사랑이나 행복을 통해서 헛된 것으로부터 벗어날 수 있다고 주장한다면, 그것은 함정이다. 그렇지 않다면, 그건 좋은 것이다. 그것은 좋은 것일 뿐만 아니라 더 나아가서 조언이 되고 계명이 된다.

이는 정말 주목할 만하다. 코헬레트는 노인이나 청년에게 하나의 명령을 내린다. "즐거이 음식을 먹고, 기쁜 마음으로 포도주를 마셔라." "좋은 날에는 즐거워하라." 그러므로 다음과 같은 얘기는 나에게 아주 중요한 것으로 여겨진다. 행복한 날에 그 행복을 너에게서 빼앗아 가거나 행복을 깰 수 있는 어떤 일이 일어난다고 해도 그것으로 근심하지 말고, 행복이 헛되다는 사실에 의해 낙심하지 말라. 네가 행복할 때, 마음껏 그 행복을 누려라. 그 단순한 행복에 너 자신을 맡겨라. 축제는 축제다. 음울한 생각일랑은 끼어들게 하지 말라. 음식이 맛있고, 포도주가 좋으면 됐지, 그 너머 다른 것을 찾지 말라. 지금이 행복한 날이다. 지금을 충만하게 살라. 내일은 불행한 날이 올 것이다. 내일을 염려하지 말라.

"한 날은 그 날로 족하다." 그 사실을 분명히 한 것은 예수이다. 그러므로, 절대 세계가 아닌 "세상에서", 하나님의 말씀 안에서 이 단일한 명령을 수용하라. 단순한 행복을 얻게 하는 단순한 수단들을 이용하여서 행복하라. 그러나 두 개의 유보 사항들이 있다. 하나는 결국 그것은 헛되다는 것이다. 그런데 그것은 소급 적용되는 것은 아니다. 다른 하나는 특히 너는 그것이 하나님의 선물임을 알아야 한다는 것이다. 우리는 그 점을 나중에 더 길게 살펴볼 것이다. 그러나 지금은 너의 삶에서 그것을 유일한 두 가지 판단 기준으로 삼아야 한다. 그것은 네 평생에 너를 따라다닐 것이다.

통제할 수 없는 것은 사건이나 현실이 아니라, 인생 전체이다. 우리는 남들에 비해서 더 낫다거나 우월하다고 생각해서는 안 된다. 우리는 그것을 단순한 우발적이고 피할 수 있는 현실로서 받아들여서는 안 된다. 일과 행복이라는 두 가지 축은 하나의 명령이요 계명이다. 기본적인 단순한 일상의 행복에 만족해야 한다. 종교적, 정치적, 철학적, 이데올로기적 환상으로 도피하지 말고, 인공적인 낙원의 개발과 같이 복잡한 것을 만들려 하지 말고, 내일은 훨씬 더 나아질 것이라고 희망하며 예외적인, 예상하지 않은, 완전한 행복을 기를 쓰고 만들어내려고 하지 말아야 한다. 거기에 대해서 코헬레트는 우리에게 경고한다. "다가오는 미래의 모든 것이 다 헛되다."전11:8 너의 평생이 그렇게 흘러갈 수 있다. "오래 사는 사람은 그 모든 날을 즐겁게 살아야 한다. 그러나 어두운 날들이 많을 것이라는 것도 기억해야 한다. […] 젊은이여, 젊을 때에, 젊은 날을 즐겨라."전11:8-9

생애 전체가 그렇다. 우리는 평생 동안 찾아야 할 이 행복을 발견하고 만들어갈 수 있다. 인간적인 수단들만을 가지고 아주 잘 할 수는 없는 노릇이다. 우리는 그것이 헛되다는 점을 알아야 한다. 그러나 그것은 살 만한 가치가 있다고 코헬레트는 우리에게 전한다. 단, 거기에는 그렇게 살 것을 수용하고, 또 원해야 한다는 조건이 붙는다. 왜냐하면 그걸 원하는 마음이 있어야 하기 때문이다. 그것이 나에게는 코헬레트가 여기서 마지막으로 지시한 다음 구절이 의미하는 바라고 여겨진다. "너는 가서 즐거이 음식을 먹고, 기쁜 마음으로 포도주를 마셔라. 너는 언제나 옷을 깨끗하게 입고, 머리에는 기름을 발라라."전9:7-8

인간의 소소한 물질적인 행복을 구성하고 있는 것을 포함하여, 모든 것의 헛됨을 강력하게 지적하며 한탄하는 코헬레트는 인간이 그렇게 즐거움을 누려야 할 뿐만 아니라, 더 나아가 그 즐거움을 표시해야 한다고 권고한다. 먹고 마시는 것 이외에, 부가적인 외적인 장식들, 즉 축제 의상들과 향수, 남들이 볼 수 있는 표식들을 갖춰야 한다. 헛될 뿐인 행복이지만, 그걸 경멸하지 말아야 한다. 그건 수고할 만한 가치가 있는 것이다. 그러나 모든 것이 헛되기 때문에, 그것은 확실하게 우리 사회와 같은 곳에서 강조점이 헛되고 무익한 측면에 주어질 수밖에 없다는 의미가 된다. 왜냐하면 삶의 의미가 되는 것은 '행복과 소비'가 아니기 때문이다. 그것은 코헬레트가 말하는 바도 아니다. 많은 것이 결핍된 어려운 세상에서 그것을 경시하면 안 된다. 오늘날 우리는 그것을 너무 높게 평가한다. 다른 측면들도 계속 조명해야 한다.

그러나 본문에 충실하자. 이제 결론적으로 세 개의 정향을 제시하고자 한다. 첫 번째는 행복은 권력과 부의 축적에 구속되지 않는다는 것이다. 그러나 우리는 부에 대한 본문의 말씀이 모든 것에 대한 증오로 끝맺지 않는다는 사실을 보았다. 행복은 먹고 마시는 일, 자신의 아내를 사랑하고 평생을 함께 보내는 일, 또한 배후에서 친구들과 함께 하는 일과 같이 가장 단순한 일들에 기초한다. 나머지 여타의 것은 아무 것도 아니다.

두 번째는 반복되는 구절들이 의도적으로 배열되어있는 것이다. 전도서 전체에서 "즐거워하라"는 조언이 여기저기 헛되다는 말만큼이나 빈번하게 나온다. 이는 마치 매 시퀀스마다 경고에 뒤이어서 이 조언을 단 것 같다.

세 번째는 행복과 하나님의 선물에 대한 관계에 주목하는 것이다. 인간에게 먹고 마시고 자신이 하는 일에서 얻는 낙을 마음으로 느끼는 것보다 더 좋은 것은 없다. "알고 보니, 이것도 하나님이 주시는 것이다."전2:24 "지금은 하나님이 네가 하는 일을 좋게 보아 주시니, 너는 가서 즐거이 음식을 먹고, 기쁜 마음으로 포도주를 마셔라."전9:7 여기서 두 가지 면을 다시 살펴볼 것이다. 하나는 먼저 하나님의 선물이라는 점이다. 하나님이 주셨으므로 너는 즐거워할 수 있다. 다른 하나는 또한 하나님이 너에게 네 일을 기꺼이 받아들인 덕분에 너는 즐거워할 수 있다. 어떤 일을 말하는가? 우리는 모른다. 단지 우리는 그렇게 수용할 뿐인 것이다.

나는 그것이 행복은 축복의 표시를 뜻하는 것이라고 보지 않는다. 그 맥락은 다르다. 너는 평화롭고 행복하게 먹고 마실 수 있다. 너는 네가 사랑하는 네 아내와 함께 삶의 단맛을 볼 수 있다. 너는 하나님이 너에게 네 삶을 허락하셨으므로, 깨끗한 옷을 입어서 네 기쁨을 표현해야 한다. 그것이 너에게 선포된 복음이다. 그게 전부다. 하나님이 네 삶을 허락한 걸 앎으로써 마음에 평화를 안고, 물질적인 것들을 통하여 물질 자체는 헛된 것이지만 즐거움을 누려라. 그것은 나로 하여금 불가피하게 하나님 나라의 잔치 비유를 떠올리게 한다. 그 비유를 통해서 예수는 하나님이 먼저 초대하고 잔치를 배설한 것을 보여준다. 초대받은 사람들은 혼인 예복인 흰옷을 입음으로써 흰옷을 입지 않은 사람들은 바깥으로 쫓겨난다 자신들의 기쁨과 감사를 나타내야 한다.

더도 아니고, 잘 차린 한 끼의 식사라는 헛된 것에 대해, 그런 소비성 물질과 같은 헛된 것들에 대해 평생 동안 그렇게 기쁨을 표하는 것인가. 그렇지 않다. 기쁨과 갈망을 표현하는 것은 그것들을 먹고 가질 수 있도록 하나님이 우리를 초대한 것이 얼마나 중대한 것인지 우리가 알았기 때문이다. 더 나아가 우리는 하나님이 우리에게 삶을 허락한 것을 알게 되었다. 그 이유는? 하나님은 우리에게 그 이유에 대해서는 아무런 말씀도 하지 않았다. 우리는 거기에 대해 아는 것이 하나도 없다. 그러나 다만 그 복음을 받아들이는 것뿐이다. 왜냐하면 단순히 그 복음이 우리에게 마치 잔치로 초대한다는 소식이 선포된 것과 같이 선포되었기 때문이다. 모든 헛된 것 가운데, 즐거움을 누리고 행복해 하는 것이 가능해진다. 모든 것이 흘러왔다가는 흘러간다. 그러나 그것은 우리의 삶에 관한 하나님의 말씀 선포에 하등의 영향도 줄 수 없다. 이것이 행복의 의미요 한계이다. 모든 다른 것은 헛될 뿐이다.

8. 선

전도서는 도덕에 관한 책이 아니다. 전도서가 많은 일들에 관해 "그건 악이다"라고 선언하면서도, 전도서는 실제로 우리에게 선에 관해서 전혀 언급하지 않는다. 전도서는 무엇을 하는 것이 좋은지 말해주지 않는다. 전도서는 선을 칭찬하는 법이 없다. 그 반대이다. 우리는 행복의 중요성을 보았는데, 선은 아무 것도 아니다. 여기서 나는 케인스의 말을 인용하는 것으로 그치고 싶다. "악은 유용하다. 선은 유용하지 않다." 경제학자의 말이다! 전도서에서 우리가 볼 수 있는 모든 것은 선과 선행은 올바른 것이지만, 아무 소용이 없고 결국은 아무 의미도 없다.

"이 세상에서 헛된 일이 벌어지고 있다. 악한 사람이 받아야 할 벌을 의인이 받는가 하면, 의인이 받아야 할 보상을 악인이 받는다. 이것을 보고, 내가 어찌 헛되다고 말하지 않을 수 있겠는가?" 전8:14 물론 그는 그것이 좋다고 말한 것은 아니다. 그는 그것에 동의하지 않는다. 그것은 "그게 세상 돌아가는 이치다"라는 단순하고 객관적인 사실의 확인도 아니다. 전도서는 우리에게 그것이 헛된 것을 보여주는 표지들의 하나라고 말한다.

이 헛된 것은 다양한 형태를 띠고, 모든 것 속에서 나타난다. 그것이 나타난 것들 중의 하나가 의로운 자와 불의한 자가 동일하게 취급된다는 사실이다. 정의란 없다. 선을 행하고 의롭게 삶으로써 기대할 수 있는 보상이란 존재하지 않는다. 모든 것이 이 헛된 많은 활동 속에서 뒤바뀌거나 왜곡되고 뒤섞인다. "모두가 같은 운명을 타고 났다. 의인이나 악인이나, 착한 사람이나 나쁜 사람이나, 깨끗한 사람이나 더러운 사람이나, 제사를 드리는 사람이나 드리지 않는 사람이나, 다 같은 운명을 타고 났다. 착한 사람이라고 해서 죄인보다 나을 것이 없고, 맹세한 사람이라고 해서 맹세하기를 두려워하는 사람보다 나을 것이 없다. 모두가 다 같은 운명을 타고 났다

는 것, 이것이 바로 세상에서 벌어지는 모든 잘못된 일 가운데 하나다."전 9:2-3

그것은 단지 헛된 것만이 아니다. 코헬레트는 이제 그것이 악이라는 입장을 밝힌다. 이 악이 군림하는 것이다. 선이나 미덕이나 정의나 종교를 통해서 그 악에서 벗어날 수 있다는 희망을 품지 말아야 한다. 결국 인간의 운명은 언제나 동일한 것이다. 자신의 미덕에 희망을 가지는 것은 헛된 일이다. "모든 사람들은 다 같이 죽는다"는 말은 흔히 듣게 되는 말이 전혀 아니라는 점을 유념하자. 거기에는 의심의 여지가 없다. 선한 사람이나 악한 사람이나 모두 다 죽는다. 그들의 죽음은 짐승들의 죽음과 다를 바 없다. 그러나 그것이 나에게는 이 헛된 것에 대한 깊은 의미를 전달해 주는 것 같지는 않다.

"악한 사람이 받아야 할 벌을 의인이 받는다." 바꾸어 말해서, 이제 문제가 되는 것은 더 이상 하나님과 관련된 것도 아니고 운명에 관계된 것도 아니며, 그렇게 행하는 사람이라는 것이다. 인간은 의인을 인정하지 않는다. 그는 의인을 악인과 같이 대우한다. 그렇게 함으로써 인간은 세상의 헛된 것에 자신의 무게를 더하는 것이다. 인정이나 명성을 기대하지 말라. 남들이 자신을 선하다고 의롭다고 평가하는 것에 의존하지 말라. 그건 아무 소용없는 일이다. 그러므로 이 땅 위의 정의나 저세상의 정의를 바랄 것이 없다. 선의 승리를 위해 인간이 결속한다거나, 헛된 인간 조건을 극복하기 위해 싸운다거나, 정당한 가치체계를 확립한다거나 할 것이 없다. 모든 인간은 자신의 판단과 자신의 선에 대한 기준을 통해서 세상의 헛됨에 또 다른 헛됨을 더 보태기만 할 뿐이다.

그것은 인간의 본성이 선하다거나 혹은 인간은 선한 본성을 따라야 한다는 주장과, 선과 정의를 분간할 수 있는 능력이 인간에게 있다는 주장과, 도덕과 형평성에 따라서 건전하게 인간을 평가해야 한다는 주장을 근본적으로 무너뜨린다. 의로운 정치란 상상도 할 수가 없다. 역사와 사회는 헛된 것과 악에 기반을 두고 있으며, 어떤 식으로나 우리에게 털끝만큼도 좋은 예를 보여주지 못한다. 그것은 바람과 같다. 헛됨과 연기와 안개를 기억하자. 그런 것이 선과 역사와 정치와 사회다.

전도서가 아주 독특하고 유일한 책이고, 전도서 이외의 다른 성서와 어긋나는 부분이 있기 때문에 전도서를 준거기준으로 삼을 수 없다는 주장에 대해 왈가왈부하지 말자. 사실 전도서는 머리말이기도 하다. 먼저 전도서에 귀 기울이지 않고, 그 명확성을 음미하지 않고, 그 급진성을 거부한다면, 계시의 나머지 부분들을 아이들을 위한 동화와 목가적인 이야기로 치부하게 된다. 우리가 선의 무익성에 대한 말에 충격을 받는다면, 십자가는 어떻게 받아들이고 수용할 수 있을까? "악한 사람이 받아야 할 벌을 의인이 받는다"고 하고 "의인이나 악인이나 모두가 같은 운명을 타고 났다"고 하는 전도서의 분명한 말씀이, 선과 정의와 사랑 그 자체인 예수가 정죄를 당하고 범죄자들과 같이 취급되고, 단어의 선호도에 따라서는 테러리스트들이라 할 수도 있는 강도들과 함께 십자가형에 처해질 때, 전체적으로 확고하게 성취된 것이 아닐까?

그러나 십자가는 우리의 정신세계의 일부분이다. 그것을 당혹스럽게 보지 말자. 우리가 일반화에 접하게 될 때, 우리는 당혹스러워진다. 여기서 우리를 제약하는 것은 일반화이다. 혼동하지 말아야 한다. 나는 그 본문의 준거기준을 예수 그리스도에게 두면서 그 말씀이 완전히 예언적이라고, 즉 예수 그리스도와만 관련되는 것이라고 말하고 싶지는 않았다. 예수에 관한 예언이라고 말하면서, 속으로는 "그러므로 이건 나와는 상관이 없다"고 하는 것은 때때로 하나의 성서 본문을 그냥 넘어가기 위한 아주 세련된 방식이기도 하다. 나는 단순하게 코헬레트의 이 확고한 말씀은 예수의 생애에 의해 공고해져서 논의의 여지가 없게 되고 입증되었다고 말하고 싶을 뿐이다.

그러나 이 말씀은 인류 전체를 향한, 또한 개개인을 향한 선언이기도 하다. 우리는 모두 이 헛된 범주에 다 들어간다. 코헬레트는 물론 악도 헛되다고 인정한다. 사실 악은 그렇다. 선을 행하는 것은 아무 소용이 없다. 우리는 인간의 공통된 운명이나 남들의 증오에서 벗어날 수 없다. 코헬레트는 선을 행하지 말아야 한다고 하지 않는다. 그러나 코헬레트는 단지 거기서 아무 것도 기대하지 말아야 하고, 악인의 성공이나 의인의 실패를 가지고 소동을 벌일 것이 없다고 한다. 그리고 인류의 자랑스러운 미래라는 말에 신뢰를 두지 말아야 한다고 한다. 앞에서 진보에 대한 부정을 논의하던 중에 우리는 이미 그 점을 알게 되었다. 선도 헛된 것에 속한다는 사실과 함께 그 점을 재차 살펴보았다.

헛된 것에 대한 교훈은 비관주의가 아니라, 우리 주변의 현실을 우리에게 보여주면서 그 모든 것을 심각하게 받아들이지 말라는 경고이다. 그것을 믿지 말라. 거기에 사랑과 진실과 인격을 바치지 말라. 그 모든 것에 우리 자신을 헌신하지 말자. 다 바람을 잡으려는 것과 같이 헛된 것이다. 헛되다는 말은 인간의 삶에 대한 철학도 인식도 아니다. 그것은 주의를 환기하는 것으로서 삶에 관해 각자에게 주는 경고이다. 그것은 먼저 나 자신의 삶 전체가 모든 면에서 헛될 수밖에 없다는 것을 이해하는 것이다.

물론 사람들은 반박할 것이다. "바로 그게 비관주의다." 그러나 우리가 진지하게 코헬레트의 말에 귀를 기울이면, 우리는 전혀 다른 사실을 알게 된다. 나 자신의 삶이 헛되다고 인정한다는 말은, 내가 나를 중심에 놓지 않는다는 것이다. 즉, 세상의 중심에, 인간관계의 중심에, 역사의 중심에, 행동의 중심에, 문화의 중심에 나를 두지 않는다는 것이다. 이런 위치 변화의 중요성을 잘 인식하자. 그것은 도덕과 선한 양심 때문이 아니라, 내 삶이 헛되다는 사실을 내가 알게 되었기 때문에 이기주의와 자기중심주의를 부정하는 것만이 아니다. 그것은 자신의 문화와 경제적 개념을 유일한 진리로 믿어서 남들을 파멸시키는 서구인의 태도를 부정하는 것이다. "너의 문화와 너의 정치 시스템은 헛된 것이다. 그러니 이제 다른 지역 사람들의 얘기를 들어보자. 그들을 존중하자."

신앙의 영역에서 우리는 얼마나 많이 이 자기중심주의의 희생자였던가? 자 네 식으로 성서를 이해하는 것도, 내 것도 물론 마찬가지로, 헛된 것이란 말이야. 서로를 이해하기 위한 노력으로서, 나는 한편으로는 남들의 의견을 듣고, 다른 한편으로는 계시의 중심에 있는 예수 그리스도의 인격을 나의 관심이나 인격으로 대체하려는, 지속적인 나의 집착과 싸워야 한다. 내가 헛되다는 사실을 나 자신이 모른다면, 나의 개인적인 구원 문제가 나를 사로잡아버리거나, 혁명과 같이 나에게 흥미를 주는 생각들이 성서를 해석하는 기준점이 되어버리고 만다. 성서는 내가 나의 답변과 나의 주장을 찾아 참조하는 일종의 총람이 되어버리는 것이다. 그러나 내가 그렇게 하려고 할 때 나 자신이 헛되고 내 생각들도 헛되다는 사실을 기억하자. 그러면 나 자신 이외의 다른 것에 귀를 기울이게 된다.

9. 인간의 응답

이런 상황에 대해서 더 바람직하고 더 적합하게 인간이 취할 수 있는 태도가 있는가? 우선 우리 자신이 기대하는 것은 배제하자.

코헬레트에게 인간의 응답은 종교에 있지 않다. 우리는 뒤에 가서 종교에 대한 코헬레트의 생각을 살펴보게 될 것이다. 인간의 응답은 아무 소용도 없다. 왜냐하면 누구나 같은 운명을 가지기 때문이다. "깨끗한 사람이나 더러운 사람이나, 제사를 드리는 사람이나 드리지 않는 사람이나, 착한 사람이라고 해서 죄인보다 나을 것이 없고, 맹세한 사람이라고 해서 맹세하기를 두려워하는 사람보다 나을 것이 없다."전9:2 이와 같이 종교는 "모든 것이 헛되다"라는 말씀 앞에 설 수 없다. 지금 이 말을 먼저 해야 한다.

그러나, 코헬레트에게서 조언이 나오는가? 우리는 뒤에 가서 코헬레트가 지혜에 관해서 계속해서 얘기하는 것을 살펴볼 것이다. 그러나 거기에는 결코 무의미할 수 없는 일련의 태도들이 있다. 아무튼 코헬레트에게 인간의 참된 삶의 여정은 "모든 것이 헛되다"는 급진적인 말씀에서 시작된다고 나는 말하고 싶다.142) 즉, 근본적으로는 모든 것이 무용하다는 것을 깨닫고 모든 환상들에서 벗어나는 때부터, 그 깨끗하게 청소된 길 위에 비로소 참된 삶의 여정이 시작될 수 있다. 그러나 이 어려운 절차를 반드시 거치고 살아남아야 한다. 낙타는 바늘귀를 통과할 수 있다. 단, 짐이나 물건이나 안장이나 길마를 하나도 짊어지지 않는다는 조건이 따른다. 거길 통과하고 난 저편에서 인간은 외롭고 헐벗은 상태가 된다. 그래서 헛되다. 거기에 대응할 것을 찾아야 한다.

금욕주의로 대응이 될까? 그것은 이 전도서 본문에 암시되어 있다. 그게 세상 이치다. 원망하거나 한탄할 게 하나도 없다. 허리를 굽히고 어떻게든 살아남아라. 모든 것을 가졌다가 또 다 잃어버리게 된다. 두세 세대가 지나가면 너에 대한 기억은 하나도 없이 사라져버린다.전1:11 너는 네가 이루어 놓은 모든 것을 후대의 사람에게 물려주어야 한다. 그 사람이 그것을 받을 만한 자격이 있는지, 잘 사용할 수 있는지 알 길도 없는 채로 말이다. 혹은 너는 자식을 남기지 않고 죽을 수 있다. 그것 역시 좋지 않은 것이다. 그러나 이것이나 저것이나 다 헛되다는 사실을 받아들여야 한다. 절망해보았

---

142) 나는 마이요(Maillot)와 또 다시 의견의 일치를 보게 된다. 그는 코헬레트가 인간의 업적을 비판하는 것은 인간이 자신의 업적을 통해서 자신의 운명의 신비를 풀어보려고 할 때라고 한다. 무의미한 것은 업적의 실재가 아니라, 그것과 인간이 맺는 관계이다. 인간의 비극은 자신을 섬겨야 하는 것에 스스로 굴복하는 것이다. 인간은 근본적으로 우상숭배자이다. 그래서 코헬레트는 이 우상숭배에 이용되는 모든 것을 공격하는 것이다.

자 소용없는 일이다.

덧붙여서 전도서 본문의 엄격한 절제를 눈여겨보라. 전도서는 낭만적인 글이 아니다. 전도서는 인간의 슬픈 운명을 한탄하지 않는다. 전도서는 우리에게 있는 그대로를 말함으로써 경고한다. 우리는 거기서 우리 입장을 취해야 한다. 그러므로 강건하고 용기를 가져라. 왜냐하면 우리는 일을 부여받았기 때문이다. 그 일이 헛되며, 그 일의 열매를 우리가 누릴 수 없게 될지라도 말이다. 이는 그리스의 위대한 지적 사상들로 구성된 철학적인 금욕주의가 아니다.143) 이는 일상 속의 금욕주의이다. "운명이 너를 부른 길에서, 네가 맡은 많고도 무거운 일을 힘을 다하여 하라. 그 후에는 나처럼 침묵하는 가운데 고통과 죽음을 맞이하라."

그러나 코헬레트는 그걸 수용하는 것에 그치지 않는다. 우리는 정말 애매한 세계로 들어간다. 거기서 우리는 결국 전도서 기자가 자신이 말한 대로 말한 것인지, 서민의 지혜라고 부르는 것을 경멸하는지, 그가 말하고자 하던 것과는 반대로 말한 것인지 알 길이 없다. 그 세계는 아이러니의 세계다. 나는 사실 코헬레트가 우리에게 모든 것을 다 아이러니한 방식으로 전했다고 믿는다. 그러나 거기에는 직접적인 아이러니가 있고, 간접적인 아이러니가 있다.

코헬레트가 우리에게 일이 질투를 촉발한다고 얘기하거나, 많은 재산을 모았지만 후에 그 재산이 누구에게 돌아갈지는 모르는 사람을 묘사할 때, 단순한 직접적인 아이러니로 말하는 것이 확실하다. "너무 지혜롭게 하지

---

143) 이 기회에 전도서와 그리스 철학들 사이에서 찾으려고 하는 상호영향들의 다양성은 그것들을 의심스럽게 한다는 점을 재차 언급한다. 왜냐하면 전도서 기자는 분명히 지적인 인물이기 때문이다. 그가 금욕주의자들과(조금 일찍!) 쾌락주의자들이나 회의주의자들을 알았더라면, 그가 다르게 자신의 일을 풀어나갔을 것은 확실하다. 나는 그리스 사상과 연관성이 있다는 점을 부정하지 않는다. 그것은 의심의 여지가 없다. 그러나 나는 그 중 하나의 사상에 주된 영향을 받았다는 것은 부인한다. 코헬레트는 코헬레트이지, 헬레니즘의 부산물이 아니다. 그 예로 라우하(A. Lauha)의 『코헬렛』*Kohelet*의 서문을 참조하라.

마라." "무분별한 사람의 웃음소리는 끓는 솥 밑에서 불을 지피는 가시덤 불이 내는 소리와 같다." "지혜의 그늘에 있는 것은 돈의 그늘에 있는 것과 같다." "나는 악한 사람이 죽어서 무덤에 묻히는 것을 보았다. 그들은 거룩한 곳을 떠난다. 그리고 사람들은 성읍에서 그들이 행한 것을 잊어버린 다."전8:10, 144) 바꾸어 말해서, 악한 사람들이 칭송과 존경을 받는다. 그들은 훌륭한 장례를 치렀다. 모든 성읍 사람들이 그들을 이끌어, 거룩한 곳을 떠나서 그들이 마지막 거처가 될 무덤에 묻는다. 얼마나 많은 교회의 장례식들이 여기에 해당하는가? 위의 모든 것은 직접적인 아이러니의 사례들이다.

그러나 언제나 그렇게 보아서는 안 된다. 왜냐하면 코헬레트는 외적으로는 단순한 뜻을 지닌, 암시적인 말을 자주 사용하기 때문이다. 그 말은 사실 또 다른 의미를 가지고 있다. 모든 것이 헛되다는 말처럼 겉으로 보기에 더 직접적인 말은 없을 것이다. 그러나 그것이 궁극적인 뜻인지는 확실한 것일까? 첫째 말은 마지막 말을 염두에 두면서 해석해야 하지 않을까? 나는 코헬레트는 줄곧 우리에게 보이는 단순한 뜻과는 또 다른 진리를 일깨우는 것 같다.

사실 나는 코헬레트가 말하려는 것은 있는 그대로 직접적으로는 전달할 수 없는 것이라고 생각한다. 왜냐하면 우선 진리는 결코 그렇게 전달될 수 없기 때문이고, 다음으로 그 내용은 원래 그대로는 사람들을 절망으로 인도하기 때문이다. 그런데 전도서는 절망의 책이 아니고, 복음의 일부분이다. 우리는 그 점을 이미 언급했다. 더욱이 우리가 여기서 "세상일은 중요하지 않으니, 하나님을 향해 나아가라"는 식의, 수도 없이 반복되는 가장 상투적인 말을 대하고 있지 않음은 분명한 듯싶다. 전도서는 『그리스도를 본받아』와 같은 책이 아니다. 코헬레트는 변증론자가 아니다.

---

144) [역주] 플레이아드판 프랑스어 역본을 번역한 것임.

그러나 "지혜는 깊고 깊으니, 누가 알 수 있겠는가."전7:24 우리는 "간접적 의사소통"과 "감춰진 진리"의 전형적인 사례를 접하고 있다. 그것은 이미 필명들pseudonyme과 서두의 본문을 통해서 선포되었다. 이는 암호문을 만드는 즐거움을 얻으려고 한 것이 아니라. 진리에 관해서는 달리 방도가 없기 때문이다. 진리는 직접적으로 표현할 수 없는 것이다. 진리를 직접적으로 전달할 수는 없다. 왜냐하면 진리는 인간의 지적인 능력과 차원을 넘어서는 것이기 때문이다. 그것은 꼭 하나님의 진리만은 아니다. 여기서는 간접적인 의사전달 방식만이 가능하다. 왜냐하면 간접적인 방식만이 유일하게 가능하며, 이해할 수 있고 받아들일 수 있기 때문이다.145)

---

145) 이 주제에 관해서 나는 세 가지 사항들을 지적하고자 한다. 먼저 첫째로는 이는 나의 책 『굴욕당한 말』La Parole humilié에서 내가 수립한 말과 진리의 관계에 부합한다는 것이다. 진리는 이미지를 배제하고, 이미지는 진리를 배제한다. 진리는 차원이 다르다. 나는 이렇게 설명하고자 한다. 즉, 이미지는 분명하고 정확한 매개체이기 때문에, 가장 불확실하고 애매한, 실제적인 것을 해명한다. 역으로 진리는 불변적이고 초월적이고 절대적이기 때문에, 가장 희미하고 애매하고 다양한 해석이 가능한 말을 매개체로 하여서 접근할 수 있다. 두 번째로는 간접적인 의사전달에 관해 내가 방금 얘기한 것은 하나님의 진리에 관해서 정확히 맞을 뿐만 아니라. 과학자들이 진리(과학에 대해서 말할 때 누구나 진리라고 부르는)라고 부르는 것과 동일한 문제를 발견하게 된다는 점이다. 인간이 파악하고 이해하는 것을, 그것이 은하계를 주제로 한 것이건 물질의 구성 문제에 관한 것이건 간에, 직접 즉각적으로 전하는 것은 불가능하다. 그 점을 고려해서, 인간은 수학적 기호들과 방정식들의 도움을 받는다. 혹은 도식들(원자가 무엇인지 이해할 수 있게 하는 잘 알려진 도표들이 일례가 된다. 그것들은 물론 실재와는 부합하지 않는다)과 그래프들을 이용한다. 그런데 그 모든 것들 가운데 어느 것도 인간이 표현하고자 하는 것을 직접적으로 전해주지는 않는다. 그것은 실재에 가깝게 상상으로 그려보는 표현이다. 그것은 간접적인 의사전달이다. 마지막으로 세 번째로는, 이 간접적인 의사전달은 키르케고르가 예수 그리스도와 관계를 맺을 수 있게 하는 유일한 것이라고 주장한 것이다.(cf. 『그리스도교의 훈련』L'Ecole du christianisme, "치욕적인 사건의 결정"Les déterminations du scandale.) 그것은 키르케고르에게는 예수의 커다란 고통이었다. 예수는 자신이 그리스도요 하나님의 아들이요 하나님이라고 사람들에게 직접적으로 전할 수 없었다. (그렇기 때문에 예수는 결코 자신의 정체성을 그렇게 밝히지 않고, 반대로 인자라고 했다.) 간접적인 의사전달에 의해서, 하나님인 인간은 신앙의 대상이 될 수도 있고, 동시에 치욕의 대상이 될 수도 있다. 그러나 "치욕의 대상이 될 수 있는 가능성을 배제한다면, 사람들은 그를 직접적으로 인식할 수 있는 대상으로 삼아서, 인간이자 하나님인 그는 하나의 우상이 되어버릴 수 있다. 직접적으로 인식할 수 있는 대상은 이교적이다." 그러나 간접적인 의사전달은 직접적인 의사전달보다 지속하기가 몇 만 배나 더 어렵다고 키르케고르는 강조한다. "인간은 서로를 필요로 한다. 그 필요 자체가 이미 직

그것은 이해할 수 있고 받아들일 수 있게 하지만, 동시에 오해와 추문을 야기하기도 한다. 그것이 코헬레트가 펼쳐가는 방식이다. 그는 우리에게 세계와 사회와 인간의 현실을 그 급진적인 양상과 함께 기술한다. 그가 하는 것은 삶의 무의미함에 대해 확인하거나 통탄하는 것이 아니라, 저 너머의 진리를 직접적인 설명이 아니라 간접적으로 전달하는 것이다. 코헬레트가 명시적으로 그 진리를 언급할 때, 우리는 그것이 별 관련도 없고 필요도 없는 부연에 지나지 않는다는 인상을 받는다. 우리 주변의 것이 헛되다는 걸 깨우치는 것은 선한 것을 간접적으로 전달하는 것이다. 이 간접적인 의사전달은 감춰진 아이러니나, 반어적 표현이나, 의례적인 말의 형태를 띤다. 그러나 그것은 또한 우리가 이미 언급했던 전개방식을 보여주는 것이다. 그 전개방식은 달리 조명되어서 계속 등장하는 주제들을 단편적으로 엮어가는 과정이다.146)

이런 맥락에서 우리는 간접적인 아이러니를 본다. 우리는 간혹 놀라운 것으로 보이는 슬로건들을 해석해야 한다. 나는 이 장에서 그걸 깊게 살펴보지 않을 것이다. 지혜에 대해서 말할 때 그 점을 다시 다룰 것이다. 진부한 말들과 평범한 통념들이 엮어져서 우리를 당황케 하고 충격에 빠뜨리는

접적인 것이다." "인간이자 하나님인 예수만이 처음부터 끝까지 간접적인 의사전달을 한다. 그는 인간의 사고방식을 따라 스스로를 어떤 식으로도 가공하지 않고, 사람들에게 직접적으로 말하지 않는다." 그는 비유를 통해 말한다. 그는 섬기는 종으로, 가난한 자로, 고통받는 사람으로만 자신을 나타낸다. (단 한 번 변화산의 변용의 경우는 예외가 된다. 그런데 그 변용이 원래의 뜻과는 얼마나 어긋나게 해석되었는지 우리는 알고 있다.) 예수가 (부자들에게, 바리새인들에게, 성전의 장사꾼들에게) 직접적으로 말하는 것 같이 보일 때, 우리는 그 말의 내용을 잘못 이해하고 있는 것이다. 왜냐하면 우리는 곧바로 그를 율법의 파괴자로, 혁명가로 만들어버리기 때문이다. 그렇게 우리는 당시의 청중들과 같이 그 뜻을 반대로 착각하는 것이다. 그 사실이 그것이 간접적인 의사전달이라는 것을 말해준다. 이와 같이 전도서에서 우리는 두 개의 전달 방식을 본다. 하나는 직접적인 의사전달이요 다른 하나는 간접적인 의사전달이다. 그렇기 때문에, 평범한 지혜의 진부한 말들과, 불가사의하게 개입하는 하나님에 관한 이해할 수 없는 말들 사이에서 전도서를 이해하고 해석하는 것은 정말 어렵다.

146) ▲우리는 그 주제들이 문장들을 짜깁기하는 식으로 편집한 것이 아니라는 사실은 이미 앞에서 확인했다.

신랄한 말씀으로 전해지는 걸 확인할 때 정말 경탄하게 된다.

전도서 7장은 그 점을 특징적으로 보여준다. 그 예로 다음의 구절들을 들 수 있다. "명예가 값비싼 향유보다 더 낫다." "어리석은 사람의 마음은 잔칫집에 가 있다." "지혜로운 사람의 책망을 듣는 것이 어리석은 사람의 격찬147)을 듣는 것보다 더 낫다." "마음은 자만할 때보다 참을 때가 더 낫다." "옛날이 지금보다 더 좋은 까닭이 무엇이냐고 묻지 말아라." "지혜를 깨우쳐 아는 지식이 더 좋은 까닭은, 지혜가 그 사람의 목숨을 살려 주기 때문이다." 즉, 지식은 사람에게 돈을 벌게 해준다. "뇌물은 지혜로운 사람의 마음을 병들게 한다." 코헬레트는 이렇듯이 욥의 친구들이 한 것과 같은 아주 진부하고 평범한 말들을 계속 엮어나가고 있다.

그러나 분명히 상식적인 얘기를 담은 그 모든 구절들은 해부용 메스로 냉혹하고 충격적인 방식으로 베어져서 다듬어진 말이다. 그것은 잘못된 지혜의 기반을 완전히 무너뜨려서, 다른 곳에서 지혜를 찾게 한다. 합리적인 처세에 관한 조언은 급진적인 말로 끝맺게 된다. 나는 외적으로는 일관성이 거의 없는 구절들을 해석할 수 있는 열쇠를 제공하는 것은 바로 이 간접적인 아이러니라고 본다.

우리는 여기서 욥과 욥의 친구들의 대조적인 모습과 동일한 대조를 발견하다. 그러나 여기서는 그것이 동일한 이행 구절 안에 내재한다. "명예가 값비싼 향유보다 더 낫다"라는 말은 좋다. 그러나 이어서 그 '명예'라는 것이 지속되는 것이 아니고 망각되어버린다는 말이 반복해서 나온다. 곧바로 명예는 "태어난 날보다 죽는 날이 더 낫다"는 말씀에 의해 실추되어버린다. 실제로 모든 것이 좋은 명성이라는 헛된 망상에 귀착되고, 인간의 삶은 다른 사람들이 그 사람에 대해 생각하는 것이 된다면, 살려고 애를 쓸 가

---

147) [역주] 표준새번역과 개역개정판에서는 '노래'라고 나와 있지만, 엘륄이 선택한 프랑스어 플레이아드판에서는 '격찬'이라고 번역하고 있다. 히브리어 원어의 음역은 '쉬르'로서 노래, 찬양, 송가를 뜻한다. 여기서는 문맥상 '격찬'이 보다 적절하게 보인다.

치가 전혀 없다. 곧 죽는 것이 낫다. 태어난 날은 우리를 거짓된 세상으로 들어가게 하므로, '값비싼 향유'와 같이 헛된 것이다. 마찬가지로 우리가 '잔칫집'에 가는 것을 삼가야 한다는 걸 깨달았다면, "지혜로운 사람의 마음은 초상집에 가 있다"라는 말에도 주의해야 한다. 바로 죽음이 있는 곳에서 지혜로운 사람은 무언가를 들을 수 있고 얻을 수 있다.

그렇기 때문에 웃음보다는 슬픔과 고통이 더 낫다. 고통만이 인간을 한 걸음 더 나아가게 한다. 기억을 환기시키는 평범한 모든 지혜는 결정적인 지혜의 말에 부딪히게 된다. "일을 시작할 때보다 끝낼 때가 더 좋다."전7:8 왜냐하면 시작은 거짓과 환상과 광기와 유치한 지혜와 분별없거나 무의미한 시도들로 이루어지기 때문이다. 이와 다른 시작은 이 땅 위에는 존재하지 않는다. 그렇기 때문에 지혜로운 사람의 훈계를 들으라는 말은 악의적인 농담이 되어버린다. 그러므로 끝을 내고 선을 긋는 것이 더 지혜롭고 정의로운 것이다. 상황을 바로잡으려는 희망은 아무 소용없다. 간접적인 아이러니만이 우회적인 전개방식을 통하여서 인간을 진리로 인도하지는 못하지만, 기준점으로, 여정의 시발점으로, 숲의 가장자리로, 갈라지는 지점으로, 결정을 내려야하는 분기점으로 인도할 수 있다.

이와 같은 관점에서 우리는 중용, 신중한 처세, 정치의 불신 등이라 불리는 현명한 조언들을 해석해야 한다. 코헬레트는 두 가지 종류의 아이러니를 쓰고 있다는 사실을 잊지 말자. 코헬레트는 자신이 보여주는 가혹한 현실을 피하려고 애쓰는 사람이 의례 취하는 통상적 입장들을 반박할 때는 직접적인 아이러니를 사용한다. 뒤이어서 우리에게 진리를 소개할 때는 간접적인 아이러니를 쓴다.

여기서 다시 직접적인 아이러니에 관한 두 개의 예를 제시하고자 한다. 다음 구절들은 중용과 신중의 자세에 대해서 훌륭하게 전하고 있다. "그러니 너무 의롭게 살지도 말고, 너무 슬기롭게 살지도 말아라. 너무 악하게 살지도 말고, 너무 어리석게 살지도 말아라. 왜 제 명도 다 못 채우고 죽으려고 하는가? 하나를 붙잡되, 다른 것도 놓치지 않는 것이 좋다. 하나님을 두려워하는 사람은 극단을 피한다."전7:16-18

종교는 좋은 것이지만, 도를 넘지 말아야 한다. 악은 유용하지만, 그걸 과장해서는 안 된다. 한 번에 두 마리 토끼를 좇지 말라. 덕은 중용에 있다!148) 정말 훌륭한 교훈이 아닌가! 특히 과장하지 말라, 지나치게 경건하거나 지혜롭게 살지 말라, 그렇다고 아주 건성으로 지내지도 말라 등과 같은 말이 그렇다. 모든 면에서 지나친 것은 결핍을 말한다. 너를 다른 사람들과 구별하게 하는 너무 커다란 지혜는 너 자신을 다른 사람들이나 권력에 의해서 심판을 받게 할 위험이 있다. 정말 뛰어난 지혜는 신중하고 온건한 태도를 높이 평가한다. 이것을 코헬레트의 사상과 정확히 일치하는 것으로 볼 수 있는가? 인간이 의롭고 선한 것으로 인정하는 모든 것과 인간의 모든 희망과 모든 명예에 대해서 거리낌 없이 신랄할 비판을 퍼붓는 코헬레트가 그런 사상을 가졌다고? 설마 그럴 리 없다! 이 거짓 지혜는 헛된 것, 바람을 잡으려는 것이다. 이는 세상에서나 하나님 앞에서나 아무런 쓸모가 없다.

"네가 차든지 뜨겁든지 하면 좋겠다. 네가 이렇게 미지근하여, 뜨겁지도 않고 차지도 않으니, 나는 너를 내 입에서 뱉어 버리겠다."계3:15-16 나는 이와 같은 방식으로 코헬레트가 복종과 권위에 대해서 말하는 부분과, "모든 부분에서 왕에게 복종하라"며 정치 문제에 아주 신중하도록 권하는 부분을 이해해야 한다고 생각한다. "통치자가 너에게 화를 낼 때에, 너는 네 자리를 뜨지 말라. 침착하면 큰 잘못을 막을 수 있다."전10:4 신중하고 은

---

148) ▲In medio stat virtus! [역주: 본문의 라틴어 문장을 각주로 옮김. 토마스 아퀴나스가 아리스토텔레스의 중용을 언급하면서 한 말로 알려져 있다.]

밀하게 처신하라. "마음속으로라도 왕을 욕하지 말며, 잠자리에서라도 존귀한 이를 저주하지 말라. 하늘을 나는 새가 네 말을 옮기고, 날짐승이 네 소리를 전할 것이다."전10:20

신중하고 초연하고 경계하라는 경이로운 조언들이다. 부자와 왕을 고소하고 비판한 사람이 이런 조언을 한 사람과 동일한 인물이라는 사실을 우리는 이미 앞에서 보았다. 그는 경솔하고 분별없는 왕에 대해 비판하면서 권력은 악이라고 규정한다. 설마 그럴 리 없다! 믿을 수 없는 것은 바로 이것이지, 성급한 주석가들이 믿었던 바와 같이 하나님을 언급하는 구절들이 아니다. 나는 어떤 필경사가 여기에 삽입절을 덧붙였다고 생각하지 않는다. 유사해 보이는 것이 있는가? 일치하는 것이 있는가? 전혀 없다.

코헬레트는 인간의 무분별과 거짓 지혜와 세심하게 신중한 태도를 다 엄격하게 검토한다. 그는 아이러니를 충실하게 활용함으로써, 그런 것을 좋은 말씀으로, 라퐁텐149) 스타일의 좋은 교훈들로 해석하는 사람들을 덫에 걸리게 한다. 그들은 코헬레트가 거기서 아주 모순적으로 말하여서 수많은 것들을 헛되다고 선포함으로써, 평범한 사람, 미온적인 사람, 조심스러운 사람, 예상만 하는 사람150) 등을 부끄럽게 한다는 사실을 알아차리지 못한다.

바꾸어 말해서, 나는 그것을 하나의 윤리로 말할 수 있다. 한편으로는, 그것은 상대화하는 것이다. 모든 것은 상대적이다. 모든 것은 절대를 기준으로 해서 판단해야 한다. 따라서 모든 것은 아무 것도 아닌 것이 되고, 마

---

149) [역주] 장 드 라퐁텐(Jean de La Fontaine, 1621-1695), 프랑스의 작가. 『우화집』과 같은 동화와 시를 씀. 라퐁텐의 우화는 이솝 우화와 비교해서 인간 세태를 더 깊이 풍자하고 있다. 그는 동화 속에서 아이들에게 일상적인 삶과 사회생활에 필요한 교훈들을 잔잔하게 펼쳐간다.

150) ▲왜냐하면, 코헬레트는 다른 본문에서 이 예상만 하는 사람을 비판하고 있기 때문이다. 우리는 "바람이 그치기를 기다리다가는, 씨를 뿌리지 못한다. 구름이 걷히기를 기다리다가는, 거두어들이지 못한다."(전11:8)는 말씀을 알고 있다.

지막에는 다 죽음을 맞이하게 될 뿐이다. 남는 것이 무엇인가? 그러나 행복, 일, 정의와 같은 이 상대적인 것을 상대적인 것으로 받아들여서 그것을 실천해야 하고, 살아야 한다. 상대적인 것으로 받아들인다는 것은 내일에 대한 불안과 강박관념으로 짓누르는 근심에서 해방된다는 걸 뜻한다. 이는 선한 것이다.

다른 한편으로, 코헬레트는 냉혹한 아이러니를 통해서 미온적인 태도와 책임지지 않으려는 자세를 부정하고, 용기의 부족과 부바르와 페퀴세151)와 같은 소시민의 지혜와 흔하거나 새로운 통념들을 부정한다. 이는 일반적으로 진리로 받아들인 것을 날카롭게 비판하는 정신을 가지는 것을 말하는 것으로, 모든 문제들을 상대화하는 것과 혼동해서는 안 된다. 이는 악한 것이다.

그러나 모든 것이 아무 것도 아닌 것, 아무 가치가 없는 것, 아무 의미가 없는 것으로 축소되면, 손에 아무 것도 남기지 않는 것을 좇아 수고하는 것이 무슨 소용이 있을까? 바람을 잡는 것이 아닐까? 그렇다. 그런 수고를 할 만한 가치가 없다. 그러나 하여튼 살아갈 수 있는 시간, 모든 것으로 구성된 복합적 시간이 우리 앞에 존재한다. 상대적인 일들만이 우리 수준에 맞는다. 우리는 모든 것의 상대성에 관한 극도의 완벽한 표현을 다음의 경이로운 시적인 구절 속에서 발견한다.

"모든 일에는 다 때가 있다.
세상에서 일어나는 일마다 알맞은 때가 있다."전3:1

---

151) [역주] 귀스타브 플로베르(Gustave Flaubert, 1821–1880)의 작품으로 1881년에 출간된 『부바르와 페퀴세』*Bouvard et Pécuchet*의 주인공들이다.

전도서 3장에서 다시 발견하게 되는 시적인 구절이다. 이 '때'는 미리 주어진 규정도 없이, 우리가 살아야 하는 것으로 없앨 수 없는 것이다. 코헬레트는 한 번도 자살을 하나의 대책이라고 말한 적이 없다. 극단적인 경우에, 그는 삶이 그렇다면 아예 살지 않았던 것이 더 낫다고 말한다.전4:2-3 죽은 사람이 더 행복하다는 것이다. 그들은 헛된 것을 잡고 싸우며 의미를 찾아 난제를 풀려고 애쓰는 삶을 끝마쳤다. 삶은 정말 불의로 가득하고, 지혜를 얻는 것은 불가능하다는 난제는 그들에게는 더 이상 존재하지 않는다. 이 모든 것을 위해서 있는 힘을 다하는 것이 무슨 소용인가? 아예 살았던 적이 없고 존재한 적이 없는 사람들이 더 행복하다. 그들은 이 피곤하고 헛된 삶에 아예 발을 디디지 않았고, 삶이라는 풀 수도 없고 이해할 수도 없는 문제와 부딪치지 않았다. 특히 살았던 적이 없는 사람들은 세상에서 행해지는 사악한 일을 보지 않았다. 그들은 악과 불의를 경험하지 않았다.

여기서는 불의가 문제이다. 왜냐하면 모든 억압적인 상황들을 정죄하고, 해방자와 위로자의 부재를 지적한 뒤에 이 구절이 이어지기 때문이다. 이런 상황에서는 아예 살지 않았던 것이 더 낫다. 왜냐하면 억압의 기억과 악이 승리하는 악몽을 무덤까지 가져가는 위험을 피할 수 있기 때문이다. 그러나 이 경우에 행복도 없다. 더 행복하다고? 죽은 사람들은 아무 것도 느낄 수 없고 경험할 수 없는데, 어떻게 그들이 행복하다고 말할 수 있을까? 아니다. 물론 그들은 행복하지 않다. 그러나 코헬레트는 말한다. "그래서 나는, 아직 살아 숨 쉬는 사람보다는, 이미 숨이 넘어가 죽은 사람이 더 복되다고 말하였다."전4:2 그것이 코헬레트의 판단이다. 더도 아니고 덜도 아니다. 코헬레트는 이러한 급진성 속에서도 결코 자살을 권고하지 않는다. 살아갈 시간이 있다. 우리는 그 근원이 무엇인지 살펴볼 것이다. 우리는 주어진 이 시간을 살아야 한다.

이 삶의 시간 속에서 여러 번 반복되는 전도서의 말대로 우리는 일할 수 있고, 일정한 기간 동안 기쁨과 행복을 눌릴 수 있다. 일하는 것이 시간을 소비하고 채우며, 시간을 보내게 한다. 그렇다고 거기서 더 나아가는 것은 아니다. 모든 것은 상대적이다. 어리석음이 지배하지만, 때때로 약간의 지혜를 발휘할 수도 있다. 헛됨이 지배하지만, 때때로 의미의 단초를 발견할 수도 있다. 그러나 환상은 품지 말아야 한다. 그건 다 상대적인 일들이다. 우리에게 주어진 시간을 채우기 위해서는 맡아야 할 일들이다. 제거할 것이 아니다. 우리는 할 수 있다. 선도 악도 다 할 수 있다. 그러나 우리가 헛된 일을 해나갈 때, 우리의 환상이 새로워지며 순수함의 환상, 아름다움의 환상이 생겨나는 것은 아니다. "향수에 빠져 죽은 파리가 향수에서 악취가 나게 한다."전10:1 파리가 살아 있다가 죽었다. 아무 것도 우리를 무고하게 할 수가 없다.

시간은 엄청난 선물들이 딸린 부富가 아니다. 정말 아니다. 시간은 채워야 한다. 그게 전부다. 보들레르의 시는 틀렸다. "장난꾸러기인 시간은 황금을 추출하지 않으면 안 되는 광석이다." 매 시간은 아무 것도 없다. 매 시간은 네가 만들어가는 대로 된다. 너는 매 시간으로 모든 걸 만들어갈 수 있다. 너는 보석을 채취하려고 광석을 깨는 것이 아니다. 너는 시간을 풍요롭게 하기 위해서 네 보물을 내놓는다. 그러나 대부분 그것은 헛된 것이다. 시간은 자유롭게 사용할 수 있는 것이다. 시간에 의미를 부여하는 것은 바로 너 자신이다.

이와 같이 우리는 삶을 이루고 있는 모든 것과 세계를 구성하는 모든 것을 다 돌아보았다. 모든 것이 안개와 연기와 같이 허무하고 헛된 것이고, "허무의 권세에 굴복하거나, 두 개의 허무 사이에 놓여있는 것"이다. 바울은 이것을 로마서에서 다시 말한다. 모든 피조물이 헛된 것에, 혹은 허무의 권세에 굴복했거나, 두 개의 허무 사이에 놓여있다. 롬8:20 코헬레트의 세상에 대한 냉정한 이해를 이어받은 이 바울의 말은 코헬레트가 "하나님 없는 인간"을 냉소적으로 묘사하지 않았다는 사실을 보여준다. 정반대로, 그는 우리에게 하나님 앞에서 세상이 헛됨을 안 신앙인의 경험을 전해주고 있다. 그 신앙인은 그것을 받아들인다. 이는 이 급진적인 말을 통해서 세상을 정죄하는 것이 아니고, 다만 인간이 이 상황을 파악하고 이 현실적인 상황에 스스로 들어가게 하려는 것이다. 그것은 피조물의 가장 깊은 참담함을 드러내는 것이다. 그 참담함은 용서할 수도 변명할 수도 없는 것이다. 그것은 언제나 당혹스러운 사실이다. 그러나 코헬레트에게는 바울이 아주 강력하게 확신했던 소망이 결여되어 있다. 코헬레트는 기다림의 시대에 속한다. 그는 인간으로서 할 수 있는 첫 걸음을 뗐다. 그가 기다리는 여타의 것은 때가 되면 올 것이다.

10. 종합

여기서 또 다시 오해의 여지가 있는 것을 불식시키기 위한 시도를 해야겠다. 우리가 헛된 것에 대해서 해석하고 논의하고자 했던 모든 것은 하나의 철학이 아니다. 그것은 인간의 삶에 대한 하나의 개념화가 아니다. 그것은 하나의 논고가 아니다. 여러 번에 걸쳐서 나는 실존이라는 단어를 사용했다. 그러나 실존주의가 전개된 이래로, 이 단어는 곧장 어떤 철학적인 사조를 떠올리게 한다. 그런데 그것은 정확히 내가 실존이라는 말을 쓰면서 피하고자 한 것이다.

그것은 삶의 헛됨에 대한 진부한 일반론이 아니다. 가치 판단을 하지 않는다는 말은 코헬레트가 의도하는 것을 비켜가는 것이다. 그의 의도는 근본적으로 개개인의 주의를 환기시켜서 각자의 삶을 돌아보게 하는 것이다. 각자의 삶의 현실, 정확한 실상을 보게 하는 것이다. 헛된 것은 삶 자체가 아니라 나 자신의 삶이다. 모든 것을 일인칭으로 전환해야 한다. "나는 타자다"152)라는 식의 아주 유치한 말 대신에, 코헬레트는 우리에게 "나는 헛된 것이다"153)라고 말한다. 이 말은 하나의 생각이나 의견이 아니다. 이 말은 말 그대로이다. 더도 덜도 아니다. 이 "나"라는 존재의 모든 면들이 다 그렇다. 무엇이 나로 하여금 이렇게 단호하고도 급진적인 태도를 취하게 할 수 있을까? 그러나 전도서의 본문 자체가 "나"에 의한 것으로, 모든 말씀들은 이 "나는 말한다"로 점철되어 있다.

이는 재차 반복해서 말할 필요가 있다. 코헬레트로 하여금 일이나 돈이 헛된 것이라는 결론을 내리게 한 것은 그의 성찰뿐만이 아니다. 그것은 "나는 말한다"로 전하는 경험이다. 그것은 코헬레트의 전인격이다. 그런데 이런 인식은 커다란 결과를 가져온다. 내가 헛된 것이라면, 나의 삶은 아주 상대적인 중요성만을 가진다. 나는 세계의 중심이 결코 아니다. 내 일이나 나의 경험도 역시 헛된 것이고 바람을 잡으려는 것과 같다.

이것을 아주 특별한 분야인 성서 해석에 적용해보자. 그러면 우리는 놀라운 결과를 보게 된다. 거의 모든 성서 해석에서 상당히 중요한 전환이 일어난다. 물론 모든 사람들은 우리가 성서를 문화와 같은 하나의 해석의 틀을 통해 이해한다고 거듭 말한다. 맞는 말이다. 그런데 내가 말하려는 것은 그런 분명한 사실이 아니다. 그것은 더더욱 심각한 것으로, 성서를 읽을 때, 나는 그 중심에 나의 관심사나 나 자신을 놓는다는 것이다. 나는 그런 관점에서 성서의 메시지와 사상을 구축한다. 이렇게 편향된 것을 밝히고

---

152) [역주] 프랑스어로는 "Je est un autre"이다. 이 문장의 주어 'Je'는 일인칭 단수형인데 이 문장의 동사 'est'는 삼인칭 단수형이다. 프랑스의 시인 아르튀르 랭보(Arthur Rimbaud, 1854-1891)는 이 문장의 문법적 모순성을 통해서 주체와 대상의 일원성이라는 그의 시학을 표현한다.
153) [역주] 프랑스어로는 "Je est vanité"이다. "나는 타자다"라는 앞의 문장에 빗대어서, 전도서의 "모든 것이 헛되다"는 말씀을 구체적인 개인으로서의 "나"에 대입하여 표현한 것이라 볼 수 있다.

이해하게 하기 위하여서, 나는 서로 다른 두 개의 예를 들려고 한다.

하나는 무시해도 될 만큼 사소한 것이고 다른 하나는 근본적인 것이다. 첫 번째 예에서, 나는 여성 운동과 페미니즘의 승리가 중요한 핵심적인 관심사인 모든 남성들과 여성들을 상정한다. 그들은 바울의 서신서를 읽으면서 반여성적인 세 구절들을 보고 분노한다. 그들은 이 세 구절들만 기억한다. 그들은 간혹 가다 바울의 서신서 전체를 이 판단에 근거해서 해석할 것이다. 대부분의 경우 그들은 바울이 전하는 놀라운 계시를 기피하고, 바울에 대한 관심을 접어버린다. 왜냐하면 바울은 남성우월주의자이자 여성혐오주의자이기 때문이다. 그런데 그러한 태도는 정치적 선택이나 과학적인 확신에 근거해서도 재현될 수 있다. 거기서 중요한 것은 늘 우리의 관심사요 견해이다. 그러나 인간이 헛된 존재라는 걸 의식하고 있다면, 나를 사로잡고 있는 것과는 다른 것에 귀를 기울일 수 있도록 나는 그 사실을 망각해버릴 수 있다.

정말 더 심각하고 근본적인 것은 개인 구원의 문제이다. 내가 흥미를 가지는 것은 나의 구원, 나의 신앙, 나의 영생 등이다. 언제나 내가 중심이다. 그런데 놀랍게도 예수는 우리에게 정반대의 모습을 보여준다. 왜냐하면 인간이 헛된 존재라면, 중요한 문제는 나의 구원이 아니라, 나를 사로잡고 있는 것을 내려놓고, 존재 그 자체이며 모든 것 안에 현존하는 하나님에게 나 자신을 양도하는 것이기 때문이다. 그 순간에 성서를 해석하는 태도가 달라진다. 나는 더 이상 개인 구원의 신학을 구축할 수 없다. 중요한 것은 헛된 것이 아닌 이 타자他者이다. 나는 성서를 이용하지 않고, 나 자신을 가능한 한 의식하지 않고, 배우려는 자세로 인간의 마음에서 비롯되지 않고 언제나 새롭게 나에게 다가오는 말씀을 들으려고 할 것이다. 그것이 헛되다는 말이 가지는 의미이다.

제2부

지혜와 철학

지혜, 실존, 아이러니, 지혜의 시험

그는 위로하는 하나님으로 쉽게 받아들일 수 있도록
합리적인 길로 우리의 손을 붙잡고 우리를 인도하지 않는다. 그는
우리를 헛됨의 깊은 심연으로 인도한다.

**거기서 우리는 결단을 내려야한다.
그러나 아무도 그 심연을 채우거나 뛰어넘게 하지 않는다.**

그 심연은 하나님을 영접하고 믿는다 할지라도
계속 심연으로 남는다. 그것은 키르케고르의 말에 따르면
무조건적 절대적 상황이다. 하나님은 무조건적이다.
믿는 사람도 그 사실을 인정하고 이유도 동기도 없이
무조건적인 방식으로 결단을 내려야한다

제2부 지혜와 철학

나는 코헬레트에 의한, 코헬레트의 지혜154)에 관한 탐구를 한 감동적인

---

154) 네헤르(Neher)는 전도서에는 지혜에 관한 두 개의 "어록"이 있다는 점을 보여준다. 하나는 흔하고 평범한 것으로 상식과 중용의 "지혜문서의 수준"이다. 그리고 다른 하나는 엄청난 불안과 의심을 담은 것이다. 나는 거기에 두 개 이상의 어록들이 있다고 믿고자 한다. 더욱이 이 연구는 폰 라드(von Rad)의 지혜에 관한 총체적인 연구서인 『이스라엘과 지혜』*Israël et la Sagesse*를 통해서 점검해볼 필요가 있다. 그리고 철학과 동등한 지혜에 관한 리스(Lys)의 논의도 참조해야 한다.

폰 라드는 지혜라는 주제에 관해서는 전도서가 지혜문서의 전통에 바짝 다가간다고 강력하게 주장한다. 그러나 지혜문서의 전통은 전도서에 이르기까지 선악과 행위 규범의 주제에 관해서 확고한 태도를 견지해 왔다. 코헬레트는 삶의 평정에 이르려는 강한 의지를 무너뜨려버린다. "인간은 외부 세계에서 벌어지는 일과의 접촉을 상실했다. 하나님이 계속 주관함에도 불구하고, 세상은 그에게 침묵하는 것이다. 어두운 미래는 인생의 우연성의 본질이 된다. 인간과 주변 세계 간에 대화는 일어나지 않고 하나님과는 그 정도가 더 심하다." 코헬레트의 하나님은 아예 대화의 상대가 아니다. 욥은 항의했지만, "하나님이 아직도 나의 하나님이냐?"라고 질문을 던졌다. 코헬레트는 그런 질문을 제기하지 않는다. 전도서는 잠언의 교훈과는 많은 차이를 보여주고 있다. 전도서는 지혜의 주요 원리들에 대립한다. 한편으로는 현실적이지 않고, 다른 한편으로는 너무 교조적이라는 것이다. 그러나 그것으로 충분하지 않다. 왜냐하면 전도서는 이 지나친 엄격성에 반대하는 것뿐만 아니라, 그것을 실행하는 것에 반대하는 것이다.

폰 라드는 근본적으로 설명한다. "옛날의 스승들"과 코헬레트는 신앙적인 자세를 달리하고 있다. 옛날의 스승들에게, 그것은 신앙과 함께 언제나 대화를 유지하는 것이었다. 이성은 결코 절대적인 것으로 표현되지 않았다. 이성은 하나님에 관한 지식에 기반을 두고 있다고 알고 있었다. 코헬레트는 이 점에서 정말 취약하다. 코헬레트는 신뢰가 없다. 그는 야훼에 대한 신앙이 사실상 없다. 코헬레트의 번민은 삶에 대한 신뢰로 포기해버렸던 이성을 동원해서 삶의 의미에 대한 응답을 찾아 나서야 한다는 사실에 있다. 그는 구원의 문제에 대해서 이성적으로 답을 내놓고 싶었다. 그런데 폰 라드는 옛날의 스승들은 더 겸손하고 더 현명했다고 평가한다. 왜냐하면 그들은 구원의 문제에 대해서 한 번도 이성적으로 답을 낼 수 있다고 감히 주장하지 않았기 때문이다. "전도서와

전통적 교훈들의 대화에 귀 기울였던 사람은 이 독단적인 반란에 대해 그렇게 쉽게 박수를 칠 수 없게 될 것이다." 더욱이 폰 라드에게 코헬레트는 자신의 문제들에 대해 비타협적인 태도를 취함으로써 전적으로 관객의 입장에 처하게 된다. 코헬레트는 관찰하고 기록하고 물러나는 것으로 만족한다. 옛날의 지혜자들은 한계를 인정했고 추상적으로 요약하지 않았다. 반면에 전도서 기자는 곧바로 추상적인 방식으로 전체를 판단해 버린다. 그는 결정적으로 경험적인 영역은 배제해버린다. 그는 자신을 둘러싸고 있으면서 자신에게 강요하는 세계와 대화에 들어갈 수가 없다. 그에게 그 세계는 침묵하는 낯선 세계이다. 그는 그 세계를 더 이상 신뢰할 수 없다. 그렇기 때문에 그는 모든 것을 헛된 것이라는 표제 아래에 둔다. 그런데 옛날의 지혜자들은 세상을 도구로 인간에게 말을 건넴으로써 말하는 것은 하나님 당신이고, 그 대화를 통해서 인간은 자신의 삶의 자리를 잡게 된다고 보았다. 내가 폰 라드의 많은 식견에도 불구하고 그의 견해에 전적으로 반대하고 있다는 것이 점점 드러나게 될 것이다. 나는 폰 라드 자신도 "모든 것이 헛되다"는 말씀의 무게에 걸려 넘어졌다고 생각한다. 그는 본문의 거대한 복잡성을 알아보지 못했다

리스는 오랜 세월을 통해 축적되어온 지혜와, 지혜를 구하는 보편성과, 이교적인 지혜와 다양한 자료들을 융합할 수 있는 가능성을 환기시킨다. 그는 지혜와 계시의 통합은 율법이 인간의 마음에 새겨져 있다는 언약에 기초해서 이루어지고, 세계를 창조한 하나님에 관한 직접적인 지식을 전제로 한다고 말한다. 거기에다가 지혜와 구속사는 구분해야 한다. (그러나 전도서는 계시의 역사에 들어가 있다!) 이 지혜는 선택된 민족의 운명보다는 인류 전체의 운명에 더 관심을 둔다. 지혜는 하나의 자연 종교로 연결될 수도 있을 것이다. 그러나 리스는 전도서는 그것과 전혀 상관이 없다고 분명히 지적한다. 어떤 학자들은(Barucq) 전도서를 두 부분으로 구분하려고 했다. 한 부분은 전도서 기자가 전통적인 지혜의 통상적인 교훈들을 반복하는 부분이다. 다른 한 부분은 전도서 기자가 전통과 완전히 결별하게 되는, 근본적인 질문들과 인간 조건의 문제들이다. 전통은 지혜의 작용에 의해 인간의 성공이 보장된다고 주장한다. 코헬레트는 전통이 그런 주장을 할 권리가 전혀 없다고 한다. 성공의 비밀을 가진 지혜자는 없다는 것이다!

더욱이 '호크마-빈-다아트', 이 세 개의 히브리어 단어들을 구분해야 한다. 그 의미는 각각 지혜-지성-지식이라고 볼 수 있다. 그러나 리스는 '호크마'를 줄곧 철학으로 번역한다. 왜냐하면 지혜라는 단어가 프랑스에서는 평가절하 되어 있기 때문이다. 코헬레트가 묘사하는 지혜자의 일은 철학자의 일과 같다. 세계를 관찰하여 그 의미를 이해하고, 현상들 속에서 '로고스'를 찾아서 살아가는 법을 배운다. 그건 사실이지만, 나는 지혜라는 단어를 유지하고 싶다. 왜냐하면 그것은 삶의 이해라기보다는 삶의 기술이고 코헬레트가 겨냥하는 것은 우리가 지금 철학이라 부르는 것보다 훨씬 더 광범위하기 때문이다. 그러나 이 번역은 언제나 제일 우위에 있다. '다아트'(어근은 Yd')는 아주 다양한 의미가 있다. 이 단어는 전도서에서 때로는 칭찬의 의미(전7:12, 12:9)으로, 때로는 회의의 의미(전1:18,9:11)로 모두 43번 나타난다. 그것은 의도적으로 찾아 얻은 지식이다. 그런데 이 '다아트'는 성서적 사유에서는 아주 필수적인 것이다. 그 예로서 하나의 병렬 구절만을 든다면, 선지자 호세아는 선포한다. "내 백성이 지식이 없으므로 망하는도다. 네가 지식을 버렸으니 나도 너를 버려 내 제사장이 되지 못하게 할 것이요, 네가 네 하나님의 율법을 잊었으니, 나도 네 자녀들을 잊어버리리라."(호4:6) '다아트'는 이와 같이 율법과 계시에 연결되는 것이지만, 하나의 지식이기도 하다. 전도서에서와 같이 '다아트'는 하나님과 하나님의 백성의 관계가 전환점에 이를 때에 발견된다.

이야기로 조명하고 싶다. 아인스타인은 히로시마에서 원자폭탄이 폭발했을 때 연구하고 있던 중이었다. 한 미국의 장성이 급히 그를 찾아와 텔렉스를 보여주면서 그 소식을 전했다. 아인스타인은 양손으로 머리를 감싼 채로 한동안 말이 없었다. 그러고 나서 그는 말했다. "옛날의 중국 현인들의 말이 맞았다. 사람은 정말 아무 일이나 무작정 저지를 권리가 없다."

지혜는 헛된 것에 대한 주장과 함께 나타난다. 그러나 독자들은 거기에 거의 관심을 두지 않는다. 헛되고 헛되다. 그 말은 우리의 마조히즘을 만족시키면서 우리 자신의 깊은 곳에 들어간 느낌을 주고 현대인의 감춰진 고민에 응답해준다. 지혜라고? 그건 옛날 말이야. 오래 전에 흘러가버린 문화에 지나지 않아. 컴퓨터와 원자력의 시대에 그건 아무런 흥밋거리도 아니란 말이야. "착하게 굴라"는 말을 듣는 어린아이에게도 오늘날 착하게 구는 아이는 그리 많지 않다! '지혜' [155]는 별 의미가 없는 말이 되어버린다.[156]

'절망'이란 말에는 사람들의 반응이 있지만 미덕이나 지혜란 말에는 아무 반응이 없다. 그런데 우리는 코헬레트가 결코 절망을 권고한 적이 없다는 사실을 보았다. 그러나 지혜는 전도서 전체에 계속 나타난다. 지혜는 일종의 대위법적 명제로 전도서 전체에 점철되어 있다. 그러나 지혜도 역시 헛된 것에 속한다는 사실을 분명히 알아야 한다. 전도서는 사물의 헛됨을 입증하여서 독자로 하여금 하나님의 진리나 지혜의 진리를 깨닫게 하려는, 일종의 변증서가 아니다. 지혜는 헛된 것에 대한 대책이요 해결책인가? 이는 코헬레트가 다루는 핵심적인 문제들 중의 하나이다. 더더군다나

---

[155] 페데르센(Pedersen)은 정말 이상하게도 전도서의 지혜를 체념으로 본다. 성공을 바라지 않고 사실을 인정하라. 평범한 것에 만족하라. 모든 상황에 대비하라. 이런 지혜는 삶의 궁지에서 벗어나게 한다. 어느 누가 이걸 평범하다 할 수 있는가. 어떻게 그렇게 피상적으로 볼 수 있을까. 모순적인 본문들을 배제하기 위해서, 페데르센은 모순적인 격언들을 모은 것이라고 말하는데 그친다.

[156] [역주] 프랑스어로 '착하게'는 'sage', '지혜'는 'sagesse'라 한다. 'sage'라는 단어는 원래는 '지혜로운'이란 의미도 있지만, 어린아이에게 쓸 때는 '얌전한', '착한'이라는 뜻으로 쓰인다. 여기서 우리는 일종의 단어의 유희를 목격한다.

전도서는 우리에게 지혜는 다방면에서 인간이 스스로 보다 더 잘 만들어갈 수 있다는 사실을 보여준다. 그러나 지혜는 약화되고 부식되어간다. 그럼에도 지혜의 아주 적은 일부분은 계속 지탱하고 있다.

지혜 전체가 헛된 것만은 아니다. 그런데 우리는 거기에서 혼란스러운 모순을 발견할 수밖에 없다. 이 모순은 전도서 전체에서 계속 나타난다. 때때로 지혜는 모든 것을 넘어서는 것으로 높이 평가된다. 지혜는 인간이 가질 만한 유일한 것이다. "지혜는 유산을 받는 것만큼이나 좋은 것이니, 이 세상에서 살면서 그 덕을 보기 때문이다."전7:11 일하는 것은 아무런 유익을 주지 않지만, 지혜는 유익한 것이다. 때때로 지혜는 배제되고 폐기되어 바람과 같이 헛된 것이 된다.

"나는 장담하였다. '나는 지혜를 많이 쌓았다. 이전에 예루살렘에서 다스리던 어느 누구도, 지혜에 있어서는 나를 뛰어넘지 못할 것이다. 지혜와 지식을 쌓는 일에서, 나보다 더 많은 경험을 한 사람은 없다.' 나는 또 무엇이 슬기롭고 똑똑한 것인지, 무엇이 미치고 어리석은 것인지를 구별하려고 심혈을 기울였다. 그러나 그처럼 알려고 하는 그것 또한 바람을 잡으려는 것과 같은 일임을 알게 되었다."전1:16-17

1. 지혜[157]와 실존

정말 애매모호한 단어이다! 이스라엘의 지혜에 관한 기록들에 관해서 수많은 책들과 해설서들이 나와 있는 만큼, 지혜가 무엇인지에 관해서 수많은 혼란스러운 논란이 존재한다. 그러나 코헬레트가 이 단어를 통해 말하고자 하는 것을 먼저 파악하여 이해하고 정의를 내려야 한다.

---

[157] 라우하(Lauha)는 『코헬레트』Kohelet에서 고대 동방에서 지혜는 왕이 맡은 기능이었고, 왕은 지혜의 조언자들의 조력을 받았다는 사실을 강조한다.

나는 최우선적으로 조심해야 할 두 개의 유의점들, 넘지 말아야 할 두 개의 경계선들을 획정해야 한다고 본다. 하나는 방법적인 유의점이다. 여기서 욥이나 잠언이나 집회서Ben Sira와 같은 지혜와 관한 다른 성서 책들을 참조할 필요는 없는 것 같다. 사실상 각각의 책은 나름대로 특수성을 지닌다. 사람들이 함께 공유할 수 있는, 모든 책들의 공통 개념이라든가 일종의 평균치는 존재하지 않는다. 어떤 모음집이나 총론집은 별로 밝혀주는 것도 없이 본래의 뜻을 많이 잃어버리게 한다. 전도서가 말하는 것이 무엇인지 알려고 한다면, 전도서만을 살펴봐야 하고, 문맥에 따라서 단어의 다양한 의미들을 고찰해야 한다.

다른 하나의 유의점은 여기서는 하나님의 지혜를 말하는 것이 분명히 아니라는 사실이다. 여기서 말하는 지혜는 세계를 창조할 때 하나님 앞에서 함께 했던, 경배할 대상으로서의 지혜가 아니다. 그것은 단지 인간의 지혜에 지나지 않는 것으로서 우리가 만들고 표현하는 것이고, 우리가 정하는 기준과 우리가 살아가고 생각하는 방식이다.

우리는 여기서 신적인, 인간을 초월하는, 실체화한hypostasié 지혜를 대하는 것이 아니다. 히브리적 사유에서는 아주 일찍이 지혜는 일종의 천상의 딸처럼 실체화되고 이상화되어서, 인간으로부터 신에게로 이전되었다고 알려져 있다. 이상하게도 코헬레트는 지혜를 그렇게 인식하지 않고, 지혜에 관한 아주 오래된 인식의 일부분을 견지하고 있다. 그것은 삶의 경험을 말하고, 복잡한 실존의 문제들을 풀어나가는 적응 능력을 말한다. 여기서 지혜는 하나님의 지혜가 아니다. 그런 점에서 그것은 실체화된 지혜와 플라톤적인 로고스를 일치시키려는 경향에 대립하는 것이라고 생각될 수도 있다. 이는 아주 그럴 듯하다. 그것은 인간이 자신의 한계 내에서 이루어가는 것이다.

나이트158)가 아주 정확하게 지적하듯이, 코헬레트는 야훼문서를 작성한 주도적인 신학과 삶의 현실이 다른 점들을 관찰하고 나서, 계속해나갈 수 있는 방법들을 찾는다. 사람들에게 거짓 희망을 주거나, 이 특별한 상황에 대처해야 하는 절박성을 누그러뜨려서는 안 된다. 코헬레트는 지혜의 창조자로서 인간적인 수단들만을 동원해서 지혜를 창조한다. 이 점이 곧 정경에 전도서를 포함시키고자 할 때 겪어야 했던 어려움이다. 이는 주류 신학과 충돌하는 것일 뿐만 아니라, 특히 하나님의 계시를 항상 '자기 계시' autorévélation로 보는 일반적 경향159)에 대립하는 것이다. 현대의 신학자들도 조금은 그와 같은 견해를 공유하고 있다.

"지혜 문서는 성서의 중심부가 아니라, 주변부에 위치한다." "지혜자의 말씀들은 계시의 분명한 성격을 가지지 않는다[...], 그 말씀들은 신탁적인 성격을 띠지 않고, 세상과 동질적인 면을 지닌다."160)

지혜의 이런 성찰과 지혜에 관한 이런 성찰을 하나님의 계시의 차원으로 보려고 한다면, 지혜자가 동일한 백성의 언약 관계에 속해야 한다는 점이 전제되어야 한다. 특히 "하나님을 경외하라"는 마지막 말씀을 나머지 모든 말씀들과 연결시켜야 한다. 이 말씀으로 모든 말씀들을 조명해야 한다. 우리는 하나님이 지혜자 코헬레트를 통하여 자기 백성에게 말씀을 전했고, 우리에게는 또 달리 전했다는 사실을 깨닫는다. 지혜자를 통한 계시는 한 번 정한 규정들에 고착되는 전통을 가로막는다.

그런데 코헬레트의 지혜는 아주 복합적이다. 그 지혜에는 어쩌면 서로 융화될 수 없는, 두 가지 큰 방향을 볼 수 있는데, 하나는 지식적인 방향이

---

158) 더글러스 나이트(Douglas A. Knight), "전통에 의한 계시"(La Révélation par la Tradition), in 『구약의 전통과 신학』*Tradition et Théologie dans l'Ancien Testament*, Paris, Edidiotns du Cerf, 1982.

159) ▲예를 들어 예언자는 직접적으로 하나님의 말씀을 전하는 것이 분명하다고 본다.

160) 폰 라드(Von Rad), 『이스라엘과 지혜』*Israeël et la Sagesse*.

고, 다른 하나는 실용적인 방향이다. 첫 번째 방향에서, 지혜는 모든 것을 시험해보는 것을 전제로 한다.전1:13 아무 것도 무시하거나 그냥 넘어가지 말아야 한다. 지혜는 만사에서 발견되는 것이 아니라, 반대로 만사를 이해하는 것을 돕는다는 사실을 알아야 한다. 자연 속에서 지혜를 연구하는 것이 아니라, 지혜를 통해서 자연을 연구해야 한다. 모든 것을 보고 이해하고 알아야 한다. "모든 만사", 즉 인간이 이룩한 일들뿐만 아니라, 그냥 그대로 존재하는 것들도 알아야 한다. 이는 단순한 목록 작성이나 점검이 아니라, 검토하는 것이다. 모든 것을 다 보고 이해하지 않는다면, 지혜에 도달할 길은 없다. 판단이 가능하지 않다. 그래서 선택도 할 수 없다. 그러므로 지혜와 지식은 밀접한 연관성을 가진다.전1:16-18

지혜는 도덕도, 종교도, 신념도 아니다. 지혜는 하나의 이론이나 계몽을 기초로 자신의 삶을 인도하는 격언들로 구성된 것이 아니다. 지혜는 지식을 기초로 해야 한다. 전도서를 통해서 우리에게 전해지는 포괄적이고 일반적인 지식으로는 충분하지 않다. 우리는 그런 지식이 조금은 간략하고 개괄적인 판단을 지니고 있다고 생각한다. 그러나 정확히 말해 그건 그렇지 않다. 그 판단은 그 지식이 가져다주는 결과일 뿐이다. 그러나 지식은 모든 것을 검토했고 인지했으며, 이해하려고 시도했다고 경고한다. 그러므로 평가와 분리되지 않는다는 조건을 전제로 과학의 이런 탐구는 정당한 것이다. 아무튼 현대 과학자들은 자크 모노[161]에 이어서 이 시대의 도덕이나 과학 철학을 구축하려고 한다. 그런 면에서 그들은 틀리지 않았고, 전도서에서 제시된 길을 간다. 그런데 전도서에서 제시한 것은 개략적인 것에 불과하다. 왜냐하면 코헬레트는 점점 더 심화되는 지식을 가질 수 있는 도구들이 없기 때문이다. 코헬레트는 초보적인 과학, 피상적인 지식을 가

---

161) [역주] 자크 모노(Jacques Monod, 1910-1976), 1965년 노벨상을 수상한 프랑스의 생화학자, 분자생물학자. 『우연과 필연』*Le Hasard et la Nécessité*(1970)을 저술.

질 수밖에 없고, 과학적인 방법이나 장비도 없다. 그러나 그는 길을 제시한다.

더욱이 우리 과학자들은 엄청난 장비를 갖춘 채로 점점 더 풀 수 없는 난제들에 부닥친다. 지식이 바람을 잡으려는 것과 같다고 한 코헬레트보다 우리 과학자들이 훨씬 더 많이 알게 된 것은 아닐지라도, 과학이 진전할수록, 사람들이 알 수 없는 부분이 더욱 커지는 것을 발견한다. 궁극적인 실재는 파악할 수 없고, 단계를 넘어설 때마다 더 방대한 지평이 펼쳐져서, 가능한 지식의 한계는 더 멀어진다. 바람을 잡으려는 것과 같다.

그러나 코헬레트는 자신이 이 모든 일에 헌신한 것을 후회한다거나 이 일을 하지 말아야 한다고 말하지 않는다. 그가 그렇게 쓰지 않은 것은 우리의 관심을 돌리려는 뜻에서가 아니다. 또 다시 그 명언을 살펴보자. 그것은 일을 하기도 전에 무감각하고 까다롭고 우월한 태도로 "모든 것이 헛되다"고 그러니 아무 일도 하지 말자고 하는 것이 아니다. 모든 탐구와 시험과 시도를 다 하고 난 이후에, 우리는 비로소 "모든 것이 헛되다는 말은 사실이야"라고 말할 수 있는 권리를 가지게 된다.

우리는 흔히 다음과 같은 말이 계시의 영원한 영적 진리를 전한다고 말해왔다. "무익한 종은 자신에게 부과된 모든 것을 다 하고 난 후에야, 비로소 자신을 그렇게 인식할 수 있다." 이 말을 아래와 같이 비슷하게 추론할 수도 있을 것이다. "나는 하나님이 모든 걸 다 하고, 내 작은 노력과 수고를 필요로 하지 않는다는 사실을 안다. 그러므로 나는 아무 일도 하지 않는다." 이는 단지 위선적이고 비열한 말에 지나지 않고, 결코 성서적 교훈이 될 수 없다. 왜냐하면 하나님이 모든 걸 다 한다는 말은 하나님이 인간을 선택하여 모든 일을 성취하게 한다는 뜻이기 때문이다.

또한 마찬가지로 아래와 같이 비슷하게 추론할 수도 있을 것이다. "모든 것이 은혜라면, 내가 무슨 일을 하든지 간에 나는 은혜로 구원을 받는 것이고, 은혜를 받지 않는다면 버림받는 것이다." 그러나 이 말도 또한 위선적이고 비열한 것이다. 왜냐하면 하나님의 뜻대로 다 행한 뒤에야, 우리는 우리 자신이 그 모든 걸 다 할 수 없고 결국 우리의 유일한 도움은 은혜인 것을 비로소 알 수 있기 때문이다. 우리는 은혜의 크기와 가치를 과거에 있었던 모든 일을 다 해본 뒤에야 비로소 알 수 있다. 이와 같이 "모든 것이 헛되다"는 말씀은 게으름을 피우기 위한 구실이나, 지혜를 탐구하지 않으려는 핑계가 될 수 없다.

게다가 지혜와 과학의 결합은 불가피하게 우리 안에서 또 다른 정향orientation을 떠올리게 한다. 과학은 홀로 독립시키거나 자율성을 주면 안 된다. 과학은 지혜에 예속되어 있다. 물론 과학이 모든 도덕적 종교적 편견들에서 아직 벗어나지 못한 것은 과학이 그 시대의 문화를 반영했던 때문이라고 말할 수 있다. 그 시대에 순수 과학이란 아직 존재하지 않았다. 과학적 탐구와 지식을 그 자체로 추구한다는 생각이 누군가에게 들었을 것이다. 천문 과학의 유일한 목적이 점성술이었던 것처럼, 숫자의 과학은 그 목적이 기하학이었다. 그러므로 우리는, 코헬레트가 수립한 과학 지식과 지혜의 결합에서, 우리 시대에 맞는 아주 적은 정보나 아주 조그마한 진리라도 결코 얻을 수 없는 것이다.

나는 이 모든 것이 정확하다는 사실을 잘 알고 있다. 그러나 우리 시대에 대해 생각하지 않을 수 없다. 자율적이고 독립적인 과학으로 우리는 무슨 일을 했는가? 지식과 방법의 거대한 진보가 일어났다. 그런데 그러고 나서 그 후에는? 우리는 정확한 사실성의 보완과 대안과 과학 자체를 측정할 수 있는 길이 과학에 결여되어 있다는 사실을 확인하고 있지 않은가? 우리는 최고의 독립적인 가치로 여기는 과학의 유해한 영향을 매일 보고 있지 않은가?

과학 자체의 내부에서 그 문제가 먼저 제기되기 시작했다. 양심 없는 과학은 영혼의 파멸을 일으킨다는 말은 구닥다리 표현에 지나지 않는가? 그 말은 너무나 덧대어 써서 더 이상 쓸 수 없는 슬로건처럼 되고, 특히 그것이 우리 스스로 부지중에 기피할지 모르는 파장들을 불러올까 두려워서, 어떤 의미도 부여하지 않으려고 경계하는 말이 되었다. 그러나 사실상 그 말은 떠오르는 초승달과 같이 새로운 말이다. 에드가 모랭162)이 자신의 최근 저서의 제목을 『양심과 함께 하는 과학』으로 한 것은 그냥 정한 것이 아니다. 에드가 모랭 이전에 프리드만163)은 『권력과 지혜』라는 책을 냈다. 우리는 다시 같은 상황으로 돌아간다.

그럼에도 불구하고, 코헬레트는 우리에게 경고한다. 과학과 지혜를 분리시키는 것은 중대한 잘못이다. 그러나 지혜도 역시 해결책은 아니다. 왜냐하면 지혜도 헛된 것에 속하기 때문이다. 사정은 사람들이 생각하는 것과 같이 그렇게 단순하지 않다. 한쪽에는 과학, 다른 쪽에는 정당한 판단을 할 수 있는 초월적인 관점, 일종의 거룩한 척도와 같은 것이 존재하는 것이 아니다. 애석하지만 그런 것은 존재하지 않는다. 지혜는 두 가지 정향에서 다 과학과 분리될 수 없다. 그러나 지혜의 탐구는 바람을 잡으려는 것과 같다.

동일한 맥락에서, 지혜는 이해를 얻고자 탐구하는 것이다. "어떤 사람이 지혜 있는 사람인가? 사물의 이치를 아는 사람이 누구인가?"전8:1 이는 완전히 현대적인 관점이다. 왜냐하면 문제가 되는 것이 형이상학도 아니고, 수사학도 아니고, 다만 과학적인 엄격성과 정확성을 띠며 이해하는 것이기 때문이다. 하여튼 이 용어는 과학의 두 가지 목적, 이유와 방법을 다 포함한다.

---

162) [역주] 에드가 모랭(Edgar Morin, 1921-), 프랑스의 사회학자, 철학자. 1982년 『양심과 함께하는 과학』*Science avec Conscience* 출판.
163) [역주] 조지 프리드만(Georges Friedemann, 1902-1972), 프랑스의 사회학자. 1970년 『권력과 지혜』*La Puissance et la Sagesse* 출판.

지혜의 의미들에 관한 이런 애초의 논의 가운데, 이제 중대한 문제를 제기해야 한다. 그것은 정확히 말해서는 철학과 지혜의 문제라고 볼 수 있다. 그 문제는 지혜와 어리석음을 분별하고, 총명과 미련함을 분간하는 것이다.전1:17 어떻게 구분할 수 있을까? 구분할 수 있는 경계선은 어디에 있을까? 겉으로 보면, 그 문제는 코헬레트에게 분명한 것도, 명백한 것도 아니다. 어리석은 사람이 어리석은 것인지 지혜자가 지혜로운 것인지 전혀 확실하지 않다. 무엇을 기준으로 어디서 구분할 것인가? 이 의문들은 전도서에서 줄곧 제기된다. 그것은 세상에서 바르게 처신하는 데는 근본적으로 중요한 것인 듯하다.

어리석은 자는 누구인가? 그러나 탐구의 결론은 급진적인 것이다. 즉, 그런 문제를 탐구하는 것 자체가 헛된 것이고 바람을 잡으려는 것과 같다. 그것을 탐구하는 것은 완전히 헛되고 불필요한 것이다. 왜냐하면 탐구가 불가능하기 때문이다. 우리는 항상 지혜자가 어리석게 돌변하는 것을 본다. 약간의 돈으로 충분하다. 그리고 어리석은 사람은 삶에서 현명한 태도를 취할 수 있다. 더욱이 이쪽이 어떻고 저쪽은 어떤지를 분명하게 분별하려고 하는 것은 쓸데없는 헛된 수고에 그친다. 그것이 전도서가 주는 중요한 교훈들 중의 하나다.

안다고 할지라도, 어리석은 사람에게 해야 할 일을 말해준다 하더라도, 그는 그렇게 하지 않을 것이다. 한쪽이 다른 쪽이 되게 할 수 있는 것은 조언도 모범사례도 아니다. "나는 또 무엇이 슬기롭고 똑똑한 것인지, 무엇이 얼빠지고 어리석은 것인지를 구별하려고 심혈을 기울였다. 그러나 그처럼 알려고 하는 그것 또한 바람을 잡으려는 것과 같은 일임을 알게 되었다."전1:17 이와 같이, 이중적인 탐구를 통해서 코헬레트가 알아낸 것이란 그런 탐구 자체가 황당한 것이라는 점이다.

두 번째 방향에서 코헬레트는 전혀 다른 의미로 지혜를 이해한다. 그것은 실질적인, 실용적인, 현실적인 지식이나 이해를 말한다. 이는 정치와 전쟁이라는 두 개의 영역에서 나타난다. 지혜는 통치를 잘하는데 유용하다. 전2:12;14,4:13 물론, 그것은 지식과 과학과 도덕적 성찰의 차원이 아니다. 그것도 지혜이지만 실용적인 지혜이다. 가난한 아이는 감옥에도 갔지만, 지혜로운 덕분에 감옥을 나와 결국 권력을 장악하게 된다. 그는 어리석은 늙은 왕을 대체한다. 그가 거기에 다다른 것은 햄릿처럼 묵상을 한 것이 아니다. 어느 시대 어느 곳에서도 권력을 장악하고 효과적으로 사용하게 한 것은 형이상학이 아니었다. 플라톤은 그걸 충분히 경험했다. 그러므로 여기서의 지혜는 다른 것이다. 그러나 명칭은 같다. 이것도 하나의 지혜이다. 현실주의 정치는 카터의 이상주의보다 훨씬 더 성공적이다. 현실주의 정치는 하나의 힘으로서 그 힘을 이용하는 법을 아는 것이다.

"지혜는 슬기로운 한 사람을, 성읍을 다스리는 통치자 열 명보다 더 강하게 만든다. 좋은 일만 하고 잘못을 전혀 저지르지 않는 의인은 이 세상에 하나도 없기 때문이다"전7:19-20, 164) 이 수수께끼 같은 구절은 잠시 멈춰서 주목할 필요가 있다. 지혜자의 재능이 다른 사람들의 것보다 더 뛰어나다는 것이 아니다. 지혜자가 권력자들보다 더 강한 것은 그가 지혜롭기 때문이 아니다.

지혜자의 우월성은 모든 사람들이 다 불의하고, 죄인이고 아무도 선을 행하지 않는다는 사실을 아는 데 있다. 그것이 지혜자로 하여금 성읍을 다스리는 통치자 열 명보다 더 강하게 하는 것이다. 정치를 인정하지 않는 사람이 있는가? 다른 사람들의 죄를 이용할 줄 아는 것은 그것이 정확하게 미치는 폐해를 아는 것이다. 그것은 통치자들의 관대한 말에 넘어가지 않고

---

164) [역주] 표준새번역은 "... 하나도 없다"로 끝나는데 반해서, 개역개정판은 "... 없기 때문이로다"로 맺는다. 프랑스어 플레이아드판도 역시 이유를 나타내는 접속사 "왜냐하면"(car)을 써서 이 절이 앞 절의 내용에 대한 까닭과 이유를 뜻하는 것으로 보고 있다.

정치의 모든 좋은 약속들은 바람과 같다는 걸 알고, 어떤 정당이나 어떤 지도자도 신뢰하지 않는 것이다. 이는 정치가에게 필요한 첫 번째 덕목들이다. 그것이 지혜이다. 이 지식은 다른 모든 것들보다 실제로 훨씬 더 강한 효과를 불러일으킨다. 이 구절은 지혜자의 도덕적 위대함이나 수준 높은 통찰력이 아니라, 인간의 본성을 아는 능력을 말하는 것이다.

더 나아가서 전쟁에서 승리하게 하는 것을 지혜라고 부른다. 전혀 다른 교훈에 삽입된 아주 독특한 구절들이 있다.전9:13-18 여기 나오는 이야기 속에는 세 개의 시점들이 있다. 첫 번째는 한 성읍이 위대한 왕에게 포위된 때다. 두 번째는 가난하고 지혜로운 사람이 그 성읍을 구하는데 성공한 때다. 세 번째는 그 뒤에 아무도 그에 대한 기억을 간직하거나 감사하지 않은 때다.

여기서 이중적인 결론을 내릴 수 있다. 지혜로운 사람의 조용한 말은 어리석은 통치자의 고함치는 명령보다 더 낫다. 이는 어쩌면 공포에 사로잡힌 상황에서 통치자는 그 공포를 막을 수 없지만, 한 사람의 침착함이 그걸 가능하게 한 것을 암시한 것인지도 모른다. 그리고 "지혜가 전쟁무기보다 더 낫다"는 것이다. 여기서 코헬레트가 실제 일어난 사건을 언급하는 것인지 알아보기는 어렵다. 왜냐하면, 엘리야의 기적들은 예외로 하고, 일반적인 경우에, 사마리아나 예루살렘이 포위되었을 때, 예언자들의 개입은 성읍을 구하는 데는 아무런 소용이 없었다. 오히려 그 반대였다. 그들은 아무 것도 피할 수 없었다. 차라리 시라쿠사가 포위되었을 때에 아르키메데스[165]가 행한 사례를 들고 싶을 수도 있다. 그러나 전도서 기자는 훨씬 뒤

---

[165] [역주] 그리스의 물리학자, 수학자인 아르키메데스(B.C. 287-212)는 제2차 포에니 전쟁 기간에 카르타고의 편에 선, 자신의 고향인 시라쿠사(Syracuse)를 로마군의 공격으로부터 지켜내기 위해 투석기와 기중기와 같은 신형무기들을 제작하여 사용하여서 로마 군대를 괴롭혔다. 전설상으로 전해지는 얘기를 따르면, 아르키메데스가 오목 거울을 이용하여서 태양빛을 로마함대에 내리쏘아 태양열로 불태워서, 시라쿠사를 구했다고 한다.

에 일어난 그 이야기를 알 수도 없었다. 나는 이 교훈적인 우화가 그리스의 영향을 받았을 수도 있다고 본다. 전쟁을 수행하는 능숙함과 냉정한 태도와 통찰력과 전술적인 명석함은 영웅적 태도와 전쟁무기와 호전적인 외침과 나팔소리보다 더 중요하다.

그렇다. 그것도 지혜이다. 그러나 곧바로 코헬레트는 이 얘기에서 다시 본래대로 되돌아간다. 지혜자는 이제 무시된다. 더 나아가서, 죄인 하나가 많은 선한 일이나 성공한 일을 망칠 수 있다. 지혜자가 행한 것을 망가뜨리는 것은 아주 작은 일로도 충분하다. 정치적인 성공이나 군사적인 승리보다 더 취약한 것은 없다. 여기서 문제가 되는 것은 어리석음이나 미련함이 아니라 죄인이다. 그것은 차원이 다른 것이다.

지혜로 성공한 일이 단 하나의 죄인에 의해 그르치게 되어 결국 끝장나게 되었다. 그는 악을 행하여 하나님의 일을 망가뜨렸다. 정말 인간적인 이런 경우에서조차, 지혜는 죄를 이겨낼 수 없다. 이는 우리에게 일종의 연대성을 보여준다. 지혜자는 다른 사람들에게 유익하고 그들을 구할 수 있다. 그러나 결국에 가서 승자가 되는 것은 집단과 사회와 국가에서 단 한 명의 죄인의 존재이다. 이는 지혜의 한계이자 굴욕이다.

어찌됐든 우리는 서로 부합하지 않는 지혜에 관한 두 가지 말씀과 개념들을 접하고 있다. 나는 이 두 가지가 나타난 것이 부주의나 지나친 언어적 관용주의 때문이 아니라고 생각한다. 그 두 가지 말씀에는 공통적인 측면이 하나 있는데, 그것은 두 가지 모두 헛된 것이라는 점이다.

그러나 지혜는 한 사람의 지혜자나 훌륭한 개인의 것이 될 수 없다. 지혜는 백성의 일이기도 하지 않은가? 백성에게서 나오는 지혜가 존재하지 않는가? 이는 우리 시대의 경향과 아주 잘 맞는다. 기층민중의 지혜라. 그런데 애석하게도 그 지혜의 빛도 역시 우리에게 헛된 것이다. 우리는 이미 군중의 광기와 비이성적인 태도를 보았다. 더구나 군중, 백성은 철학자처럼 기억 속에서 사라지고 말기 때문이다.

예외적으로 코헬레트는 "너희만 참으로 백성이로구나. 너희가 죽으면 지혜도 죽겠구나."욥12:1라고 말하는 욥과 의견을 같이한다. 백성은 지혜가 있다 할지라도 하나님이 아니다. 철학과 지혜 전부는 모든 것과 마찬가지로 헛된 것에 속한다. '헛됨들의 헛됨' 166)에서 가운데에 위치한 '의'를 하나의 속격으로 본다면, 궁극적인 '헛됨'은 곧 모든 것이 헛됨을 지혜에 의해 분별한 것이다. 모든 것이 무상하고 연기와 같은 것이라고 선언하는 것도 역시 무상하고 바람과 같은 말에 지나지 않는다. 모든 것이 어리석다고 말하는 것은 지혜가 아니고, 또 하나의 어리석음이다. 그러므로 지혜의 실상은 그런 각성에 따른 것이 아니다.

코헬레트는 우리에게 처음부터 예고한다. 우리는 모든 것이 안개와 같다는 사실을 보게 될 것이며, 그 사실을 아는 것도 역시 무상한 것이다. 그러니 무엇을 말할 수 있겠는가? 결국 지혜는 하나의 수수께끼이다. 코헬레트가 말하는 지혜와 아주 흡사한 지혜를 말하는 시편 49편이 전하는 것이 바로 이점이다. "내 입은 지혜를 말하고, 내 마음은 명철을 생각한다. 내가 비유에 귀를 기울이고, 수금을 타면서 내 수수께끼를 풀 것이다."시49:3-4 이는 풀어야 할 수수께끼가 곧 지혜 자체임을 보여준다.

여기서부터 우리는 특정한 영역을 벗어난다. 중요한 본문들을 살펴보기 전에, 우리가 또 다른 차원으로 넘어가야 한다는 점을 의식해야 한다. 우리는 지혜를 한편으로는 철학적, 도덕적, 지적 차원에서, 다른 한편으로는 실용적이고 실질적인 차원에서 보았다. 이제는, 단순화시켜서 말하자면, 코헬레트가 말하는 모든 것이 실존적인 차원에 놓일 것이다. 즉, 이제는 사

---

166) [역주] 프랑스어로는 'la vanité des vanités'인데, 문자 그대로 번역한다면 '헛됨들의 헛됨'이 된다. 한글 성서에서 "헛되고 헛되다"로 번역되는 이 말에서, 저자는 '속격'을 언급하며 중의적인 뜻을 살펴보려고 시도한다. '속격'은 '관형격'이라고도 하며 '헛됨들의 헛됨'에서 조사 '-의'와 같은 역할을 하는 것이라고 볼 수 있다.

람의 지식이나 행위가 아니라 사람의 존재에 대해 얘기할 것이다. 여기서 지혜는 무너져 내린다. 지혜의 지식적, 실용적 의미들이 서로 모순되는 것이 아니다. 다만 그 의미들은 계시자가 설정한 곳에 각기 놓여야 한다. 실제 존재하는 곳에 살아있는 존재의 뿌리 깊은 실재와 생생한 경험의 현장에 각각의 의미가 놓여야 한다.

2. 아이러니[167]

여기서 우리의 논의가 광기는 악이라는 확신에서부터 출발해야 한다는 것은 의심할 여지가 없다. 이는 지혜가 사리에 어긋나기 때문에 광기는 우리의 출구요 길이라는 주장에 굴복하는 것이 아니라는 점을 처음부터 잘 인식해야 한다. 그것이 우리 서구 사회의 커다란 유혹이요 타락이라는 사실은 주목할 만하다. 기독교의 실패, 철학과 정치의 실패, 정의와 자유를 위한 전쟁의 부조리와 사회주의라는 큰 희망의 실패를 보았고, 마지막으로 모든 예술이 자신의 한계에 굴복하고 마는 상상의 박물관의 파국을 보았기 때문에, 남은 것은 광기의 길뿐이라는 것이다. 아르토[168]는 그 선구자로 인정받고 있다.

시인과 천재는 언제나 광기에 가까운 기질을 지니고 있다는 고전적인 말

---

167) 아주 적은 소수의 학자들은 전도서 전체가 아이러니로 구성되어 있다는 사실을 감지할 수 있었다. 그런 학자들 중에는 아주 예기치 않은 인물들도 있었다. 그 중의 한 사람인 프루동(P.-J. Proudhon)은 "아이러니여, 너는 정말 자유로운 존재이다. 아이러니여, 너는 나를 자유롭게 한다. 너는 권력욕, 정파적 굴욕, 일상의 존중, 과학의 현학성, 위대한 인물들에 대한 경탄, 정치적 신비주의, 개혁자들의 열광, 거대한 우주라는 미신 등과 함께 나 자신에 대한 숭배로부터 나를 벗어나게 한다. 너는 보좌에 앉은 지혜자를 향하여 너 자신의 진가를 드러냈다. 그때 지혜자는 자신을 신적인 존재로 맞이하는 세상을 향하여 "헛되고 헛되다"라고 외치고 있었다."(『혁명가의 고백』 *Confessions*, pp. 341–342.)
168) [역주] 앙토냉 아르토(Antonin Artaud, 1896–1948), 프랑스의 극작가, 시인, 배우. 초현실주의에 참가하고, 연극에서 전위극을 선보이며 전위예술에 큰 영향을 미쳤다.

이 더 이상 성립되지 않는다. 말의 순서를 바꾸어야 한다. 미친 사람이 모델이자 모범이자 출구가 되었다. 코헬레트는 그게 아니라고 하면서, 광기는 더도 덜도 아닌, 악이라고 말한다. 광기는 악한 일을 저지른다. 광기를 바란다거나 구한다거나 하지 말아야 한다. 더욱이 광기는 너무 쉬운 것이어서, 인간 안에서 스스로 나온다! 광기는 악한 것이다. 미친 사람은 다른 사람들을 타락하게 하고, 스스로도 타락한다.

"미친 사람의 입술은 그를 파멸시키고, 그 입에서 나오는 말의 첫마디는 어리석은 것이고, 마지막 말은 사악한 광기이다." 이는 정죄의 심판도 아니고, 배척이나 인종차별주의도 아니고, 거부나 관계의 거절도 아니고, 그냥 있는 그대로 말한 것이다. 미친 사람은 존중해야겠지만, 악을 저지른다. 우리는 우리 사회에서 그걸 매일 본다. 이 광기를 조심하고 스스로 거기에 사로잡히지 않도록 주의하고, 남들을 거기서 벗어나도록 애를 써야 한다.169) 결코 광기를 원하지 말아야 한다.170)

이미 앞에서 언급한 바와 같이, 이성이나 지혜와 광기를 분명히 분간할 수 없는 데서 비극은 시작된다. 거기에는 절대적인 모순이 있다. 그러나 그 한계는 불분명하고 유동적이다. 더 나아가 실존적인 차원에서는 지혜자와 미친 사람 사이에 아무런 차이가 없다. 그들은 동일한 삶과 동일한 운명과

---

169) ▲나는 치유라는 말을 안 썼는데, 그 이유는 문제가 되는 것은 비단 질병만이 아니기 때문이다.

170) 내가 이해하지 못한 채로 한쪽에 치워놓은 본문이 있다. 그 본문에 대한 모든 주석들이 나로서는 수용할 수가 없는 것이었는데, 특히 포드샤르(Podechard)와 스타인만(Steinmann)의 주석이 그렇다. "지혜자의 마음은 오른쪽에 있고, 우매자의 마음은 왼쪽에 있다."(전10:2). 마이요(Maillot)의 분명하고 명백한 주석까지도 그렇다. "오른쪽에 심장이 있는 사람들만큼이나 지혜자들은 드물다. 바꾸어 말해서 모든 사람들은 거의 다 미련하고 어리석다. 그러나 미련하면서도, 사람들은 마음, 즉 지성이 있다. 비록 그 마음이 타락한 상태라도 말이다. 그러나 남들이 어리석다고 말할 때 사람들은 그 마음조차 완전히 잃어버린다." 마이요는 본문의 마지막 부분을 이렇게 번역한다. "더 나아가서, 그가 모든 사람에 대해 '미쳤다'라고 할 때, 그는 미친 사람처럼 처신하며 마음이 전혀 없는 사람이 된다."

동일한 결말을 지니고 있다. 코헬레트는 끊임없이 아주 흔한 사실인 죽음을 말한다.

"'빛이 어둠보다 낫듯이, 슬기로움이 어리석음보다 더 낫다'는 것, 지혜의 실용적이고 실질적인 특성 '슬기로운 사람은 제 앞을 보지만, 어리석은 사람은 어둠 속에서 헤맨다' 171)는 것, 이런 것은 벌써부터 알고 있다. 지혜있는 사람에게나 어리석은 사람에게나 똑같은 운명이 똑같이 닥친다는 것도 알고 있다. 그는 지혜자와 어리석은 사람을 능가한다 그래서 나는 스스로 물었다. '어리석은 사람이 겪을 운명을 나도 겪을 터인데, 무엇을 더 바라고, 왜 내가 지혜를 더 얻으려고 애썼는가?' 그리고 나 스스로 대답하였다. '지혜를 얻으려는 일도 헛되다.' 사람이 지혜가 있다고 해서 오래 기억되는 것도 아니다. 지혜가 있다고 해도 어리석은 사람과 함께 사람들의 기억에서 영원히 사라져 버린다. 슬기로운 사람도 죽고 어리석은 사람도 죽는다."전2:13-16

결국 실존적으로는 아무런 차이가 없다. 둘 다 같다. 지혜를 타당한 것으로 여기게 하는 실용성이라는 면에서도 마찬가지다. 지혜가 무슨 소용이 있는가? 더욱이 다 사라져버릴 것이라는 측면에서 보면, 사라지는 것은 지혜자만이 아니라 지혜이기도 하다.

이 부분에서 지혜자의 인격적인 존재만이 아니라 그가 기여할 수 있는 모든 것도 망각되어 버린다는 사실을 유념해야 한다. 나는 이 사실은 우리가 사는 세상과 같은 곳에서 꼭 기억해야 할 사항이라고 생각한다. 우리가 사는 세상에서는 위대한 업적들과 창조물들과 사상들은 셀 수 없이 많고 또 완전히 망각되어 사라져버린다. 책은 남는다고 말하지 말라! 전도서와 같은 책은 남는다고? 그러나 이 전도서 자체도 수십만 권의 책들 속에 파묻혀서 사라지고 만다. 각권의 책은 탁월한 작품으로 환영받고 우리세계의 해결책으로 받아들여지고 나서 10년도 되기 전에 잊혀버리고 만다.

---

171) 우리 사회에서 압도적인 광기는 마약이다.

얼마 안가서 이미지의 문명과 함께, 책은 사라지고 즉각적인 시각적인 이미지로 대체될 것이다. 텔레비전이나 영화의 이미지가 비디오 녹화장치에도 불구하고 빠르게 소비되고 사라져버리듯이, 지혜에 관한 어떤 자료나 원천도 존재하지 않게 될 것이다. 더욱이 그 무엇이 텔레비전을 통해서 광범위하고 완만하게 숙성된 지혜를 전달할 수 있겠는가?

고의성이 없이 자연발생적으로 지혜가 기피되는 현상 가운데 가장 극단적인 예는 해프닝의 예술이라는 고상한 표현 속에 나타나는 광기의 승리이다. 그것은 오늘날의 축제들에서 미쳐 날뛰는 현상들이 서로 조화를 이루지 않는 것같이 아주 전형적이다. 거기서 우리는 이제 전통적인 '바보들의 축제들'을 목격하는 것이 아니라, 소위 축제행사가 산출하는 바보들을 발견하게 될 뿐이다. 지혜가 헛됨을 보여주는 것은 기술사회의 특징인 양적이고 즉각적인 면에서 지혜가 사라지고 있는 현상만이 아니다. 전도서의 본문이 이미 전하는 것처럼, 세대에서 세대로 지혜를 전달할 수 없는 현상이 또한 존재한다. 지혜자는 망각된다. 그런데 그 지혜도 마찬가지로 잊혀져버린다. 우리는 지혜가 작가와 분리시킬 수 있는 위대한 작품이나 객관적인 체계가 아니라는 점을 알아야 한다. 지혜는 지혜자의 인격과 분리시킬 수 없는 것이다. 지혜자가 잊혀져버린다면, 그가 생각하고 말하고 보여준 것은 하나도 남지 않게 되는 것이다.

이는 모든 다른 시대보다 훨씬 더 정확하게 우리 시대에 적용된다. 끊임없는 변화와 지속적인 혁신과 늘 새롭게 갱신되는 황홀한 제품들의 출현이 줄을 잇는 우리 시대에, 전도서가 우리에게 말하는, 경험과 사유를 통해 습득된 지혜를 어떻게 한 세대에서 다른 세대로 전달할 수 있겠는가? 왜냐하면 그런 어려움이 언제나 존재했다 하더라도, 그래도 전통적인 사회에서는, 많이 경험한 사람이 많이 알고 있기에, 노인의 말을 경청했고 진지하게 받아들였다는 것은 흔한 통설이기 때문이다.

오늘날 우리는 역전된 상황에 놓여 있다. "노인의 연륜에서 나오는 지혜의 교훈을 경청합니까?"라는 질문은 더 이상 제기되지 않는다. "젊은 사람들을 이해하나요? 유행을 타고 있나요?"라는 질문이 계속된다. 이는 지혜하고는 정반대의 것이다. 젊은 사람만이 새로운 기계에 대해 안다. 바보 같은 사람들이 우리에게 강요하는 '기술 문화'라고 불리는 거짓 문화 속에서, 비행기를 조종할 수 있고, 비디오기계를 다룰 수 있고, 컴퓨터를 사용할 수 있는 사람만이 실용적인 지식을 보유한다. 노인은 배워야만 한다. 노인의 경험은 아무 짝에도 쓸모없는 것이 된다.

사람들은 어리석게도 오늘날 중요한 경험은 물질적 대상들에 대한 경험이라고 믿는다. 그러나 인간관계를 맺고 가정을 이루고 정치에 참여하는 것은 흔히 말하는 것보다 더 많은 변화가 일어나지 않았다. 청년들이 우리가 반세기 전에 범했던 잘못들을 그대로 반복하는 것을 지켜보는 것은 나에게는 근본적으로 비극적인 경험이다. 우리는 그 잘못들을 분석해서 일정한 교훈들을 얻었었다.

오늘날 그 교훈들을 말하고, 주의할 사항들을 전하고, 어떤 일이 일어날 것인지 청년들에게 설명해주는 것은 전혀 소용없는 일이다. 우리가 힘들게 얻을 수 있었던 지혜는 아무 것도 아닌 것이 되었다. 지혜자는 잊혀져버리고, 지혜는 헛된 것이 되었다. 더 이상 아무 것도 세대 간에 전달할 수 없다. 1930년에 범했던 어리석은 행위들이 1960년과 1980년에 다시 재현된다. 거기에는 단지 두 개의 차이점이 있다.

하나는 지금은 모든 일이 아주 빠르게 진행되어서, 사람들이 경험을 통해서 어떤 작은 지혜라도 얻어낼 수 있는 시간이 더 이상 주어지지 않는다는 것이다. 다른 하나는 도구들이 훨씬 더 강력해져서, 지금 저지르는 잘못들로 파생되는 결과들은 우리가 예전에 범할 수 있었던 잘못들이 야기하는 결과들보다 비교할 수 없을 정도로 거대해졌다는 것이다. 이와 같이 지혜자와 어리석은 사람의 차이는 아주 작은 것이다. 코헬레트는 우리에게 경고했었다. 우리는 우리가 잊고 있었던 그 경고를 더 이상 의식하지 못한 채로, 그 사실을 아주 강도 높게 경험하고 있다.

지혜는 유익하다. 광기는 악이다. 그러나 둘의 차이는 복합적인 경험을 통해서 거의 없게 된다. "지혜자가 어리석은 사람보다 나은 것이 무엇이고, 살아있는 사람들 앞에서 어떻게 처신할 줄 아는 가난한 사람이 나은 것이 무엇인가?"전6:8 지혜자는 어떻게 처신할 줄 안다. 그러나 그는 자신의 지혜를 전달할 수 없는 절망적인 상황에 처해서 결국 불행하다. 하여튼 그는 자신의 지혜를 통해서 자신의 운명을 바꿀 수 없는데, 지혜가 그에게 무슨 소용인가?

"모두가 같은 운명을 타고 났다. 의인이나 악인이나, 착한 사람이나 나쁜 사람이나, 깨끗한 사람이나 더러운 사람이나, 제사를 드리는 사람이나 드리지 않는 사람이나, 다 같은 운명을 타고 났다. [⋯] 모두가 같은 운명을 타고 났다는 것, 이것이 바로 세상에서 벌어지는 모든 잘못된 일 가운데 하나다. 더욱이, 사람들은 마음에 사악과 광증을 품고 살다가 결국에는 죽고 만다."전9:2-3 이와 같이 우리는 놀라운 역효과에 접한다. 지혜는 유익하다고 사람들은 우리에게 끊임없이 말한다. 맞는 말이다. 그러나 결국 지혜는 아무 소용이 없고, 인간의 삶에 아무런 변화도 주지 않는다. 그렇기 때문에 인간의 마음은 사악과 광증을 가득 품는다. 이런 상황에서 지혜를 진이 빠지도록 열심히 추구해서 무엇에 쓸까? "먹고 마시자. 그리고 내일 우리는 죽을 것이다." 이것이 그 헛된 지혜로부터 얻어낼 수 있는 교훈이다. 지혜를 구하는 것은 일종의 자기파괴행위로서 해결책을 찾는데 아무 소용이 없고, 아예 해결책이란 없다.전7:15-16

그러나 이 황폐한 아이러니의 상황 가운데 아직 모든 것이 다 끝난 게 아니다. 코헬레트는 이제 우리에게 지혜는 취약하고 불가하다고 말한다. 지혜가 취약하다172)는 사실을 우리는 이미 보았다. 왜냐하면 뇌물 하나면 지혜로운 사람의 총명함을 무너뜨리기에 충분하기 때문이다.전7:7 아무튼 이 점을 뒤에 나오는 구절들과 분리시키지 말아야 한다. 이어지는 본문에서는 지혜를 선하고 유익하다고 칭찬한 뒤에, 돈을 벌고 금전적인 이득을 취하는 수단으로 격하시키는 잔인한 구절들이 있다. 그보다 더 잔인하기도 힘든 일이다. 그렇다면 지혜자, 철학자, 학자는 무엇이란 말인가? 그는 세상의 재물을 얻어서 잘 살기 위해 자신의 지식을 이용하는 사람인가? 이는 "지혜는 좋은 것이다!"라는 말을 이상한 방법으로 보여준다. 지혜는 이득을 얻기에 좋은 것이다. 바로 그것이다.전7:11-12 기왕이면 지혜를 얻는 것이 유산을 받는 것보다 더 좋은 것이다. 이 말은 코헬레트의 말이다. 얼마나 현대적인가.

왜냐하면 예전에는 사람들이 모든 것을 재산 상속에 걸었는데, 이제는 스스로 벌어서 살 수 있는 개인적인 능력을 내세운다는 사실을 통해서, 우리는 오늘날 커다란 진보를 일궈냈다고 스스로 자축하고 있기 때문이다. 우리는 능력주의로 나아가는 데에 정의가 있다고 생각한다. 그런데 그것은 코헬레트가 이미 말했던 것이다. 코헬레트는 우리의 자만심을 깎아내린다. 우리가 얻은 모든 지혜와 지식이 고작 이런 것이라고? 매달 말에 괜찮은 월급을 얻는 것이라고? 이게 인간이 이룩한 확실한 진보라고? 인간 존재로서 인간이 거기서 얻은 것이 무엇인가? 우리는 얻은 것이 아무 것도 없다는 걸 알게 된다.

---

172) 리스(Lys)가 전도서 2장 13절을 번역한 것을 채택한다면 이 지혜의 취약성에 관한 또 다른 이미지가 생겨난다. "빛이 어둠에 비해서 나은 것과 같이 철학이 얼빠진 것에 비해서 더 낫다." 리스는 어둠은 죽음을 지칭하고, 빛이 어둠과 헛되이 싸우는 것과 마찬가지로 지혜가 죽음에 대항해서 싸우는 것도 헛된 것이라고 전해준다. 아무튼 지혜에 더 나은 어떤 장점이 있다 하더라도, 우리는 그걸 이용할 수 없다. 왜냐하면 지혜는 죽음을 멈출 수 없기 때문이다.

아주 작은 것으로도 지혜를 무너뜨릴 수 있고, 잘못된 판단이 언제나 일어날 수 있다는 점에서 지혜는 취약하다.

"향수에 빠져 죽은 파리가 향수에서 악취가 나게 하듯이, 변변치 않은 작은 일 하나가 지혜를 가리고 명예를 더럽힌다. 지혜로운 사람의 마음은 오른쪽에 있고, 어리석은 사람의 마음은 왼쪽에 있다. 여기에 어떤 정치적인 암시도 없다는 것은 분명하다! 어리석은 자는 길을 갈 때에도, 생각 없이 주석학자들에 따르면, 총명함이 없다는 걸 뜻한다 자기의 어리석음을 누구에게나 드러낸다." 전10:1-3

코헬레트는 우리에게, 지혜자가 자신의 방식으로 지혜와 어리석음을 분별하고, 명철과 미련함을 분간하였다가, 자신의 판단의 덫에 걸렸다고 전한다. 왜냐하면 지혜자가 바보라고 평가하는 사람을 보여줄 때, 어리석고 총명하지 않은 사람은 바로 그 자신이 되기 때문이다.

더 말할 여지가 없이, 코헬레트는 은밀하게 우리에게 경고한다. 한 병의 향수와 총명한 지혜를 더럽히는 데는 죽은 파리 한 마리와 같이 아주 작은 것으로 충분하다. 나는 우리 시대의 어떤 위대한 철학자들을 떠올리지 않을 수 없다. 내 생각에 그들이 쌓은 모든 체계가 하나의 정치적 실정에 참여함으로써 무너져버렸다.

그렇게도 위대한 헤겔이 내놓은 어떤 것도 나는 중요하게 받아들일 수가 없다. 왜냐하면 헤겔은 국가에서 역사와 사상과 정신의 정점을 보기 때문이다. 그가 말한 모든 것은 정말 훌륭하다. 그러나 19세기와 20세기의 서구 사회를 부패시키고 사멸시켜버린 그 죽은 파리와 같은 것을 생각해볼 때, 나는 다른 많은 문제들에 대해서 헤겔이 이전에 말한 모든 것을 하나도 중요하게 받아들일 수가 없게 된다.

그렇게도 위대한 하이데거가 말한 모든 것은 정말 심오하고 흥미롭고 새롭다. 그러나 그는 국가사회주의의 나치 이념 깊숙이 무엇이 도사리고 있는지 분별하는 작은 통찰력이 없었다. 내 생각에, 나치체제에 수개월 동안 가담한 것으로 하이데거의 작품 모두를 아무런 가치도 없게 만들기에 충분했다. 그가 그 단순한 삶의 장에서 바른 길을 선택할 수 없었는데, 어떻게 사람들이 그의 『숲길』*Holzwege*을 통해 안내를 받을 수 있겠는가? 죽은 파리는 한 순간 잘못 먹은 마음이다. 이제 내 입장에서도 이같이 배척적인 말을 함으로써, 나는 같은 본문에서 코헬레트가 내리는 다른 판단에 따른 비판을 받아야 한다.

지혜는 취약하고 취약하다. 한 줄만 바꿔도 지혜는 사라지고 만다. 그러나 더 나아가서 지혜는 아예 가능하지 않다. 지혜에 도달했다고 믿는 사람은 바람을 잡은 것뿐이다. 누가 아는가? 누가 감히 안다고 자만할 수 있는가? "그림자처럼 지나가는 짧고 덧없는 삶을 살아가는 사람에게, 무엇이 좋은지를 누가 알겠는가?" 전6:12 인간 자신만큼이나 취약하다. 어떻게 지혜가 그 창조주보다 더 확실하고 참될 수 있겠는가?

지혜는 그림자처럼 덧없는 것이다. 사람들은 모든 것에 대해 그 크기를 잴 수도 있고, 위치를 정할 수도 있고, 무게를 달아볼 수도 있다. 그러나 그림자는 안 된다. 그림자는 그 자체로는 아무 것도 아니다. 왜냐하면 그림자는 투영 대상과 함께, 계속해서 변하는 빛에 의존하기 때문이다. 그런 상황에서 누가 알겠는가? 누가 지혜롭다고 주장할 수 있겠는가? 극단적으로 말해서 지혜는 불가능하다. "하나님이 하시는 모든 일을 두고서, 나는 깨달은 바가 있다. 그것은 아무도 이 세상에서 이루어지는 일을 이해할 수는 없다는 것이다. 그 뜻을 찾아보려고 아무리 애를 써도, 사람은 그 뜻을 찾지 못한다. 혹 지혜 있는 사람이 안다고 주장할지도 모르지만, 그 사람도 정말 그 뜻을 알 수는 없는 것이다." 전8:17

현대 세계에서 우리는 많은 것을 발견하였다. 그러나 이미 우리가 말한 것처럼, 지평선은 언제나 더 멀어져 간다. 여기서 코헬레트는 일종의 절대적인 것을 말하는 듯하다. 무엇을 어떻게 하든지 간에, 그는 궁극적인 비밀, 모든 것을 이해할 수 있는 비방을 발견할 수 없다. 내가 아는 아주 작은 지식을 통해서 나 자신이 충격을 받는 것은 우리가 알면 알수록, 우리가 아는 모든 것이 더욱더 복잡해지고 파악할 수 없게 된다는 점이다.173)

나 자신이 다른 분야들보다는 조금 덜 무지한 역사에 대해서 말하자면, 우리가 알면 알수록, 예전에 가능했던 거대한 역사적 파노라마를 점점 더 그릴 수 없게 된다는 것이다. 대중은 그런 역사적 파노라마를 계속 좋아한다. 역사는 완성할 수 없는 퍼즐 조각들로 갈라져있다. 각각의 조각은 각기 특수성을 가지며 또한 복합성을 가진다. 최후의 결정적인 말은 주어지지 않는다. 마지막으로 받은 조명은 결코 충분히 선명하지 않다. 우리는 때때로 이해의 현실적인 한계가 아니라, 우리의 이해력의 한계에 도달하는 것 같다. 그러나 아이러니가 있다. 이런 이해불가능의 상태를 그렇다고 노력을 포기하지는 않고! 인정할 수밖에 없을 때에, 코헬레트는 "지혜자는 안다"라고 선포한다. 이보다 더 나쁜 경우는 없다. 지혜자의 지혜는 "나는 안다"고 말하는 것이다. 사실상 아무도 발견하지 못한 것을 말이다.

내가 보기에, 전도서 전체의 궁극적인 의미는 앞장에서 우리가 말했던 모든 행위들이 각기 다 헛된 것으로서 그 모두가 지혜로 수렴한다는 것이다. 바로 이 지혜의 수렴이 전도서의 통일성과 뼈대이다. 결국 지혜 자체가 모든 헛된 것들의 총합이다. 지혜 속에서의 한걸음 한걸음은 바람을 잡으려는 것과 같다. 이는 "말이 많으면 헛된 말이 많아진다. 많은 말이 사람에게 무슨 도움을 주는가?"전6:11라는 구절과 일치한다. 이 구절을 직접 지혜와 연결시켜야 한다. 왜냐하면 이 구절이 "지혜자가 우매자보다 나은 것이 무엇이냐?"라는 구절에 금방 이어서 나오기 때문이다. "나은 것이 무엇이냐"라는 구절은 두 가지 표현과 만난다. 그것은 우리로 하여금 코헬레트에

---

173) 모든 것을 종합하려는 에드가 모랭의 거대한 시도는 이점을 고려하고 있다.

게 지혜는 말로 표현되는 것이라고 생각하게 한다. 많은 경우 사실이 그렇다. 지혜는 일종의 말의 수다와 같게 된다.

그러나 이는 아무런 근거 없이 나에게 우연히 떠오른 것이다. 그것은 나로 하여금 이런 성찰로 인도한다. 전도서 본문에서 삶의 내적인 지혜가 선포되고 입증되고 발화되고 형상화되고 어구로 표현된 지혜로 전개되는 부분이 있지 않을까. 모순적으로 얽히고설킨 지혜에 관한 구절들을 풀어나가는 것은 간단한 일이 아니다. 그러나 나는 대부분의 중요한 본문들은 말로 표현되고 지적으로 다듬어진 지혜를 겨냥하는 것이 아닌가 하는 의문이 든다. 그렇다면, 일종의 지혜에 관한 지식의 존재가 부정되는 것이 아닌가 한다. 그런데 나에게 훨씬 더 우연적이고 충격적인 가설이 떠오른다. 누가 지혜를 말로 표현하고 지혜에 관한 말을 많이 지어냈다고 주장하는가? 그리스인들이다.

내가 이미 언급했듯이, 전도서에 대한 그리스 철학의 영향을 입증한 학자들이 있다. 그들은 유사성과 연관성을 조사했다. 나는 나 자신이 전도서가 고유한 특성을 가지고 있고 히브리적 사유에 속한다는 점을 입증했고 뒤에 가서 더 잘 입증할 것이라고 믿는다. 그러나 전도서 기자가 그리스 철학을 알고 있었는지는 완전히 확실하게 알아낼 방법이 없다. 철학은 지혜174)를 사랑하는 것이다. 그러나 언어로 표현된 지혜로서 지성을 통해서 다듬고 구조를 짜서 말로 전한 지혜가 존재한다.

---

174) 왜 코헬레트는 지혜에 대하여 그렇게 엄격했는지 그 이유를 스스로 자문해볼 수 있다. 나는 코헬레트가 그리스 사상의 지혜를 공격한 것이라고 생각하는 학자들의 주장을 따르려고 한다. 리스(Lys)가 '호크마'를 철학이라고 번역한 것도 이와 무관하지 않다. 언제나 철학이 문제이다. 히브리적 사유의 지혜는 소박하고 유연하다. 우리는 폰 라드(von Rad)가 전통적인 지혜와 코헬레트의 지혜는 커다란 차이를 내보인다고 지적한 것을 보았다. 그러나 내 의견에는(다른 많은 의견들에 뒤이어서) 그것은 바로 코헬레트가 웅대하고 장엄하고 세밀하고 명쾌하며 세계 전체를 이해하려고 하고 모든 것을 설명하려 하는 소피아라는 [그리스 철학자 아리스토텔레스가 앎의 최상의 단계라고 명명한] 지혜와 충돌하는 것을 말한다. 코헬레트가 공격하는 것은 바로 그 소피아라는 그리스 철학의 지혜이다.

코헬레트는 자신이 유일하게 중요한 것으로 여기는 실존이라는 차원에 머물고자 한다. 그가 지은 전도서의 많은 부분은 그리스의 지혜를 공격하는 것이고, 히브리적 사유가 거의 전부인 세계에 심각하게 침투해 들어오기 시작한 그리스 철학에 대항하는 것이 아닐까? 지혜에 관한 말들이 헛되다는 사실을 선포한 것이 아닐까? 아무리 언변이 능숙하다 할지라도, 말을 통해서 인간이 자신의 조건과 헛됨에서 벗어날 수는 없다. 반면에 이는 웅변가들을 향한 날카로운 힐난이 아닐까. 지혜는 돈을 벌고 사회적 지위와 명예를 얻기에 아주 유용하다. 그러나 지혜자는 멸시되고 거부당한다. 개인적으로 나는 이 가설이 다른 학설들과 같이 중요하다고 믿는다. 이 가설은 내 생각에는 반철학적으로 보이는 전도서의 논쟁적이고 모순적이고 아이러니한 특성에 부합한다.

그러나 이는 결론을 말한 것이 아니다. 나는 이 간략한 구절을 아주 중요하게 여긴다. "지혜가 많으면 번뇌도 많으니 지식을 더하는 자는 근심을 더하느니라."전1:18 이 구절은 전도서의 서두에 속한다. 이는 아주 근본적인 원리들 중의 하나이다. 코헬레트는 지혜에 지식을 대립시킨다. "지혜가 많으면 번뇌도 많으니", 이는 우리의 관점에서 보기에 명백해 보인다. 지혜를 얻으면 얻을수록 더욱더 헛된 것에 빠지게 된다. 그러므로 흔히 선포되었던 말과는 반대로 거기에는 어떤 위로나 활력도 존재하지 않는다. 지혜를 얻을수록 모든 것이 헛된 것이고 바람을 잡으려는 것과 같다는 사실을 더 깊이 알게 된다. 따라서 번뇌가 더해진다. 그런데 지식이 등장한다. 또다시 코헬레트는 나에게 참으로 예언적으로 보인다. 아직 아주 엄격한 과학 지식은 존재하지 않았다. 아직 과학 지식을 기술적으로 응용하는 일은 일어나지 않았다. 그런데 거기에 대한 판단은 이미 나왔다. 우연일까? 단순한 표현일까? 내 생각으로는, 그 영향이 너무나 커서 우리는 그런 식으로 그 구절을 벗어날 수 없다.

우리 시대에 그 문제는 무엇인가?175) 그것은 알면 알수록 더 모르게 된 다는 사실을 인정하는 학자의 겸손과 같이 단순히 심리적인 것만은 아니 다. 왜냐하면 그 말은 객관화되어져서 "과학이 배가되면, 고통이 배가된 다"Dhorme라는 뜻이 될 수 있기 때문이다. 바꾸어 말해서, 그것은 있는 그 대로의 객관적인 상황이다. 그것은 오늘날의 과학 시대에 역사상 처음으 로 우리가 아는 현실에 대한 실제적 경험을 말하는 것이다. 처음으로 과학 은 모든 것을 지배하고, 모든 것을 점유하며 모든 것을 이용한다. 과학은 위대한 여신이다. 아무도 과학에 반대하는 말을 할 수 없다.

간혹 과학이 잘못 적용되었다거나 과학을 잘못 이용했다고 인정하는 경 우가 있더라도, 과학이 그 책임을 지는 것은 아니다. 간혹 과학이 엄청난 잘못을 범하여, 사람을 희생시킬 수밖에 없고, 수십 년 동안 사실이라고 받아들인 이론들이 틀리다는 사실을 인정한다 치더라도, 사람들은 그 사 실을 과학의 영예로 돌린다. "잘 보라구. 과학이 진보하고 있어. 자신의 잘 못을 인정한다는 것은 과학이 그만큼 위대한 덕분이야." 오늘날 과학의 위 기를 언급한다 하더라도, 그것 역시 과학의 영예가 된다. 왜냐하면 그 위기 는 덜 아는 것에서 더 아는 것으로 가는 과정에 지나지 않기 때문이다. 위 기의 해결책은 의심할 여지가 없다. 그것은 과학의 진보이다. 과학은 이와 같이 반박할 수 없는 것이다. 결국 과학을 조사하여 결산하는 것은 전적으

---

175) 물론 내가 지식(science)이라는 단어를 현대 과학과 함께 쓴 것은 항의를 받아도 마땅한 일이다. 다만 나름대로 내가 그것을 정당화한다면, 그 단어의 유동성과 불확실성과 가 변성을 들 수 있다고 본다. 왜냐하면 정밀 과학과 인문 과학은 동일한 것이 아니기 때문 이다. 과학의 기준들은 전혀 불확실하다. 그 기준들은 시대를 따라 바뀐다. 18세기에 과 학이라 불렸던 것은 1880년에 과학이라 부른 것과는 아무런 관계가 없다. 1920년과 1980 년 사이에 이 단어는 급격한 변화를 겪었다. 물론 그것을 13세기의 과학과는 비교할 수 도 없다. 그러나 이 모든 것은 공통적인 자산을 가지고 있는데, 그것은 앎이라는 것으로 지식을 축적하고 축적된 지식을 조정하고 해석이 가능한 체계를 고안하는 것이다. 우 리는 전도서에서 정확히 이 지식을 발견한다. 정확히 그걸 지칭하는 것이다.

로 불가능하다.

　19세기는 불굴의 승리자인 과학이 폭발적으로 발전하고, 과학에 대한 신념이 증폭된 시대이다. 오늘날 사람들은 과학주의를 언급하면서 그 사실을 경멸적으로 부인한다. 그러나 오늘날 과학이 부정적인 면들이 있다 하더라도, 그것들은 곧 식별되어서 과학 자체에 의해 재고된다. 과학은 그 부정적인 요인들을 자신의 평가와 방법에 통합하여서 이해와 지식을 지속적으로 개선해간다. 아무 것도 과학을 피할 수 없다. 과학이 범한 실수들조차도 그렇다. 과학은 양적이기만 한 것이 아니다. 과학은 질적인 것도 고려하기 시작했다. 과학은 더 이상 대상들을 세분화하여서, 훼손시키고 분리시키고 축소시키고 기계화하고 분절시키지 않는다. 과학은 유연한 것, 복합적인 것, 회오리바람 같은 것, 연기 같은 것, 불안정한 것을 통합시키려는 경향이 있다. 그래도 그것이 언제나 다 과학이다. 이는 불가피한 것이다. 그러므로 과학을 과학의 내부에서 판단할 수는 없는 일이다.

　그러나 과학의 외부에 우리 자신을 위치시키면, 과학은 곧바로 우리를 기피한다. 왜냐하면 과학의 외부에 있는 모든 것은 과학을 감정할 능력이 없다. 따라서 그건 말해봤자 아무 소용없다. 어찌됐든 여기서 과학에 대한 반론을 제기하는 것이 문제가 아니다. 중요한 것은 단지 코헬레트의 말을 듣는 것이다. 코헬레트는 "이미 있던 것이 훗날에 다시 있을 것"이라고 말하면서 이중적으로 경고한다. 그러나 역으로 훗날에 일어날 일은 이미 일어났던 일이다. 이런 말을 하려면, 엄청난 자부심을 가져야 할 것이다. 그렇지 않다면 모든 것을 다 아는 존재가 하는 말을 잘 전해야 한다. 왜냐하면 그는 그 모든 것으로부터 벗어나 있고, 그에게 시간은 우리의 차원과 다른 것이기 때문이다. 인간이 과학을 검토하여 판정을 내릴 수는 없다.

　나는 과학과 전혀 다른 기술에 관해서, 모든 기술적 진보의 양면성을 밝히려고 했다. 기술은 좋은 것만큼이나 나쁜 것을 산출하며, 그 두 가지가 풀 수 없을 정도로 뒤엉켜있다. 더 나아가서 기술이 초래한 난관들은 점점 더 많아지고 복잡해지고 있다. 인간은 끊임없이 새로운 혁신들에 사로잡혀 있으면서, 또한 예기치 않은 새로운 상황이 생겨나서 불안정하다. 그러나 그것이 직접적으로 과학과 연관된 것은 아니다. 의심할 여지없이, 과학이 없으면 그 중 어느 것도 일어날 수 없었을 것이다.

과학이 중립적이지 않고 무고하지 않으며, 과학자는 더 이상 결백하지 않고 양심이 깨끗하지 않다는 사실을 천명하며 그 사실을 인정해도 아무런 소용이 없다. 그래도 과학은 모든 자신의 영예를 지켜나가고, 과학적 연구에 관한 기금은 풍부하고, 사람들은 모든 경제적 사회적 희망을 과학 연구에 두고, 연구 기관들과 실험실들의 증가와 수단들의 지속적인 향상과 무한대 무한소를 향한 거의 기상천외한 접근은 단 한 순간도 현대인의 위대한 여신인 과학에 대한 신뢰를 흔들리지 않게 한다.

그런데 2천 5백 년 전에 이런 과학에 대한 경고가 우리에게 주어졌던 것이다. 더도 덜도 아니다. 코헬레트는 물질적으로 과학을 경험할 수 없었다. 그는 모든 원인자에 관해 판단을 내릴 수 없었다. 그로서는, 그것이 과거에 기대는 사람이 회한과 슬픔으로 반응하는 것일 뿐이라고 말하는 것은 너무도 쉬운 일이리라. 그런데 코헬레트는 과거에 기대지 않는다. 그는 우리에게 경고하려고 애썼다. "옛날이 지금보다 더 좋은 까닭이 무엇이냐고 묻지 말아라."전7:10 여기서 코헬레트가 과학을 잘못 착각한 것이라거나, 그 당시에는 과학이 어떤 것인지 알 수 없었다고 판단하는 것은 너무나 쉬운 일이리라. 내 생각에 그의 경고가 중요한 것은 있는 그대로를 말한 것이기 때문이다.

코헬레트는 과학은 거짓을 전하고, 진리를 보여주지 않는다고 하지 않는다. 그는 인간의 성찰에 기초한 지식과 하나님의 계시의 지식을 대립시키지 않는다. 그는 과학이 하나님으로부터 멀어지는 것이라고도 말하지 않는다. 그는 과학은 없는 게 차라리 낫다고도 말하지 않는다. 그리고 "모든 걸 다 계산해 보니 결국은"이라는 식으로 말하지 않는다. 계산이랄 것이 없다.

결국 이 모든 것은 오늘날 널리 퍼진 판에 박은 관념을 부인하는 것이라고 할 수 있다. 그 관념에 따르면, 지식의 나무를 금지한 말씀을 인용하면 서창2장 성서에 기초한 기독교는 과학에 적대적이라는 것이다. 사람들은 그것이 선과 악을 아는 지식을 가리킨다는 점은 잊어버린다. 이는 인간이 선과 악을 분별하는 것은 불가능하다는 걸 의미한다.

그것은 현실이나 진리에 관한 지식하고는 전혀 상관이 없다. 그리고 그 구절은 금기와 같은 '계명'과는 전혀 관계없다. 다시 말해서 코헬레트에게 중요한 것은 진리나 하나님이 아니다. 그에게 중요한 것은 인간의 실존이다. 그리고 코헬레트는 실존하는 인간에게 경고의 말을 전하는 것이다. 더도 덜도 아니다. 인간은 가능한 것들 가운데 선택해야 한다. 그는 과학을 선택하는 결정을 내릴 수 있다. 그러나 그런 경우 그는 과학을 선택함으로써 자신과 세계가 고통을 더 겪게 된다는 사실을 알아야 한다. 어떻게? 왜? 그것은 우리가 알지 못하는 것이다. 우리는 우리 책임을 다 하면 된다.

우리는 단지 그걸 짐작할 수 있을 뿐이고, 특히 과거를 돌아봄으로써 알아차릴 수 있다. 인간이 그 경고를 하나님의 말씀으로 알아듣는다면, 고통이 증대되는 것을 막기 위해서, 과학에 대한 허황된 추종을 포기하기로 선택하는 결정을 내릴 수 있다. 그것은 가능한 일이었다. 자연 상태에 그대로 머물러 있는 것은 불가능했다. 왜냐하면 그것과 반대로 인간은 정원을 경작해야 하고, 자신에게 주어진 자산을 운용하는 책임을 맡아야 한다고 하나님이 말씀했기 때문이다. 인간은 하나님의 형상을 닮은 존재이므로, 창의성과 풍부한 상상력과 계획성을 가지며, 포괄적인 과거의 기억과 함께 미래에 접근할 수 있다. 그러나 과학은 전혀 다른 것이다. 과학은 끝없는 지식을 끝없이 정복하는 것이다. 바로 그 끝없는 무한성을 하나님은 받아들일 수 없다. 그것이 세상의 모든 악의 근원이다.

이 무한성은 도덕적인 용어로는 말 그대로 탐욕이라 불린다. 어떤 물건이나 어떤 쾌락을 탐내는 것이 아니라 하나님과의 동등성을 탐하는 것이다. 지식으로 소유할 수 있는 모든 것을, 물론 완전히 단순하고 무의식적인 태도로, 탐하는 것이다. 소유를 통하여 존재는 무한정 증대할 수 있다고 생각한다. 그것이 세상의 모든 고통의 근원이며, 그 이외에 다른 것은 없다. 그것이 모든 탐욕을 충족시키고자 하는 과학의 커다란 열정이다. 이와 같이 모든 탐욕에 부응하는 덕분에 과학은 최상의 권위를 누리게 된다. 과학의 이런 독특한 위치를 결코 잊지 말아야 한다. 어떤 사람이라도 어떤 시각에서나 과학에 반대할 수 없다. 과학은 누구도 피할 수 없는 최고의 권위가 있다. 사람이 과학의 톱니바퀴에 손을 대자마자, 즉 생각하고 사물을 보고 인식하고 추론하는 과학적 방식을 따르자마자, 과학은 절대적인 것이 된다.

과학은 자연이나 하나님보다 더 무한하게 절대적이고 궁극적이다. 인간이 아주 오랫동안 궁극적인 준거로 삼았기에 신성시되기까지 했던 자연은, 오늘날에는 우리가 수많은 방식으로 조작하고 이용하고 파괴하고, 온갖 방식으로 아마도 인간의 죽음을 대가로 치르고 기피하는 대상이 되어버렸다. 너무 단순화한 신학의 이론과는 반대로, 성서는 하나님이 창조 세계와 피조물과 인간 안에 있는 자신의 형상을 너무도 존중하여서, 인간이 자유를 누리고 나아가서 자율성과 독립성을 가지도록 자신의 권능을 유보하고 참고 억제한다고 우리에게 말해준다. 더욱이 하나님은 자유를 주는 해방자이다. 그러므로 하나님의 전능은 압제적이고 반박할 수 없는, 맹목적인 전능과는 완전히 다르다. 하나님은 거부와 항의의 뜻을 수용했고, 인간이 하나님이 정한 기준을 벗어나는 것을 받아들였고, 자신의 아들 예수 그리스도 안에서 결국 인간의 뜻에 따를 것을 수락했다. 하나님은 전제군주가 아니고 섬기는 종이 되었다.

그 이유는 하나님은 사랑이고, 사랑과 전능함은 타협할 수 없기 때문이다. 전능이라는 단어의 '전' 全과 '능' 能은 사랑과는 상반된다. 사랑을 섬기는 능력이란 있을 수가 없다. 왜냐하면 사랑은 모든 방법들을 다 이용할 수 있지만, 단 하나 능력의 방법만은 배제하기 때문이다. 사랑을 섬기는 전능이란 있을 수 없다. 왜냐하면 전능이 사랑을 섬긴다면, 사랑은 전능보다 우월하게 되고, 그러면 전능은 더 이상 성립될 수 없기에, 그 용어들 자체가 모순되기 때문이다. 우리가 전능자는 사랑을 섬기는데 자신의 능력을 사용한다고 판단한다면, 그것은 내가 세운 첫 번째 가설로 되돌아가는 것이 된다. 즉, 하나님은 인간이 하나님을 피해 벗어날 수 있도록 허용했다는 것이다.

그러나 과학에서는, 사랑이 존재하지 않는다. 이 말은 과학자들을 향한 것이 아니다. 과학자들은 인류의 행복을 위해서 커다란 사랑으로 자신들의 임무를 다할 수 있다. 과학은 그 정의 자체가 그렇기 때문에 의심의 여지가 있을 수 없고, 최고의 권위를 누린다. 과학에서는 결코 자기제한이 존재하지 않고 존재할 수도 없다.

사람들이 과학을 벗어날 수 있다고 생각하고, 과학 이외의 영역을 만들었을 때마다, 과학은 그 영역을 다시 정복해버렸다. 불합리한 것이든, 질적인 것이든, 우연적인 것이든, 무질서한 것이든, 주체적인 것이든, 초현실적인 것이든 간에, 하나의 영역이 나타날 때마다, 탐욕스러운 과학은 처음에 과학 너머의 영역에 있었던 것도 자신의 연구 영역으로 삼아버렸다. 매번 우리는 과학이 정복을 완수하는 것을 목격하게 된다.

20년 전부터 과학이 변화하여 우연한 것과 무작위한 것과 반작용하는 것과 무질서한 것과 불합리한 것을 통합시키고 있다. 과학은 변화하지만, 언제나 스스로를 부정할 수 없다. 주체는 반세기 전과 같이 대상으로 축소되지 않은 채로 과학적 체계에 통합된 한 부분이 되었다. 인류의 진보라고? 전혀 아니다. 과학의 진보다. 과학의 이 절대적인 우위성이 과학을 인간의 고통의 근원으로 만든다. 오늘날 인간이 이제까지 알아왔던 모든 것보다 더 우월한 최고의 권위로 과학이 존재한다. 그 권력은 아무도 피할 수 없다.

과학에 대해서 오래된 신화들을 떠올리는 것은 가소로운 일이다. 사람들은 프로메테우스, 판도라, 파우스트, 마법사의 제자 등과 같은 신화들을 계속 재현시킴으로써 두려움에서 벗어나고자 한다. 이 모든 것은 우리가 현재 알고 있는 것과 아무런 공통적인 기반이 없다. "그건 언제나 다 같았던 걸 알겠지."라는 말은 성립될 수 없다. 그건 같지 않다. 처음으로 인간은 이 최고의 권위를 가진 과학이 인간을 부정하는 것을 목격하고 있다.

인간의 고통을 증가시키는 것은 과학의 결점이나 잘못된 적용이 아니다. 반대로 그것은 과학의 완전함이요 모든 것을 흡수하는 능력이요, 정확성이요 효용성이다. 과학은 인간을 노예로 삼지 않는다. 과학은 인간에게서, 자신의 권력과 자율성을 엄청나게 증대시켜가는 이 선량한 과학의 여신의 노예가 될 수 있다는 생각조차 앗아가 버린다. 그런 것이 과학으로부터 오는, 확실한 실제적인 고통이다. 그것은 치과의사가 야기하는 고통과 같은 것이 아니고, 무의식의 가장 깊은 곳에, 존재의 가장 깊은 곳에 감춰진 고통이다. 거기서 그 고통은 죽음의 본능과 어쩌면 에로스를 대체할 것이다.

가장 끔찍한 것은 환경보호론자가 비난하는 외적인 파괴가 아니라, 내적인 파괴이자 견고한 구속이다. 모든 인류가 공유하는 이 보편적인 고통은 물론 과학의 진전은 개별적인 국가의 통합 강도에 따라 차이가 있다 고뇌와 무분별한 강박관념들로 나타나다. 그리고 개인적인 차원에서는 성취하지 못한데서 오는 부정적인 고통이 배가된다. 그 고통은 탐욕과 과학의 잠재적 가능성이 연합하는데서 비롯된다. 과학의 잠재적 가능성은 인간에 궁극적인 해답을 줄 수 없다. 탐욕은 언제나 과학이 또 다른 새로운 진로를 찾아가며, 계속해서 발전하도록 강요한다. 과학은 자신의 고유한 법칙으로 발전하는 것이 아니고, 그 법칙과 인간의 탐욕이 합쳐져서 발전한다.

인간은 만족할 줄 모르는 끝없는 욕망으로 계속 고통을 겪는다. "여러분은 욕심을 부려도 얻지 못하고 살인을 하고, 탐내어도 가지지 못하며 다투고 싸웁니다."약4:2 "이제 충분해"라고 결코 말하지 않는 것은 탐욕의 표지이다. 우리는 돈과 권력의 탐욕을 거론해보았다. 그러나 오늘날 탐욕은 과학을 통해서 완전한 충족에 가까이 다가가게 되었다.

과학은 인간의 능력으로 모든 것에 무제한으로 접근할 수 있게 한다. 그런데 그 대가는 무엇인가. 탐욕에 대한 그 모든 구절들은 우리에게 그 안에 죄의 근원이 있을 뿐만 아니라, 인간이 당하는 모든 악들의 근원이 있다는 사실을 말해준다. 더욱이 거기에 성취하지 못한데서 오는 인간의 고통의 근원이 있다. 바로 그것이 과학을 특징짓는 것이다. 그 특징은 전능함과 항구적인 미완성이다. 그렇기 때문에 나는 복잡하고 애매한 수많은 신화들보다는 차라리, "지식을 더하면 고통을 더한다"라는, 세상에 다 적용될 수 있는 한 구절을 떠올리고 싶다.

헛된 것은 끝이 있고 지혜도 그렇다. 지식과 지혜와 철학과 과학을 통해서 인생의 헛됨에 대한 인간의 해답을 찾을 수 없다. 반대로, 한걸음 더 나아갈 때마다, 겉으로는 승리를 구가하는 것 같지만, 헛된 것이 보인다. 더 나아가 인간은 우리가 살고 있는 이 비극적인 시간을 통해, 자신이 매일 거울 표면의 안개약4:14와 같이 헛된 것을 안다. 그리고 수많은 노력이 결국은 무엇으로도 잡을 수 없는 바람을 잡으려는 것과 같이 헛된 것임을 안다.176)

---

176) 우리는 여기서 키르케고르의 글을 인용하는 기쁨을 지나칠 수 없다. "인간이 하나님

3. 참된 지혜

앞에서와 같이 지혜를 부정적으로 말하고 난 뒤에, 이제 아무런 결론도 내리지 말아야 하는가? 나는 그것이 결정적인 것은 아니라고 생각한다. 그러나 지혜의 첫걸음은 지혜의 헛됨을 알고 그 한계들을 인정하는데 있다. 그 점을 인정하고 나서, 코헬레트는 인간은 살아야 하고, 일을 해야 하고, 기쁨을 취해야 한다고 권고한다. 그 권고는 의미란 존재하지 않고, 또한 우리를 계몽하고 사물의 이치를 알게 하고 세계와 역사를 이해하게 하고 도덕적 가치 체계를 세우게 하는 지혜는 존재하지 않는다는 사실에 대한 확고한 인식을 우리가 계속해서 분명히 해야 한다는 걸 전제로 한다.

지혜는 "그럼에도 불구하고"이다. 사실 지혜도 존재하지 않고 의미도 존재하지 않음에도 불구하고, 우리는 살아가고 행동하고 행복과 소망을 누릴 수 있다. 인간이 주장할 수 있는 유일한 참된 지혜는 그런 지혜의 부재

의 말씀을 중요하게 받아들이고[...], 거기서 인생의 중요한 것을 찾으며, 자신의 모든 무능력함과 같이 모든 역량 속에서 하찮음을 봐야 한다면, 모든 것이 헛되고 바람을 잡으려는 것과 같다는 구실로 무얼 시도하려는 노력을 아예 거부하는 것이 당연한가? 전혀 그렇지 않다. 실제로 그는 하찮은 것을 이해하는 것을 자랑할 수 있다. 왜냐하면 그 하찮은 것을 인생의 중요한 것과 같이 두는데 어떤 모순도 존재하지 않고, 모든 것의 헛됨을 통찰한 영혼의 눈에 모든 것이 헛되다고 말하는데 어떤 모순도 존재하지 않기 때문이다. 게으름, 무위, 완성된 세계를 향한 당당함, 이 모든 것은 하찮은 것이 아니다. 더 정확히 말하자면, 그것은 전혀 하찮은 것이 아니다. 그것은 중요한 것이다. 종교적인 영역에서, 긍정적인 것은 언제나 부정적인 것으로 알아본다. 중요한 것은 하찮은 것으로 알아본다. 그것은 종교적으로 중요한 것을 수립한다. 그것은, 중요한 것을 흔하디흔하게 말하는 것과, 행정부서 담당자가 게시하는 터무니없이 중요하다는 것과, 신문 기자가 동시대인들에게 터무니없이 중요하다고 말하는 것과 구별한다. 그것은 중요한 것을, 부흥사가 하나님 앞에서 터무니없이 중요하다고 말하는 것과 구별한다. 이는 마치 하나님이 수백만의 천재들을 나오게 할 수 없어서 어느 날 곤란한 상황에 빠진 것 같다. 수많은 사람들의 운명을 자신의 손에 쥐고, 언제나 세상이 하찮은 것을 알아보면서도 세상을 변화시킨다는 것, 그것이 중요한 것이다! 그러나 그런 중요한 것을 유지할 수 있으려면, 완성된 세계의 모든 열정들이 종식되고, 모든 이기주의는 근절되어야 한다. 이기주의는 모든 것을 탐내고, 모든 것으로부터 돌아서는 것이다." (키르케고르(Kierkegaard), "결정적인 후기"(Post-scriptum définitif)『전집, XI』, *OEuvres complètes*, XI, p.161)

를 분별하는 것이다. 거기서부터 삶을 구축해야 한다. 그것은 부정적인 출발점이라 할 수 있다.

위대한 철학자들이나 부정의 긍정 원리를 내세워봐야 아무 소용이 없다. 코헬레트는 우리에게 그 사실을 정말 효과적으로 밝혀준다. 모든 지혜는 헛됨을 인식하는 것으로 귀착된다. 모든 것은 아무 것도 아니다. 그러나 우리가 더 이상 모든 것을 파악하거나 이해하려고 하고 하지 않을 때, 또 우주의 암호를 해독하여 지배하려고 하지 않을 때, 우리는 비로소 소소한 일들, 작은 경험들, 소박한 작은 진리의 편린들을 발견하게 된다. 모든 것이 헛되다는 것을 알 때, 우리는 그 작은 것들의 중요성을 보게 된다. 우리는 그것들을 정말 중요한 것으로 보아야 한다. 왜냐하면 그게 우리가 파악할 수 있는 전부이고, 그것들은 우리가 살아갈 재미요 진리가 되기 때문이다.

그것은 삶의 경험에서 오는 지혜이자 삶에 적용되는 지혜이다. 보통 무조건적인 일괄적인 삶은 확실히 무익하다. 예진에 일어났던 일이 나중에도 일어날 것이다. 훨씬 더 좋게 하려고 하지 말라. 그러나 그것이 내가 이룬 만남의 기쁨과 아주 작고 사소한 일의 즐거움을 막을 수는 없다. 가리[177]가 말한 것처럼 "그것이 꾀꼬리가 노래하는 걸 막을 수는 없다." 우리 시대의 걸출한 지성은 말한다. "그것은 보잘것없다. 더 크게 되지 못할 것이다." 그것은 분명하다. 그것이 우리를 달로 데려다 주지도 않았고, 정치나 건강의 비극적인 문제들을 해결해주지도 못했을 것이다. 그러나 인간에게 궁극적으로 돌아오는 것은 무엇인가? 헛된 것에 헛된 것 하나를 더하는 것 말고는 말이다.

지혜는 존재한다. 그러나 지혜는 실존 그 자체와만 관련된다. 지혜는 이 실존의 차원에 있지, 완전한 지배와 지성이라는 환상과 착각 속에 있지 않

---

[177] [역주] 로맹 가리(Romain Gary, 1914-1980), 프랑스의 소설가.

다. 지혜는 우선적으로 인간의 유한성을 인식하는 것이다. 이 유한성 속에서, 인간이 자기 자신을 발견하고, 진리와 현실을 통해 자신을 돌아보고, 살아갈 이유를 가질 수밖에 없다는 대위법적인 사실이 이 지혜 가운데 곧바로 드러난다. 그러나 이 유한성에 대해서 일반론적으로 그냥 얘기하는 것으로는 충분하지 않다. 그것은 철학적인 명제도 아니고, 분명한 통념도 아니다. 코헬레트는 그가 말하고 설명하는 바를 아주 엄격하고 정확하게 제시한다. 그는 우리에게 인간에게 크게 두 개의 유한성이 존재한다고 말한다. 하나는 미래의 유한성이요 다른 하나는 죽음의 유한성이다.

미래를 통제할 수 있다고 주장하는 시기에 미래에 대한 유한성을 아주 강조하여 환기시키는 것이 중요하다. 무엇보다 전도서의 두 본문들에서 그 유한성이라는 한계가 나타난다. "무슨 일이 일어날지 아는 사람은 없다. 앞으로 일어날 일을 말해 줄 수 있는 사람이 누구인가?"전10:14

코헬레트는 그것을 무익하게 많은 말을 하는 어리석은 사람의 태도와 연관시킨다. 사람들은 내일에 대한 그 거대한 불확실성의 공백을 채우려고 얘기하고 또 얘기한다. 그러나 말로서 지식을 대체하려고 하는 것은 어리석은 일이다. 이는 우리가 하나의 벽을 대하는 것과 같다. 그것이 벽과 같다는 것을 인정해야 한다. 개인적인 차원과 집단적인 차원에서, 개인과 공동체를 위해서 그걸 인정해야 한다. 예전에 있었던 사람들보다 우리가 더 잘할 수 있다고 자만하지 말아야 한다.

이 한계는 인간으로서는 용인할 수 없는 것이다. 인간이 가장 잘 견디지 못하는 경계들 중의 하나이다. 인간은 다가오는 시간의 불확실성 앞에서 분개한다. 태초부터 인간은 자신의 미래를 알아내려고 했다. 코헬레트는 우리에게 대답한다. 이는 언제나 어리석은 사람이 하는 짓이다. 더 나아가 그는 말한다. "그림자처럼 지나가는 짧고 덧없는 삶을 살아가는 사람에게, 무엇이 좋은지를 누가 알겠는가? 사람이 죽은 다음에 세상에서 일어날 일들을 누가 그에게 말해 줄 수 있겠는가?"전6:12

이제 코헬레트는 이 동일한 한계에서부터 또 다른 결론을 도출한다. 우리는 내일 일어날 일을 모르는데, 오늘 우리에게 좋은 것을 착각하지 않고 어떻게 잘 알아볼 수 있을까? 철저하게 엄격하다. 오늘 내가 하는 일은 내일 열매를 맺는다. 그러나 어떻게 그 열매가 내일의 총체적인 내용에 삽입될 수 있을까? 그것만이 아니라, 오늘 어떻게 미래를 준비하고, 어떻게 내일도 좋은 일이 될 수 있도록 오늘 좋은 일을 할 수 있을까? 그럴 수 없다.

내일은 수많은 요소들이 변화될 것이므로 나는 전혀 통제할 수 없다. 오늘 내가 취한 행동의 결과는 그 전체에 속하게 될 것이다. 나는 그것이 전체에서 어떤 역할을 할지, 그 효과들이 무엇일지 알지 못한다. 오늘 내가 알고 있는 상황에 대한 나의 역할과 결정은 훌륭한 것이 될 수 있다. 그러나 내일 모든 것이 다 변하게 되면, 그것은 파국적인 것이 될 수 있다. 내일 일어날 일을 내가 알 수 없으므로, 나는 오늘 해야 할 일을 위한 요소들을 추려낼 수가 없다. 그러므로 나는 인간의 평생에 궁극적으로 현실적으로 좋은 것이 무엇인지 실제로 알 수가 없다. 도덕적인 면에서와 같이 물질적인 면에서도 마찬가지다. 그 점을 경계해야 한다. 이 단순한, 아주 단순한 사실의 표명이 도덕을 황폐화시킨다.

도덕적으로 인간에게 좋은 것이 무엇인지 말해줄 수 있겠는가? 그건 엄청난 착각이다. 우리는 내일 인간에게 좋은 것이 무엇인지 알 수가 없다. 이는 도덕주의자들과 철학자들을 겨냥한다고 나는 본다. 왜냐하면 이 구절은 우리가 언급했던 바, "말이 많으면 빈 말이 많아진다"전6:11라는 구절에 뒤이어 나오기 때문이다. 우리는 선한 것과 좋은 것을 분별할 수 없다. 그 결정적인 판단은 내일의 우발적인 상황에 따라 유보된다. 우리가 "그렇군. 그것은 우리가 했어야 할 일이었어."라고 말할 수 있는 것은 이미 지나간 과거를 다시 회고할 때뿐이다.

이제 역사의 판단이라는 말을 보자. 역사의 판단이란 전혀 존재하지 않는다. 역사의 판단을 믿으려면, 전도서는 어떤 하나의 역사 철학을 가지고, 전도서 자체가 근본적으로 부인하는 차원을 역사 철학에 전가해야 한다. 전도서는 언제나 땅 위의 것과 밀착되어 있다. 우리를 판단하는 것은 역사가 아니다. 판단은 없다. 오늘 내가 알 수가 없는 것을 인정하는 것만이 가능할 뿐이다. 그러므로 나는 다른 사람에게 "이게 네가 할 일이야"라고 말하지 말아야 한다. 아니라면 우리는 그 말을 하나의 평가, 조언, 의견, 독려로 건네줄 수 있다. 그것은 결코 하나의 의무나 초월적인 명령이나 장래에 대한 경고가 될 수 없다.

"나는 잘 몰라. 그런데 어쩌면 이게 저것보다는 더 나을 거야." 이게 인간적인 수준과 한계 내에서 우리가 말할 수 있는 전부다. 특히 선과 이익으로 제시되는 결론을 낼 수 있는 철학적, 정치적, 윤리적 이론체계를 세우지 말아야 한다. 이 유한성을 알아차리고 나서부터는 이런 종류의 모든 체계를 거부해야 한다. 무슨 일이 있더라도 선한 것이란 없다. 지금 일어나는 일이 우리에게 과거에 있었던 일은 선한 것이 아니었다는 사실을 증명해줄 수 있다.

미래178)를 알 수 없다고 단언하는 코헬레트의 말은 먼저 당시의 역술가,

---

178) 코헬레트가 아주 많은 부분에서 이스라엘의 계시와 단절하고 있다고 강조하는 사람들이 있다. 그러나 나는 그들이 미래에 대해서 다음과 같은 모순점을 지적한 것이라고 믿지 않는다. "이스라엘은 미래를 발견했다. 단 심판과 구원의 관계라는 관점과 언약과 성취라는 관점에서 그렇다. 그렇기 때문에 이스라엘의 종말론은 구원론이다[...]. 이스라엘은 세상에 종말론적 사유를 도입한다. 그 사유는 역사의 순환론과 단절한다. 이스라엘은 그걸 통해서 역사 의식을 발견했다."(뮈스너Mussner, 『유대인에 관한 소고』Traité sur les Juifs). 코헬레트는 이 근본적인 지식을 부인하는 것 같다. 그러나 나는 반대로 코헬레트가 그렇게 급진적으로 이 지식의 가능성을 거부한다면, 그것은 코헬레트가 심판과 구원, 언약과 성취의 관계와는 다른 미래에 대한 모든 지식을 거부하는 것을 말한다. 그런데 코헬레트는 이 미래를 거부하는 것이 아니다. 반대로 우리는 결말 부분에 가서 이 미래를 다시 보게 된다. 그러나 혼동하지 말아야 한다. 하나님의 언약 이외에 땅 위에

마술사, 주술사, 점쟁이, 점성술사를 겨냥한다. 그러나 나는 이 말이 모든 이스라엘의 계시의 흐름 전체에 근본적으로 부합하는 근거가 있다고 본다. 나중에 일어날 일을 미리 알 수 있기 위해서는, 미래를 이미 기록된 것으로, 개인과 모든 민족들에게 이미 정해져서 확정된 것으로 보아야 한다. 그 기록물은 비밀을 해독하는 모든 방법들을 통해서 모든 것이 드러나는 운명의 책이 되리라. 그런데 성서적 사유의 모든 흐름은 운명의 책과는 반대 방향을 향한다. 그것은 단지 신비로운 책을 읽기 위해서 베일의 한 부분도 들어 올릴 수 없는 인간의 무능력을 말하는 것일 뿐만 아니라, 미래는 미리 정해놓은 것이 아니라는 사실을 말한다.

미래에 대한 프로그램은 존재하지 않는다. 하나님이 수립한 계획조차 존재하지 않는다. 그러나 미래는 또한 초단위로 수립되는 하나님의 결정으로 이루어지는 것도 아니다. 다가오는 시간은 전능한 동시에 자족적인 하나님이 자의적으로 결정한 것이 아니다. 그 두 가지는 성서에서 배제된 것이다. 즉, 성서는 미리 기록된 책으로 해석하는 법을 터득해야 하는 것이 아니다. 또한 그것을 관통하는 하나의 하나님의 뜻이 존재하는 것도 아니다. 안타깝게도 성서가 우리에게 묘사하는 모든 것은 그보다 훨씬 더 복잡하다.

자유로운 하나님은 어떤 프로그램에 구속되지 않는다. 하나님이 스스로 세운 계획이란 없다. 따라서 자유로운 사랑의 하나님은 자신이 사랑하는 개개인과 모든 사람들을 끊임없이 배려한다. 창조세계와 피조물과 자신의 형상이 투영된 존재를 말이다. 하나님이 그렇게 사랑으로 배려하기 때문에, 하나님은 자신이 만든 운명의 철제 감옥에 그들을 집어넣으려고 그들을 기계처럼 만들지 않는다. 하나님은 그들을 '프로크루스테스의 침

서의 미래를 안다고 주장하지 말아야 한다. 그것이 이 본문의 급진성이다.

대' 179)에 눕히지 않는다. 하나님은 피조물들이 하는 일을 배려한다. 하나님은 창조의 세계가 자신에게 제공하는 요소들을 작용시켜서 어떤 주어진 시각에 가능한 한 제일 좋은 걸 끌어낸다. 이는 마치 아버지가 자신의 자녀들의 자질들과 함께 결점들에서조차 가능한 한 제일 좋은 걸 끌어내려고 하는 것과 똑같다.

하나님은 새로운 조건들을 만들고, 창조세계와 피조물들에게 새로운 작업의 가능성들을 제공한다. 그 작업이 출구 없는 교착상태에 들어가면 하나님은 그 상태를 벗어나는 새로운 모험의 길을 열어준다. 그와 같은 것이 성서의 하나님이 하는 일이다. 어떤 예정도, 어떤 미래의 틀도, 어떤 운명도, 시간을 기획하는 어떤 시도도 없다. 180)

---

179) [역주] 프로크루스테스(Procuste)라는 인물이 여행객들에게 자신이 만든 철제 침대를 제공하고 그 침대 크기에 맞도록 여행객의 다리를 늘리거나 잘라냈다는 그리스 신화의 이야기이다. 이는 자신이 정한 일방적인 기준에 따라 타인의 의견과 사상을 재단하는 사람을 빗대어서 얘기할 때 흔히 사용된다.

180) 여러 번에 걸쳐서 나는 그 본문 속에서 코헬레트에게 숙명이나 운명은 존재하지 않는다는 사실을 주장했다. 그러나 나는 페데르센(Pedersen)에게서 반대의 견해를 발견했다. 그에게 시간은 운명과 동일한 것이다. 일어나는 모든 일에는 확정된 시간이 존재할 뿐만 아니라, "모든 존재는 자신의 운명에 의해 예정된 숙명이 있다." "숙명은 하나도 변경시킬 수 없는 것이다." 하나님과의 유일한 관계는 하나님이 운명을 정해준 것이고, 하나님이 모두의 운명을 기록했다는 것이다. 이는 "인간이 부딪치는 맹목적인 운명"이 존재한다는 생각을 가지게 한다. 더욱이, 페데르센은 운명에 대해 세 개의 히브리 단어들을 언급한다. 그 단어들은 '미크레'(전2:15, 3:19, 9:2), '헤레크'(전2:21, 3:21), '페가'(전9:11)이다. '미크레'는 대부분의 경우는 '운명'으로 번역되고 슈라키(Chouraqui)의 경우만 '모험'으로 번역된다. '헤레크'는 모두 다 '몫'이나 '역할'로 번역한다. '페가'는 기회(리스), 시기와 사건(슈라키), 시간과 불행(마이요)로 번역된다. 나는 이 주제에 대해서 상세히 밝혀야 한다고 생각한다. 페데르센이 숙명의 의미로 해석한 것은 실존적인 사실을 철학적인 체계의 부분적 요소로 전환시키는 지적인 경향에서 나오는 것이다. 그것은 예전의 신학자들이 "하나님은 은혜를 베풀 자에게 은혜를 베푼다"는 말을 예정설의 근거로 삼아버린 것과 동일한 방식이다. "이것이 인간의 운명이다"(죽는다는 것)라는 말을 어떻게 "운명이 존재한다"는 말로 해석할 수 있는가? 또한 "이것이 인간의 몫이다"(즐거움을 누리는 것)라는 말을 어떻게 "그것은 숙명이다"라는 말로 해석할 수 있는가? 코헬레트는 인간은 유한하고, 죽는 존재이고, 순조로운 시절과 역경으로 이루어진 삶을 산다고 인정한다. 그렇다고 코헬레트는 어디서도 인간이 맹목적인 능력자의 장난감이라거나, 일종의 기계 부품과 같은 삶에 갇혀있다거나. 절대적인 예정에 굴복해야 한다고 말하지 않는다. 그것은 구별된 두 차원의 사유방식이다. 사실상, 내가 보기에 코헬레

이런 상황 하에서 "누가 해 아래서 후에 올 사람이 누구인지 알려줄 수 있을까?"라는 코헬레트의 말은 일리가 있다. 나는 독자들이 "그래도 예언자들이 있잖은가?"라고 반문하리라는 걸 안다. 여기서 오해를 빨리 불식시켜야 한다. 예언자들은 점쟁이들이 아니다. 그들은 사람들이 흔히 생각하는 바대로 미래의 일을 미리 말하는 사람들이 아니다. 예언자는 파수꾼이다. 그는 사건이 일어나는 것을 지켜본다. 그러나 오늘날은 어떤 정치가라도 그걸 볼 수 있다. 그는 어떤 조건이 주어지면 일어날 일을 선포한다. 인간이 행동을 바꾸지 않으면, 회개하지 않으면, 사악한 길로 계속 가면, 이런 일이 일어날 것이라고 선포하는 것이다. 이는 경이로운 예견이 아니라 현재 상황에 대한 통찰인 것이다.

예언자가 단순한 정치적 계산을 하는 사람과 차이가 나는 것은 두 가지 점에서다. 먼저 예언자는 하나님의 계시로부터 이 통찰을 얻어낸다. 이는 "그는 지존자의 영원으로 역사적인 사건의 우연을 판단한다"는 말과 같다. 그리고 예언자는 사람들이 지금 재앙을 쌓아가고 있는 중이며, 사람들은 그 재앙을 하나님의 벌로 받아들여야 한다고 선포한다. 그렇게 받아들이라는 것은 곧 행동을 바꾸라는 요청을 뜻한다. 하나님이 벌을 내리기로 결정했다. 그러나 그 벌은 사람들이 지금 하는 대로 그냥 두어 계속하게 하는 것으로 충분하다. 그것이 하나님의 진노이다.

하나님의 진노는 사람들이 저지르고 있는 악에 아무 것도 덧붙이지 않는 것이다. 하나님의 진노를 나타내는 것은 거의 언제나 인간 자신이다. 그러나 인간이 변화한다면, 그런 일은 일어나지 않는다. 그래서 하나님의 진노가 가라앉았다고 말할 수 있다. 왜냐하면 하나님은 진노는 더디지만, 용서는 빠르기 때문이다. 바꾸어 말해서, 예언자의 행동은 하나님의 정의나 능

트의 본의에 충실하지 않은 페데르센의 해석은 당시의 과학주의적인 사유를 드러낸다. 그것은 모든 것을 인과관계라는 닫힌 체계를 통해서만 판단하는 것이다. 그러나 그것은 전도서의 교훈이 아니다!

력을 나타내는 재앙의 도래를 선포하는 것이 아니라, 그 위험성을 선포하여서 인간의 변화를 끌어내려는 것이다.

다른 한편으로 이는 예언자의 예언들에 대한 우리의 이해를 바꾼다. 정말 유치한 방식으로 얼마나 많은 역사가들이 예언이 성취되지 않았으므로 예언자가 잘못 착각한 것이라고 기록했는지 모른다. 이제 그 반대가 맞다. 선포된 사건이 일어나지 않으면 그 예언은 성공한 것이다. 왜냐하면 예언의 목적은 인간에게 피해야할 일과 그 일을 피하기 위해서 해야 할 일을 선포하는 것이기 때문이다. 가장 완전하고 패러다임적인 사례는 요나의 경우다. 재앙이 일어나지 않았던 것은 하나님이 생각을 바꾼 것이 아니라, 인간의 행동이 바뀌어서 하나님이 원래대로 돌아가서 아무 일도 없었던 것처럼 다시 시작한 것이다. 그것이 예언자를 보낸 목적이다.

이런 상황에서 하나님을 절대적인 결정권자로 인식할 것이 아니라 인간을 늘 가르치는 교육자로 보아야 한다. 그는 자연의 법칙을 따라 행하지 않고 인간과 대화하면서 말씀으로 행한다. 그는 우리를 압박하는 모든 결정적인 것들에 운명이나 다원결정多元決定,181)을 덧붙이지 않는다. 성서는 우리에게 그것과 반대되는 것을 보여준다. 하나님은 결정적인 것들을 바꾸고 인간에게 그것들을 피할 수 있다는 사실을 전해주고 인과의 사슬에 틈을 주기 위해서 개입한다. 그것이 기적이 가지는 의미이다.

바로 이런 상황에서 코헬레트는 우리가 미래를 지배하려고 하고 미래를 현재에 소급하려 하는 것이 전적으로 헛된 것임을 경고한다. 너는 도덕을 정할 수 없다. 왜냐하면 내일 일을 모르므로, 너는 무엇이 좋은지 알지 못하기 때문이다. 너는 돈을 유익한 방식으로 모을 수 없다. 왜냐하면 너는 내일 누가 그걸 쓰게 될지 모르기 때문이다. 너는 네가 하고 있는 일에 네

---

181) [역주] 프랑스어로 'surdétermination'. 심리학적 용어로는 여러 동기들이 개입된 다원적인 결정을 뜻하는 말이다.

삶의 의미를 둘 수 없다. 왜냐하면 너는 내일 누가 네 일을 이용할지 모르기 때문이다. 내일은 네가 할 수 있는 일들에 절대적인 한계가 된다.

나는 이 경고가 오늘날 근본적인 것이라고 생각한다. 우리는 미래를 예견할 수 있다고 주장하면서, 동시에 미래를 예견해야 하는 필요성을 느낀다. 우리는 미래를 알려는 욕구에 사로잡혀 있다. 사실 그것은 우리가 아직 붙잡을 수 없는 유일한 차원이다. 우리가 처해있는 경제적 기술적 상황에서, 미래를 아는 것은 필수적인 것이다. 그것은 이제 더 이상 단순한 호기심의 문제가 아니고, 인간의 지속적인 고뇌에 대한 응답이 아니다. 이제 우리 사회에서는 미래를 예측하지 않고는 아무 것도 할 수 없다. 그것은 미래가 알쏭달쏭하여서 앞으로 일어날 일을 점쳐보려고 고대로부터 오랫동안 시도해온 인습적인 것이 더 이상 아니다.

기술적 진보와 인구 성장과 경제 성장 덕분에, 인류 전체가, 옛날에 위대한 장군이 전투하기 전날이나 당일 아침에 처했던 것과 같은 상황에 놓여있게 된 것이다. 적의 의도는 무엇인가? 적은 어떤 작전을 수행할 것인가? 예비 병력을 얼마만큼 동원할 수 있을까? 전투 중에 어떤 지원을 받을 수 있을까? 그러나 이는 한 군대가 하루나 이틀 동안 겪는 상황에 지나지 않는다. 미래에 관련된 지금의 우리 문제들은 계속해서 한 나라 전체의 앞날을 좌우하는 것이다.

이 요구는 경제적 정치적 제도가 아니라 전체적인 구조에 해당되는 것이다. 우리는 어떤 투자를 할지, 어떤 동맹을 맺을지, 어떤 적을 선택할지 결정해야 하는 부담을 언제나 받고 있다. 그런데 그 모든 결정들은 가장 강력한 강대국들의 경우에서도 여타의 다른 동반 국가들과 함께 과학적 기술적 예측 장비의 발명들에 구속되어 있다.

소수의 정치가들이나 군인들이 자기들끼리 장기를 두는 것과 같은 세계는 더 이상 상상도 할 수 없다. 모든 것을 예측해야 한다. 그렇게 하지 않을 때, 파탄에 이른다. 그런데 나는 이런 긴박함 가운데 미래를 예견하는 것이 점점 더 불가능하다고 주장하고자 한다.182) 엄청난 자료들이 넘쳐나서 우리가 파악하기에는 선사시대인의 경우보다 훨씬 더 어렵다. 선사시대인은 예측할 자료들이 충분하지 않았는데 비해, 우리는 너무나 많은 것이다.

이에 대해 두 가지 태도를 취할 수 있다. 하나는 전망하는 것으로 충분하다는 것이다. 즉, 실제로 일어날 것을 계산하고 평가하는 것이다. 미래학자는 어떤 가치 판단도 하지 않는 과학자이다. 그는 가장 개연성 있는 미래를 설명하는 것으로 만족한다. 그리고 언제나 더 완벽하게 개량되어가는 수많은 다양한 방법들이 존재한다. 그는 결정을 내려야 하는 사람들에게 그 결과들을 제공한다.

다른 하나는, 일반적으로 미래 예측 연구자들futuribles이 불리는 사람들이 취하는 경향으로서, 인간은 미래를 선택하고 미래를 준비하고 만들어가는 임무를 지녔다는 것이다. 여기에는 두 가지 차원이 있다. 즉, 객관적인 평가를 내리는 차원과, 영향력을 행사하는 차원이 있다. 후자는 어떤 경향을 강화하거나 저지하고, 어떤 정향을 수정하고 불길할 것으로 인지된 동향을 무력화하는 것이다. 하나의 계획을 고안하는 것을 사례로 들어보자. 계획을 세운다는 것은 그 계획이 어떤 것이든 간에 미래를 프로그램화하는 것을 목적으로 한다. 그것은 일반적으로는 경제적인 것이지만, 정치적이거나 행정적인 것도 있다. 그것은 기존의 물질적인 자원들과 그 변화 양상을 기반으로 해서 선택된 미래를 만들어가는 것이다.

나에게 인상적인 것은 그 모든 예측들이 다 실패하는 것이다.183) 나는

---

182) Cf. 자끄 엘륄, "미래에 대한 예견의 불가능성에 대하여"(Sur l'impossibilité de prévoir l'avenir), *Le Bluff technologique*, Paris, Hachette, 1988.
183) 놀라운 천문학적인 예견으로 유명한 라플라스(Marquis de Laplace, 1749-1827, 프랑스의 수학자, 물리학자, 천문학자 – 역주)는 이렇게 말했던 것 같다. "여러분이 나에게 현재

모든 예측들이라고 분명히 말한다. 세계 어느 나라도, 소련도, 중국도, 쿠바도, 프랑스도 어떤 계획일지라도 결코 실현시키지 못했다. 한층 더 나아가서, 예측에 관한 모든 과학적 연구들은 경험적으로 정확하지 않은 것으로 판명되었다. 물론, 사람들은 과거의 동향을 단순히 추정하는 식의 초기의 방법들이 가진 단점을 지적했다. 이 시점부터 저 시점까지 3% 올라갔으니까, 그 곡선에 따르면 20년 후에는 이런 수치가 나왔을 거야. 어떤 미래학자도 이런 식의 추론을 지지하지 않는다. 이런 식의 단순화는 경멸만을 불러온다.

불행하게도, 현실적으로 계속 적용되고 있는 것은 바로 그런 식의 추론이다. 프랑스 전력공사E.D.F.는 1950-1960년의 소비량을 기준으로 단순하게 추정해서 2000년의 프랑스 전기 소비량을 예측하여 원자력 발전소 설립을 계획하였다. 아키텐만 개발 공동사업단184)은 통상적으로 계산하여, 1950년에서 1965년까지 해마다 아키텐만의 관광객이 5% 증가하였으므로 1985년에는 그만큼 관광을 위한 숙박시설을 늘리고 시설 개발을 해야 한다고 했다.

프랑스 전력공사와 아키텐만 개발 공동사업단의 예측은 오늘날 완전히 다 틀렸다. 프랑스 전력공사는 프랑스인들이 필요한 것보다 훨씬 더 많은 전력량을 생산하고 있고 또 생산할 것이다. 예측이 틀렸다는 반증이 분명함에도 불구하고, 1984년 현재 전기 소비를 장려하기 위한 과도한 광고가 행해지고 있다. 그러나 행정부서에서는 아직도 그런 추정 방식이 계속 사용되고 있고, 실현이 불가능한 걸 이미 알고 있는 요건들에다가 한 나라 전

> 상황에 대한 모든 구성 요소들을 전해준다면, 나는 여러분에게 세계에서 일어날 역사를 계산하여 미리 전해줄 수 있다." 사실 바로 이 방식에 따라서 모든 예측 과학이 세워졌다. 불행하게도, 컴퓨터의 능력이 아무리 뛰어나다 할지라도, 세상의 어느 누구라도 현재 상황을 구성하는 모든 구성 요소들을 다 알 수는 없다는 사실이 점점 더 확실해지고 있다. 땅과 하늘에는 더 많은 것들이 존재하는 것이다.

184) MIACA: Mission interministérielle d'aménagement de la Côte aquitaine.

체의 미래를 걸고 있다.

불행하게도, 그건 단순히 허술한 방법의 문제만은 아니다. 왜냐하면 아주 잘 개발된 방법들을 사용한 다른 예측들과 다른 전망치들도 모두 다 틀린 것이기 때문이다. 소비185)의 인구학적 예측과 푸라스티에186)의 경제적 예측은 다 반증되었다. 시나리오 각본 방식의 경우도 마찬가지다. 1980년 세계 정치의 미래를 위한 헤르만 칸187)의 시나리오는 하나도 실현되지 않았다. 기술에 대한 예측은 하나도 정확한 것이 없었다.

경제적으로 정치적으로 기술적으로 가장 커다란 사건들은 예측자들의 관심에서 다 벗어나 있었다. 아주 일반적인 사례를 들자면, 1974년의 석유 위기를 예견한 경제학자는 두 사람만 예외로 하고 거의 아무도 없었다. 자유노조연대운동188)과 같은 사건이 일어날 줄은 아무도 몰랐다. 1960년에 컴퓨터와 그 파생상품들의 개발을 예측한 사람은 아무도 없었다. 나는 아무도 예측하지 않았지만 사회 전체를 변화시킨, 수십 개의 결정적인 사건들을 열거할 수 있다.189)

나는 여기서 선진국들이 왜 미래를 예측할 수 없는지 그 이유를 분석하려고 하지 않는다. 그것은 또 다른 한 장 전체를 필요로 할 것이다. 나는 다음과 같이 두 가지 사실들을 확인하는 것으로 만족하려고 한다. 먼저, 오

---

185) [역주] 알프레드 소비(Alfred Sauvy, 1898–1990), 프랑스의 사회학자, 경제학자. '제3세계'(Tiers Monde)라는 용어를 처음 사용.
186) [역주] 장 푸라스티에(Jean Fourastié, 1907–1990), 프랑스의 경제학자. 1945년에서 1973년에 이르는 프랑스의 경제적 호황기를 뜻하는 '영광의 30년'(Trente Glorieuses)이라는 표현을 처음 사용.
187) [역주] 헤르만 칸(Herman Kahn, 1922–1983), 미국의 전략이론가, 미래학자.
188) [역주] Solidarité. 1980년 폴란드의 그다니스크에서 레흐 바웬사의 주도로 일어난 자유노조연대운동.
189) ▲물론 이 사실은 우리로 하여금 대규모 공사를 부추기는 정치와, 중기 계획의 수립을 전력을 다해서 규탄하게 해야 한다. 그것들은 모두가 잘못된 예측을 기반으로 한 것이다.

늘날 미래를 예견하는 것이 필요하면 필요할수록, 더더욱 예견할 수가 없게 된다. 그것은 우연적인 사건이 아니다. 나는 이 사실은 우리 사회 체계 자체에 본질적으로 내재하는 것이라고 본다. 다음으로, 우리가 미래에 대해서 아는 것은 기원전 5세기에 살았던 사람보다 더 나은 게 없다. 코헬레트의 말은 과거에 옳았던 것과 같이 오늘날도 옳다. 나는 코헬레트의 말은 계속 옳으리라고 생각한다. 미래는 가려져있다.

그러나 우리는 또 다시 정말 애매모호한 구절들을 접한다. "이미 있던 것이 훗날에 다시 있을 것이다." "이미 일어났던 일이 훗날에 다시 일어날 것이다." "'보아라, 이것이 바로 새 것이다' 하고 말할 수 있는 것이 있는가? 그것은 이미 오래 전부터 있던 것, 우리보다 앞서 있던 것이다." 이는 진보의 부정이다. 우리는 그 점을 이미 살펴보았다. 사람들은 거기서 일찍이 '역사의 순환 개념'과 시간의 순환론을 끌어냈다. 또는 많은 철학들과 적절한 공통점들을 찾아냈다. 또는 전도서가 시간에 대해 전통적인 고대의 개념에 뿌리를 두고 있다는 점을 입증했다. 나는 여기서 또 다시 잘못된 곡해가 있다고 믿는다. 전체적으로 보고 단편적인 부분을 분리시키지 않는다면, 전도서를 그렇게 볼 수 없다. 간단히 말해서, 나는 그 말들이 우리에게 세 가지 교훈들을 준다고 생각한다.

첫 번째 교훈은 미래를 예견할 수 없다면,190) 그 이유는 미래가 존재하지 않기 때문이다. 전도서 전체와 그 비관주의에 대한 이해는 나에게 무엇보다 다음과 같은 사실을 일깨워준다. 즉, 아무 것도 미리 만들어지지 않고, 아무 것도 미리 기록되어 있지 않고, 아무 것도 미리 예견되어 있지 않으며, 하나님의 예지는 존재하지 않고 '커다란 책'191)도 존재하지 않으

---

190) ▲반대로 이 구절들을 단순히 해석할 경우, 미래가 과거의 재현이라면 아무 것도 그렇게 쉽지 않을 거라는 말이 될 수 있다.

191) [역주] 디드로(Denis Diderot, 1713-1784, 프랑스의 계몽주의 철학자)의 작품 『숙명론자 자크』 Jacques le fataliste에서 주인공 자크는 이 세상에서 우리에게 일어나는 선과 악에

며, 운명도 존재하지 않는다. 우리는 색칠하여 채울 수 있는 백지와, 기록할 수 있는 빈 종이와 우리가 채워서 살아야 할 부재absence가 있다. 전도서는 진술의 형식을 완전히 거부한다. 미래를 바라볼 수 없다. 왜냐하면 그냥 단순히 아무 것도 존재하지 않기 때문이다. 점을 칠 수 없다. 왜냐하면 점칠 것이 하나도 없기 때문이다.

모든 것은 미리 앞서서 만들어지는 것이 아니다. 전도서는 우리에게 그 점을 반복해서 말한다. "모든 일에는 다 때가 있다"라는 뛰어난 시적 구절은 나에게 급진적인 것으로 보인다. 미래는 만들어지는 것이고, 우리는 미래를 만들어가며, 하나님은 거기에 참여한다. 그러나 하나님은 태초에 한 번 기록한 것과 같은 만큼만 미래의 창조에 기여한다. 숙명적인 것은 없다. 예수의 생애는 우리에게 사랑과 자유로 하나님에게 순종하는 것과, 이미 기록된 것에 대한 율법적인 순종을 대조적으로 보여준다. 코헬레트는 "기록된 것"을 부인한다. 아무 것도 미리 기록되지 않았다.

두 번째 교훈은 이 말씀들에 대한 너무나 단순하고 분명한 해석과는 대조적으로, 코헬레트는 우리에게 시간은 새로운 것들이 나올 수 있는 가능성이라고 계속해서 말한다는 것이다. 결코 과거의 것을 불필요하게 반복하지 않는다. 이는 우리가 상기했던 그 말씀들의 자연스러운 의미를 거스르는 것 같다. 그러나 그것이 바로 전도서의 의미이다. 이어지는 것은 가상과 현실, 과거와 현재와 알 수 없는 미래가 정말 복잡하게 얽히고설키는 것이다. 전도서는 그 모델이 된다. 그렇다면 왜 너무도 분명한 말씀들을 기록하는가? 이는 단순히 미래를 읽을 수 있다는 사람들의 주장에 반박하는 것일 뿐만 아니라, 전대미문의 것을 실현하고 성취하겠다는 사람들의 주장에 반박하는 것이기도 하다.

관한 모든 일은 천상에 이미 다 기록되어있다고 한다. 모든 것이 적혀있는 커다란 두루마리가 곧 천상의 '커다란 책'이고, 이 책에 비해 모든 지식은 허망하다고 한다.

이는 완벽한 아이러니다. 그러므로 옛날 사람들이 실현시켰던 것보다 더 뛰어나고 더 중요한 일을 하겠다는 생각을 너무 신뢰하지 말라. 우리는 자부심과 창의성으로 충만하다. 그러나 그것이 그리 중요한 것이 아니다. 예전의 일을 우리가 알게 된다면, 우리는 본말이 역전되는 상황에 처하게 될 것이다. 나는 이 본문들이 동일한 것을 말한다고 생각하지 않고, 살아있는 인간이 스스로에게 부여하는 중요성에서 과장된 것을 제거한다고 생각한다. 그리고 나는 거기서 "내일 걱정은 내일이 맡아서 할 것이다"마6:34라고 예수가 선포한 말씀을 본다. 이 구절을 말씀 그대로 보아야 한다. 이 구절도 이미 기록된 내일은 존재하지 않는다는 뜻이고, 내일은 내일이 만들어갈 것이라는 의미이다.

예수는 "하나님이 너희의 내일을 맡아줄 거야"라고 하지 않는다. 그렇다고 "너희가 너희의 내일을 만들어가야 한다"라고 하지도 않는다. 이도 아니고 저도 아니고, "내일 걱정은 내일이 맡아서 할 것이다"라고 한다. 미래에 대해 염려할 것이 없다는 교훈의 말미에는 "그러므로 내일 일을 걱정하지 말아라"라고 한다. 올 것이 올 것이다. 1950년대에 유행했던 노래 "케세라 세라"que serà serà 의 뜻과 같다.

더 나아가서 산상수훈 전체는 그 뿌리가 코헬레트에 있으므로 전도서의 조명 아래서 봐야 한다고 나는 믿는다. 물론 덕행과 도덕을 주창하는 사람들은 그렇게 살아갈 수 없기에 큰소리를 내고, 『개미와 베짱이』에 나오는 식의 게으름과 경솔한 자세에 고성을 지르고, 미래를 준비해야 하는 현실적 필요성에 고함을 내지를 것이다. 그들은 예수 그리스도에게 물어야 한다. 이와 같은 것이 내 생각에는 코헬레트의 시간에 대한 깊은 성찰이 가지는 아주 확실한 의미인 것 같다. 우리는 이 점을 다시 살펴볼 것이다. 모든 개개인과 국가들의 역사에 관한 근본적인 요소들은 바뀌지 않았다. 우리는 자연에 대해 의존적인 것이 아니고, 자연보다 더 깊은 것에 의존적이다.

거기서 세 번째 교훈이 나온다. 코헬레트는, 우리가 보게 될, 또 다른 가능한 차원을 보여준다. 그것은 하나님이 창조하는 새로움이다. 하나님만이 새로운 것을 창조할 수 있다. 하나님만이 인간의 마음과 역사에 철저하게 새로운 요소를 도입할 수 있다. 해 아래에 새로운 것은 없다. 이 말은 사실 인간이 하는 일은 전혀 새로운 것이 없다는 뜻이다. 그 주제에 대해서는 어떤 착각도 하지 말라. 우리는 각성과 성찰을 통해서 그 부정적인 사실을 발견하게 되는 것이 아니다. 인간이 새로운 것이라고 믿던 것을 하나님이 창조하는 새로운 것과 비교함으로써, 우리는 인간의 일에 새로운 것이 없다는 사실을 깨닫게 된다. 이것이 코헬레트가 은밀하게 개진하고 있는 내용이다. 그 사실의 발견은 지혜를 이루고 있는 기둥들 중의 하나가 된다.

지혜의 또 다른 커다란 기둥은 인간의 유한성과 죽음을 인식하고 모든 것 가운데 죽음을 발견하는 데에 있다. 나는 그것을 지혜의 기둥이라고 말한다. 즉, 그 내용이나 지혜의 궁극적인 진리를 말하는 것이 아니다. 우리는 지혜의 이러한 구체적인 실재를 전도서의 말미에서 보게 될 것이다. 그것은 기둥으로서 지혜를 지탱하고 지원하는 것이다. 바꾸어 말해서 지혜를 열어주는 것이다. 이런 부정적인 결정적 사항들이 없으면 지혜는 성립될 수 없다. 그렇게 시작하지 않고서 지혜를 말하는 것은 바람을 잡으려는 것과 같다.

우리의 행동 하나하나가, 우리의 말 하나하나가 바람을 잡으려는 것이나, 거울에 잠깐 비치다가 사라지는 김과 같이 헛된 것이 되게 하지 않으려면, 바람과 같은 것이 아닌 현실과 맞닥뜨리는 것으로 시작해야 한다. 그것은 유행처럼 쓰고 있는 좀 엉뚱한 단어를 쓰자면 '우회할 수 없는' 현실이라고 할 수 있다. 그것은 마치 오토바이를 탄 사람이 부딪치게 된 벽처럼 피할 수 없는 것이다.

그 벽은 텅 빈 미래와 근본적인 죽음으로 구성되어 있다. 이 죽음은 삶 속에서 늘 따라다니면서, '현존하는 현재'를 비워 텅 비게 한다. 죽음은 모든 것 속에 있다. 죽음을 그렇게 보아야 한다. 모든 것 안에서 가차 없이 죽음을 보는 것은 나중에 지혜라 부를 수 있는 것을 말할 수 있게 한다. 우리가 그 지고의 진리에 도달하면, 나머지는 다 허용된다. 그 이전에는 안 된다. 그리고 달리 어떻게 안 된다. 그 사실에 대한 진지한 이해가 하나도 사라지지 않고, 지혜와 진리에 접근할 수 있는 가능성을 통해서도 전혀 약화되지 않는다면, 그렇게 될 수 있다. 그리스도의 십자가와 "왜 나를 버리셨나이까?"라는 부르짖음의 엄청난 공포는 부활 사건으로 결코 완화되어서는 안 된다. 십자가를 부활의 관점에서 해석하는 것은 무지와 불신에 의해서 가현설假現設, 192)로 연결된다. 반대로 부활의 관점에서 십자가를 해석하는 것은 그 날 완전히 불가해한 놀라운 계시를 통하여 실제로 하나님이 죽었다는 사실만을 나에게 가르쳐주는 것이다. 하나님이 거기서 죽는다면, 그 이유는 하나님이 인간을 이기고 정죄하기를 원하지 않았기 때문이다. 그렇다면 나는 살아서 존재한다.

이와 같이, 코헬레트는 나에게 지혜가 가능해지는 길을 열어준다. 그러나 반드시 이 길을 통해야 한다. 지혜를 가능하게 하는 것은 죽음임을 인정하는 것이다.193) 죽음은 지혜와 철학이라고 불리는 모든 것을 벗어나게 한

---

192) [역주] 초대교회시기에 영지주의자들이 예수의 신성만을 강조하고, 예수의 인간성을 부인하여, 예수는 실제로 육적인 고통과 십자가의 죽음을 당하지 않았다고 주장한 것을 말한다. 그들은 극단적으로 성육신은 가상의 현실과 같은 환상이었다고 주장한다. 즉, 예수가 겪은 십자가의 고통을 부정하고 부활의 영광만을 인정한다.

193) B. Ronze의 세 권의 책(B. Ronze, 『양적인 인간』*L'Homme de quantité*, Paris, Gallimard, 1976, 『신앙적 인간』*L'Homme de foi*, Paris, Desclée de Brouwer, 1978, 『신적인 인간』*L'Homme de Dieu*, Paris, Desclée de Brouwer, 1979)은 이 시대의 보기 드문 중요한 작품이기 때문에 내가 자주 인용하는 것으로서 코헬레트와의 연관성을 인식하지 못한 채로 이 길을 좇았다는 사실이 아주 경이롭다. 그는 『양적인 인간』에서 양적인 인간이 나타내는 인간의 소멸에 대하여 유일하게 가능한 길로 죽음을 내세우며, 바로 거기서부터 신앙적 인간이 가능하다는 논지를 길게 전개한다. 물론, 이 작품은 비평가들과 대중으로부터 철저히 외

다. 죽음이 지혜의 질적 수준에 대한 척도가 되어야 한다. 죽음은 지혜를 취약하게 한다.194) 그러나 코헬레트에게 죽음은 욥의 경우와 같이 정의가 결여된 것이라기보다는 삶에 견주어 절대적인 무의미를 뜻한다. 이것만이 지혜와 철학의 기초가 될 수 있다. 그러나 미래에 대한 유한성에서도 우리 시대와의 관계를 밝혀야 한다. 전도서에서 죽음을 인식하는 것은 자살과 허무주의의 광기나, 죽음의 순화와는 아무런 관련이 없다. 그 두 가지는 내가 보기에는 우리 시대의 두 가지 정향이다.

지성을 추구하고 미를 추구하는 사람들에게서 죽음을 예찬하는 작품들을 높이 평가하는 말을 듣는 것은 광기어린 이상한 스펙터클이다. 1980년대의 음악과 영화에서 죽음은 어디서나 성대하고 영예로운 찬사를 받는다. 미시마195)에 대한 기가 막힌 변호가 주기적으로 나타난다. 이 글을 쓰고 있는 시점인 1983년 6월에도 『르 몽드』지에서 몇 번이나 그를 예찬하는 글이 실렸다. 우리는 공감을 하거나 공포를 느껴야 한다. 왜냐하면 미시마는 결국은 가마가제와 유사한 행태를 보인데 지나지 않고, 기껏해야 나치즘에 속한 행태를 드러낸 것이기 때문이다. 그는 똑같은 교만으로 죽음을 유발하고 추구하면서 죽음을 경멸한 것이다.

그러나 나치와 미시마에게는 그것이 극단적인 죽음의 집착을 나타낸 실재일 수 있었다면, 거기에 대해 얘기하는 논객들은 속물근성을 드러내는 것뿐이다. 자연스럽게 앞에서 썼던 '스펙터클'이라는 단어가 나에게 떠올

면당했다. 나는 이것이 실존적인 가치를 띠는 모든 것에 대한 사람들의 반응이라고 본다.

194) ▲"많은 희귀한 매력들에 이 희귀한 매력이 연하여/야만인들이 벌써 위협하고 있는 그 모든 것들의/이제 곧 아무 것도 남아있지 않게 될 모든 것들의" (Edmond Rostand, "L'heure charmante", Les Musardises, Paris, Eugène Fasquelle, 1911.)

195) [역주] 미시마 유키오(1925-1970), 일본의 소설가. 전후세대의 허무주의와 이상심리를 묘사한 작품들로 유명하다. 정치적으로는 극우파적인 인물로 1970년 일본 자위대의 각성을 촉구하며 할복자살한 사건은 세계에 많은 충격을 주었다.

랐다. 그것은 더도 덜도 아닌 스펙터클이다. 그것은 최악의 의미로서의 탐미주의이다. 그것은 승화되지 않고 반대로 고양된 '죽음의 본능'에 영향을 미치고 '죽음의 본능'을 드러내는 담론이다. 고양시킨다는 것은 숭고하게 하는 것과는 정반대의 뜻이 된다. 그러므로 그것은 전혀 코헬레트의 냉철하고 아이러니하고 주권적인 판단과 상관없다.

코헬레트는 마찬가지 방식으로 현대의 또 다른 변론인 죽음을 순화하려는 유혹을 부인한다. 죽음은 단순한 생물학적 현상이다. 그런 죽음 앞에서 두려워할 것도 저항할 것도 없다. 모든 것이 당연한 것이다.196) 죽음을 순화시키는 장례용 미사어구가 있다. 삶은 품위 있는 단정한 죽음과 함께 잠시 동안 유지된다. 마치 아무 일도 없었던 것처럼 말이다. 바로 그 아무 일도 아닌 것이 곧 죽음이다. 혹은 죽음이 하나의 삶의 조건이 된다. 그러니 그건 당연하다. 삶에 양분을 공급하는 죽음이 없이 어떻게 삶이 재현될 수 있고, 더 나아가 청춘과 아름다움을 재현할 수 있겠는가? 이 논리를 더 우스꽝스럽게 몰고 가보자. 우리에게는 피부의 아름다움을 위해서 태반에서 추출한 영양크림이 있다. 그렇다면 조금 있으면 태아에게서도 추출할 수 있지 않을까? 그러나 그것은 이미 실현되었다. 죽은 태아는 우리에게 아주 유용할 것이다. 우리는 죽음에 대해 안심할 수 있는 수많은 교훈들을 계속 수용하고 있다.

실제로, 죽음을 고양하는 것이나 순화하는 것이나, 어느 쪽이든지 간에, 현대인은 다른 도움이나 소망이 더 이상 없으므로 마음을 다잡는다. 코헬레트도 마찬가지다. 그러나 그는 결연한 태도를 견지한다. 코헬레트는 우리를 이 장애물을 통해서 사지로 데려간다. 코헬레트는 우리로 하여금 그것이 치명적인 장애물이라는 걸 인식하게 한다. 있는 그대로 그걸 직면하

---

196) ▲물론 정확한 말이다. 그러나 이 문제에서 당연하지 않은 것은 인간은 죽음을 의식하고 있다는 것이다.

지 않고는, 어떤 지혜도 불가능하고, 어떤 신앙도 있을 수가 없다. 보장을 받고 난 뒤에 이 사실을 확인하는 것이 아니다. 코헬레트가 길을 내는 것이다. 죽음은 모든 것에 대해 결정적이다. 독창적이지 않은가?

코헬레트가 말하는 것을 들어보자. "초상집에 가는 것이 잔칫집에 가는 것보다 더 낫다. 살아 있는 사람은 누구나 죽는다는 것을 명심하여야 한다."전7:2 너는 축제와 잔치 또는 다른 방도를 찾아서 그걸 피하려고 하는가? 그러나 잔치는 곧 끝난다. "현재를 붙잡아라."Carpe diem 그러나 하루는 짧고 죽음은 끝이 없다. 너는 누리고 싶어 한다. 그러나 그것은 아주 작은 소수의 사람들의 몫이고, 죽음은 모든 사람들의 운명이다. 죽음은 끝이다. 그것은 기한일 뿐만 아니라 목적이기도 한다. 즉, 아주 깊숙이 은폐되고 감추어진 알려지지 않은 목적이다. 어른이 되고 싶으면 초상집에 가라. 거기서 너는 유일하게 필요한 것을 배우기 시작할 것이다.

그 구절에 이어서 "슬픔이 웃음보다 낫다"전7:3는 구절이 나온다. 그러나 코헬레트가 이런 평가를 내릴 때, 단어 하나를 살펴볼 필요가 있다. 사람들은 항상 "슬픔이 웃음보다 낫다"고 번역한다. 혹은 "괴로움이 웃음보다 낫다."고 한다. 그러나 여기서 사용된 단어는 아주 명료하게 '세호크' 히브리어의 음역-역주이다. 이는 충일하고 평화롭고 감사하고 기뻐하는 즐거운 '이삭' 과 같은 웃음이 아니다. 이는 경멸과 조롱이 담긴 비웃음이고, 서로 대립하는 상황에서 나오는 모욕적인 냉소이며, 하잔197)이 말하는 것처럼 허무주의적인 실소이다. 이는 6절의 '어리석은 사람의 웃음소리' 로 확실해진다. 그러면 이 모든 구절의 뜻이 명확해진다. 그것은 기쁨과 죽음을 대

---

197) [역주] 이스라엘의 랍비 하잔(Albert Hazan)은 『속죄일: 전쟁과 기도』(Yom kippour: Guerre et prière, Jerusalem, Koumi, 1975)에서 아브라함이 하나님의 언약이 성취되기를 끝까지 기다려서 자신의 아내 사라에게서 이삭을 얻기 전에, 인간적인 방법을 취하여 여종 하갈에게서 이스마엘을 얻은 것을 개탄한다. 언약을 성취한 온전한 기쁨의 웃음이 아닌 허무한 실소는 거기서 비롯된다고 볼 수 있다.

조하는 것이 아니고, 모욕적인 냉소를 나누는 잔치와 죽음 중에서 하나를 선택하는 것이다. 지혜자는 이 '잔치집' 보다 죽음을 선호할 것이다. '잔치집' 은 죽음보다 더 나쁘다.

그렇기 때문에 지혜자의 마음은 초상집에 가 있다.198) 그는 그것을 일반화한다. "일은 시작할 때보다 끝낼 때가 더 좋다. 마음은 자만할 때보다 참을 때가 더 낫다."전7:8 왜냐하면 죽음이 모든 것의 척도이자 지혜의 첫째 자원이라면, 죽음을 기반으로 삼는 것이 더 낫기 때문이다.199) 그 확신에 기초하라. 그러나 코헬레트가 죽음에 대해 얘기할 때, 그는 결코 죽음을 병적으로 고양하거나, "죽음을 기억하라"memento mori는 식으로 말하지도 않는다. 그는 음산한 죽음의 춤을 고취하지 않으며, 죽음의 장면이나 소멸을 기뻐하지 않는다.200)

---

198) 나는 여기서 아주 탁월한 마이요(Maillot)의 해석을 취한다. "죽음은 탄생보다 더 낫다. 왜냐고? 왜냐하면 죽음에는 더 이상 예기치 못한 일들이 없기 때문이다. 코헬레트는 예기치 못한 일을 싫어한다. 특히 이 예기치 못한 일이 불행과 억압과 파멸을 불러오는 것일 때 그렇다. 죽은 사람은 더 이상 그런 걸 모른다. 그는 번민도, 특히 죽음에 대한 번민도 더 이상 가지지 않는다. 죽음만이 죽음에서 구원할 수 있다. 더 나아가 죽음의 날은 진리의 날이다. 이 날은 다른 모든 날들을 심판하게 하고, 진리 속에 내 이름, 내 존재가 드러나게 한다. 죽음으로 나는 겉모양에서 벗어난다[...]. 태어나는 것은 우리 소관이 아니지만, 잘 죽는 것은 우리 소관이다."

199) 나는 여기서도 또 다시 마이요의 아주 견고한 해석을 상기하고자 한다. 그것은 서구적 사유와 히브리적 사유의 대립을 보여준다. 서구적 사유는 특히 근원들을 탐구하고 원인을 알아낸 다음에는 그 결과들이 거의 기계적으로 도출한다. 히브리적 사유는 결말을 시작보다 더 중요하게 여긴다. 우리는 가설을 세울 자료들을 찾는데, 유대인들은 해결책을 찾는다. 서구인은 원인들을 찾고 유대인들은 결말에 관심을 가진다. 서구인은 "왜"라고 묻는다. 유대인들은 "무엇을 위해서?"라고 묻는다. 그러므로 유대인들은 소망으로 나아간다. 이는 이어지는 구절들과 맞물린다. 히브리적 사유는 겸손하고 하나님의 계획과 사실을 따른다. 서구인의 사유는 교만하고 원인들을 설정하고 하나님의 자리를 차지하려고 한다. 히브리적 사유는 완만하고 인내하며, 굴곡이 많다. 서구인의 사유는 인내하지 않고, 활동적이고, 편협하다. 나는 이 모든 것에 완전히 동의한다. 거기에는 교회 안의 인내심이 없는 사람들을 향한 마이요의 비판도 포함된다.

200) 리스(Lys)에 따르면, 코헬레트는 죽음을 하나의 거처로 본다. "둘 다 같은 곳으로 간다. 모두 흙에서 나와서, 흙으로 돌아간다"(전3:20). "거기에는 소소한 것이지만 하나의 목적이 있다. 휴식을 얻을 수 있는 시간은 더 이상 존재하지 않는 시간이다. 하나의 거처를 가지려면 죽어야 한다. 죽음은 인간의 아들들이 자신의 머리를 누일 수 있는 유일한 거

그는 죽음에 대해서 확고하고 평온한 확신을 가지고 말하며, 죽음에 대한 의식을 살아있는 사람에게 더 활력을 주는 과정에 포함시킨다. 그것은 필수적인 것이다. 이 죽음은 살아있는 존재의 공통 척도이고, 인간에게 자신의 동물성을 기억하게 한다. 죽음은 인간의 육신적인 부분이다. "사람에게 닥치는 운명이나 짐승에게 닥치는 운명이 같다. 같은 운명이 둘 다를 기다리고 있다. 하나가 죽듯이 다른 하나도 죽는다. 둘 다 숨을 쉬지 않고는 못 사니, 사람이라고 해서 짐승보다 나을 것이 무엇이냐? 모든 것이 헛되다. 둘 다 같은 곳으로 간다. 모두 흙에서 나와서, 흙으로 돌아간다. 사람의 영은 위로 올라가고 짐승의 영은 아래 땅으로 내려간다고 하지만, 누가 그것을 알겠는가?" 전3:19-21

죽음은 인간의 교만과 권세와 이상주의와 유심론spiritualisme을 무너뜨린다. 지혜의 조건은 이 공통의 척도에 따라서 인간이 동물과 동일하다는 사실을 깨닫는 것이다. 코헬레트에게는 불멸의 인간 영혼에 대한 관념이 없다. 그러나 이 구절의 도입은 완전히 놀라운 것이다. 동물과의 유사성을 깨닫는 것은 하나님이 인간에게 부과한 시험이다. "하나님은, 사람이 짐승과 마찬가지라는 것을 깨닫게 하시려고 사람을 시험하신다." 전3:18 죽음은 모두에게 부과된 것이다.

죽음은 공통의 척도이다. 그러나 거기에는 결정적인 차이점이 있다. "인간은 그걸 안다." 동물은 그렇게 할 수 없다. 동물은 그걸 알 수 없다. 인간의 유일한 우월성이자 지혜의 근원은 그 죽음의 한계를 인간은 안다는 것이다. 그것은 아는 것이다. 이는 우리를 아주 더 멀리 나아가게 한다. 학자

처이다[...]. 이 거처는 유일한 것으로 운명과 호흡과 같이 모든 사람들에게 동일한 곳이다."(D. Lys, 『읽은 것을 이해하고 있는가?』*Comprends-tu ce que tu lis?*, p. 393).

들은 헛됨과 죽음201)의 연관성을 강력하게202) 입증했다. 죽음은 헛됨을 표현하는 것이다. 헛됨은 지혜의 주조를 이룬다. 지혜는 헛됨에 승복한다. 죽음은 지혜의 폐허를 드러내는 구체적인 사실이다. 자신의 수고가 어떤 결과를 가져올지, 그것이 자녀들의 죽음을 가져올지도 모르면서, 자신의 모든 지성을 기울여 일하는 것은 죽음을 위해 일하는 것이다. 인간의 수고는 아무런 열매도 맺지 못한다. 이 지혜는 죽음을 위한 것이기도 하다. 왜냐하면 그 지혜를 지속적인 일로 삼을 수도 없고 자녀들에게 전달할 수도 없기 때문이다.

그것으로 끝인가? 그것은 전도서를 잘못 읽은 것이다. 앞에서 본 본문전 7:2에는 우리가 눈여겨보지 않았던 한 작은 단어가 있다. 초상집에 가는 것이 더 낫다고 말한 뒤에, 코헬레트는 이렇게 덧붙인다. "살아있는 사람은 누구나 죽는다는 것을 명심하여야 한다." 이 말은 결정적이다. 그리고 좀 더 내려가서 "살아있는 사람은, 자기가 죽을 것을 안다."전9:5라고 한다. 파스칼이 그 말을 처음으로 한 것이 아니다. 인간을 동물과 동일하게 하는 것은 인간이 동물과 같이 죽는다는 사실이다. 인간을 동물과 차별화하는 것은 영혼숨,영의 존재가 아니라 인간은 죽는다는 사실을 안다는 점이다. 지혜는 그 사실을 의식하는 것이다. 인간답게 하는 것은 바로 이 의식의 급반전이다. 인간과 지혜를 무너뜨리는 죽음에 대한 의식은 지혜를 가능하게 하고, 인간으로 하여금 삶을 지향하게 하는 것이다.

우리는 오늘날 이런 식의 사고에 익숙하다. 마르크스는 강력하게 이 변증법을 거론했다. 인간이 소외된 것을 모르는 한, 그 소외로부터 해방될 가능성은 전혀 없다. 해방은 그 소외를 알고 의식하는 것으로 시작한다.

---

201) ▲헤벨(hevel), 리크(riq), 베할라(behala), 토후(tohu) 등등. [역주: 이 단어들은 히브리어의 음역으로, 각각의 뜻은 안개, 비어있음, 바람, 형체 없음 등이다.]
202) 쇼피노(Jacques Chopineau), 『히브리 성서의 헤벨. 구약의 의미론과 주석에 관한 연구』 *Hevel en hébreu biblique. Contribution entre sémantique et exégèse de l'Ancien Testament*, p. 39.

소외가 깊을수록, 해방은 더 결정적인 것이 된다. 마찬가지로, 베르나르 샤르보노203)는 자유는 그 필연성을 자각할 때에야 비로소 시작되고 시작될 수 있다는 변증법을 자신의 모든 작품의 축으로 삼았다. 그런 자각을 하는 것은 일종의 이탈이 아니라는 걸 유념해야 한다. 샤르보노는 자신이 자각할 때, 그 필연성에서 빠져나오게 되어 그 필연성이 더 이상 존재하지 않게 된다고 결코 말하지 않을 것이다. 필연성은 언제나 필연성이다. 인간은 언제나 거기에 예속된다. 그러나 그 필연성을 자각하는 것은 인간이 그것으로부터 자유로운 것을 입증하는 것이다. 즉, 필연성을 자각할 수 있으려면 자유로워야 하는 것이다.

이와 마찬가지로 코헬레트는 우리에게 말한다. 죽음은 죽음이다. 그것을 부인하거나 완화시키는 노력은 아무 쓸데없다. 이 점은 뒤에 가서 다시 살펴볼 것이다. 그러나 죽음을 의식하는 것은 그 죽음 밖의 다른 세계, 죽음 너머의 세계에 내가 처해 있다는 걸 입증하는 것이다. 그렇지 않다면 나는 죽음을 의식할 수가 없다. 그러나 그 실재를 끝까지 좇아가고 어떤 경우에도 뒤로 물러서지 말아야 한다. 두 가지를 함께 하기는 어렵다. "나는 죽을 것이고, 동시에 그 사실을 의식하고 있다"는 식의 말을 "나는 인간 조건에 예속된 존재이거나, 혹은 자유로운 존재이다"라는 식의 말로 대체하고픈 유혹이 계속 된다. 그것은 잘못된 것이다.

그것은 모든 영성주의자들이 범한 잘못이었다. 성령에 의한 그리스도인의 해방을 신뢰하면서, 그들은 자신들이 모든 인간 조건으로부터 해방되어 이미 하늘에 있다고 믿었다. 이 영성주의는 성 아우구스투스와 루터가 지적한 바와 같이 모든 왜곡된 윤리현상의 근원이다. 그러나 또 다른 측면

---

203) [역주] 베르나르 샤로보노(Bernard Charbonneau, 1910-1996), 자끄 엘륄의 오랜 친구로서 양차대전 사이의 인격주의운동에 함께 참여함. 개인의 자유와 환경 보호에 관한 책들을 저술.

에서 그것은 베른스타인204)이 범한 잘못과 동일한 것이다. 그는 인간이 역사의 숙명과 그 경제적 제약을 의식할 때부터, 역사의 필연성은 사라지고 인간을 제약하던 것이 없어진다고 생각했다. 인간은 완전히 경제 활동의 주인이 된다는 것이다. 마르크스는 결코 그렇게 말한 적이 없었다. 경제적 작용은 언제나 제약하는 요인이다. 그러나 또한 인간은 그걸 자각함으로써 자유로운 존재가 될 수 있다.

죽음을 의식하는 것이 지혜의 기둥이 되기 위해서는 죽음을 완화시키거나 순화시키려고 하지 말아야 한다고 우리는 말했었다. 코헬레트는 이에 대한 좋은 교사이다. 죽음은 절대적이고 무한하고 빠져나갈 수 없다. 그 점을 알아야 한다. 죽음에 대해서 어떤 인간적인 희망도 가질 수 없다. "살아 있는 사람은, 자기가 죽을 것을 안다. 그러나 죽은 사람은 아무것도 모른다. 죽은 사람에게는 더 이상의 보상이 없다. 사람들은 죽은 이들을 오래 기억하지 않는다. 죽은 이들에게는 이미 사랑도 미움도 야망도 없다. 세상에서 일어나는 어떠한 일에도, 다시 끼어들 자리가 없다."전9:5-6 이것이 죽음에 대한 코헬레트의 마지막 말이다. 코헬레트에게는 죽음 너머의 어떤 세계도 존재할 수 없다. 우리는 전도서에서 영혼의 불멸성을 찾아볼 수 없다는 점을 이미 살펴보았다. 부활이라는 관념도 존재하지 않는다. 따라서 다른 세계에 대한 어떤 소망도 있을 수 없다. 모든 것이 이곳에서 작용한다. 모든 것이 이곳에 있다. 그러나 두 가지 점에서 착각하지는 말아야 한다.

코헬레트가 우리에게 해 아래에 무슨 일이 일어나는지 얘기하는 것을 또다시 떠올려보자. 그는 그 너머의 세계를 안다고 하지 않는다. 여기서 그가

---

204) [역주] 에두아르트 베른슈타인(Eduard Bernstein, 1850-1932), 독일의 대표적인 마르크스주의의 수정주의자. 의회주의적인 점진적 사회 개혁을 주장했다.

철학적인 판단을 내린다고 착각하는 것은 훨씬 더 심각한 문제다. 코헬레트가 죽음을 중시하는 본문을 통해서 하나의 철학적인 원리를 펼치고, 부활이나 플라톤주의라는 문제에 대한 당시의 논쟁에서 자신의 입장을 세운 것이라고 이해해서는 안 된다. 코헬레트는 우리에게 계시에 관한 철학이나 계시 전체를 제시하지 않는다. 그는 이론가나 교수가 아니다.

그는 자신의 삶에 대해서 성찰한다. 그러므로 우리는 죽음이라는 근원적인 현실 앞에서, 코헬레트가 삶과 영생을 최고의 절대적인 가치로 보는 성서의 통상적인 가르침에 대해 반기를 든 것이라고 볼 수도 있다. 하나님은 살아있는 존재이다. 영생은 당연한 귀결이다. 코헬레트는 그 점에 대해서는 뚜렷하게 반박을 하지 않는다. 그러나 그는 이 땅에서의 삶은 정말 덧없으며, 삶이 의미를 가지는 것은 영생에 근거하는 것이 아니라, 죽음에 근거한다고 말한다.

코헬레트가 이 땅의 삶에 중요한 가치를 부여하지 않는다는 주장205)은 전혀 타당하지 않다. 왜냐하면 바로 코헬레트 자신이 "비록 개라고 하더라도, 살아 있으면 죽은 사자보다 낫다"전9:4라는 충격적인 말을 한 사람이기 때문이다. 이스라엘에서 개가 가지는 의미를 생각해볼 때 그 말은 정말 충격적인 것이다. 그는 단순히 가장 비천하고 비루하고 하찮은 삶일지라도 죽음보다는 낫다고 말하려 한 것이다. 왜냐하면 그는 "살아 있는 사람에게

---

205) 나는 리스(Lys)가 동일한 해석을 하고 있음을 본다. 그러나 그는 또 다른 흥미로운 이해를 보여주고 있다. "삶이 중요한 것이기 때문에, 삶이 의미를 가지기 위해서 양적인 면보다 질적인 면에서 충분하지 않은 것이 확실해질 때 저항이 일어난다. 그러면 역설적으로 (원망 탓에?) 죽음이 매력적으로 보인다. 죽음은 삶에서 확실한 유일한 것이다." "죽음의 매력은 삶에 대한 집착들이 수그러듦에 따라서 더 강해진다고 네헤르(Neher)는 말한다." 그러나 리스는 계속 말을 이어간다. "코헬레트는 환멸을 느낀 것이 아니다. 그는 자살을 하거나 수도원에 들어가지 않는다[…]. 그가 괴로운 것은 삶에 의미가 없다는 사실이다. 그는 자신의 존재 전체로서 이 삶의 의미에 집착해왔다[…]. 역설적으로 코헬레트는 삶을 사랑하기 때문에 삶을 증오한다."

는, 누구나 희망이 있다"206)고 보기 때문이다.

그러므로 코헬레트의 말은 "우리에게 자유가 없거나 재산이 없거나 정의가 없다면, 삶은 살아볼 가치가 없다"라는 식으로 말하는 것과는 의미가 전혀 다르다. 그는 냉소적이고 현실적인 태도를 지니면서도, 살아 있는 개는 죽은 영웅보다 낫다고 말한다. 왜냐하면 살아있으면 희망이 있기 때문이다. 이는 일반 백성의 단순한 지혜이다. 영웅적인 인물들에게는 유감스러운 일이지만 말이다.

그 말은 삶을 어떤 가치를 위해 헌신해야 한다는 뜻도 아니다. 오히려 정반대다. 그는 모든 가치들이 헛된 것임을 보여주었다. 삶은 그것들보다는 낫다. 그러나 그것은 세상만사가 다 그런 것처럼 어디까지나 상대적인 면에서다. 곧바로 그것과 상반되는 말이 나온다. 삶은 좋다. 그러나 죽음은 억압과 폭력과 불의와 악 가운데 살아가는 삶보다 더 낫다. "억눌리는 사람들이 눈물을 흘려도, 그들을 위로하는 사람이 없다[…]. 그래서 나는, 아직 살아 숨쉬는 사람보다는, 이미 숨이 넘어가 죽은 사람이 더 복되다고 말하였다. 그리고 이 둘보다는, 아직 태어나지 않아서 세상에서 저질러지는 온갖 못된 일을 못 본 사람이 더 낫다고 하였다."전4:1-3 코헬레트의 말이 서로 모순된다고? 그렇지 않다. 삶은 상대적인 현실로서 수용해야 하고 담당해야 할 선한 것이다. 그럼에도 불구하고 악과 악의 권세와 악의 지배는 이 선한 것을 여타의 것들과 마찬가지로 헛된 것으로 만든다.

코헬레트가 단언한 두 가지 사실은 서로 보완적이다. 모든 것은 헛된 것이다. 이 사실은 경우에 따라 이런 방식, 저런 방식으로 설명된다. 그러나 지혜는 이 사실을 아는 것이다. 지혜는 삶과 역사의 해답이나 의미를 담지하고 있다거나, 삶을 절대적인 것으로 인정한다거나 거부한다거나 하지 않는다. 지혜도 역시 헛된 것에 속하고, 아무 것도 아닌 것, 우상이 되고 만

---

206) ▲이 구절은 전도서 9장 4절에서 개가 언급된 구절의 앞에 있는 구절이다.

다. 삶에는 사람들이 부여한 내용이나 정향이 없지 않다. 바로 거기에서 잘못과 기만이 일어난다.

그러므로 근본적인 유한성에 대한 인식이 있어야 한다. 그 인식을 기초로 해서, 삶에 대한 모든 것과 삶의 모든 활동들을 고찰해볼 수 있다. 우리는 삶의 행위에 대한 코헬레트의 성찰과 함께, 죽음이라는 관점에서 돈과 일과 즐거움과 예술에 대해 내린 평가를 간접적으로 살펴보았다. 그것은 지혜의 시작이다. 그러나 바로 근본적인 유한성에 대한 인식에서 출발하여 삶이 다시 가능하게 된다.

다시 말해서, 코헬레트는 결코 삶의 권태를 말하는 것이 아니다. 삶에 대한 환멸은 삶에 너무나 많은 희망과 가능성을 두고서 마음과 힘과 사랑을 다하여 헌신한 사람들에게나 임하는 것이다. 그 반발은 엄청나다. 그러나 코헬레트는 그렇지 않다. 모든 것을 다한 후에, 그는 결론을 내렸다. 그는 죽음에 대한 인식은 모든 좌절과 실망을 보상한다는 걸 인정한다. 삶은 모든 불의함 가운데서도 겸손하게 살아갈 수 있는 것이다.

그런데 극복해야 할 새로운 장애가 있다. 코헬레트는 우리에게 욥이 그렇게도 비판하고 거부했던 보상 메커니즘을 제시한다. "하나님 앞에 경건하게 살면서 하나님을 두려워하는 사람은 모든 일이 다 잘 되지만, 악한 자는 하나님을 두려워하지 않으니, 그가 하는 일이 잘 될 리 없으며, 사는 날이 그림자 같고 한창 나이에 죽고 말 것이다."전8:12-13

이 말은 정말 당혹스럽다. 모든 것에 이의를 제기하여 모든 것을 심층적으로 살펴보고 나서, 그는 이와 같이 평범하고 현실에 반대되는 것을 말한다. 그는 욥의 항의를 모를 리가 없었다. 그는 여기서 욥의 친구들이 펼친 주장을 취한다. 이 말을 우리는 믿을 수가 없다. 물론 어떤 주석가들은 마지막으로 전도서를 편집할 때 하나님의 명예를 지키기 위해서 누군가 가필했다고 보았다. 나는 문맥을 잘 살펴보면 훨씬 더 일관적인 설명을 기할 수 있다고 믿는다.

먼저 두 가지를 지적하고 넘어가야 한다. 첫째는 그것이 일종의 신앙고백이자 선언이라는 것이다. "그러나 나는 안다"라고 코헬레트는 말한다. 다시 한 번 그는 자기 자신을 문제로 삼아 성찰하고, 이의를 제기한다. 이는 전형적인 신앙의 행위로서 그는 분명한 사실과 반대되는 것을 선언한다. 경험적인 사실은 불의가 군림하고 계속되며, 선은 전혀 인정받고 있지 않다는 것이다. 이 사실 앞에서 신앙이 공표되는 것이다. "이는 정확한 사실이다 그러나 나는 알고 있다"라는 말은 또 다른 차원과 질적 수준을 언급하는 것으로서 그것은 의심할 수 없는 것이다. 이는 명백한 사실을 넘어서는 신앙의 고백이다.

이는 우리가 이미 여러 번 강조해온 바와 같이 소망이라고도 할 수 있다. 그러나 이 본문에는 또 다른 차원이 존재한다. 이는 확고한 사회적 정치적 비판이다. 그는 이 장을 악한 사람이 행복하게 살아가는 사실을 환기하면서 시작했다. 이어서 그는 권력에 대하여 공격한다. "사람들은 왜 서슴지 않고 죄를 짓는가? 악한 일을 하는데도 바로 벌이 내리지 않기 때문이다. 악한 사람이 백 번 죄를 지어도 그는 여전히 살아있다."전8:11-12 그리고 본문은 "이 세상에서 헛된 일이 벌어지고 있다. 악한 사람이 받아야 할 벌을 의인이 받는가 하면, 의인이 받아야 할 보상을 악인이 받는다"전8:14라고 말을 맺는다.

바꾸어 말해서, 불의한 인간이 죄를 짓고도 이 땅에서 잘 살아가는 이유는 권력자와 권위자가 그에게 벌을 받게 하는 행동을 취하지 않기 때문이다. 선고가 내려질 수도 있지만, 집행되지는 않는다. 범죄자는 사형에 처해질 수도 있지만, 그는 여전히 아무 일도 없었던 것처럼 계속 살아가는 것이다. 더 유감스러운 사실은 권력자는 의인들에게 벌을 내리면서, 악한 자들에게는 상을 주는 것이다.

코헬레트는 의인들의 불행과 악인들의 행복은 우연적인 상황이나 하나님으로부터 비롯된 것이 아니라, 다른 사람들 탓이라고 지적한다. "그들은 […] 당한다." 이런 상황에 대한 책임자는 인간이자 권력이다. 삶에 절망하게 하는 이런 상황에 부닥쳐서, 코헬레트는 하나님의 정의에 대한 신앙을 확인한다.

중요한 것은 바로 그 문제이다. 나는 코헬레트의 신앙고백을 전통적인 교리와 동일시하는 것은 잘못이라고 생각한다. 하나님이 정의를 다시 확립하기 위해서 이 땅 위의 삶에 개입할 것이라는 말을 본문에서 나는 찾을 수 없다. 본문은 미래를, 아직 이루어지지 않은 일을 말하지만, 정확한 것은 하나도 없다. 분명한 것은 정치권력의 불의와 하나님의 정의가 대립하는 것이다. 정의를 펼쳐야 하는 사람들을 신뢰할 수 없을 때, 최후로 의지할 분은 하나님이다. 코헬레트는 하나님을 경외하는 것을 이미 언급하고 있다. 우리는 그 점을 결론 부분에 가서 다시 살펴볼 것이다.

이와 같은 이해는 보상에 대한 전통적인 이론을 분명하게 바꿀 것이라고 나는 생각한다. 회의주의자는 "그것은 종교가 땅 위에서 아무 것도 바꾸려고 하지 않는 사람들의 피난처라는 사실을 증명하는 좋은 증거이다. 더욱이 종교는 민중의 아편이다"라고 말할 것을 나는 잘 알고 있다. 거기에 대해서 나는 다음과 같이 답변할 수밖에 없다. 즉, 신앙은 그런 식의 사고 차원에 속하지 않는다는 것이고, 코헬레트는 그것이 자신의 신앙이지 보편적 객관적 사실이 아니라는 단서를 미리 달았다는 것이다. 총체적으로 반론을 제기하는 이런 코헬레트에게 누가 감히 그가 이 땅 위에서는 아무 것도 바꾸고 싶어 하지 않는다고 비난할 수 있겠는가?

아무튼 삶과 삶의 가능성이 중요하기 때문에, 코헬레트는 하나님의 정의와 하나님의 현존과 하나님의 관심에 대한 신앙과 하나님과의 관계에 대한 믿음은 사악하고 잔인한 세계에서도 살아갈 수 있게 한다고 선언한다.

그러나 그는 우리에게 언제나 살아갈 수 있는 가능성이 취약하다는 사실을 상기시킨다. 그렇다. 살아갈 수 있는 가능성은 존재한다. 그러나 모든 피라미드의 문제는 "그러나 나는 알고 있다"라는 이 첨예한 끝부분의 요점에 달려 있다.

그렇다면, 삶에서 우리는 전적으로 겸손한 태도를 지녀야 한다. 왜냐하면 모든 것이 죽음이라는 결말을 맞이하기 때문이다. "나는 알고 있다"라는 말조차도 마찬가지이다. 인간의 겸손은 인간이 자신의 행동에 스스로 한계를 설정하는 것으로 표현되어야 한다. 모든 것이 이 상대성에 속하고 모든 것이 유한한 것이라면, 인간은 스스로를 제한하는 지혜를 가지게 된다. 소시민적 도덕이라고 쉽게 폄하되는, 신중하고 침묵하라는 모든 조언들은 바로 이 점을 근거로 삼는다.

너무 지나치게 지혜롭게 행하지 말라. 너의 지혜는 헛된 것이다. 네가 너무나 철저하게 지혜롭게 행동하지 않으면, 너는 실제로 모든 것이 헛되다는 사실을 알게 될 것이다. 너는 더 이상 아무 일도 하지 않게 될 만큼이나 그 사실을 깊이 인식하게 될 것이다. 너는 더 이상 살아가지 않을 것이다. 너는 지나치게 어리석게 행동하지 말라. 왜냐하면 너의 어리석음이 너로 하여금 인간의 가능한 한계를 넘어서고자 하는 욕망을 일으켜서, 네가 네 자신을 하나님이나 악마로 여겨서 지나친 억측과 허무에 빠지게 하기 때문이다.

네 입술에 손을 대어 말을 조심하라. 사회적인 배려나 정치적인 고려에서 그러라는 것이 아니다. 왜냐하면 말은 인간을 구속하는 유일한 실재이고, 무분별하게 말하는 것은 "그러나 나는 알고 있다"는 말이 담고 있는 의미를 폄훼하기 때문이다. 네 주변에서 오가는 모든 말을 다 듣지는 말아라. 네 자신의 호기심을 제한하라.207) 오늘날 우리는 이 말 대신에 정보에 대한 굶주

---

207) 여기서 말하는 것은 부르주아적인 소심한 신중함을 말하는 것이 아니고, 그 한계들과

림이라는 말을 사용할 수 있을 것이다! 왜냐하면 너는 자칫하다가는 네 종이 너를 욕하는 것까지 듣게 되기 때문이다.전7:21 네 종이 욕하는 것은 나쁜 행위인가? 물론이다. 그러나 너 자신이 남들에게 한 모든 욕들을 돌이켜보라. 전7:22

이와 같이 정보 그 자체는 전혀 좋은 것이 아니다. 우리는 이 사실을 매일 매일 돌아볼 수 있다. 정보가 엄습하지만 않는다면 삶은 훨씬 더 살만한 것이 된다. 왜냐하면 정보는 우리로 하여금 이 삶의 유일한 장점을 상실하게 하기 때문이다. 그뿐만 아니라, 정보는 그걸 우리가 인식하고 있지 않다 하더라도, 불가피하게 우리가 하거나 하지 않은 것을 지적하여서, 삶의 가능한 한계와 상대성을 상실하게 하면서, 헛되이 죄책감에 시달리게 하기 때문이다.

그러므로 너는 스스로 너무 정보를 얻으려고 하지 말라.208) 이와 같이 이 땅 위의 삶은 죽음에 가로막히는 연약하고 유한한 것이니, 절제와 겸손의 행동 규범을 세워서 삶을 소중히 하라. "왕의 명령을 지키는 이는 안전하다. 지혜 있는 사람은 언제 어떻게 그 일을 하여야 하는지를 안다."전8:5 그러므로 따라야 할 규범이 존재하는 것을 수용하고, 그것이 계명이라면, 너는 어떤 악한 행위도 하지 말아야 한다.

여기서 말하는 것은 토라가 아니다. 그러나 그 명령은 토라에서 비롯된 것이 틀림없다고 나는 본다. 삶의 처신을 잘 하기 위해서, 너는 시간을 준수하고, 필요한 평가와 판단을 내려야 한다. 우리는 뒤에 가서 이점에 대해 깊이 성찰할 것이다. 이는 삶이 가능하게 되는 조건들이다. 더도 덜도 아니다. 코헬

그 한계 설정과 그 의지적인 선택의 결정적인 중요성을 우선적으로 인식하는 것을 말하는 것이다. 자끄 엘륄의 『자유의 윤리』*Ethique de la liberté*, t. III를 참조하라.
208) ▲물론 구체적으로 당면한 당시의 현실 속에서 그것은 왕궁에서 왕의 부하들에 의한 스파이 행위를 가리키는 것이었다. 그러나 민주주의 하에서 우리 모두는 다 왕이고, 백성은 군주가 된다는 사실을 잊지 말자.

레트는 우리에게 삶이 훌륭한 것이라고 말하지 않는다. 그의 모든 교훈은 정반대이다. 그러나 율법과 시간과 판단을 준수하면서, 우리는 살아갈 수 있는 것이다. 그건 그리 나쁜 것은 아니다. 그리고 결코 이 삶의 작은 가능성을 무시하지 말라. 왜냐하면 우리는 언제나 이 말을 유념해야 하기 때문이다. "비록 개라고 하더라도, 살아 있으면 죽은 사자보다 낫다."

어쩌면 나는 개보다 더 나은 존재가 아니고, 우리는 개와 같은 삶을 살고 있는지도 모른다. 그러나 그럼에도 불구하고 그런 삶도 경멸이나 치욕을 받는 가운데서도 구원받아야 하고, 보전되어야 하는 삶이다. 너 스스로는 한 마리 개보다 자신을 더 높게 평가하지 말라. 이는 삶을 겸손하게 유지하는 훌륭한 척도가 된다. 우주 정복을 원하고 지상의 모든 부를 탐욕스럽게 취하는 사회의 오만과 과욕과 마주칠 때, 코헬레트의 교훈과 증언은 필요불가결한 것이 될 수 있다. 그 사회는 제정신이 아닌 미친개와 같이 행동하며, 자신의 탐욕이 방종에서 나오는 것에 지나지 않는다는 사실을 인식하지 못한다. 그 방종은 그 사회를 그 가치에 합당한 수준으로 저하시킬 것이고, 그 종말이 임박하고 있다는 사실을 드러나게 할 것이다. 왜냐하면 코헬레트가 보여준 바와 같이 절제가 계속 보전되는 것을 보장해준다면, 그 광적인 탐욕은 종말에 앞서서 나타나는 것이기 때문이다.

우리는 이와 같이 미래에 대해서 우리의 유한성을 인식하는 것과 죽음을 인식하는 것을 접한다. 여기서 나는 강력하게 다음과 같은 점을 상기시키고자 한다. 즉, 인간의 유한성의 인식과 죽음의 인식이라는 그 두 가지는 코헬레트의 지혜와 연관되어서는 내가 말한 지혜의 두 개의 기둥들이 된다. 그것들이 지혜를 가능하게 하고 실현하는 것이다. 그 두 가지가 빠지게 되면 지혜는 헛것이 된다. 이는 결코 지혜의 내용이 아니고, 참된 지혜가 아니다. 그것은 철학을 성립할 수 있게 하지만, 참되게 하지는 않는다.

장 쉴리방Jean Sulivan의 『차이와 결합』L'Ecart et l'Alliance에서 몇 구절을 인용함으로써 이 단원을 마치고자 한다. 그의 글은 코헬레트가 의도하는 것에 정확히 들어맞는다. 쉴리방은 코란의 한 구절을 인용하면서 말한다. "죽음이 삶의 목적이라고 말하는 것은 아무런 의미가 없다고 코란은 말한다. 그러나 어떻게 달리 말할 수 있겠는가? 삶이 죽음의 목적이라고 말해야 하는가?"

4. 지혜의 시험

지혜의 두 기둥들은 인간의 유한성을 깨닫는 것과 모든 것 안에서 죽음을 인식하는 것이다. 그러나 이 유한성의 인식을 어디에 적용할 것인가? 코헬레트는 우리에게 세 가지 중심적인 영역들을 보여준다. 즉, 그 영역들은 말, 여자와 남자, 그리고 소유이다. 그러나 먼저 우리는 코헬레트에게는 이 지혜의 취약성을 인식하는 것이 필수적이라는 사실을 유념해야 한다. 그 이유는 코헬레트가 지혜를 추구하는 데서 실망해서도 아니고, 타당하고 확실한 것을 발견하지 못해서도 아니고, 그래서 추구하는 것을 멈출 것이기 때문도 아니다. 정반대로, 코헬레트는 쓰라린 고통과 한계를 겪은 만큼 더 지혜롭게 된다. 지혜로운, 정통한 철학자요 자기를 비판할 수 있는, 엄격한 학자가 된다.

"나는 이 모든 것을 지혜로 시험해 보았다. 내가 '지혜 있는 사람이 되어야지' 하고 결심해 보았지만, 지혜가 나를 멀리 하더라. 지혜라는 것이 무엇인지, 너무도 멀고 깊으니, 누가 그것을 알 수 있겠는가? 그래도 나는 한 곳으로만 정신을 쏟아 보았다. 지혜가 무엇인지, 사물의 이치가 어떤 것인지를, 연구하고 조사하고 이해하려고 하였다. 사악함이 얼마나 어리석은 일이며, 어리석음이 얼마나 미친 일인지를 깨닫는 데에 정신을 쏟아 보았

다."전7:23-25

참 훌륭한 본문이다. 지혜는 헛된 것이고 아무 것도 아닌 것이다. 지혜는 나로 하여금 모든 것이 아무 것도 아니라는 사실을 깨닫게 한다. 지혜는 나의 수고를 헛된 것으로 만들어버린다. 왜냐하면 내가 스스로, 나 자신의 힘으로 지혜로운 사람이 되려고 결심했을 때, 나는 바로 그때 내가 지혜롭지 못한 사람이라는 사실을 깨닫게 되기 때문이다. 지혜는 나에게 최악의 사실을 깨닫게 한다. 악이 군림하고 알 수 없는 일들이 존재한다. 과거에 있었던 일은 알 수 없고, 나는 과거에 있었던 일이 후에도 있을 것이라는 사실을 알았다. 그것을 나에게 가르쳐준 것은 바로 지혜다. 나는 알 수 없는 과거와 존재하지 않는 미래 사이에 끼어있다. 그런 상황 속에서 그 모든 걸 다 경험한 나는 힘을 다해서 지혜와 이성을 찾는 일을 다시 시작할 것이다.

1) 말

'그럼에도 불구하고' 라는 말은 이미 앞에서 했던 말과 동일한 것이다. 전반적인 불의를 목격하지만, '그럼에도 불구하고' 나는 하나님의 정의를 확인한다. 내가 지혜를 추구하는 가운데 축적한 잔해더미를 보지만, '그럼에도 불구하고' 나는 지혜만을 추구하기로 결정한다. 지혜가 어리석음과는 다른 것인지 점검해볼 것이다. 이 지혜는 말을 통해서만 표현될 수 있다. 그러나 말은 아무 것도 아닌 것이 아니다.

코헬레트는 아주 탁월한 방식으로 헛되지 않은, 유일한 인간적 실재가 말이라는 사실을 보여준다. 사실 헤벨과 같이 헛된 모든 것은, 우리가 이미 보았던 것처럼, 행동의 영역에 속한다. 전도서의 첫머리의 말이 우리에게 들려주듯이 말은 훨씬 더 진실하다. 즉, 모든 것은 '전도자의 말' 이라는 제목 아래에 위치한다. 그리고 나서 모든 것이 헛되다고 한 뒤에 코헬레트는 자신의 말을 시작한다. 그러므로 말은 헛된 것이 아니다. 그렇지 않다면 그는 침묵할 것이다.

모든 것을 다 행한 뒤에 그 헛됨을 확인하고 나서, 가장 중요한 것은 그 사실을 말하는 것이다. 이는 "모든 것이 헛되다"는 선포로 시작되는 말들이다. 그러나 그 말들은 언약과 소망으로 끝을 맺고 하나님은 하나님이라는 선언으로 완결된다. 그렇다고 해서 첫 부분을 마지막 부분과 분리시키지 말아야 한다. 우리는 이점을 재차 언급할 것이다. 그러나 지금은 먼저 말도 역시 헛된 것이라면, 왜 그 말을 하는지 이유를 알아야 한다. 왜 막다른 길에 다시 들어가는 수고를 하느냐?

코헬레트가 말하는 이유는 말만이 헛됨을 피할 수 있기 때문이라는 것이다.[209] 말은 하나님과 인간이 완전히 다른 존재이면서도 함께 가지는 유사한 특성이다. 그럼에도 말은 헛된 것이 될 위험을 항상 안고 있다. 전도서 전체에서 우리는 너무 말이 많은 것에 대한 엄격하고 지속적인 비판을 본다. 말이 많은 것은 악이고 재앙이다. "말이 많으면 어리석은 소리가 많아진다." 전5:3 말이 많고 담화가 과도하면, 필연적으로 말이 어리석어지고, 의도와 뜻과 의미를 넘어서버린다. 그래서 어리석은 사람과 같은 결과를 낳는다.

그러나 이 구절과 7절은 기이하게도 꿈과 연결된다. 여기서 꿈은 환상을 말하는 것으로 허구와 비현실의 함정임이 분명하다. 우리는 이미 여러 번에 걸쳐서 코헬레트는 아주 냉혹한 현실주의자라고 말했다. 꿈은 코헬레트에게는 유해하고 위험한 것이다. 왜냐하면 꿈은 그가 우리에게 보여주려고 하는 현실을 보는 것을 방해하기 때문이다. 그러나 코헬레트에게 꿈은 3절이 의미하는 공상일 뿐만 아니라, 이상주의, 유미주의, 이데올로기, 천년왕국, 유토피아를 의미한다. 코헬레트가 7절에서 공격하는 것이 바로

---

[209] 이는 나에게 『리어왕』에서 불쌍한 톰이 한 말을 강하게 상기시킨다. "내가 '이건 정말 최악이다'고 말할 수 있는 한, 아직 최악의 일은 오지 않은 것이다."

그 점인 것 같다.

"꿈이 많으면 헛된 것이 많고, 말이 많아도 그러하다. 오직 너는, 하나님 두려운 줄만 알고 살아라." 이 꿈들은 하나님으로부터 멀어지게 한다. 왜냐하면 코헬레트는 아주 강력하게 우리에게 "하나님을 경외하라"고 하기 때문이다. 꿈들은 하나님 이외의 것을 믿게 하여서 하나님으로부터 멀어지게 한다. 현실처럼 여기게 하는 것은 바로 꿈 자체이다.

그것은 비단 점쟁이들과 해몽가들을 향한 공격일 뿐만 아니라, 그들에 대한 공격임은 의심할 여지가 없지만 모든 꿈에 관한 지식을 겨냥한다. 그러나 모든 헛된 것들과 모든 과도한 말들이 꿈들이 많은데서 나온다고 했으므로, 나는 그 범위가 더 넓다고 본다. 따라서 앞에서 내가 언급했고 조금은 과도한 것으로 볼 수 있는 것이 정당화될 수 있다. 한편으로 신앙 이외의 다른 대상들을 제시하여 하나님으로부터 멀어지게 하면서, 다른 한편으로 코헬레트가 지적하는 돈, 일, 정치와 같은 헛된 것들을 초래하고, 이데올로기, 이상주의, 유토피아와 같은 수많은 담화들을 야기하는 것이 무엇인가. 나는 여기서 코헬레트가 겨냥하는 것이 바로 그것이라고 생각한다. 물론 그는 정치적 구호나 광적인 찬양과 같이 무의미하게 되어버린 말은 수준이 낮은 것으로 평가한다.

과도한 말은 우리에게는 환상과 헛된 것에 속하는 것을 분간할 수 있게 하는, 아주 근본적인 표지임에 틀림없다. 그러나 말이 정말 중요하기 때문에 이 과도함이 그런 작용을 하는 것이라고 볼 수 있다. 사람이 말을 많이 할수록, 말을 하고 또 하면, 존재는 줄어든다. 코헬레트는 아직 이 말의 과도함에 대한 비판을 끝내지 않았다. 이미 살펴본 바와 같이 "말이 지나치게 많으면, 헛소리가 많아진다. 그런 만큼 사람은 또 어떻겠는가?"

청산유수처럼 쏟아지는 말은 존재를 축소시켜버린다. 이와 같이 심각한 문제가 되는 것은 말의 남용이자 부조리성이다. 말을 많이 늘어놓는 것은 바보와 멍청이다.전10:14 이점도 중요한 것이다. 말이 정말 중요하기에 말은 함부로 할 수 없는 것이다. 할 말이 없는 사람은 많은 말을 늘어놓게 된다. 과도한 말은 삶의 허무를 드러내고 채워준다. 말에 능력이 있는 까닭에 그렇게 되는 것이다.

이 시대에 우리는 세상의 이런 단면이 드러나는 걸 목격하지 않았는가? 정보와 정치적 담론과 책과 잡지와 철학이론과 모든 종류의 넘쳐나는 말들이 처음에는 우리에게 커다란 착각을 불러일으키지만, 끝에 가서는 우리의 모든 문화와 문명의 헛됨을 드러나게 한다. 그렇기 때문에 전도서는 오늘날 성찰의 결정적인 분기점이 될 수 있다. 이제 뒤돌아보는 것이다. 뒤돌려 어깨너머로 비판적으로 돌아보는 것이다.

말의 씀씀이를 어리석은 사람들에게 맡겨버리는 것은 너무나 중대한 모험이 된다. 말은 낭비되어서는 안 된다. 따라서 코헬레트는 사람들에게 하나님을 향해서 말할 때조차 신중할 것을 요청한다. "하나님 앞에서 말을 꺼낼 때에, 함부로 입을 열지 말아라."전5:2a "하나님께 맹세하여서 서원한 것은 미루지 말고 지켜라. 하나님은 어리석은 자를 좋아하지 않으신다. 너는 서원한 것을 지켜라. 서원하고서 지키지 못할 바에는, 차라리 서원하지 않는 것이 낫다."전5:4-5

여기서 충격적일 수 있는 것은 신중을 기해야 하는 이유에 있다. "하나님은 하늘에 계시고, 너는 땅 위에 있으니, 말을 많이 하지 않도록 하여라."전5:2b 그리고 거기에 대한 대응이다. "너는 혀를 잘못 놀려서 죄를 짓지 말아라."전5:6a 이렇듯이 말은 즉각적으로 하나님과 연관된다. 말의 모든 용례는 하나님의 행동 양식을 반영한다.

말은 하나님이 곧 말씀이라는 계시를 반영하는 것이다. 그러나 하나님은 알 수 없는 존재이다. 그러므로 이 땅 위에 있는 너는 하나님과 연관되는 서원을 할 때나, 심지어 그렇지 않을 때조차 조심하라. 너는 기도가 아니더라도, 이웃을 향한 단순한 말일지라도 하나님의 선물인 이 말이라는 놀라운 피조물을 사용함으로써 언제나 하나님과 연관되는 것이다. 그래서 여기서 '죄'가 언급된 것이다. 이는 유일한 것이다. 모든 것이 헛되고 어리석고 허무하다. 그러나 유일한 죄가 하나 있는데 그것은 바로 말의 남용이다.

예수도 동일한 권고를 하는 바, 이 본문에서 영감을 받은 것이 아닌가 싶다. "너희는 기도할 때에, 이방 사람들처럼 빈말을 되풀이하지 말아라. 그들은 말을 많이 하여야만 들어주시는 줄로 생각한다."마6:7 예수는 자신이 하는 모든 말에서 가장 큰 절제를 보여준다.210) 또한 예수는 우리에게 단순한 말에 존재 전체가 관여되는 것을 보여준다. "자기 형제나 자매에게 얼간이라고 말하는 사람은, 누구나 공의회에 불려갈 것이요, 또 바보라고 말하는 사람은 지옥 불 속에 던져질 것이다."마5:22 말은 예수에게나 전도자에게나 결정적으로 중요한 것이다. 말은 결정적이고 또 결정하는 것이다. 왜냐하면 말은 궁극적으로는 행동보다 더 효과적이기 때문이다. 말은 엄청난 효과를 불러일으킨다.

"어리석은 통치자의 고함치는 명령보다는, 차라리 지혜로운 사람의 조용한 말을 듣는 것이 더 낫다."전9:17 전쟁과 정치에서조차 말은 지배적이다. 그렇기 때문에, 다시 한 번 말하지만, 신중해야 하고 혀를 조심해야 한다. 우리가 흔히 생각하는 바대로 행위로 심판을 받는 것이 아니라, 네가 한 말로 심판을 받을 것이다. 말로서 네가 거짓이나 궤변을 늘어놓는다면, 하나님은 네가 한 일을 폐기해버릴 수 있다. "왜 너는 네 말로 하나님을 진노하시게 하려 하느냐? 어찌하여 하나님이 네 손으로 이룩한 일들을 부수시게 하려고 하느냐?"전5:6b

결국 말은 언제나 진리와 관련된다. 말은 활동과 비활동의 장이 아니라,

---

210) 나는 이 점이 예수와 영지주의자들의 말을 구분하는 하나의 기준이 된다고 본다.

진리와 거짓의 장에 속해 있다. 중간은 없다. 말은 진리이거나 거짓이다. 심지어 존재 전체가 거짓에 속할 수 있다.211) 이와 같이 말은 지혜의 뛰어난 매개자다. 전도서는 우리에게 어떻게 그렇게 되는지 밝혀준다. 그것은 헛된 것을 드러내고 유한성을 인정하는 것이다.

2) 소유

우리에게 제시된 지혜의 두 번째 시험은 소유와 관련된 것이다. 물론 나는 존재와 소유의 대립된 관계에 대한 닳고 닳았지만, 아직도 유의미한 주제를 다시 다루려는 것은 아니다. 그건 정말 아니다. 전도서는 보다 더 도발적이다. "너는 네 빵을 물 위에 던져라. 시간이 지나면 도로 찾으리라. 일곱이나 여덟으로 나눠 주어라. 무슨 재앙이 땅 위에 임할는지 알지 못함이니라." 전11:1-2 이 계명212)은 노골적으로 불합리하다.213) 이것은 "하늘의 새들을 보라, 들의 백합화를 보라"라는 말씀처럼 "저축하지 말라, 예측하지 말라"는 식의 잘 아는 명령이 아니다. 거기서 더 나아가서, 전도자는 노골적으로 아무런 이유도 없이 낭비할 것을 권고한다. 그것은 이해할 수 없고 당혹스러운 것이다.

곧바로 유념할 것은, 코헬레트의 전체적인 사상을 볼 때, 이 본문은 어리석음이나 헛된 영광을 좇아서, 혹은 무언가에 매혹되어 달리 어떻게 할 수

---

211) 우리는 『굴욕당한 말』*La Parole humiliée*에서 이 점을 깊이 살펴보았다.
212) ▲이것을 달리 부를 수 있을까? 지혜에 관한 성서의 명령이 왜 하나님의 계명이 될 수 없겠는가?
213) 나는 어느 정도 널리 통용되고 있는 하나의 해석에 대해 정말 터무니없는 것이라는 평가를 내리련다. 그 해석은 "너는 네 떡을 물 위에 던져라"는 구절이 "네 식량(왜 식량일까?)을 바다에 던져라. 곧 무역을 하는 선박에 던져라. 왜냐하면 재산을 늘리기 위해서는 투자의 위험을 감수할 줄도 알아야 하기 때문이다"라는 의미라는 것이다. 어떻게 전도자가 자신의 총체적인 사유의 관점에서 수익이 생기는 무역에 대한 조언을 한단 말인가? 정말로 전도자가 관심을 두지 않는 것이 하나 있다면, 바로 이것이다. 전도자가 수용하는 유일한 부의 원천은 농업이다. 그러나 포드샤르(Podechard)는 철저하게 "해상 무역"이라는 개념을 밀고 나갔다.

없어서 아무런 생각 없이 낭비하는 사람의 무책임한 태도를 정당화하려는 말일 수가 없다는 점이다. 정반대로 "네 빵을 물 위에 던져라"라는 구절은 그 행위에 대한 철저한 의식과 의지를 전제로 한다. 그것은 비신성시하는 초연한 태도를 말한다.

이런 견지에서, 이 구절이 우리 사회의 엄청난 낭비와, 타인에게 필요한 재화의 낭비와, 재생 불가능한 지구의 자산들의 낭비를 정당화시킨다는 논리는 성립될 수 없다. 그것은 헤픈 사람이나 게으른 사람이나 의지가 박약한 사람의 낭비를 말하는 것이 아니다. 코헬레트는 철저하게 예비하는 태도와는 반대로 건성으로 하는 태도를 정당하게 보지 않는다. 그는 앞날을 예비하지 말아야 한다는 의무를 세운 것이 아니다. 그는 결코 의무를 정하지 않았다. 정확히 말해서, 그는 인간을 향한 하나님의 말씀을 선포한다. 지혜롭고 현명한 사람이라면 당연히 저축하고 앞날을 대비하려고 할 것이다. 그런데 그만 "네 빵을 물 위에 던져라"라는 이 바위와 같은 말에 맞닥뜨린다. 그것은 지금 이 시간에 대가를 바라지 않고 일하는 것을 배우라는 것이다.214)

사실 여기서 결정적인 것은 그 행위가 대가가 없는 무상이라는 점이다. 우리가 살펴본 모든 것과는 대조적으로 대가없이 무상으로 하는 행위만은 헛된 것의 범주에 들어가지 않는다. 이는 통상적인 판단에 어긋나는 것인 만큼 더 주목할 만하다. 계산이나 두려움이나 근심을 하지 말고 이를 행하라. 너에게 가장 중요한 먹는 것과 너 자신을 분리하는 것을 배우라. 그리고 동시에 세상이 가장 가혹하게 비판하는 일을 하는 것을 배우라. 이런 유의 행위가 당혹스러운 것임은 불가피하다. 이 사회가 세운 효율성의 기준에 따라 모든 일이 최소한 겉으로는 효율적이어야 하는 세상에서 비효율적인 일을 하는 것을 배우라. "그건 아무 소용없는 일이다!" 물론 그렇다.

---

214) ▲우리는 이것이 지혜자가 계속해서 전하는 교훈이라는 점을 보았다.

여기서 나는 우리를 점점 더 파탄에 빠지게 하는 수많은 효율적인 행위들과, 히피이즘이나 비정치적 평화주의와 같이 헛되다고 판단되는 여타의 행위들을 떠올린다. 그리고 비효율적이지만 세상을 존속하게 하는 기도와 고독한 헌신을 떠올리게 된다. 나는 『눈 속의 밀알』*Le Grain sous la neige*, 215)을 떠올리게 된다. 아무튼 왜 모든 것은 유용해야만 하는가? 그냥 하나님의 말씀이기 때문에 아무런 거리낌 없이 행하는 걸 배우라.216) 그러나 전도서 본문에서 이 말은 어떤 언약이나 보장에 따른 것이 아니다. 전도서는 "너는 네 영혼을 구원할 것이다"라고 결코 말하지 않는다.

"시간이 지나면 먼 훗날에, 수많은 날들이 지나고 난 후에 도로 찾으리라"는 말은 코헬레트의 아이러니에 속한 표현이라고 본다. 네가 던져버려서 잃어버린 빵은 물 위에 떠내려갔지만, 조만간 어느 날인가, 너는 그걸 다시 확실하게 되찾을 것이다. 그것은 "모두가 다 잃어버리는 것은 아니다"라는 말이 아니다. "다시 찾을 때는 그게 많은 이익을 가져올 거야"라는 말은 더더욱 아니다. 수적인 보상의 개념은 더군다나 아니다. 그러나 아무튼 세월이 흐른 뒤에도 너는 그 빵이나 아니면 다른 빵을 얻게 될 것이다.

우리는 여기서 산상수훈을 다시 한 번 만나게 된다. 전날의 만나를 다음 날에 먹을 수 없는 것처럼, 오늘 아껴둔 빵을 몇 년 뒤에 네가 취할 수 없다. 증권업자와 신탁업자가 이 교훈을 수용할 수 있다면 좋으련만! 너는 오늘 낭비되는 빵을 몇 년 뒤에는 기억조차 하지 못할 것이다. 알고 보면 본질적인 것은 "걱정하거나 근심하지 말라"는 것이다. 하여튼 너도 역시 물 위에 던져진 빵과 같은 여정을 가게 될 것이다. 몇 년이 지난 뒤에 너는 필연적으로 그 빵을 다시 취하게 될 것이다.

---

215) [역주] 이탈리아의 작가, 이그나치오 실로네(Ignazio Silone, 1900-1978)의 1940년 작품.
216) ▲이런 경우 문제가 되는 행위의 가치와 영향과 효율성은 하나님으로부터 나오기 때문에, 측정할 수 없을 만큼 무한한 것이다.

그러나 코헬레트는 우리에게 한 걸음 더 나아간다. 첫 번째는 "낭비하고 예측하지 않고 아끼지 않고 걱정하지 않는 법을 배워라"라면, 두 번째는 "주고 나누는 법을 배워라"는 것이다. 여기서 우리는 안심한다. 이는 선물과 도움과 가난한 자들을 향한 베풂으로서 그리스도인들이 잘 알고 있는 확실한 분야이다. 그러나 사실 그것은 이차적이다. 우선적인 것은 너를 그것으로부터 분리키시고 나서, 그 다음으로 남에게 주는 것이다. 이는 정말 놀랍다. 왜냐하면 일곱이나 여덟으로 나누라는 것은 잘 계산된 효율적인 적선이 아니기 때문이다. 하여튼 네가 가진 것으로 일곱이나 여덟 사람이 쓸 수 있고 또 만족할 수 있다. 그것은 오병이어로 오천 명을 다 먹이는 것이 아니다. 그러나 다섯 개의 빵과 두 마리의 생선만으로 그런 기적은 일어났다. 그런데 그것이 불가능하다고 생각하는 건 어디까지나 우리의 기준이다. 합리적으로 생각해서, 내가 가진 것으로 일곱이나 여덟 사람을 충족시킬 수 있다는 것은 사실이 아니다. 그렇지만 우리는 이성적인 걸 말하는 것이 아니다.

야고보서의 말씀과 같이 곤핍한 사람을 맞이하여 좀 멀리 보고 관대한 마음을 가져라. "하나님의 곳간에는 먹을 것이 많도다." 여기에 지혜의 말을 덧붙인다면 그것은 우리가 잘 알고 있는 논리가 될 것이다. "가난한 자에게 베푸는 사람은 하나님에게 하는 것이다." "주라 그러면 너는 백배로 보상을 받을 것이다." 그러나 본문은 정말 그런 뜻이 아니다. "왜냐하면 너는 내일 이 땅 위에 어떤 재앙이 닥칠지 모르기 때문이다." 그러면 우리는 인간적인 지혜로서 "그건 다만 앞날을 대비하고 보장하며 저축하는 또 하나의 이유가 될 뿐이다"라고 말하고 싶은 충동을 느낀다. 하나님의 뜻217)은 나에게 정반대로 얘기한다. 오늘 베풀고, 지금 나누어주라. 왜냐하면

---

217) ▲왜냐하면 이를 인간에게 감히 선포하기 위해서는 하나님의 지혜가 있어야 되기 때문이다.

내일 재앙이 너에게 닥칠지 모르기 때문이다. 그렇다면?

그렇다면 내일 너는 베풀거나 나눌 수 있는 것이 하나도 없게 될 수 있다. 사람들이 너에게 간청하는데, 너는 아무 것도 줄 수 없게 될 수 있다. 너는 남에게 도움을 줄 수 없을 뿐만 아니라, 하나님의 계명에 순종할 수도 없게 된다. 간단히 말해서, 너는 네 이웃을 사랑할 수 없게 된다. 왜냐하면 네가 남들을 위해서 아무 것도 해줄 수 없다면, 사랑은 공허한 말에 그치기 때문이다. "호의를 좋게 받아들이는 것은 가진 것이 있을 때이지, 가진 것이 아무 것도 없을 때가 아니다."고전8:12, 218) 이와 같이 오늘날 네가 그럴 능력이 있으면 네 빵을 주어서 일곱이나 여덟 사람하고 나누어라. 계산이나 예측을 하지 말고 서둘러라. 탐욕을 가지지 말라. 이것은 소유에 관해 내놓는, 또 다른 지혜의 문제제기이다.

그럼에도 불구하고, 이어지는 구절들은 일이라는 주제로 이미 살펴본 본문으로서 우리에게 이 모든 것이 결코 임의에 따라 되는 대로 하는 것을 권장하는 것이 아니라는 점을 상기시킨다. 반대로 네가 가진 것을 주려면, 먼저 네가 가진 것이 있어야 한다는 것이다. 모든 일이 헛되다고 해도 먼저 일을 해야 한다는 것이다. 착각하지 말아야 한다. 그것이 중요한 요점이다.

거창한 말이나 허울 좋은 담화가 아니라, 모든 것은 일어나는 상황에 달려있다. 구름이 하늘을 가득 채우고 있다면, 폭우가 내릴 것이다. 신들에게 비를 내려달라고 간청할 필요가 없으니, 또 하나의 비신화화이다! 쓰러지는 나무는 쓰러진 그 자리에 쓰러져있다. 그게 북쪽이든 남쪽이든 무슨 상관인가!219) 네가

---

218) [역주] 문맥상 엘륄이 프랑스어로 번역한 구절을 직역하였다. 참고로 각기 다른 역본에 따른 본문을 제시한다. "기쁜 마음으로 각자의 형편에 맞게 바치면, 하나님께서는 그것을 기쁘게 받으실 것입니다. 하나님께서는 없는 것까지 바치는 것을 바라지 않으십니다."(표준새번역) "할 마음만 있으면 있는 대로 받으실 터이요 없는 것은 받지 아니하시리라."(개역개정) 참고로 프랑스어 번역 원문은 다음과 같다. "La bonne volonté est agréable en raison même de ce qu'elle peut avoir à sa disposition, et non de ce qu'elle n'a pas."

219) 의례적인 자신의 입장에서 라우하(Lauha)는 많은 다른 학자들과 함께 이 구절들이 모든 것이 예정되어 있다는 걸 의미한다고 생각한다.

상황이 호전되기를 바란다면, 너는 아무 일도 못할 것이다. 너는 미래를 예견할 수도 없고, 나무가 꺾인 그 자리에 쓰러지는 것을 막을 수도 없다. 너는 아무 것도 알 수 없다. 특히 하나님의 일을 알 수 없다.

네가 할 수 있는 일을 하라. 그러나 사람들이 추구하는 목적과 관점에서 하지는 말라. 왜냐하면 거기에 대한 어떤 예측이나 예견도 불가능한 것이기 때문이다. 예측하지 말고 현재 눈앞에 있는 일을 하라. 왜냐하면 어떻게 될지 너는 모르기 때문이다. 내일을 위한 예상을 하려고 하지 말라. 네가 행동을 취해야 하는 것은 오늘이다. 네가 하는 모든 일과 일의 성공에 있어서, 궁극적인 결정은 하나님이 내린다는 사실을 깨달으라.

물론 오늘 우리는 코헬레트보다 훨씬 더 앞서 있다는 점을 자랑할 수 있다. 물로 우리는 비를 물러가게 할 수도, 비를 우리가 원하는 곳에 내리게 할 수도 있다. 거기에 수반되는 문제들과 함께 우리는 특정한 나무를 특정한 곳에 쓰러지게 하거나 쓰러지지 않게 결정할 수 있다. 우리는 배아가 생명체가 되기 시작하는 시점을 알고 있고, 임신한 여인의 태에서 어떻게 **뼈**가 자라나는지도 생명의 호흡[220]이 무엇인지도 알고 있다. 바꾸어 말해서, 우리는 지혜의 전도자보다 훨씬 더 많이 알고 있으며, 전도자가 제시한 것들은 더 이상 유효하지 않다.

그러나 대상을 바꾸어 보자. 세계적인 분쟁이나 경제적 위기 상황이 닥치면, 분쟁이나 위기가 터진다. 암이 폐나 자궁에 생겨난다면, 그곳에 암이 자리 잡을 것이다. 네가 경제적 동향을 계속 살피기만 하고 아무 것도 하지 않는다면, 모든 것에 실패하게 될 것이다. 이는 네가 어떤 문제에 대

---

[220] 나는 일부러 일반적인 번역을 취했지만, 가장 정확한 번역은 어쩌면 다음과 같을 것이다. "임신한 여인 속에서, 뼈 속에서 어떻게 생명의 호흡이 이어가는지 네가 알 수 없듯이…" 이 번역을 통해서 현재 우리의 무지도 발견하게 된다. 우리는 이 문제에 관해서 코헬레트의 시대보다 더 아는 바가 없다. 왜냐하면 우리가 뼈가 어떻게 생성되는지 안다고 해도, 우리는 생명의 호흡이 어떻게 진행되는지, 즉 생명의 본질과 기원을 알 수 없기 때문이다. "너는 모든 것을 다 아는 하나님의 일을 알 수 없다"(전11:5b)

한 가장 최근의 상황에 대해 하나도 아는 바가 없는 경우와 마찬가지이다. 혹은 네가 삶의 양상이 왜 그렇게 다양한지 이유를 알지 못하는 것과 같은 것이다. 대상만 바꾸는 것으로도 충분하다. 우리는 언제나 우리의 한계에 봉착한다. 너는 모든 것을 아는 하나님의 일을 알지 못한다. 우리의 과학이 어떤 수준에 있건 간에, 이는 확실하다.221)

우리는 아직도 궁극적으로 일어날 일과 그 결과에 대해 무지하다. 어느 일이나 성공할 가능성은 있으니 너는 네가 할 수 있는 모든 일을 하라. 평화주의 운동이 평화를 가져올 수 있을까? 우리의 경제적인 방안들이 제3세계의 빈곤문제를 해결할 수 있을까? 무분별한 자선 행위가 실제적인 필요를 충족시킬 수 있을까? 더 나은 행정관리를 통해서 더 많은 정의를 수립할 수 있을까? 너는 모른다. 네 손으로 할 수 있는 모든 것을 하라. 네가 하는 모든 일 가운데서 성공할 것이 있을 것이다. 그러나 어떤 일이 성공할까? 성공은 언제나 상대적인 것으로서, 네 성공은 네가 남들에게 줄 수 있고 물 위에 네 빵을 던질 수 있는 것 이외에는 어떤 이점도 없는 것이다. 소유란 더도 아니고 바로 그런 것이다.

3) 남자와 여자

이 지혜가 마지막 세 번째로 적용되는 대상은 남자와 여자이다. 나는 대부분의 주석학자들과는 반대로 이 문제에 관해 불확실한 본문을 제시하는 모험을 감행하려고 한다. 그것은 "혼자보다는 둘이 더 낫다"는 구절이 나오는 본문이다.전4:9-12 거기에는 두 가지 이유가 있다. 첫째 이유는, 우리

---

221) ▲최소한 우리가, 보기보다 더 어리석은 불신자들의 의기양양한 태도를 포기한다면 말이다. 그 불신자들은 최초의 유인 인공위성을 타고서 "여러분이 보다시피 하나님은 하늘에 없다! 우리는 하나님을 만나지 못했다."라고 선포했고, 그 후에 우리의 은하계를 떠난 탐사선을 보내면서 그 말을 다시 했다. 나는 지성인들조차도 그런 말을 했다는 것이 유감스럽다.

가 이미 살펴본 바와 같이, 코헬레트는 창세기를 눈앞에 두고서 전도서를 기술했을 것이라는 점에 많은 사람들이 동의하기 때문이다. 전도서의 많은 본문들이 명시적인 준거기준으로 삼는 것이 창세기의 구절들이다. 여기서 남자와 여자의 관계에 관한 본문과 불가피하게 연관되어 보이는 창세기의 구절들은 다음과 같다. "남자가 혼자 있는 것이 좋지 않으니, 그를 돕는 사람, 곧 그에게 알맞은 짝을 만들어 주겠다."창2:18 "이는 내 뼈 중의 뼈요 살 중의 살이라."창2:23 "남자는 아버지와 어머니를 떠나, 아내와 결합하여 한 몸을 이루는 것이다."창2:24 남자와 여자는 둘이 일체를 이루어 하나님의 형상을 드러낸다.

둘째 이유는 우리가 알고 있다시피 여성을 혐오하는 내용으로 알려진 유명한 본문의 존재이다. 그 본문은 여성에 대해 부당하게 적용되기도 했으며 오늘날 코헬레트를 여성을 경멸하는 가공할 남성우월자로 분류하는 구실이 되기도 한다.전7:26-29 내 생각에, 그것은 본문이 보여주는 사유 구조와는 전적으로 상반되는 것 같다. 그 사유 구조는 계속되는 대조와 아이러니와 역설을 통해 드러난다.

여성을 부정적으로 보는 끔찍한 본문에는 평형이나 균형이라기보다는 뒷면에 대한 앞면, 부정에 대한 긍정의 측면이 존재한다. 지혜는 그 가운데 역설을 통해 형성된다. "혼자보다는 둘이 더 낫다"는 본문이 여자와 관련된 것이라는 필연적 사실은 명시될 필요도 없이전도서에서 명시적인 것은 무엇인가? 그건 반어적인 것이 아닌가? 자명한 것이고 문헌학적으로 입증할 것도 없이 명백한 것이다. 전도서는 단 하나의 방식으로 이해되지 않는 책이고, 여러 다양한 입장들을 담은 책이다. 전도자 자신이 그런 입장들을 고려하듯이 말이다. 그러므로 여기서 두 번째 부분과 분리 불가능한 첫 번째 부분은 다음과 같다.

"혼자보다는 둘이 더 낫다. 두 사람이 함께 일할 때에, 더 좋은 결과를 얻을 수 있기 때문이다. 그 가운데 하나가 넘어지면, 다른 한 사람이 자기의 동무를 일으켜 줄 수 있다. 그러나 혼자 가다가 넘어지면, 딱하게도, 일으켜 줄 사람이 없다. 또 둘이 누우면 따뜻하지만, 혼자라면 어찌 따뜻하겠는가? 혼자 싸우면 지지만, 둘이 힘을 합하면 적에게 맞설 수 있다. 세 겹의 줄은 쉽게 끊어지지 않는다."전4:9-12

곧바로 본문의 의미에서 마지막 구절의 이미지를 분리시키자. 세 겹의 줄은 둘보다는 셋이 더 낫다는 걸 말하는 것이 아니다.222) 그냥 단순한 사실로서 줄은 한 가닥이나 세 가닥이 되어야 한다. 두 가닥으로 줄을 만드는 것은 불가능하다. 그러므로 세 겹의 줄은 실제로 여러 가닥으로 만들어진 줄을 말하는 것이다.

그건 그렇고 모든 구절은 두 사람의 커플을 말하고 있다. 물론 명시적으로 여자를 말하는 것은 아니다. 친구나 동료나 동성애 파트너일 수도 있다. 그것도 불가능하지 않다. 그러나 아무튼 분명한 것은 지속적인 안정된 커플을 말하고 있다는 점이다. 그들은 일을 하는 단순한 동료가 아니다. 가닥으로 만들어진 줄이라는 말이 그런 뜻을 암묵적으로 나타내고 있다. 그걸 구체화하기 위해서는 함께 일을 하는 진척된 관계를 상정해야 한다. 한쪽이 아프면 도움을 주어야 한다. 잠자리를 함께 해야 한다. 외부의 위험을 함께 물리쳐야 한다. 나는 우리가 지금 이렇게 커플과 커플의 효용성을 묘사하고 있다고 생각한다. 일과 관련시키는 주장을 반박하지 않는 것은 여자가 가정 내에서만이 아니라 여러 다른 분야에서, 수공업 작업과 직물과 농업에서, 또한 무역, 은행과 같은, 보다 상위의 업종에서 일하는 것이 흔하였기 때문이다. 예술, 음악, 춤은 말할 것도 없다. 그러므로 혼자

---

222) 그러나, 나에게 이 세 겹을 가족과 연관된 것으로 보는 마이요(Maillot)의 지적이 흥미로웠다. 그는 세 번째 줄을 자녀라는 기적이라고 암시한다. 자녀는 앞의 둘을 풀 수 없도록 단단하게 연결시키고 이전에 가지지 못했던 힘을 부여한다. 마이요는 이 세 번째 줄(fil)을 아들(fils)이라고 번역하는 언어의 유희를 시도한다.

일하는 것보다 둘이 일하는 것이 더 낫다.

　우리는 가정의 살림살이에서 둘이 버는 것이 필수적이 된 것이 아주 흔하다는 사실을 오늘날 특히 잘 이해할 수 있다. 그리고 아픈 사람을 보살피고, 서로 격려하고, 함께 싸울 수 있는 분명한 도움은 돕는 배필의 도움으로 볼 수 있지 않을까? 억지로 짜맞추려는 것이 아닌데도, 본문은 아들이 없는 것을 상기하는 구절전4:8 다음에 바로 이어진다. 아들혹은 형제! 없이 일하는 것이 사리에 어긋난다는 말은 아들을 얻기 위해 결혼하여 커플로 결합하는 것의 필요성을 떠올리는 것이 아닐까. 그 점이 확실하다고는 하지 않겠다. 그것은 다만 내가 해석한 것이다. 아무튼 확실한 것은 혼자 사는 것은 사리에 어긋나고 헛되고 좋지 않은 것이라는 삼중적인 판단이다. 아무도 위하는 사람이 없이 일하는 것은 헛된 것이다.

　둘이 함께 있는 사람들은 홀로 있는 사람보다 행복하다. 하나님조차도 그렇게 판단한다. 반면에 혼자 있는 사람은 불행하다. 이는 사람이 혼자가 될 수 있는 하나의 공동체나 집단을 겨냥하는 것이 아니라, 실제로 둘이 함께 하는 커플을 지칭하는 것이다. 내 생각에 남자와 여자로 이루어진 커플은 행복223)의 가능성과 활력을 얻는다. 이렇게도 어두운 세상에서, 이렇게도 혹독한 상황에서 이런 말씀을 읽는다는 것은 얼마나 큰 기쁨인가!

　그러나 오늘날 우리가 목격하는 커플들의 실상은 완전 반대이다. 좋을 때나 안 좋을 때나 삶과 죽음을 함께 하며 둘이 완전히 하나가 되어 서로서로 부족한 것을 채워주면서 함께 있고 따뜻한 정을 나누는 커플들은내 생각에 공식적인 결혼이 중요하다 정말 극소수다. 둘은 서로서로 도우면서 일하고, 살아가기 위해 함께 싸우며, 망설임이나 신랄함이 없이, 서로에게 전적으로 충실하다. 왜냐하면 셋이 아니고 둘이기 때문이다. 그러나 오늘날 커플 셋 중 하나는 이혼하고, 90%의 남성과 여성은 불륜을 저지른다. 사람들은

---

223) ▲코헬레트가 이 말을 하면서 헛되지 않다고 한 것은 정말 드문 예이다.

둘의 총체적인 관계를 하나의 파트너십으로 받아들이고, 삶에서 가장 중요한 이 문제를 다루는데서 더 이상 약속이나 진지한 태도를 찾아볼 수 없다.

오늘날의 커플의 실상을 접하면서 우리는 전도서를 찾아보게 된다. 그것도 헛되고 바람을 잡으려는 것과 같다. 달리 착각을 하지 말아야 한다. 우리는 코헬레트를 따라 또 다른 길을 좇아가서 곧바로 길을 닦고 혹독한 배움의 여정에 다시 들어서야 한다. 커플은 경이로운 것이지만, 그런 커플이 맺어지는 가능성은 정말 희박하다. 다시 한 번 지혜를 구하고 어리석음을 물리치면서, 코헬레트는 여자를 만난다. 그리고 우리는 전도서 본문전 7:26-29에서 다음과 같은 장벽에 부딪치게 된다.

- ■ 나는 여자는 올가미와 같기 때문에 죽음보다 더 쓰다는 사실을 알았다.[224]
- □ 나는 함정과 같은 여자는 죽음보다 더 쓰다는 사실을 알았다.

- ■ 여자 마음은 덫과 같고 손은 포승 같다.
- □ 여자 마음은 올가미와 같고 손은 쇠사슬 같다.

- ■ 하나님 앞에 선한 남자는 여자를 피할 것이지만, 죄인은 그런 여자에게 붙잡힐 것이다.
- □ 하나님을 기쁘게 하는 자는 여자에게서 벗어나지만, 낙오자는 걸려들고 만다.

- ■ 내가 깨달은 것을 보아라, 코헬레트가 말했다.
- □ 내가 깨달은 것을 보라, 인도자가 말한다.

- ■ 사물의 이치를 깨닫기 위해 하나하나씩 살피면서, 내 마음이 지금까지 탐구했는데 아직 깨닫지 못했다.
- □ 하나하나씩 그 이치를 깨닫기 위해 내가 탐구했으나 아직 깨닫지 못했!

---

224) [역주] 엘륄은 여기서 본문에 대한 플레이아드판의 번역과 리스(Lys)의 번역을 대조하고 있다. 각각의 구절에서 윗줄은 플레이아드판의 번역이고, 아랫줄은 리스의 번역이다.

■ 천 명 가운데서 남자 한 명은 찾았지만,
▫ 남자 한 명을 천 명 가운데 찾았지만,

■ 모든 여자들 가운데서는 한 여자도 찾지 못했다. 다만 내가 깨달은 것을 보아라.
▫ 모든 여자들 가운데서는 그런 여자를 찾지 못했다. 다만 내가 깨달은 것을 보라.

■ 하나님은 남자를 바르게 만들었지만, 사람들이 많이 복잡하게 생각했다.
▫ 하나님은 남자를 정직하게 만들었지만, 사람들이 너무 많이 복잡하게 생각한다.225)

    나는 여러 번역들 중에서 두 가지 번역을 취했다. 왜냐하면 사람들은 곧장 두 개의 번역이 철저하게 대립하는 것을 보게 될 것이기 때문이다. 그리고 히브리어는 우리로 하여금 둘 중 하나를 선택하여 해석해야 할 부담을 준다. 그 중 하나의 번역에 따르면, 악한 것은 여자 자신이며, 올가미, 덫, 포승으로 남자를 죄인으로 만든다. 다른 번역에 따르면, 가장 최악의 존재는 덫으로서의 여자이다. 바꾸어 말해서, 여자의 존재나 운명이나 본질이 그런 것이 아니고, 여자가 그렇게 될 수 있다는 것이다. 그러면 어떤 것을 선택할 것인가?
    내가 보기에는 문법이 아니라 본문 자체가 의미를 주는 것 같다. 코헬레트가 모든 여자들 중에서 한 여자도 찾아내지 못했다고 한 구절에서 언급

---

225) 마이요(Maillot)는 여자에 관한 이 본문을 지혜를 얻는 것이 불가능하다는 내용의 앞선 구절들과 연결시켜서 해석한다. "지혜는 접근할 수 없고, 여자와 같이 변덕스럽다. 그러나 지혜는 여자들 가운데서 얻을 수 없다. 더욱이 여자들이 있는 한, 사람은 결코 지혜로울 수가 없다. 여자는 지혜자를 잘못된 길로 가게 하고[....], 여자는 지혜자가 이성을 상실하게 한다. 여자는 가장 큰 지혜자도 함정에 빠지게 할 수 있다[...]. 코헬레트의 그윽한 고백이 다음의 말에 담겨 있다. 나는 언제나 하자는 대로 가지게 하고 하자는 대로 취하게 했다[...]. 이 모든 구절들은 사랑과 권력에 대해 직접적으로 경의를 표한 것이다. 이성이 모르는 이치들을 마음으로는 안다는 사실을 발견한 것은 코헬레트이다...." 거기에다가 다음의 말이 이어진다. "코헬레트는 여기서 여자에 대한 소송이 아니라 돈 주앙에 대한 소송을 한다[...]. 그것은 일부일처제의 유일한 사랑에 대한 간접적이고 무의식적인 찬양이다." 정말 훌륭한 성찰이다!

한 그 한 여자는 그가 묘사하려는 여자를 뜻하지 않는다는 점은 분명하다. 따라서 여자가 본질적으로 덫이나 올가미가 아니다. 여자가 덫이나 올가미가 되지 않는다면 그는 분명히 그런 여자를 찾을 수 있었고 찾았을 것이다. 그러므로 이는 확실히 여자가 덫이나 올가미가 될 때 여자가 무서운 존재가 된다는 말이다. 그는 자신이 한 번도 진정한 여자를 만나보지 못했다고 선언한다. 이는 단지 덫이나 죄가 아닌 여자를 말하는 것이 아니라 하나님이 창조한 여성 그대로의 존재인 여자를 말한다.

우리는 여기서 여자를 위해 하나님을 원용할 수 있다. 왜냐하면 지혜자는 이어지는 구절에서 남자를 위해 하나님을 원용하기 때문이다. 그러나 25절에서 시작하는 일련의 구절들은 일관성이 없는 것 같고 도름226)은 애매하다고 했는데 그 궁극적인 의미는 무엇일까? 내가 보기에 거기에는 어떤 일관성이 존재한다. 코헬레트는 우리에게 또 다시 자신이 지혜와 이성을 추구한다고 선언한다. 좋지 않은 경험들을 한 뒤에 그는 다시 시작한다. 그는 사악함은 정신이 나간 것이며,227) 어리석음은 광기228)라는 사실을 입증할 것이라고 선언한다.

어찌됐든 의미는 단순하다. 사악함과 광기와 어리석음은 일관성이 있다. 코헬레트는 지혜를 추구하면서 아주 확실하게 이 점을 깨닫는다. 그는 여자를 만나는 새로운 경험을 한다. 그러나 왜 여자가 이 사악함과 광기와 어리석음과 연관되는가? 여자는 그에게 타락의 정점을 보여주는 것 같다. 그는 이 점을 아주 깊게 파고든다. 왜냐하면 그는 여자를 죽음보다도 더 쓰다고 선언하기 때문이다. 우리는 그 무서운 영향을 이미 살펴보았다 그러나 여자는

---

226) [역주] 에두아르 폴 도름(Edouard Paul Dhorme, 1881-1966), 프랑스의 중근동 언어학자. 구약성서 번역.
227) ▲혹은 리스(Lys)에 따르면, 어리석음은 하나의 광기로서 사악한 광기이다. 이는 제일 만족스러운 말이지만 본문과는 조금도 일치하지 않는다.
228) ▲당혹함은 깨달음을 뜻하거나, 그게 아니라면 어리석은 멍청함을 뜻한다. 다양한 번역이 있어서 판정하기가 어렵다.

왜 남자보다 그 정도가 더 심하여서, 악한 여자는 여자가 덫이고 쇠사슬이 될 때 악한 남자보다 더 악한 것일까?

여기서 우리는 동일한 논리를 발견하게 된다. 말은 전형적으로 선한 것이다. 그러나 말이 왜곡될 때, 말은 원래 선한 것인 까닭에 더 큰 악이 되고 죄가 된다. 마찬가지로 여자는 코헬레트가 바라는 지혜의 존재가 되고, 더 놀랍게도 이성의 존재가 된다. 남자보다 더 낫다. 여자는 아담을 매료시키는 경이로운 존재여야 한다. 여자는 힘을 주고 남자가 최선의 완전한 존재가 되게 한다. 여자는 창조의 정점이다.229) 여자는 모든 선함과 모든 아름다움과 모든 지혜가 응집된 존재이다. 그런 여자가 남자를 넘어뜨리는 덫이 되고, 남자를 묶어버리는 쇠사슬이 될 때, 여자는 여타의 모든 것보다 훨씬 더 악한 존재가 된다.

더 나아가서, 미완성의 남자를 완성시키는 여자는 남자와 함께 지니는 사랑으로 하나님의 형상을 이룬다. 그러나 여자가 사랑을 유혹으로, 사랑의 자유를 사로잡는 덫과 성적인 쇠사슬로 대체할 때, 여자는 죽음보다 더 쓴 존재가 된다. 이 점은 아가서에서 아주 직접적으로 표현된다. 아가서는 우리에게 사랑은 죽음보다 더 강하고, 결국 사랑하나님의 사랑이 죽음을 이긴다고 선포한다. 그렇다. 그러나 지상에서 사랑을 상징하는 것이 실추되고 더러워진다면, 사랑을 그렇게 변화시키는 여자는 죽음에 패배한 것일 뿐만 아니라, 죽음보다 더 쓴 존재가 된다. 제일 좋은 것이 나쁘게 변질되면, 제일 나쁜 것이 된다. 그것이 코헬레트가 그렇게 과격한 표현을 썼던 이유이다.

이어지는 구절은 정말 수수께끼 같다. 그 구절을 "나는 여자들을 하나하

---

229) 나는 이 주제를 나중에 나올 『거룩의 윤리』 *L'Ethique de la sainteté*에서 깊이 다루었다. 한마디로 말해서, 나중에 창조되었기 때문에 여자는 남자보다 열등하다고 주장하는 논리에 따르면, 남자는 동물보다 열등한 존재이다. 반대로 마지막에 나왔기에 여자는 창조의 완성이자 마지막으로 창조를 완결시킨 존재이다.

나 살펴서 이유를 찾아보려고 했다"고 해석할 수도 있고, "나는 사물들과 이치들을 살펴서 이유를 찾았다."고 할 수도 있다. 어찌됐든 남자들을 살펴보고 나서, 코헬레트는 여자들을 살펴본 결과가 훨씬 더 실망스럽다는 점을 확인한다. 이는 솔로몬 왕이라는 이름으로 전해진다. 솔로몬 왕은 여자들을 많이 접하여서, 700명의 후궁과 300명의 첩을 두었다.왕상11:3 이는 거의 돈 주앙의 '1003명의 여자들' 과 같다.

이방 여자들은 솔로몬이 타락한 원인이었다. 그는 이방 여자들에게서 만족과 성취감을 얻지 못한데다가, 지혜와 이성을 찾지 못했고, 사랑을 성취하지 못했다. 더 나아가서 여자들은 그의 마음을 이방 신들에게로 돌렸다. 그는 이쉬타르Isthar와 밀곰Milkom, 우상들을 섬기기 시작했다. 이는 우리로 하여금 '헤벨', 즉 우상을 떠올리게 한다. 헛된 것이다. 우상숭배는 그 여자들의 행위로 인한 것이지만, 그것을 원한 것은 솔로몬이다. 본문에는 이런 배교에 대한 분노의 흔적이 남아있다. 죽음보다 더 쓴 것은 우상숭배이다.

지혜를 향한 헛됨의 긴 여정이 거의 끝나는 지점에 와있는 지금, 우리는 내가 보기에는 여자의 위험성이라는 문제로 분명하게 부각된 솔로몬 왕을 서문에서보다 더 깊게 다시 살펴보아야 할 것이다. 내가 보기에 전도서가 창세기를 묵상하면서 기록한 책이라고 볼 수 있다면, 전도서는 또한 솔로몬의 통치에 대한 성찰이 담긴 책이 확실하다고 말할 수 있다. 그는 이스라엘 왕조의 절정인 영광의 왕, 지혜자, 건축가, 모든 외교관계를 개설한 군주이며, 카발라 전승에 따르면 하나님의 지혜의 담지자, 메시아 왕국의 선구자이다.

전도서 기자가 자신의 책을 솔로몬의 이름으로 낸 것은 역사적인 확신들을 존중하는 전통에 따른 것보다는 솔로몬 왕에게 이의를 제기하려는 의도가 훨씬 더 크다고 여겨진다. 솔로몬의 위대한 통치라고? 헛되고 안개와 같고 바람을 잡으려는 것이다. 솔로몬은 지혜를 찾고자 했으나, 이 지혜의 왕은 아무 것도 찾지 못했다. 그가 아무 것도 찾지 못한 결정적인 증거는 바로 그가 여자의 덫에 걸려 넘어진 것이다. 정말 지혜로웠다면 솔로몬은 전도서의 모든 말을 스스로 전할 수 있었을 것이다. 그러나 전도서 기자는 솔로몬이 할 수 없었기 때문에 그 말을 대신 하는 것이다. 그것이 결론이다.

우리가 보기에 코헬레트는 우리가 생각한 것보다 더 우상타파주의자다. 코헬레트가 문제를 삼는 것은 전통과 신학과 사상과 설교만이 아니다. 코헬레트는 모든 이스라엘 백성이 존경하면서 이스라엘 왕국을 회복시켜 주기를 기대하는 인물이자 모범이요 영웅인 한 사람을 문제로 삼는다. 솔로몬과 자신을 동일시함으로써 이미 과감성을 드러낸 코헬레트는 솔로몬조차도 하찮은 존재로 축소시켜 버린다. 그것은 신학적인 논쟁보다 훨씬 더 큰 당혹스러운 일이다. 하나님만이 유일한 존재이다. 그게 다다. 솔로몬조차도 모범이나 언약이나 중재를 제공할 수 없다. 결정적으로 또 다시 코헬레트는 예수를 가리킨다. 예수는 모든 영광을 다 가진 솔로몬조차 덧없는 들꽃에 비유한다. 그것은 코헬레트가 이미 선언했던 충격적인 말이었다.

정확하게 말하자면 자신이 천 명의 남자들 가운데서 완전하고 성실한 한 명의 남자를 찾을 수 있었지만, 모든 여자들 가운데서 한 명의 여자를 찾을 수 없었다고 코헬레트는 말을 잇는다. 이 말은 남자가 여자보다 더 낫다는 뜻인가? 그런 해석은 너무나 문자적이고 직접적이고 단순하다. 그렇지 않다. 이는 아담에게 맡겨진, "너는 일하고, 지키고, 섬기라"는 사명이 상대적으로 단순한 것으로 남자가 할 수 있는 일이라는 걸 뜻한다. 그런데 여자에게 맡겨진 사명은 훨씬 더 복잡하고 수준이 높고 정교하고 어려운 것이다. 그렇기 때문에 하나님의 마음에 합당한 남자를 찾을 수 있었지만, 여자는 결코 하나님의 명령을 완벽하게 성취할 수 없었다. 그렇다면 결말은?

예상치 않은 결론이 나왔다. 하나님은 이 남자를 바르고 의롭게 만들었다. 문법적으로 정확하지 않더라도, 나는 이 말 뜻 그대로 수용하고 싶다. 즉, 남성과 여성으로 이루어진 이 남자는 둘로 나뉜 다른 인격으로 존재하는 하나님의 형상이다.230) 그래서 하나님의 형상인 커플의 여정이 가능하게 되었다. "그러나 남자는 많이 복잡하게 생각하기 시작했다." 이 점은 아주 특이하다. 코헬레트는 이성raison을 추구한다고 우리에게 말한다. 그러고 나서 그는 남자가 아주 지나치게 생각하게raisonner 되었다고 한탄한다. 그것은 타락을 불러온 원인이 되었으며, 결정적으로 남자와 여자의 관계와 연관을 가지면서, 여자에게 덫을 치는 것과 같은 행동을 불러일으킨다. 너무 복잡하게 생각하는 것은 일반적으로 여자의 특성으로 여기지 않는 것이다.

정반대로 이것이 완벽한 일관성을 가진다고 나는 믿는다. 하나님은 한 커플을 창조하였는데, 그 커플의 관계는 즉각적이고 직접적이다. 사랑의 관계는 차이를 뛰어넘는 것이고 상대방 안에 직접적으로 투영된 내 살 중의 살이로다! 자신을 인정하는 것이며, 신앙을 통해 절대자를 인정하는 것이다. 그 대신에 남자와 하나님의 관계가 단절되고 나서 여자와 남자의 관계가 단절되고, 남자는 이성적인 생각을 통해서 모든 존재의 관계와 의미를 회복하려고 시도한다.

생각하는 것은 코헬레트가 추구하는 이성이 아니다. 왜냐하면 생각하는

---

230) 이는 남녀 양성의 인간, 즉 한 사람의 존재 안에 두 개의 성이 공존하는 그리스의 이상적인 인간형을 말하는 것이 아니다. 그것은 성서적 사유에 어긋난다. 왜냐하면 중요한 것은 성적인 구분이나 일체성이 아니라 사랑이기 때문이다. 사랑은 서로 다른 두 인격을 전제로 한다. 남녀 양성의 인간에게는 사랑은 자기 자신에 대한 사랑이 된다. 동성애자에게 사랑은 동성끼리 하는 사랑이다. 두 경우의 사랑은 다 죽음을 뜻한다.

것은 여기서는 과도하게 하는 것을 말한다! 과학도 철학도 아니고, 엄격하고 정확한 외적인 형식을 취하면서 우회하는 것이기 때문이다. 그것은 가장 먼 길을 돌아가서 늘 길을 잃고 방황할 위험이 상존하는 여정이다. 그것은 단절이다. 왜냐하면 생각하기 위해서는 작은 단위들로 구분해야 하기 때문이다. 전체적인 것은 다른 방법으로 파악될 수 있다. 그것은 유연하고 용이한 방식으로 계속해서 구분한다. 그것은 안전한 길을 잘못 설정하여 제시한다. 왜냐하면 그것은 데이터를 축소시켜 단 하나의 길만이 필요하고 좋은 길처럼 보이게 하기 때문이다. 그것은 모든 것들에 대한 지속적인 중개를 전제로 하며, 직접적인 것은 배제한다.

이러한 일련의 특성들 탓에 모든 것에 대해 지나치게 생각하는 것은 인간관계와 잠재적인 관계를 파괴시켜서 소외에 이르게 한다. 우리는 사람들이 자신의 배타적인 생각에 사로잡혀서 합리화되지 않는 관계를 남들과 맺을 수 없게 되는 것을 보지 않았는가? 그들은 자신들의 생각이 진리로 받아들인 것 이외의 다른 방식으로 살 수 없게 된다. 바른 길을 가게 하는 대신에, 이성적인 생각은이는 19세기에 합리주의를 탄생시켰! 타인과 또 다른 진리를 외면하게 한다는 점은 분명하다. 하나님이 바라는 모범적인 여자를 찾아보고 나서, 코헬레트는 끝에 가서 완전이라는 빈 공간을 나름대로 채우려는 생각의 허망함을 발견한다.

4) 종합

꼭 필요한 것은 아니지만 마지막으로 지적할 말이 남아있다. 우리는 지혜가 형성되는 초석으로서 말, 소유, 남자와 여자를 보았다. 그런데 내가 보기에 각각의 주제231)가 끝날 때마다 하나님을 언급하는 것이 의미심장

---

231) ▲우리가 이미 알고 있는 바와 같이 교리적인 방식과 일체적인 관점에서 다뤄지지 않고, 복잡한 퍼즐 문제에서 조각들을 능숙하게 배열하듯이 유연하게 다뤄진다.

하다. 말이라는 주제에 대해, 코헬레트는 말의 과도함을 비판하고 나서, "그러나 하나님을 경외하라"전5:7는 말로 끝맺는다. 하나님에 대한 경외는 말의 진정한 한계이다. 그것은 우리로 하여금 이 선물을 남용하지 않게 가로막고, 말을 할 때마다 사람들로 하여금 하나님이 말씀이라는 사실을 유념하도록 종용한다. 태초에 말씀이 있었다. 그것이 말의 근원이자 한계이다. 이는 말에 대한 코헬레트의 결론이다.

소유라는 주제에 대해서는 "만사를 행하는 하나님의 일"전11:5이라는 말씀으로 귀결된다. 우리는 이점을 나중에 다시 살펴볼 것이다. 소유하는 것이나 행하는 것이나 모두 다 이 궁극적인 진리에 귀결된다. 즉, 결국은학자들은 '종국적으로' 라고 할 것이다 만물의 주인이자, 네가 가지고 나누는 소유물의 진정한 주인은 바로 하나님이다. 여자와 남자의 주제에 대해서는 결론이 하나님이 남자를 바르게, 즉 의롭고 정직하게 만들었다는 것임을 방금 살펴보았다.

이와 같이, 각각의 주제는 우리로 하여금 이런 결론에 도달하게 한다. 그것은 하나님이 창조한다는 것이다. 이 중요한 사실은 이미 앞에서 부정되었던 주장이 전혀 근거가 없다는 걸 확인시켜준다. 그 주장은 전도서에서 하나님이 언급된 구절들은 경건한 필사자가 전도서의 내용을 덜 충격적으로 만들어서 정경에 포함되는 것을 용이하게 하기 위한 의도에 연유한다는 것이다. 이는 헛된 생각이다. 하나님을 언급한 구절들은 우리로 하여금 마지막 핵심주제인 하나님의 존재로 향하게 한다. 코헬레트에게 하나님은 어떤 존재인가?232)

---

232) 전도서를 코란의 시시한 허무주의나 베탕쿠르[역주: André Bettencourt, 1919-2007, 프랑스의 정치가. 2차대전 당시 나치의 후원을 받았던 잡지에 기고한, 반유대적인 글들로 비난을 받고 나서, 철없던 젊은 시절의 일이라며 유대인들에게 사과한다]의 편의주의와 비교할 때, 우리는 엘로힘의 현존이 코헬레트가 진부한 통념에서 벗어나는데 얼마나 중요한 비중을 차지하는지 더 잘 가늠하게 한다. 베탕쿠르는 『도깨비불의 무도회』 Le Bal des ardents(Paris, Lettres vives, 1983)에서 세계를 설명하려는 헛된 욕심을 비판하였

물론 나는 지혜에 대한 성찰을 예수 그리스도로 끝맺을 수 있을 것이다. 마이요Maillot는 말한다. "실존적인 문제들에 대한 지적, 개념적 해답은 존재할 수가 없다[…]. 하나님은 우리에게 우리의 수수께끼 같은 실존의 문제들을 해결하도록 어떤 이론 체계나 지식을 주지 않고, 예수 그리스도를 보내 주었다. 실존만이 실존에 응답할 수 있다. 지혜는 하나의 사상이나 개념들이 아니고, 한 사람 예수 그리스도이다."

신앙의 관점에서 그것은 사실이다. 왜냐하면 "예수 그리스도는 우리에게 지혜와 의로움과 거룩함과 구원이 되었기"고전1:30 때문이다. 그러나 그것은 깊은 심연의 문제를 그냥 넘어가려는 것이다. 전도서에 귀 기울이는 입장에서 나는 그렇게 하지 않을 것이다. 그러나 예수 그리스도를 언급하지 않고, 지혜의 가능성과 그 적용부분들을 제시하고 나서, 지금 나는 손톤 와일더233)가 시저에 대해 한 묵상을 떠올리지 않을 수 없다.

"나는 아마도 한 바보의 단검에 찔려서 죽을 것이다. 신들은 자신들의 도구를 선택하는 데서도 사신들의 모습을 숨긴다. 우리의 목숨은 지붕 위에서 떨어지는 기왓장과 같은 우연적인 사건에 달려 있다. 우리는 기왓장들

다. 그는 전도서를 반복해서 말했다. 그는 다른 사람들처럼 삶의 모순들을 강조하고, 궁극적으로 우리가 땅 위에서 살아가는 것은 일이나 고통을 얻으려는 것이 아니라, 그냥 즐거움을 얻으려는 것이라고 한다. 그리고 우리가 살아가는 것은 "우리 깃털에 붙은 불과 함께, 우리 뒤를 바싹 따라오면서 우리의 삶을 갉아먹는 죽음과 함께 춤을 추려는 것이고, 그래도 미소를 띠며, 젊은 별들의 약간의 광기어린 흔들리는 투명한 시선으로 바라보며 춤을 추려는 것이다." 그러나 전도서와는 반대로 베탕쿠르는 하나님은 무라고 생각한다. 하나님은 단지 "우리 안에 거하면서 우리를 창조하거나 파괴하게 하는 무이다." 하나님은 발레 마스터다. 또한 그는 하나님을 섬기지 말고 최대로 이용해야 한다고 한다. "그를 즐겁게 하고 누그러뜨려서 평화적인 창조에 몰두하게 함으로써, 피와 불에 대한 그의 욕구를 바꾸도록 그를 이용해야 한다." 여기서 우리는 다시 평범하고 진부한 통념으로 되돌아왔다. 하나님을 이용하는 것이다! 이십만 년 동안 사람들이 하나님을 집사처럼 이용해왔다는 사실을 모른 채로 지내던 사람이 이제 천재적인 혁신을 일으킨 것이다! 바로 이 계속되어온 착각을 철저하게 거부하는 데서 전도서의 깊이와 진리가 드러난다.

233) 쏜톤 와일더(Thornton Wilder, 1897-1975, 미국의 작가), 『3월 15일』 *Les Ides de Mars*, Paris, Gallimard, 1951.

을 이동시켜서 레몬 장수나 시저에게 떨어지게 하려는 주피터를 머릿속에 그리고 있는 것이 틀림없다. 소크라테스에게 유죄 선고를 내린 배심원단은 아이스킬로스Eschyle를 죽였던 독수리나 거북이와 같이, 숭고한 일을 위한 도구로 쓰임을 받지 않았다. 가물가물한 나의 마지막 의식 속에서, 나는 나뭇잎들을 떠내려가게 하는 시냇물과 같이 어떤 합리적인 이유도 없이 세상이 행한다는 증거를 다시 얻게 될 것이다." 나는 또 카뮈Camus의 글을 취할 수도 있었을 것이다. 지혜는 헛된 것도 아니고 불가능한 것도 아니다. 그러나 지혜는 우리에게 제기된 이런 헛된 질문에 대답할 수 없을 것이다. "세상과 인생은 결정적으로234) 부조리한 것인가 아닌가?"

5) 에필로그

현대의 언어로 말한다면 우리는 코헬레트가 '위기'를 드러나게 했다고 말할 수 있을 것이다. 여기에는 도덕과 철학의 위기, 관습과 위대한 인간성의 위기, 사회적 삶의 근원적 위기, 정치적 위기, 인간과 사회의 위기, 현재적 위기, 영원의 위기가 있다. 위기를 이렇게 드러내는 것은 정말 중요한 것이다. 왜냐하면 위기는 평소에는 감춰져서 볼 수 없었던 것의 존재와 힘과 양상을 갑자기 나타나게 하기 때문이다.

코헬레트는 현대보다 더 현대적인 사고를 전개한다. 왜냐하면 혼란과 무의미와 부조리와 모순을 우연적인 사건들이나 제거해야 할 악이나 부차적이고 부수적인 일로 보는 대신에, 그는 이 모든 것을 인간의 삶과 사회에 내재적인 것으로 보여주기 때문이다. 그는 혼란과 모순을 정상적인 인간 존재에 통합시킨다. 이는 정말 놀라운 것이다. 그렇기 때문에 전도서는 그렇게 오랫동안 등한시되고 무시되거나, 도덕적이고 규범적인 의미로 해석되었다. 전도서는 규범에 순응할 것을 말한다는 것이다. 그런데 인간의 삶

---

234) 여기서 '결정적으로'는 사람들이 어떤 결정을 내릴지라도 상관없는 걸 의미한다.

에서 규범은 질서이자, 평화이자, 정합성이자, 타협이자, 도덕적, 자연적, 정치적, 과학적 법칙들이다. 그것은 규칙성과 일관성과 일치성이었다. 따라서 혼동과 혼란은 비정상적이고 우발적인 것으로서, 어떻게라도 제거해야 하거나, 축소시키고 명백하게 밝혀야 하는 것이었다.

그러나 생물학과 물리학과 철학과 사회학에서의 현대적 사고는 혼란과 우연과 소음의사소통을 위한을 장애와 부조리로 보지 않고, 실존적이고 기초적이고 시사적인 것으로 보게 한다. 이는 코헬레트가 이미 언급했던 것이다. 존재하는 것은 정상적이고 합리적이고 선한 것이 아니라기보다는 무분별하고 역설적이고 모순적인 것이다. 그는 그 사실을 문자 그대로 자신의 말 가운데 드러나게 할 뿐만 아니라, 말하는 방식과 존재의 모순을 선언하는 방식에서도 드러나게 한다. 그는 지식의 결함, 사회 현실의 결함, 존재의 결함 등 모든 흠결사항들을 드러나게 한다.

합리적이고 건강한 그리스의 인간형, 즉 악이라고 할 수 있는 것과 혼란과 불균형이 없는 인간형을 극복하고자 한다면, 우리는 인간과 사회가 위기를 지니는 체계임을 인정해야 한다. 즉, 그것은 "서로 상반된 요소들이 복잡하게 얽혀있는 체계이다. 그런 체계가 없다면, 사회 이론은 [그리고 인간의 이해는] 부족하게 되고, 위기라는 개념은 인지될 수 없다."235)

코헬레트는 모든 일탈들을 조명하면서 정확히 그러한 사실을 기술하고 있다. 코헬레트의 위력은 그것들을 드러냄으로써 사람들이 그것들을 인간의 삶에 속하는 일부분으로 인정하게 한다는데 있다. 이렇게 위기를 총체적으로 그 복잡성을 드러나게 함으로써, 코헬레트는 우리로 하여금 실상을 보여주는 계시자와 함께, 계시를 실행하는 실행자가 존재한다는 점을 인정하지 않을 수 없게 한다. 그래서 그렇게 고통스럽다. 왜냐하면 이 위기는 감춰진 것을 드러나게 하기 때문이다. 현대의 정신분석학은 그 감춰진 것을 다

---

235) [역주] 에드가 모랭(Edgar Morin), 『사회학』*Sociologie*, Paris, Fayard, 1984.

시 드러나게 하려고 한다. 이와 같이, 코헬레트는 위기를 드러내고, 위기는 깊고 깊은 심층의 심연을 드러낸다. 그것이 코헬레트의 목표다. 그러나 위기는 또 실행자이다. 사람들이 그 실상을 알아차릴 때 그것을 변화하고 변화하게 하려는 요구가 일어나는 것이다.

위기는 변화와 변혁과 진전을 불러올 수 있는 모든 것을 작동하게 한다. 그것이 정말 납득할 수 없을 것 같은 코헬레트의 목표이다. "상황은 무의미한 것이다. 모든 수고는 헛된 것이다. 그렇다고 실망할 것은 아니다. 반대로 네 손이 할 수 있는 모든 것을 행하라." 이와 같이 사실 코헬레트는 히브리적 지혜이든 그리스 철학이든 간에 직접적이고 단순한 사유 영역을 넘어서서 복잡한 인식의 세계로 나아간다.236)

나는 '위기의 사상'이라는 말은 정말 잘 선택한 용어라고 본다. 첫째로 위기는 먼저 선별하고 나누고 구분하는 것으로, 이는 바로 예루살렘의 왕이 하는 일이다. 그는 모든 가치 있고 확실한 것들을 선별한다. 그는 바람을 잡는 것과 같은 이 일을 하지 않고서는, 인간이 아무 일도 시작할 수 없고, 애기할 권리가 없다고 한다.

둘째로 위기는 재판하고 판결하는 것이다. 실제로 그는 판결 내용들을 축적한다. 그는 판결과 재판의 전문가이다. 판결과 재판은 솔로몬을 완전한 형평성의 모범으로 만들었다. 그러나 솔로몬이 훌륭한 판결을 내린 위대한 인물이라 한다면, 그것은 그가 먼저 구체적인 사건들을 잘 판단한 공정한 재판관이 됨으로써 실제 판결을 내릴 수 있었다는 걸 뜻한다. 이와 같이 판결은 긴 소송을 종결하는 재판을 거쳐야 실현되는 것이다. 그러나 우리는 코헬레트가 먼저 자기 자신과 긴 소송을 하는 것처럼 모든 성찰을 행한 것을 지켜보았다.

셋째로, 위기는 결정적인 순간과 전환점을 결정하는 것이다. 우리는 이

---

236) 에드가 모랭의 『사회학』 *Sociologie*을 참조하라.

미 언급했던 사항으로 다시 돌아온다. 즉, 위기는 아주 잘 안정된 사회나 도덕적인 상황에서 일어나는 우연적인 사건이 아니다. 반대로 위기는 결정을 내리는 시간이며, 행동을 취하는 결정적인 시간이다. 코헬레트는 그 위기에 참여한다. 왜냐하면 그 순간에, 그 전환점에서는 진단을 내릴 수 있기 때문이다. 오랫동안 의학을 가르친 뒤에는 병이 발생하는 위기의 때를 기다려야 진단을 내릴 수 있게 된다.

실제로 위기는 언제나 사회와 인간의 삶에 진단을 내릴 수 있게 하는 것이다. 죽음은 마지막 위기이다. 죽음에 기초하여 우리는 결정적인 진단을 내릴 수 있게 된다. 이와 같이 위기를 드러나게 하는 것은 유감스럽고 부정적이고 해로운 것이 전혀 아니다. 반대로 위기의 발견은 꽉 막힌 미래와 불확실한 일들을 발견하는 것만이 아니라, 참된 진단의 가능성을 드러나게 하고, 변화를 위해 나아가야 할 필요성이 나타나게 한다. 에드가 모랭은 위기는 "문제의 체제에 맞게 결정론을 후퇴시킨다"고 말할 수 있었다. 이와 같이 위기의 발견은 자유를 촉진시킨다. 위기의 상황에서, 인간은 자유가 허용되는 불분명한 상황에 놓이게 된다. 이는 또한 전도서 전체에 기재되어 있는 것이기도 한다.

우리가 도달한 이 기로에서 우리에게 위협적인 의문이 제기된다. 우리는 위기의 계시가 위기 자체를 위기의 실행자로 드러나게 한다고 말했다. 상황을 바꾸어야 한다면서, 우리는 자의적이고 인위적인 해결책이나 그보다 더한 체계적인 해결책을 찾으려는 것은 아닐까? 그 과정이 우리가 제시했던 과정일까? 그게 아니라면, 전도서 기자가 위기를 드러나게 하는 가운데 자신이 유보해둔 해결책을 간직하고 있는 것은 아닐까? 바꾸어 말해서, 기독교인들에게는 더 진부하게 들릴지 모르지만, 전도서에 일종의 기만적인 사기가 있는 것이 아닐까? 자 보라. 세상은 아무런 가치가 없고, 인간도 마찬가지고, 철학도 더 나을게 없으니, 다 백지로 돌리고서 승리의 카드인 하나님을 꺼내자. 하나님이 해결책이고, 막힌 곳을 뚫고 쉽게 이해할 수 있게 해준다. 하나님과 함께라면 더 이상 위기는 없고, 모든 문제에 대한 해답만이 있게 된다.

우리는 수세기 동안 크게 유행했던 이 안타까운 변증론을 잘 안다. 이 변증론은 하나님 없이 살아가는 사람의 불행한 삶과 하나님을 믿고 살아가는 사람의 행복한 삶을 대조시킨다. 혹은 죄에 대한 설교를 하여서 사람들이 하나님의 은혜를 받게 한다. 하여튼 천을 구성하는 세 가닥의 실이 헛됨과 지혜와 하나님이라고 했는데, 코헬레트도 같은 방식을 취한 것은 아닐까?

여기서는 아주 정확히 해야 한다. 아무 생각 없이 그냥 서둘러서는 안 된다. 어느 곳에서도, 우리는 헛된 것에 대한 경험을 통해서 하나님을 찾는다는 방식은 찾아볼 수 없다. 코헬레트는 그런 걸 입증한다거나 주장하지 않는다. 그는 어떤 인과관계도 세우지 않는다. 코헬레트는 그는 결코 문제를 제기하지 않기 때문에 우리가 그렇게 상정하는 제기된 문제에 대한 해답으로 하나님을 내세우지 않는다. 그는 현실에 대한 냉혹한 사실 확인을 해나간다. 하나님은 그런 작업에 아무 유효한 도움도 주지 않는다. 하나님은 적절한 위로조차 되지 않는다. 우리는 그 점을 뒤에 가서 살펴볼 것이다. 전도서의 단계별 구성에서 보이는 것은 "사정이 그렇다"와 "그러나 나는 말한다"가 서로 대립하고 부딪치는 것이다. 하나님은 일관성 있는 말을 계속하는 것이 아니고, 모순을 말한다. 하나님은 명확한 현실의 냉혹함과 급진성을 완화시키지 않는다. 하나님은 죽음이건 불의이건 간에 그 충격을 수용할 만하게 유화시키거나 용납할 만하게 에둘러서 말하지 않는다.

코헬레트는 결코 "하나님의 관점에서" 더 높은 차원이 있다거나 세상이 덜 비극적이라거나 의미가 있다고 하지 않는다. 우리는 이 모든 것에서 의미의 부재를 본다. 하나님을 이용하지 말아야 한다. 그래서 하나님을 마치 철학적인 퍼즐에 빠진 조각이나, 헛된 것에 대한 이상적인 위로나 주는 존재처럼 여기는 것을 막아야 한다. 코헬레트의 하나님은 이용할 수가 없는 존재이다. 그러나 하나님은 모순 가운데 늘 현존한다. 하나님은 상황을 더 심각하게 만들기도 한다. 왜냐하면 하나님은 접근할 수 없는 존재이지만 현존하기 때문이다. 하나님은 현존하지만 우리가 다다갈 수 없기 때문이다.

"하나님은 하늘에 있고 너는 땅 위에 있다." 이 말은 양립할 수 없다는 것이다. 이는 왜 우리가 코헬레트는 데우스엑스마키나237)나 해결책을 만들어낸다고 비난할 수 없는지 그 이유가 된다.

사실 확인과 입장 표명에 대한 코헬레트의 태도에 차이가 있다는 점을 다시 검토해야 한다. 코헬레트가 하나님에 대해서 계속 "그러나 나는 말한다"라거나 "그러나 나는 안다"라고 할 때는 선포하고 결단하는 것이다. 여기서는 증언하는 것이지 변증하는 것이 아니다. 이렇게 선포된 내용에 대해서, 우리는 믿거나 믿지 않거나, 신뢰하거나 신뢰하지 않는다. 그러나 코헬레트가 할 수 있는 모든 것은 자신이 내린 결단의 차원에 있으며, 그는 전도서의 독자도 결단을 내리도록 권유한다.

그는 위로하는 하나님으로 쉽게 받아들일 수 있도록 합리적인 길로 우리의 손을 붙잡고 우리를 인도하지 않는다. 그는 우리를 헛됨의 깊은 심연으로 인도한다. 거기서 우리는 결단을 내려야한다. 그러나 아무도 그 심연을 채우거나 뛰어넘게 하지 않는다. 그 심연은 하나님을 영접하고 믿는다 할지라도 계속 심연으로 남는다. 그것은 키르케고르의 말에 따르면 무조건적 절대적 상황이다. 하나님은 무조건적이다. 믿는 사람도 그 사실을 인정

---

237) [역주] 라틴어로 'Deus ex machina'. 고대 그리스의 연극에서 쓴 무대 기법. 기중기와 같은 기계장치로 신적인 존재로 분장한 배우를 등장시켜 복잡한 상황을 단번에 해결하는 수법으로 중세에도 사용되었으며 몰리에르의 작품에도 등장한다.

하고 이유도 동기도 없이 무조건적인 방식으로 결단을 내려야한다.238)

이와 같이, 코헬레트가 하나님에 관해 선언한 것은 설득을 위한 것도 아니고, 문제 해결을 위한 것도 아니다. 또 다시 사실이 그렇기 때문에 그런 것이다. 그게 전부다. 그러나 결론적으로, 그것이 허점이 아니라는 걸 입증하기 위해서, 베르트랑 드 주브넬239)의 대립론을 환기시켜야겠다. 나는 그의 주장을 자주 참조하곤 했다. 문제와 실존 상황이 대립하는 경우에 있어서, 문제가 일어나기 위해서는, 문제에 관한 자료들이 알려지고 사람들이 모든 자료들을 가지고 있고 구체적인 의문을 종결시킬 수 있는 서술을 할 수 있어야 한다. 그런 경우에는 문제의 증명에 이르기 위해서는 모든 자료들을 사용하여 명확한 추론을 내리면 된다.

그러나 실존적 상황은 결코 하나의 문제로 제기될 수 없다. 거기서는 결코 모든 자료들을 취할 수 없고, 요소들 간에 일관성이 없으며, 상황에 대한 서술도 할 수 없다. 따라서 합리적인 근거들을 세우려고 아무리 노력해도 하나의 해답은 얻을 수 없다. 모든 정치적 개인적 실존 상황에서는 하나의 결정만이 있을 뿐이다. 단안을 내려야 한다. 문제를 단호하게 처리해야 한다. 이는 우연과 불확실성을 수반한다. 이와 같이 종국적인 실존 상황에서는 아무런 해답도 가능하지 않고, 오직 결정만이 내려져야 할 뿐이다. 그렇기 때문에 코헬레트는 하나님의 존재나 실재를 합리적으로 설득하려고 하지 않는 것이다. 그는 계시 전체에 대해 완전히 충실하다. 전적인 타자는 전적인 타자이다. 나는 하나님이 누구인지, 또 하나님이 너를 기다린다는 것을 말할 수 있을 뿐이다.

---

238) ▲더욱이, 이 주장은 근본적으로 신학적인 것으로서, 순진한 주석학자들로 하여금 하나님에 관한 구절들은 나중에 첨가된 것이라고 믿게 했다.

239) [역주] 베르트랑 드 주브넬(Bertrand de Jouvenel, 1903−1987), 프랑스의 철학가, 경제학자.

제3부

하나님

엘로힘, 모순, 베푸심, 하나님을 가까이, 완성

인간의 유한성이라는 경계석은 옮길 수 없다.
인간에게 가장 중요한 것은 영원한 하나님을 경외하는 것이다.
그것이 지혜의 시작이다.

**지혜는 오직 첫걸음만 함께 할 수 있다.
그 첫걸음은 바로 하나님과의 참된 관계를 맺는 것이다.**

하나님은 우리를 손수 이 마지막 문으로 인도했다.
이 마지막 문은 곧 삶으로 들어가는 첫 번째 문이다.

제3부 하나님

나는 이 단원을 코헬레트의 사유에 정확히 들어맞는 성싶은 두 개의 텍스트로 시삭하고 싶다. 하나는 "나는 누가 또는 어떤 것이 그 문제를 제기했는지 모른다. 나는 그 문제가 언제 제기되었는지 모른다. 나는 그 문제에 대해 어떻게 대답해야할지 모른다. 그러나 나는 어느 날인가 그 누군가 나 혹은 그 어떤 것에게 '예'라고 대답했다. 그 순간부터 나는 실존에는 의미가 있고, 따라서 나의 삶에 목표가 있다는 확신을 가지게 되었다."240)

이 말을 보완하는 다른 하나의 텍스트는 이것이다. "나는 이 세상이 존재하고, 내 눈이 제자리에 붙어있듯이 내가 이 세상에 붙어있다는 사실을 안다. 이 세상이 문제가 되는 것은 곧 우리가 그 의미라고 부르는 것이다. 이 세상에 의미가 존재하지 않고 세상 밖에 존재한다. 하나님을 믿는 것은 세상에 속한 요소들을 가지고는 아무 것도 해결할 수 없다는 사실을 인정하는 걸 뜻한다. 하나님을 믿는 것은 삶이 의미가 있다는 사실을 인정하는 걸 뜻한다."241)

---

240) [역주]하마슐드(Das Hjalmar Hammarskjöld, 1905-1961), 스웨덴의 정치가. 유엔 사무총장(1953-61).

241) [역주]루트비히 비트겐슈타인(Ludwig Wittgenstein, 1889-1951), 오스트리아계 영국 철학자.

1. 엘로힘

나는 전도서에서 하나님에 관한 중요한 언급이 30여개가 넘는다는 사실을 발견했다.242) 나는 이 작은 책에서 이 숫자가 이미 결정적인 의미를 가진다고 본다. 세속적인 지혜문집을 만들기 위해 전도서에서 하나님에 관한 본문들을 다 제거해 버린다면, 전도서 전체가 와해되고 말 것이 분명하다. 이런 말을 해서 내가 호교론을 펼치자는 것이 아니다. 이는 단순히 다른 책에 대한 비평과 같이 합리적이고 정직한 해석에 따른 것일 뿐이며, 나의 기존관념에도 충격을 주는 것이었다.

서두에서 이미 결정적인 사실은 전도서에서 하나님은 언제나 엘로힘243)이며, 결코 거룩한 네 글자YHWH로 나오지 않는다는 것이다. 그 점에서 전도서 기자는 자신의 입장을 분명히 취한다. 엘로힘은 일반적으로 신을 지칭하는 것으로 어떤 학자들은 신성이라고도 한다. 나는 이 호칭을 별로 좋아하지 않는다. 왜냐하면 이는 소위 종교적인 영역을 다루는 것이 되기 때문이다. 그는 창조주 하나님이며, 우주생성의 주인이다. 이스라엘 주변의 이방 민족들의 신성과는 많은 차이점들이 있으나, 다 열거할 수는 없고 그 중 두 가지 차이점들에 주목하고자 한다.

엘로힘은 복수형인데, 엘로힘이 주어로 쓰이는 문장의 동사들은 일반적

---

242) L. Gorsen, 『전도서의 하나님 개념』*La Notion dans l'Ecclésiaste*, Ephemerides Theologicae Lovanienses, 1970; H. P. Muller, 『하나님을 언급한 전도서 본문』*Wie Sprach Qohälet Von Gott*, Vetus Testamentum Leyden, 1968; A. Dumas, 『하나님 이름』*Nommer Dieu*, Paris, Editions du Cerf, 1982; Gershom Scholem, 『하나님의 이름과 상징들』*Le Nom et les Symboles de Dieu*, Paris, Editions du Cerf, 1983.

243) 리스(Lys)는 전도서 기자는 이 단어를 관계사가 아니라 단어 그 자체로 절대형으로 사용한다고 강조한다. 더욱이 관사와 함께 사용되면 그 단어는 비인칭이 된다(40 번 중에서 32번). 전도서 기자는 결코 '나의 하나님'이라고 하지 않는다. 그러나 여기서 또한 엘로힘은 그 형태에도 불구하고 언제나 단수로 쓰인다(이 단어가 주어로 쓰이는 문장의 동사에 의해 표시되거나, 이 단어가 선행사일 경우에 소유격을 사용하여 표시된다).

으로 단수형이다. 바꾸어 말해서, 엘로힘은 다수로서 하나의 신으로 존재하는 것을 뜻한다. 이는 극단적인 경우 모든 종류의 신성을 지닌 존재들을 다 포함하지만, 유일한 존재이다. 그리고 엘로힘의 행위는 언제나 엘로힘 자신 안에서 결정된다.244) 그러나 엘로힘은 다른 종교의 신들과 같이 창조의 기원을 맡고 있다. 우리는 그 행위들을 통해서 엘로힘을 관조해볼 수 있다. 그러나 엘로힘은 또 다른 고유의 특성을 나타낸다. 남자와 여자를 창조할 때 엘로힘은 그들과 특별한 관계를 맺는다.

더 고집하지 말자. 그 차이점들에도 불구하고, 성서에 엘로힘만 나온다면, 우리는 이 하나님을 판테온Panthéon에 등재하여 아무 문제없이 종교사의 일원으로 편입할 수 있다. 우리는 엘로힘을 어떤 신이나 다 지칭하는 것으로 해석할 수도 있다. 그러면 우리가 말하는 엘로힘이 무슬림이 말하는 알라와 완전히 동일한 것으로 인정될 것이다. 그러나 한편으로는 제한적이고, 다른 한편으로는 방임적인 그러한 태도는 성서의 하나님에 대해서는 불가능한 것이다. 왜냐하면 성서에서 엘로힘은 야훼YHWH로 계시되었기 때문이다. 그는 자신의 이름을 전해주었다.

그는 야훼 엘로힘이며, 하나의 익명의 신이 아니다. 그는 그 자신이다. 그래서 야훼가 나오는 역사는 다른 모든 신들과 연관되는 전설이나 신화나 우주생성기원이나 서사와 아무런 공통점도 없다. 엘로힘이라 읽을 경우에도 머릿속에 다른 신이나 신성과 동일하지 않은 야훼 하나님을 기억하고 있어야 한다. 엘로힘은 멀리 떨어져 있고 절대적이고 아무런 준거도 없는 존재이다. 그러나 야훼는 스스로를 계시하여 우리의 역사에 들어와 인간

---

244) 모든 인생의 부침에 함께 하는 이 하나님의 계속적인 놀라운 현존은 질베르와 (많은 다른 학자들과도!) 의견을 같이할 수 없게 한다. 그는 그런 신앙이 "자신이 어두운 암흑 가운데 있을 때 아무런 의지가 되지 않지만, 그 의미를 잘 모른다고 도덕을 부인하지 않듯이 그 신앙을 부인하지는 않는다"고 썼다. (Maurice Gilbert, "Vo Qohelet", in *Morale et Ancien Testament*, Paris, Cerfaux-Lefort, 1976.)

의 실존에 참여한다. 그러나 야훼는 또한 엘로힘이다. 그래서 이스라엘의 하나님의 이름을 부르는 것은 알라를 부르는 것과 아무런 연관성이 없다.

코헬레트가 이 엘로힘이라는 단어만 사용한 것은 아주 깊은 의미가 있는 것이다. 그러나 그는 불특정한 신성이 아니라 인격적인 신이라는 뜻으로 사용했다. 먼저 그가 취한 입장이 무엇인지 알아보아야 한다. 나에게는 그것은 명확한 것이다. 그것은 의심의 여지없이 이스라엘의 특수성을 지우려는 것이다.

코헬레트는 그냥 단순히 신이나 신성이라고 부른다. 그렇게 해서 그는 사도 바울이 아테네에서 행한 연설과 같은 전략을 펼친 것이다. 사도 바울은 아테네 사람들이 다 알아들을 수 있도록 신성과 이름 모를 신이라는 단어를 사용하여서, 그들을 알지 못하는 하나님인 예수 그리스도에게로 인도하려고 했다. 종교적인 일반 단어를 사용하여 보통 사람들이 말하듯이 말함으로써, 자신의 메시지를 사람들에게 전달하여 알아들을 수 있게 하려고 한 것이다. 그것은 아주 명백하다. 그러나 그것은 수신자의 문제가 해소되는 것을 전제로 한다.

코헬레트는 누구에게 말하려고 한 것인가? 그리스인들과 비유대인들에게 전하여서 지중해의 오리엔트 지역에 작은 책자처럼 퍼뜨리려고 한 것인가? 일종의 호교론인가? 그러나 어떤 종교의? 유대교라고? 이스라엘 백성이 받아들인 계시의 종교는 전혀 아니다. 우리가 그 모순을 정확히 밝히지 않았는가 말이다. 철학자들의 학회에서 발표할 새로운 철학인가? 물론 아니다. 솔로몬의 이름을 붙인 것만으로도 그건 충분히 증명된다. 그렇지도 않다. 이는 유대인들에게 전하는 것이다. 준거로 사용되는 모든 구절들은 창세기 1장과 3장과 같은 토라에 대한 지식을 전제로 한다. 예루살렘을 언급한 것도 마찬가지다. 전도서 기자가 그런 말들로 그리스 세계에 진입할 수 있다는 희망을 가지기라도 했을까? 그러나 자신의 동포들에게 전하는 히브리어아람어? 책이라면, 왜 계시된 이름인 야훼나 그 비슷한 이름도 다 빼버렸을까?

나는 혹시라도 코헬레트가 아도나이245)와 같은 호칭으로 하나님을 부르는 방식에 대해 반대하는 뜻을 표현한 것이 아닌지 의문을 가지게 되었다. 관례와 격언이 전하는 통상적인 지혜를 검토하면서, 코헬레트는 십계명의 셋째 계명을 지키느라 아예 "하나님의 이름"을 부르지 않는, 아주 형식적인 관습에 이의를 제기하려고 하지 않았을까? 그는 하나님의 이름을 그렇게 존중하는 척 하는 것은 단순히 위선을 감추는 것에 불과하다고 지적하려고 한 것은 아니었을까? 하나님의 이름을 망령되이 부르지 말라는 말은 그 이름을 다른 이름으로 대체하라는 의미가 아니다. 그것은 유치한 것이다. 정말 그 이름을 부르는 걸 피하고 싶다면, 철저하게 일관적으로 그 이름을 완벽하게 제거하여, 더 문젯거리를 삼지 말아야 한다. 그러니 유대인들에게 고유한 그 이름을 삭제해버리고, 오직 엘로힘이라고만 하자.

그런 논리는 어딘지 부족해 보인다. 예리하지만, 거기엔 그보다 더 심오한 것이 있다. 또한 나는 당시의 풍습과 말하는 방식에 영향을 받았다는 식으로 쉽게 풀이하는 것도 배제한다. 코헬레트가 부지부식 간에 주변의 다른 민족들과 같은 문화에 동화되었다는 것이다. 바꾸어 말해서, 그가 이스라엘에 신성을 대하는 이방인의 방식을 도입했다는 것이다. 나는 그와 같이 자기비판적이고 명석한 사람에게 그것은 전적으로 불가능하다고 믿는다. 그는 자신이 하거나 하지 않은 일과 자신이 받은 영향에 대한 성찰을 멈추지 않았다. 그는 아무 생각도 없이 남들을 모방할 수 없었다. 더더군다나 다른 모든 종교들에 상반되게, 그는 엘로힘의 특수성을 견지한다. 우리는 그 점을 다시 살펴볼 것이다. 그렇다면 엘로힘이라는 단어만을 썼던

---

245) [역주] 십계명 중의 셋째 계명인 "하나님의 이름을 망령되이 부르지 말라"는 계명을 범하지 않기 위해서 유대인들은 하나님이 계시한 이름인 야훼를 부르는 대신에 주님이라는 뜻의 '아도나이'로 불렀다.

목적이 무엇일까?

　나로서는 두 가지 목적을 볼 수 있다고 생각한다. 첫 번째 목적은 이 책의 목적들과 연관되는 것으로 이스라엘에 미치는 그리스 철학의 영향에 대항하는 것이다. 그것은 그리스 철학의 취약점들을 제시하고 그 덧없음을 보여주어서, 그리스 철학도 하나님에게 굴복할 수밖에 없다는 것을 입증하는 것이다. 그리스 철학이 아무리 스스로 완전히 독립적이고 합리적이라고 주장하더라도 말이다. 그래서 그리스 철학은 언제나 상대적이다. 그런 상황에서 코헬레트는 야훼를 언급하지 않는다. 그렇게 하면 그리스 철학을 이스라엘의 고유한 하나님의 관점으로 평가했다는 반론이 제기될 수 있기 때문이다. 그는 모두가 인정할 수 있는 하나님을 언급할 것이다. 그러나 그렇게 함으로써 그는 놀랍고도 충격적인 결과를 불러온다. 그 결과는 사실은 하나님은 야훼 하나님이라는 데서 비롯된 것이다.

　두 번째 목적은 더 멀리 간다. 내 생각에 코헬레트는 전도서에서 자신이 기록한 경험들, 비판, 실패들이 이스라엘 민족이나 한 사람의 유대인 지혜자에 한정되는 것이 아니고, 보편적인 것이라고 말하고자 한다. 그것은 모든 세상 사람의 실상이다. 그리스인에게도 페르시아인에게도 실제로 일어나는 일이고, 베두인에게도 이집트인에게도 그렇다. 이런 삶의 실패, 한계, 지혜의 부족, 일탈 행위들이 바로 인생이다.246) 그러나 그렇다면 이 모든 것이 야훼 하나님으로부터 온 것이고 이런 분석과 해석은 한 잘못된 유대인이 내린 것이라고 반론을 제기할 수 없게 해야 한다. 그렇다. 그 척도는 엘로힘이다.

　엘로힘은 다른 신들이 가진 모든 특성들을 보여주는 신이다.247) 당신들

---

246) ▲나는 오늘날의 인생도 기원전 3세기의 경우와 마찬가지라고 말하련다.
247) 이는 엘로힘에 정관사를 붙이는 것과 간혹 가다 엘로힘을 '신성'이라고 번역하는 것(예를 들자면, 전5:1절에 대한 리스의 번역)과 부합한다. 그러나 이 번역은 내 생각과 맞지 않는다고 이미 말했다. 그 개념은 너무나 애매하고도 일관적이지 않다. 나는 이에 대

도 다 신들이 있으니까 엘로힘을 받아들여라. 이는 이방인들을 향한 것이다. 그러나 이는 먼저 자신의 백성들에게 전해진 것이라고 이미 말한 바 있다. 여기서 계시는 엘로힘으로부터 나오는 지혜가 보편적인 지혜라는 것으로서, 유대인으로서 당신들도 다른 민족들에게 전할 수 있는 것이 된다. 여기에 기술된 것은 모든 인간의 실상이고 온 세상의 실상이다. 당신들은 그것을 신과 연결되는 보편적인 것, 궁극적으로는 이스라엘의 하나님일 뿐만 아니라 이방인들의 하나님인 것으로 말할 수 있다.

왜냐하면 이 엘로힘은 원하건 원치 않건 간에 동시에 야훼이기 때문이다. 그에 대해서 우리는 아무 것도 모른다는 사실을 안다. 그 하나님은 코헬레트에게는 유일한 하나님이다. 이스라엘에서는 진부한 것이지만, 그는 넘을 수 없는 장벽에 부닥친다. "왜냐하면 유일한 존재는 무한한 존재보다 훨씬 더 우리의 이해를 벗어나기 때문이다. 경험적인 방법이 거기에 적용될 수 없다. 연역법적으로나 귀납법적으로나 논리적으로 불가능하다."248) 유일한 존재는 우리의 정신으로는 전혀 인지할 수 없다. 우리의 정신은 하나를 제시하면 필연적으로 둘을 보게 한다. 사실은 그렇지 않다. 둘은 존재하지 않고 하나가 존재한다. 그렇기 때문에 코헬레트는 그렇게도 철저하게 반이집트적이고 반그리스적인 것이다.

코헬레트는 계속해서 유일한 하나님에 대해서 말한다. 우리는 그 하나님의 현존을 인지하고 그 점을 살펴보려고 한다. 그러나 먼저 확실히 할 것은 우리는 하나님에 대해서는 아무 것도 말할 수 없다는 점이다. 하나님은 우

한 아주 기발한 가설을 보았다. 한편으로 이는 이집트의 영향을 보여주는 표지이다. 왜냐하면 이집트 문학에서 지혜의 글들은 어떤 특정한 신에 대해서 말하지 않고, 다신교에 대해서는 "그 신"을 말하여 신학적이라기보다 철학적인 사유의 틀에서, 즉 인류에 대한 신이라는 관점에서 유일신을 인정한다. 그러나 다른 한편 동일한 말이 기원전 3세기에 늘 능동적인 활동을 벌이는 모습으로 등장했던 가나안의 다신교에 대해서는 유일신(유일하고 고유한 하나님)을 확실하게 의미한다고 볼 수 있다.

248) 폴 노통(Paul Nothomb), 『불멸의 인간: 에덴 동산에 대한 새로운 조명』 *L'Homme immortel: Nouveau regard sur l'Eden*, Paris, Albin Michel, 1984, p. 141.

리가 다 알고 있는 다른 종교의 신들과는 다르다. 우리는 이 엘로힘을 파악할 수도 분석할 수도, 인식할 수도, 만날 수도 없다. 우리는 단지 우리와 엘로힘의 관계만을 알 수 있다.

엘로힘은 알려지지 않은 하나님이다. 우리는 성전 봉헌식에서 솔로몬이 기도의 서두에서 선언한 것을 안다. "하나님은 캄캄한 곳에 거하시기를 원합니다."왕상8:12 성전을 건축한 솔로몬의 행위는 복종의 행위이지, 하나님을 점유하거나 국지화하려는 것이 아니다. 그 하나님은 캄캄한 곳에 거한다. 어떻게 이 말을 "해 아래에서" 모든 것이 헛되다는 선언과 대조시키지 않을 수 있겠는가? 햇빛에 드러난 모든 것들은 헛되고 무익하고 쓸모없다. 그러나 의미를 부여할 수 있는 하나님은 해 너머에, 인간이 알 수 없는 캄캄한 곳에 있다. 하나님은 정말로 인간이 알 수 없다.

"비록 지혜자가 안다고 할지라도 능히 알아내지 못하리로다."전8:17 하나님은 우리가 보기에 마음대로 하면서 우리가 정의나 선이라고 부르는 것과 반대되는 결정을 내리는 것처럼 보일 수도 있다. 그러나 우리가 먼저 수용해야 할 것은 우리는 거기에 대해 판단할 자격도 능력도 갖추지 않았다는 사실이다.

코헬레트는 냉정하게 말한다. "나는 세상에서 또 한 가지, 잘못되고, 억울한 일을 본다. 그것은 참으로 견디기 어려운 것이다. 하나님이 어떤 사람에게는 부와 재산과 명예를 원하는 대로 다 주시면서도, 그것들을 그 사람이 즐기지 못하게 하시고, 엉뚱한 사람이 즐기게 하시니, 참으로 어처구니가 없는 일이요, 통탄할 일이다."전6:1-2

그것은 하나님이 욥에게 한 것처럼 이해할 수 없는 결정을 내려서 한 일이다. 하나님은 우리 앞에서 마음대로 하는 독재자다. 그러나 우리가 아는 것이 무엇인가? 그 목적은 무엇인가? 하나님이 결정한 것들을 하나씩 분리시키지 말아야 한다. 왜냐하면 풍성하게 모든 것을 주는 하나님은 또한 인간을 바르게 세웠던 하나님이기 때문이다.

"사람아 네가 누구이기에 감히 하나님을 판단하느냐?"롬9:20는 사도 바울의 말씀은 코헬레트의 본문과 공명한다. "형통한 날에는 기뻐하고, 곤고한 날에는 되돌아 보아라. 이 두 가지를 하나님이 병행하게 하사 사람이 그의 장래 일을 능히 헤아려 알지 못하게 하셨느니라."전7:14 더욱이 인간이 어떻게 판단할지라도, 인간은 그 일을 하나도 바꿀 수 없다. "하나님이 하시는 일을 생각해 보아라. 하나님이 구부려 놓으신 것을 누가 펼 수 있겠는가?"전7:13 하나님은 독재적이고 절대적이며 미지의 알 수 없는 존재이다.249) 일어나는 모든 일에 관한 통상적인 이해가 다 헛된 것을 알고 나서, 코헬레트는 하나님을 하나의 이론으로, 하나의 체계로, 최고의 원인자로 말할 수 없다는 점을 우리에게 엄정하게 주지시킨다.

그럼으로써 코헬레트는 하나님에 대해 말하지 않고 하나님에 대해 말하는 것을 금지시킨 것이라는 사실을 밝히는 것이 나에게는 중요하게 보인다. 그는 하나님이 이렇다거나 저렇다거나 결코 말하지 않는다. 그는 다른 모든 것에 우선하여, 인간인 우리는 하나님을, 철학이든 과학이든 신학이든 도덕적 만족이든 정당화이든 간에, 우리 뜻에 따라 이용할 권리가 없다고 말하는 것이다. 하나님은 전적으로 이용이 불가능하고, 우리의 관념이나 체계나 의식의 틀에 집어넣을 수 없다. 하나님은 언제나 타자이고 내가 포착했다고 주장하는 곳과는 다른 곳에 있다. 나는 내가 하나님과 극도로 다르고, 내가 분별하고 부분적으로 명확히 할 수 있는 그 불합리한 현상의 배후에 하나님이 있다는 것을 알 뿐이다. 그것이 바로 코헬레트가 역설과 아이러니로 말하려고 했던 것이다. 하나님은 인간의 걸림돌이라는 것이

---

249) 라우하(Lauha)는 이 점을 완벽하게 정리한다. 코헬레트는 하나님의 주권성과 초월성을 명시한다. 그래서 그는 "모든 종교적인 편재성과 범신론적인 기도에 철저하게 반대하는 입장"을 확립한다.

다.250)

여기서 부정신학否定神學이라고 부르는 방법이 흥미를 끈다. 그러나 하나의 신학을 만든다는 점에서 그것도 불가하다. 그것은 하나님에 관한 이론을 펴는 것으로 하나님을 우리의 틀에 편입시키는 방법에 지나지 않는 것이다. 그러나 코헬레트가 다 인정하는 사실이 하나 있다. 그것은 이 어둡게 가려진 하나님은 인간에게 접근하여 가까이 임하고, 인간의 삶에 개입하며, 하나님을 배제하는 것은 불가능하다는 사실이다. 인간이 하나님을 자신의 행위와 경험과 지혜와 지식에서 배제할수록, 하나님은 더더욱 압도적으로 현존을 드러낸다.

내가 하나님의 역할에 대한 선입관을 가지고 있을 때, 하나님은 자기 마음대로 하는 독재자 같이 보인다.251) 내가 하나의 철학이나 지혜를 가지고 있을 때, 하나님은 이해할 수 없는 존재로 보인다. 내가 하나의 도덕을 수

---

250) 리스(Lys)에게, 이것은 인간이 하나님의 자유로운 은혜를 기다리며 살 수밖에 없는 존재라는 걸 의미한다. 이 지혜는 경험에서 오는 것이지 계시가 아니다. 이것은 자연신학을 부인하고, 편리한 기만을 거부하는 것이다. 인간의 문제는 하나님과의 관계 안에서 신비이다. 인간은 의미가 존재한다는 것을 알면서 그 한계들을 인정할 수밖에 없다. 그러나 그는 그것을 정의할 수가 없다. 그는 비셔(Vischer)를 인용한다. "하나님의 주권적인 자유에 대한 그의 존중은 너무도 커서, 하나님을 계산할 때 숫자나 함수처럼 이용한다거나, 하나님의 존재를 증명하려 한다거나 하나님의 경륜을 정당화하려한다는 것은 그에게 불가능하다."

251) 우리가 하나님의 존재에 대한 선입관을 가지고 있을 때, 하나님의 선택과 결정이 우리에게는 독재적인 것으로 보인다는 사실을 코헬레트는 지적한다. 이점은 하나님을 운명이나 숙명(전2:14, 21; 9:11)과 동일시한 페데르센(Pedersen)의 경우에 분명히 나타난다. "눈먼 운명이 인간을 강타한다." 하나님은 어떤 법에도 구속받지 않는다는 것은 독재적이다. 훌륭한 말이다. 그러나 하나님이 하나의 법에 구속된다면(그리스 신들이 운명과 시간에 구속되듯이), 하나님이라고 할 수 있을까? 하나님을 넘어서는 무엇인가가 존재한다고 하니 말이다. 페데르센은 거기에다가 또 우연을 끌어들여서 혼란을 가중시킨다. "하나님은 우연에 따라 선물을 제공한다." 하나님이 하나의 전제군주와 같은 존재라면, 인간 전제군주 왕은 신적 전제군주의 재판에 불과하게 된다(전8:2). (Cf. Pedersen, "이스라엘의 회의주의"(Scepticisme israélite), Revue d'histoire et de philosophie religieuse, 1931.) 내 생각에는 리스(Lys)가 훨씬 더 정확한 것 같다. 그는 이 전도서 본문들은 독재적인 것이 아니라 은혜를 나타낸다고 강변한다. 그것은 하나님이 "어떤 원칙이나 사람에게 구애받지 않고 주고 싶은 사람에게, 주고 싶은 때에, 주고 싶은 방식으로 주는"(비셔 Vischer) 선한 기쁨(독재적인 것이 아니라)이다.

립하고 정의에 대한 하나의 개념을 확립할 때, 그는 불의하게 보인다. 그러나 우리와 가까운 존재로 보인다. 그것이 유일하게 확실한 점이다. 그것이 또한 솔로몬이 성전의 봉헌 기도에서 암시한 내용이다.

모든 민족들의 하나님인 이 엘로힘은 그러나 결코 그 민족들의 종교들 중 하나에 속하지 않는다. 특히 그는 철학자들지혜자들의 하나님이 아니고, 기계와 시계 제작자와 같은 하나님이 아니다. 일단 이 사실을 인정하고 나서, 하나님에 대해 침묵하면 안 된다. 하나님이 그런 존재라고 말하고서 외면한다거나 방관하지 말아야 한다. 왜냐하면 인간이 하나님을 방관하면, 하나님이 인간에게 간여하기 때문이다. 우리는 이 세상에서 기이하게 살고 있다. 이 세상은 우리가 신의 부재 혹은 죽음을 선포한 곳으로 우리 모두를 두렵게 하는 인간의 압제적인 권력이 출몰하는 곳이다.252)

그러나 코헬레트가 인간을 동물과 동일시할 때, 이 독재자 하나님은 우리에게 더더욱 당혹스러운 존재가 된다. 인간이 인간을 짓누르는 불의를 언급하고 나서 코헬레트는 말을 잇는다. "나는 또 마음속으로 생각하였다. '하나님은 사람이 짐승과 마찬가지라는 것을 깨닫게 하시려고 사람을 시험하신다. 사람에게 닥치는 운명이나 짐승에게 닥치는 운명이 같다. 같은 운명이 둘 다를 기다리고 있다. 하나가 죽듯이 다른 하나도 죽는다. 둘 다 숨을 쉬지 않고는 못사니, 사람이라고 해서 짐승보다 나을 것이 무엇이냐? 모든 것이 헛되다. 둘 다 같은 곳으로 간다. 모두 흙에서 나와서 흙으로 돌아간다. 사람의 영은 위로 올라가고 짐승의 영은 아래 땅으로 내려간다고 하지만, 누가 그것을 알겠는가?" 전3:18-21

이 본문은 먼저 인간과 하나님의 극단적인 차이를 확실히 하고, 인간과

---

252) 나는 여기서 체스터톤(Chesterton)의 놀라운 비유를 떠올리게 된다. Cf. Gilbert K. Chesterton, *Le Nommé Jeudi*, Paris, Gallimard, 1979.

동물의 동일성을 설정한다. 이는 창세기 1장과 2장의 내용과 일치한다. 영 souffle, 숨은 사람에게나 짐승에게나 생명을 주는 생명의 영이다. 그러나 그것은 루아흐rouach, 253)이다. 그 의미는 알려진 바와 같이 모호하다. 그것은 하나님의 형상과 같은 영적인 것이 아니다. 그러므로 아무 이견 없이 인간은 동물과 같다.254) 아무튼 그것은 내게는 별로 탐탁하게 보이지 않는다. 왜냐하면 인간이 하나님의 형상답지 않기 때문이다. 인간은 결국 하나의 동물에 불과하다는 것이다. 그 표지는 죽음으로 나타나는 공통의 운명이다.

인간은 루아흐를 받았어도 하나님과 동등하다고 주장할 여지가 없다. 그는 죽음 너머의 사후세계는 알 수가 없다. 그것은 하나님과의 차이를 나타내는 표지이다. 하나님과의 차이는 인간 자신이 하나님과 동등하다고 주장함으로써 스스로 원해서 설정했던 것이다. 전도서 이후로 우리에게 계속해서 반복되는 과학적 가설들과 다윈의 진화론에 왜 그리스도인들이 그렇게 당혹스러워 하는지 모르겠다. 누구나 동일한 운명에 예속된다. 지혜자나 어리석은 자전2:14, 의로운 자나 사악한 자, 깨끗한 자나 더러운 자 전9:2, 모두가 다 똑같은 운명이다. 동일한 운명sort이다. 그러나 이는 삶의 운명destin이나 숙명fatalité 과는 아무런 관계가 없다.

이 동일한 운명은 단지 죽음을 말하는 것이다. 인간에게 죽음은 불가피

---

253) [역주] '루아흐'는 히브리어의 음역으로서 바람, 숨, 마음, 영, 생기, 공기 등의 여러 의미를 가지는 말이다. 이는 창세기 1장 2절에 처음 나오는 말이다. "땅이 혼돈하고 공허하며, 어둠이 깊음 위에 있고, 하나님의 영은 물 위에 움직이고 계셨다."

254) 노통(Nothomb)은 이 전도서 본문에 대해서 커다란 반감을 가지고 있다. 그는 그것이 창조기사에 위배되는 것이라고 본다. 창세기 2장 19절에 보면 동물들은 흙(아다마)으로 만들어지고, 인간은 흙 이외의 티끌(아파르)로 만들어졌다. 동물들은 중력 안에서 만들어졌지만, 인간은 중력 바깥에서 가벼이 만들어졌다. 바꾸어 말해서, 동물과 인간의 기원에서 커다란 차이가 존재하면서, 동물과 인간은 땅 위의 운명에서도 같은 낭패를 당한다. 그들은 동일한 생명의 숨, 루아흐를 받은 것은 분명하다. 왜냐하면 그것은 하나님의 영이 아니라 단지 그들에게 생명을 부여하는 것이었기 때문이다(창2:7, 19). 문제는 창세기 본문에서 이 숨은 생기(니쉬마트 하임)라는 것이다.

하기에, 인간은 동일한 죽음의 운명을 가진 동물과 똑같다는 문제를 앞에서 살펴본 바와 같이 스스로 제기할 수밖에 없다. 그러나 그 문제에 대한 결정적인 대답은 있을 수 없다. 다만 "누가 그것을 알겠는가?"전3:21라는 의문을 던질 수 있을 뿐이다. 인간은 위로 올라가는 자신의 영esprit이 아래로 내려가는 동물의 생명의 혼souffle과 다른 운명이라고 주장할 수 없다. 이 주제에 대해서는 아무 것도 확실하다고 할 수 없다.

인간과 동물의 분명한 차이가 절대적인 질적 차이라고 결론을 내릴 수는 없다. 우리는 코헬레트와 같이 "누가 그것을 알겠는가?"전3:21라는 질문밖에 할 수 없다. 이에 대한 계시는 없다. 아무튼 코헬레트는 하나님의 작품인, 이 꽉 막혀 풀 수 없는 난제가 주는 의미를 우리에게 전달해줄 수 있다. 그것은 인간이 불의하고 정의가 선언되어야 하는 곳에 불의가 군림하기 때문이라는 것이다. 그것은 인간이 하나님의 정의를 하나도 반영하지 않기 때문이라는 것이다. 인간이 인간에 대해 악한 행위를 할 때, 인간이 스스로 하나님이 준 소명과 하나님과의 관계를 버릴 때, 인간은 어느 동물과 같이 행동하는 하나의 동물에 불과하게 된다는 사실을 알아야 한다. 그것이 인간의 불의에 대한 심판이다.

인간이 자부하는 모든 것들은 폐기되어버렸다. 인간에 부어진 생명의 숨이 악에 사용되는데, 어떻게 인간의 운명이 동물의 운명보다 우월하여 "위로 올라간다"고 주장할 수 있겠는가? 여기서 하나님의 역사는 그 권능과 격차와 불가해성을 보여준다. 우리는 그 점을 이렇게 요약해볼 수 있다. 인간이 하나님의 형상을 따라 행동하지 않기 때문에, 인간은 동물보다 나은 게 없는 존재가 되어버린다. 그 사실을 나타내는 것은 인간과 동물이 죽음이라는 표지와 푯말로서 동일한 결말에 이르는 동일한 운명을 가진다는 점이다. 이와 같이 인간은 하나님과 대등하다고 주장할 근거가 하나도 없다. 인간은 이 세상 너머의 저세상에 대해 아무 것도 알 수 없다. 그는 저 너머

의 세상에 속하지 않는다. 모든 인간이 악의 존재 때문에 하나님과 멀어지는 것이다.255)

하나님이 모든 것을 만들었다. 전도서의 여러 구절들이 이 진리를 언급하지만 각기 독특한 뜻을 담고 있다. 모든 것이 언제나 한결같다. 거기에다가 더할 수도 덜할 수도 없다.전3:14 하나님은 우주와 모든 존재와 모든 사건의 처음과 끝을 구현한다. 하나님은 실재가 존재할 수 있게 한다. 하나님의 행위는 한결같다. 인간은 무엇이든 더할 수도 없고 덜할 수도 없다. "너희 가운데서 누가, 걱정을 해서, 자기 수명을 한 순간인들 늘일 수 있느냐?"마6:27 영원한 미래에 대해서도 뺄 수 있는 것이 하나도 없다. 왜냐하면 모든 것은 좋기 때문이다.

세상은 이와 같이 가시적인 모습을 띠지만, 사실 그 이면의 내용은 알 수 없는 것이다. 코헬레트가 언제나 하는 말이 그것이다. 인간은 모든 것이 하

---

255) 폰 라드(G. von Rad)는 이 주제에 대해서 아주 중요한 지적을 했다. 악과 불의는 하나님이 인간에게 내린 시험이다. 그러나 다른 성서의 책들과 같이 도덕적인 교훈을 끌어내는 대신에, 코헬레트는 당시에 흔했던 "신적인 시험"(전3:18)이라는 개념에 하나님이 인간을 선별한다는 의미를 불어넣는다. 이는 인간에게 자신의 연약함을 돌아보게 하고 존재의 허무를 깨닫게 한다. 왜냐하면 인간이 동물과 다를 바가 없기 때문이다. 인간과 동물의 이러한 유사성에 대해서, 마이요(Maillot)는 인간의 역설적인 우월성이 바로 동물과의 유사성을 깨달을 수 있는 능력에 있다고 아주 적절하게 지적한다. 그러고 나서, 그는 영혼의 영원성과 인간성의 비신성화를 주장하며, 사르트르와 카뮈와 같이 모든 신비화는 인간의 굴종을 낳는다고 강변하다. 코헬레트에게 가장 큰 문제는 이렇다. 영원성을 표방하는 가치들을 벗어나지 않고, 어떻게 우리가 기만하지 않을 수 있을까? 결국 죽음의 절대성은 영생에 관한 복음의 언약을 잘 이해할 수 있게 한다고 그는 강변한다. 그것은 현재의 삶을 회피하거나 부인하는 것도 아니고 삶에 반대하는 것도 아니다. 그것은 우리의 현재 삶을 온전하게 하는 것이다. 다니엘 리스(Daniel Lys)는 여기서 그 중심주제가 운명과 우연이라고 주장한다. 우리 즉, 인간과 동물은 우연적인 존재들이다. 우리는 우연히 태어났다. 그는 "인간은 불확실한 존재일 뿐이다"라는 헤로도토스(Hérodote)의 말을 상기시킨다. 그는 이 본문의 중심주제는 "누가 그것을 알겠는가?"라는 것이다. 아무도 인간과 동물이 차이가 있는지, 동물에게 영혼이 있는지 알 수 없다. 인간 영혼의 불멸성을 천명하는 사람들은 그것을 입증해야 한다. 철학은 대답을 내놓을 수 없다. 왜냐하면 철학이 할 수 있는 모든 것은 죽음의 실재를 인식하는 것뿐이다. "누가 그것을 알겠는가?"라는 의문은 그러한 여러 가지 문제들에 관한 모든 가능한 논의들에 대해 마침표를 찍어야 한다고 그는 말한다. "그것은 심층적인 근본적인 의문이다." 그 의문은 겸손을 보여주는 모델이다.

나님에 의해 만들어지는 것을 알아차려야 한다. 그러나 인간은 결코 그것을 설명하거나 이해할 수 없다. 인간은 구부러지게 만든 것을 곧게 펼 수 없다. 인간은 겉으로 보이는 능력에도 불구하고 실재하는 것을 변화시킬 수 없다. 인간이 존재하지 않는 것을 불러서 존재하게 할 수 없다.전1:15 세상의 결함들이 존재함에도 존재하지 않는 것처럼 꾸밀 수 없다. 인간은 진정 그 결함들을 교정할 수 없다.

창조주와 세계의 관계가 자리하는 근본적인 실재는 알 수 없고 불가해한 것이다. 우리는 다만 그런 하나님의 행위가 존재한다는 것을 알 수 있을 뿐이다. 더는 아니다. "형통한 날에는 기뻐하고 곤고한 날에는 되돌아보아라. 이 두 가지를 하나님이 병행하게 하사 사람이 그의 장래 일을 능히 헤아려 알지 못하게 하셨느니라."전7:14

현실의 세계는 하나님의 권능 때문에 앞날만큼이나 알 수 없는 것이다. "또 내가 하나님의 모든 행사를 살펴보니 해 아래에서 행해지는 일을 사람이 능히 알아낼 수 없도다. 사람이 아무리 애써 알아보려고 할지라도 능히 알지 못하나니, 비록 지혜자가 안다고 할지라도 능히 알아내지 못하리로다."전8:17 그것은 탐구하고 이해하고자 하는 의지를 정죄하는 것이 아니라, 전적인 타자인 하나님이 하는 일이라면 어떻게 사람이 알 수 있고 이해할 수 있느냐는 것이다.

코헬레트는 비관적이고 절망적이며 낙담케 하는 교훈을 주는 것이 결코 아니고, 단지 "하나님은 하늘에 계시고 너는 땅 위에 있다"는 말씀의 의미가 무엇인지 분명하게 밝히는 것뿐이다. 그것은 넘을 수 없는 간극이고 이타성異他性 altérité이고 이해 불가능한 것이다. 참된 지혜는 현실을 통해 배우는 것이다. 그것이 계속적인 코헬레트의 가르침이며, 또한 현대 과학의 가르침이기도 하다.

참된 지혜는 구부러진 것을 곧다고 선언하는 것이 아니고, 그 사실을 인식하고 그것을 변화시키는 대신에 이용할 줄 아는 것이다. 코헬레트는 이 세상의 기원을 탐구하는 것이 아니고, 어떻게 살아갈지를 탐구한다.256) 그는 마술사와 점쟁이들을 공격한다. 그는 거짓 예언자들을 공격한다.257) 현실적인 것을 부인할 수 없고 근본적으로 변화시킬 수 없다는 사실을 깨달아야 한다. 왜냐하면 하나님이 하는 일은 영원한 것이며, 그걸 없앨 수 없는 한, 인간은 결코 문제의 핵심에 도달하거나 그걸 변경시킬 수도 없기 때문이다.

코헬레트가 그렇게 말한 것은 아니다. 내가 그 부분을 첨가한 것이다. 없애는 것은 인간이 홀로 하는 것이 아니다. 인간이 무無의 능력으로부터 도움과 안내를 받아야 한다. 돌연히 코헬레트는 우리에게 말한다. "하나님이 모든 일을 한다."전11:5 우리는 아직 이 주제를 끝마친 것이 아니다. 왜냐하면 이 말은 우리에게 또 다시 확신을 주기 때문이다. 이는 우리의 하나님에 대한 생각에 부합한다. 그렇다. 그러나 우리는 이 말을 11장 1절에서 6절까지의 전체 맥락에서 보아야 한다.

한편으로 물 위에 네 빵을 던져라. 그리고 다른 한편으로 부지런히 일하여라. "너는 아침에 씨를 뿌리고 저녁에도 손을 놓지 말라. 이것이 잘 될는지, 저것이 잘 될는지, 혹 둘이 다 잘 될는지 알지 못함이니라."

"하나님이 모든 일을 한다"는 말씀은 이 둘 사이에 있다. 하나님은 능력이 충만하다. 한편으로, 바람이 그치기를 기다리다가는, 씨를 뿌리지 못한다. 구름이 걷히기를 기다리다가는, 거두어들이지 못한다. 그러면, 너는 모든 것을 만드는 하나님의 일을 알지 못하게 될 것이다. 이는 놀라운 것이

---

256) 이 주제에 관해서 마이요(Maillot)는 명확히 한다. "하나님은 존재의 수수께끼를 푸는 지혜나 이론을 주지 않았고, 예수 그리스도를 주었다. 존재만이 존재에 대응한다. 지혜는 사상이나 개념들이 아니라 예수 그리스도라는 인격이다."(Alphone Maillot, *La Contestation: Commentaire de l'Ecclésiaste*, Lyon, Cahiers de Réveil, 1971, p. 149.)

257) ▲오늘날에는 정치가들의 거짓 예언에 기술자들의 오만한 장담이 이어진다.

다. 하나님이 행한다. 그러나 나도 할 일이 있다. 하나님은 이일이나 저일, 혹은 둘 다를 잘 되게 할 것이다. 그러나 너와 내가 그 일들을 해야 한다. 하나님이 모든 일을 하기 때문에 인간이 손을 놓을 수는 없는 것이다.

사도 바울도 동일한 말을 한다. "두렵고 떨리는 마음으로 자기의 구원을 이루어 나가십시오. 하나님은 여러분 안에서 활동하셔서, 여러분으로 하여금 하나님을 기쁘게 해드릴 것을 염원하게 하시고 실천하게 하시는 분입니다."빌2:12-13, 258)

네가 아무 일도 하지 않는다면, 너는 하나님의 일을 알아볼 수 없을 것이다. 왜냐하면 거기에서 하나님의 일이 일어나지 않을 것이기 때문이다. 너는 하나님의 일이 되어가는 방법이나 수단들을 염려할 필요가 없다. 너는 임신한 여인의 태에서 아이의 생명이 어떻게 자라는지를 알 수 없기 때문이다. 그러나 이 말은 2절과도 관계가 있다. 네가 가진 것을 나누어 주어라. 왜냐하면 너는 이 세상에서 무슨 재난을 만날지 모르기 때문이다. 그러면 우리는 너의 생명은 하나님의 마음에 새겨져 있다는 유일한 궁극적인 말씀 앞에 놓이게 된다.

하나님이 너를 위해 예비하게 하라. 하나님을 곤란하게 하지 말라. 하나님이 너를 통하여259) 하나님의 일을 하게 하라. 우리는 모든 일의 핵심에 도달했다. 너는 어떤 일이 좋은지 나쁜지, 어떤 일을 해야 하는지 말아야 하는지, 어떤 일이 성공할지 실패할지 구체적인 세부 사항은 알 수가 없다. 그것은 지혜가 얼마나 헛된 것인지 보여준다. 그러나 너는 전반적으로는 하나님이 모든 일을 한다는 사실을 알 수 있게 된다.

하나님은 모든 일을 한다. 우리는 다시 한 번 코헬레트의 급진성에 마주

---

258) ▲마이요는 이 말을 줄여서 "왜냐하면 모든 일을 행하는 하나님이기 때문이다"라고 한다.
259) ▲그러나 사실 너를 통한다는 것은 너의 행동이 필요하다는 뜻이다.

한다. 그는 하나님에게 속하는 좋은 일과 다른 차원에 속하는 나쁜 일로 구분하지 않는다. 얼마나 아이러니하고 모순적인가. 우리는 무분별하고 헛되고 무의미한 모든 것들을 검토해 보았다. 그리고 우리는 하나님이 모든 일을 한다는 이 구절에 걸려버렸다. 전도서 3장 11절에서와 같이 하나님이 은밀히 행하는 일을 우리가 깨달을 수 없다는 것뿐만 아니라, 동일한 논리로 창조의 모든 신비 가운데 일어나는 일들을 알 수 없다는 것이다. 설사 아는 게 있다 하더라도, 더 나아질 게 없다. 우리는 끝에 가서 이 참담한 결론에 이른 것이다. 우리는 모든 일을 비판해왔다. 그런데 하나님이 그 모든 일을 한다.

이는 "그러니 더 이상 묻지도 따지지도 말라."는 말로 하나의 벽을 세우는 것과 같다. 이는 본문과 같은 맥락이다. 이것이 잘 될지 저것이 잘 될지 근심하지 말라. 너는 어느 것이 잘 될지 모른다. 왜냐하면 하나님이 모든 일을 하기 때문이다. 그러나 우리는 그렇게 한정할 수 없다. 그 말은 너무나 갑작스럽게 나왔다. 너는 결코 하나님의 일을 알 수 없다는 것으로 한정한다. 그러나 우리의 반항적인 정신에 그리고 그것을 헛되다고 선언하지 않는 코헬레트의 반항적인 정신에 불가피한 의문이 제기된다. "그러므로 하나님은 불합리하고 무분별하고 사악하고 고통스러운 일들도 한다." 바로 이것이다. 이것을 알아야 한다.

물론 욥의 경우와는 달리 악과 고통은 코헬레트가 성찰하는 중심 주제가 아니다. 그것은 그가 살펴보고자 하는 문제가 아니다. 그러나 간접적으로는 그 문제가 다루어진다. 코헬레트는 "모든 것은 일관성이 없다. 하나님이 모든 일을 한다."고 한다. 수많은 철학과 신학 이론들이 이 풀 수 없는 난제를 해결하려고 수립되었다. "하나님이 악을 만든다면, 하나님은 선하지 않다. 하나님이 선하고 악을 원하지 않는다면, 하나님은 전능하지 않다."라는 식의 수많은 질문들이 있다. 혹은 "하나님이 존재 전부라면 악은 하나님 안에 있고, 혹은 그게 아니라 악이 하나님을 벗어난 곳에 있다면 하나님이 존재 전부가 아니다"라는 식이다. 그리고 결론적으로 "창조가 좋은 것이었다면, 악은 어디서 나온 것인가. 세상 돌아가는 걸 보면 하나님은 일하는데 서투른 것이 틀림없다."

몇 줄의 문장으로 이런 통상적인 의문들에 답변을 내놓는다거나, 악의 문제를 밝히겠다는 것은 아니다. 더군다나 우리는 호교론을 펼치면서 인간의 이성 앞에서 하나님의 행위를 정당화하는 하나님의 변호사들로 자처해야 하는 아주 곤란한 상황을 맞이하고 있다. 이는 욥의 친구들이 행한 것으로 그들이 정죄를 받은 이유이다. 그게 아니면 우리는 하나님의 행위를 설명하려다가 코헬레트의 모든 계시와 직접적으로 대립하게 될 것이다. 그러나 우리는 그런 어리석음을 피하면서 몇 가지 사항들을 지적할 수 있다. 그 중 두 가지 사항은 방법에 관한 것이다.

첫 번째는 우리의 생각 속에서 원인이라는 관념을 삭제해야 한다는 것이다. 그 개념은 모든 것은 원인이 있고 하나님은 원인들 중의 원인이라는 식이다. 그것은 그리스 철학에서 온 것으로 18세기의 과학으로 강화되었다. 그러나 거기에 히브리적이고 성서적인 것은 하나도 없다. 하나님은 하나의 원인자가 될 수 없다.

두 번째는 우리가 악과 고통을 하나의 문제로 만들고 있다는 점이다. 따라서 논리적으로 하나의 만족할 만한 해답이 존재해야 한다. 그런데 성서적 사유는, 특히 욥의 경우에, 악을 문제로 보는 시각을 근본적으로 부인한다. 악은 지적인 문제가 아니고, 실존적인 문제이다. 그것은 창조세계와 인간과 하나님, 이 모든 존재의 실존과 관계되는 것이다. 이 실존적인 문제에 대한 철학적 과학적 답변은 아무런 소용이 없다. 그것이 "나는 고통을 받고 있다"는 욥과 "악의 문제는 이렇게 해결해야 한다"는 욥의 친구들이 벌이는 중심적인 논쟁이다. 그러므로 우리는 지적인 호기심에서 나오는 이런 모든 문제들은 단번에 모두 무시하고 넘어가야 한다.

철학적으로는 악은 창조세계가 작동하는데 불가피한 요소라는 것이다. 죽음이 없이는 삶이 존재할 수 없다. 삶은 죽음을 양분으로 취한다. "창조세계는 하나의 커다란 바퀴로서 누군가를 치지 않고는 굴러갈 수 없다." 이는 오늘날 과학에서도 널리 반복되고 있다. 혼란이라는 개념은 질서의 창조에 필수적이라는 것이다. 소음의 개념은 풍성한 정보를 위해서는 필수적이다. 필요악이 존재한다는 것이다. 그러나 코헬레트는 세상과 인간의 부침과 혼돈 가운데 우리를 인도하여, 모든 존재에 내재되어 있는 악은 모든 것을 안개와 같고 바람을 좇는 것과 같은 헛된 것으로 만든다는 걸 깨닫게 한다. 이는 악이지 더 좋은 세상을 위한 행복한 조건일 수 없다고 그는 말한다.

두 가지 신학적인 주장은 제외하자. 그 하나는 원죄260)에 관한 것으로 실제로는 아무 것도 설명해주지 못하면서, 오랜 세월에 걸쳐서 베갯머리에서 떠올리는 한가한 상념과 같은 역할을 했다. 다른 하나는 악을 하나님이 내린 징벌이나 경고로 해석하는 것이다. 이는 나면서부터 소경인 사람과, 실로의 탑에서 깔려죽은 갈릴리 사람들에 대한 예수의 말씀들 앞에서는 더 이상 유효한 주장이 될 수 없다. 그러므로 그것을 충족시키는 것은 아무 것도 없다. 사실 아무 것도 충족될 수 없다. 악의 비극적인 실존 속에서 우리는 이렇게 말할 수 있을 뿐이다. "끝났어. 이걸로 충분해. 여기서 멈출 수 있어. 우리는 찾은 거야."

그러나 선과 악의 분명한 구분을 없애버린 코헬레트의 관점만을 따르려는 우리에게 이 본문들은 무얼 말하는가? 그것은 하나님이 직접적으로 사건과 상황 하나하나를 만들었다는 말이 아니다. 전부란 세부적인 사항들

---

260) 나는 최근의 연구로서 1984년에 출간된 마이요(Maillot)의 『로마서 주석』*L'Epître aux Romains*에 나오는 죄, 원죄, 죽음에 관한 훌륭한 분석을 권한다.

을 쌓아놓은 것을 말하는 것이 아니다. 전도서 3장 11절의 말씀과 같이 하나님은 전부와 전체와 총체성과 보편성과 창조 전체를 만든 분이다. 따라서 각각의 요소는 이 전부의 전체적인 맥락에 연결되어야만 하는 것이다. 전도서에서 이 점은 한결같다. 모든 것을 다 함께 보아야 하고, 이 모든 것을 주재하는 하나님을 판단하지 말아야 한다. 왜냐하면 우리는 알 수 없기 때문이다.

코헬레트의 두 번째로 커다란 교훈은 3장 11절에서와 같이 행함을 권고하는 것이다. 예를 들어, "모든 것을 다하라"는 말씀은 너는 벤 나무가 어느 쪽으로 떨어질지 모르고, 바람이 가는 길을 모르고, 태아가 어떻게 형성되는지 모른다261)는 말의 결론이다. 마찬가지로 너는 하나님이 모든 일을 하는 방식을 모른다. 강조점이 많은 일들이 아니라 모든 일들을 포함하는 전체에 놓여있고, 행하고 일하는 것에 주어져 있다. 바꾸어 말해서, "나의 길은 네 길과 다르다. 내 생각은 네 생각과 다르다." 그러나 나는 본문을 전체적인 맥락에서 볼 때, 우리는 또한 각각의 상황이 전체 세계와 어떤 관계를 맺고 있는지 알 수 없다고 코헬레트는 말하고 있다고 본다. 현대 물리학자들의 비분리성의 원리와 같이? 그러니 우리가 어떻게 판단을 내릴 수 있겠는가? 여기서 우리는 지혜와 어리석음을 구분하는 문제와 다시 부닥친다.

코헬레트의 관점에서 우리는 악의 문제에 답변하지 않고 우리의 한계와 불가능성을 규정했다. 당연히 그리스도인으로서 나는 답변이나 무마용 언약이 아닌 또 다른 차원에 이끌린다. 이 모든 것을 행한 하나님은 자신을 다 내어줌으로 자신을 알리고 인간과 관계를 맺은 하나님이다. 그리스도인에게 하나님은 예수 그리스도 안에서 자신을 다 내어준 존재이다. 하나님은 "모든 것을 다 이루었다"라는 의미에서 모든 일을 다 했다. 그것은

---

261) ▲오늘날은 알게 되었다고 해도 그 사실이 인간의 사고방식에 아무런 변화도 주지 않는다.

"기계 부품을 다 조립했다"는 의미가 아니다.

물론 코헬레트는 예수 그리스도에 대해 말하지 않는다. 그러나 나는 예수의 하나님은 아브라함과 모세의 하나님일 뿐만 아니라 코헬레트의 하나님이라고 믿는다. 이 하나님이 예수의 하나님이었다면, 그 관계는 이중적이다. 왜냐하면 코헬레트가 부르는 하나님은 예수의 하나님이 되길 원했기 때문이다. 하나님은 예수 안에서 예수를 통하여 모든 것을 다 했다. 그러나 하나님이 그와 같다면, 너는 네 빵을 물 위에 던질 수 있다. 왜냐하면 너의 미래는 하나님이 예수 그리스도 안에서 성취한 행위로서 이미 다 확보되었고 보장되었기 때문이다.

미래는 너를 위해서 하나님이 이미 선택한 것이다. 하나님이 독생자를 내어줌으로써 그 사실을 보증했다. 이것이 우리의 미래이다. 나의 능력이나 지식으로 죽음의 한계를 넘어선 게 아니라는 점을 인정한다는 전제하에서 말이다. 그러므로 너는 코헬레트가 가차 없이 말하는 모든 인간의 공통된 운명으로부터 아무런 두려움이나 걱정이나 절망감 없이 나아갈 수 있다. 또한 너는 매일 불의한 많은 것들로부터 벗어나서 너만의 고유한 역사를 펼쳐간다. 왜냐하면 이제 너는 하나님이 만든 전체 안에서, 너의 몫으로 아무도 뺏어갈 수 없는 것을 선택했기 때문이다. 이어지는 다음의 말씀을 볼 때, 우리의 어둠 속에 비치는 빛의 고유한 특성을 이해하게 된다.

"하나님은 이처럼, 사람이 행복하게 살기를 바라시니, 덧없는 인생살이에 크게 마음 쓸 일이 없다."전5:20 이는 분명 부와 재산을 누리고 자신의 일을 즐기는 사람에게 관계된 것이지만, 그걸 넘어선다. 이는 그런 통상적인 뜻이 아니다. 행복한 날에 사람은 죽음이나 닥쳐올 불행을 생각하지 않는다. 그것보다 더 강력한 뜻이 "하나님은 이처럼 사람이 행복하게 살기를 바라시니"라는 말씀에 있다. 인간의 마음을 기쁨으로 채우는 것은 인간적인 행복일 뿐만 아니라, 하나님의 풍성한 선물이다. 특히 그것이 하나님의 선물이라는 사실을 인간이 깨달을 때 그렇다.

2. 모순

우리는 또 다시 "그 모든 것에도 불구하고"라는 상황에 놓였다. 왜냐하면 현실이 그럼에도 불구하고 우리는 기쁨과 신뢰를 누리기 때문이다. 의인들은 죽고 악인들은 사람들에게 상을 받거나 칭송을 받는다. 삶은 헛되다. 그러나 우리가 이미 보았듯이 "내가 알고 있다 할지라도," 인간의 지혜가 아무리 크다 하더라도, 인간은 하나님의 일을 헤아릴 수 없다. "하나님이 하시는 모든 일을 두고서, 나는 깨달은 바가 있다. 그것은 아무도 이 세상에서 이루어지는 일을 이해할 수 없다는 것이다. 그 뜻을 찾아보려고 아무리 애를 써도, 사람은 그 뜻을 찾지 못한다."전8:17

그러므로 하나님과의 관계는 지식, 과학, 철학의 영역에 속하지 않는다. 그 관계는 전도서가 기술하는 모든 것 가운데 은연중에 나타나는 다른 어떤 것이 필요하다. 당연히 우리는 신앙에 대해 고찰할 것이다. 전도서는 우리가 알고 있다고 믿는 것, 우리가 지키고 있다고 믿는 것, 우리가 삶의 의미로 삼는 것을 점차적으로 제거해간다. 그리고 우리 생각과는 다른 타자인 하나님과의 관계를 또 다르게 제시한다. 그런데 그것은 우리에게는 하나의 놀라운 보상처럼 보인다. 나는 이 단어를 일부러 택했다. 왜냐하면 이 보상이라는 단어는 곧 신앙을 힐난하는 말이기 때문이다. 즉, 신앙은 우리에게 결핍된 것에 대한 보상을 찾는다는 것이다. 그러나 그것은 그런 무익한 논쟁이 개진하는 것과는 전혀 다른 것이다. 보상은 해결책도 균형책도 해답도 억제책도 아니다. 왜냐하면 우리는 그 모든 것을 다 원하기 때문이다. 그런데 코헬레트가 말하는 하나님은 다르다. 나는 '때'에 관한 훌륭한 시적인 구절들전3:1-11에서 그 모델을 본다.

"모든 일에는 다 때가 있다. 세상에서 일어나는 일마다 알맞은 때가 있다.

태어날 때가 있고, 죽을 때가 있다.

심을 때가 있고, 뽑을 때가 있다.

죽일 때가 있고, 살릴 때가 있다.

울 때가 있고, 웃을 때가 있다.

통곡할 때가 있고, 기뻐 춤출 때가 있다.

돌을 흩어버릴 때가 있고, 모아들일 때가 있다.

껴안을 때가 있고, 껴안는 것을 삼갈 때가 있다.

찾아 나설 때가 있고, 포기할 때가 있다.

간직할 때가 있고, 버릴 때가 있다.

찢을 때가 있고, 꿰맬 때가 있다.

말하지 않을 때가 있고, 말할 때가 있다.

사랑할 때가 있고, 미워할 때가 있다.

전쟁을 치를 때가 있고, 평화를 누릴 때가 있다.

사람이 애쓴다고 해서, 이런 일에 무엇을 더 보탤 수 있겠는가? 이제 보니, 이 모든 것은, 하나님이 사람에게 수고하라고 지우신 짐[262]이다. 하나님은 모든 것이 제 때에 알맞게 일어나도록 만드셨다. 더욱이, 하나님은 사람들에게 영원을 향한 갈망을 주셨다. 그러나 사람은 하나님이 하신 일을 처음부터 끝까지 다 알지 못하게 하셨다."[263]

---

[262] [역주] 히브리어 단어의 음역은 '인얀'으로 '일', '고생', '직업'이라는 뜻이 있다. 한글 개역개정판은 '노고'로, 표준새번역은 '짐'으로, 프랑스어 플레이아드판은 '일거리'(occupation)로, 저자 엘륄은 '근심, 고생거리'(souci)로 번역하고 있다.

[263] 이 본문은 역본마다 커다란 차이를 낳았다. 확실한 것은 시간에 관한 세 가지 개념들을 가진 세 개의 히브리어 단어들이 존재한다는 사실이다. 첫 번째 단어(전3:1a)는 그 의미에 관해 반론이 제기되고 있다. 어떤 학자들(Dhorme)은 그것이 시점을 가리킨다고 보는 반면에, 다른 학자들(Lys)은 기간(계절)을 의미한다고 본다. 두 번째 단어(전3:1b-8)는 시기를 가리킨다. (그러나 나는 '시간'을 선호한다. 왜냐하면 이 단어가 그 의미에 부

이는 시간에 대한 성찰이 아니고 인간의 근본적인 실재와 하나님에게 속한 더 근본적인 실재가 서로 대립하는 현상을 말하는 것이라고 본다. 이는 한쪽엔 기회, 시점, 연속되는 시점들과 시간들이 있고, 그리고 다른 쪽엔 하나님에게 속한 영원을 향한 갈망이 있어서, 양쪽이 서로 대립하는 것을 말한다. 우리는 탁월한 교훈을 지닌 이 훌륭한 본문을 깊이 묵상해야 한다.

코헬레트는 모든 일에 다 때가 있다는 말로 시작한다. 나는 이 말을 두 가지 의미로 봐야 한다고 본다. 먼저 첫째는 앙드레 부비에가 아주 잘 지적한 바와 같이 "아무 것도 하지 않을 시간은 없다"264)는 것이다. 코헬레트는 우리에게 자신은 허무주의자가 아니고 부풀려서 말하는 사람도 아니라고 재차 말한다. 그는 인간의 활동보다 더 선호하는 것이 없다. 정말 없다. 그는 아무 것도 하지 않고 있을 곳은 어디에도 없다고 단언한다. 삶에서도 시간 속에서도 없다. 인간은 허무와 부정과 자기파괴에 말려들지 말아야 한다. 물론 모든 것은 안개요 헛된 것이요 연기와 같은 것이지만, 무無는 아니다.

인간의 수많은 활동들을 위한 때는 언제나 존재한다. 언제나 행동을 위한 자리가 있고, 모든 현실과 모든 행동에는 고유한 때가 주어진다.265) 이

합하기 때문이다). 마지막 세 번째 단어(전3:11)는 영원을 뜻한다. 이 영원이라는 단어는 우리에게 익숙한 개념으로 받아들이지 말아야 한다. 우리는 이 점을 다시 살펴볼 것이다. 이 본문은 또한 주석가들의 기괴한 상상을 불러일으켰다. 한 예를 들어보자. "돌"이 나온 구절에 관해서 보면, 돌을 모아서 적 진영에 던지는 것은 하나의 전술이라고 해석한다. 라우하(Lauha)는 시간을 운명과 동일시한다. 인간은 어디에서도 자유롭지 않다. 인간의 가능성은 뛰어넘을 수 없는 장벽들로 축소된다.

264) André Bouvier, 『심을 때가 있고, 뽑을 때가 있다』 *Un temps pour planter, un temps pour arracher*, Champigny-sur-Marne, Concordia, 1983.
265) 마이요(Maillot)는 현대의 시간 개념을 적용하면서, 여기서 먼저 시간을 낼 줄 알아야 한다는 교훈을 끌어낸다. 그리스도인이 늘 "시간이 없다"고 말하는 것은 잘못된 것이다. "그들은 그리스도가 그들을 위하여 회복하고 대속해준 시간을 잃어버린 시간으로 바꾸어버리고 있다는 걸 깨닫지 못하고 있다. 그리스도는 무엇보다 시간을 다시 찾은 인간이다. 인간들 중에 진정한 한 인간이 되는 시간을 말이다. [...] 그리스도인은 필요한 시간을 다 가지고 있다. 그리스도인은 시간이 있어야 한다." 이는 일할 시간이 없다고 하

는 두 가지로 볼 수 있다. 하나는 먼저 어떤 일이라도 그 일을 할 수 있는 때가 존재한다는 것이다.266) 우리가 어떤 일을 시도할 때 그 일을 위한 때가 존재한다는 사실을 알아야 한다. 그러나 개인적인 차원에서도, 우리 각자에게 때가 있다는 사실을 유념해야 한다. 우리가 늙고 병들었다 할지라도, 해 아래에 무슨 일이라도 할 수 있는 때가 존재한다는 사실을 확실히 인식하고 있어야 한다.

스스로에게 말하라. "네게 아직 시간이 있다." 그 시간은 바로 하나님이 각각의 일에 부여하는 때이다. 아무튼 네가 시작해서 끝을 보기 전에 죽는다면 다른 사람이 그 일을 마칠 수 있다. 너는 알 수 없다. 그러나 앞에서 이미 본 바와 같이 너는 너를 계승할 사람을 알 수 없다. 그러나 사도 바울은 그 점을 간접적으로 말한다. 바울은 심었고 아볼로는 길렀으되 오직 하나님께서 열매를 맺게 하셨다.고전3:6 중요한 것은 바울도 아볼로도 아니고 하나님이다. 각각의 일을 살펴보면서 거기에 때를 부여하는 것은 바로 하나님이다. 이것이 우리가 얻어야 할 첫 번째 교훈이다.

다음으로 28가지의 가능한 일들이 연결된다. 그 일들은 14개의 짝을 이루고 있다. 우리에게 숫자 '28'을 '7×4'로 생각하고 싶은 유혹이 든

는 행동주의를 비판한 것이다.
266) 리스(Lys)가 지적한 바와 같이, 각각의 행동에 알맞은 시간이 존재한다면, 그것은 아무리 작은 일일지라도 인간에게 주어진 시간에서 배제되지 않는다는 것이다. 각각의 일은 자신의 비중(혹은 자신의 미미한 가치)를 지니고 있다. 그러나 거기에 완전한 자유는 없다. 왜냐하면 그 행동들 하나하나에 적절한 시간이 따로 있기 때문이다.(『읽은 것을 이해하고 있는가?』*Comprends-tu ce que tu lis?*, p. 330.) 폰 라드(von Rad)는 그 단어는 좋은 시간, 기회, 가능성을 뜻한다는 사실을 보여준다. 그러나 이는 씨뿌리기와 추수에 알맞은 시간이라는 단순한 말보다 더 깊은 의미를 가진다. "그러므로 이런 때에 지혜자가 잠잠하나니 이는 악한 때임이니라"(암5:13). 그러나 또한 이 본문은 폰 라드에 따르면 두 가지를 의미한다. 하나는 한계였던 것이 기회가 될 수 있다(좋은 때를 분별할 수 있어야 한다)는 점이다. 다른 하나는 인간에게 하나님이 정한 시간을 분간하는 소명이 있다 할지라도, 그것은 결정주의적인 예정론을 의미하는 것이 아니라는 점이다. 반대로 그것은 하나님으로부터 온 것과 인간의 자유에 속한 것을 분간할 줄 알아야 한다는 것이다.

다.267) 즉, 그것은 인간이 할 수 있는 모든 것을 더하지도 덜하지도 않고 다 포함한 숫자이다. 하여튼 이 생각은 아주 잘못된 것은 아닌 듯하다. 행동과 감정의 차원에서 우리는 이 28가지에 첨가할 수 있는 것을 찾아보기 어렵다. 인간의 전 생애와 모든 활동들은 바로 이 28가지에 귀결된다. 물론 우리는 돌을 모으는 것이나 버리는 것은 하나도 중요한 것이 아니라는 사실을 깨닫게 된다.

그러나 우리는 오늘날에 더 많은 활동이 존재한다고 다시 한 번 말하고 싶어진다. 과학268)과 기술269)과 자본 축적이라고?경제 전체? 그런데 그것은 바로 돌을 모아들인다는 것과 같은 의미이다. 그것은 사실 금, 은을 축적하여서 자본을 형성하는 것이 아닌가. 중요한 것은 돌이 아니고 '모으다' 270)는 말이다. '간직하다'는 말은 돈을 축적한다는 것을 지칭할 수 있다. 물론 나는 그런 확대 해석을 고집하지 않는다. 그런 해석은 연상시키는 작용을 한다. 우리는 "해 아래에는 새로운 것이 없다"는 말을 이미 접했다. 정치적 활동은 전쟁과 평화에 다 포함될 것 같다. 인간이 살아가는 동안 겪는 감정들이나 사건들은 태어나고 죽고 울고 웃고 통곡하고 춤추고 연합하고 분리하고 침묵하고 말하고 사랑하고 미워하는 것에 다 포함시킬 수 있다고 본다. 나는 본문이 모든 것을 다 말한다고 본다. 나는 모든 인간, 모든 사회, 모든 시대가 이 전도서의 성찰 속에 다 드러난다고 본다.

---

267) [역주] 히브리어에서 숫자 '4'는 땅 위의 피조물(인간)을 의미하고 '7'은 완전(영원)을 의미한다. 또 연산에서 곱하기 '×'는 충만(번성)을 뜻한다.
268) ▲"찾아 나설 때가 있다"는 말에서 '찾아 나선다'는 것은 모든 탐구 활동을 말한다.
269) ▲세운다, 살린다, 꿰맨다, 죽인다는 말은 모두 아주 기술적인 활동들을 말하는 것이다.
270) 나는 리스(Lys)의 책을 통해서 이 말에 관한 나의 직관이 틀리지 않았다는 사실을 알고 매우 기뻤다. '모아들이다'라는 뜻으로 사용된 히브리어 동사는 전도서 2장 8절과 26절에서 금과 부를 축적한다는 뜻으로 이미 사용되었다. 그것은 이 단어의 가장 흔한 의미이다. 한편 그 의미는 어떤 것을 땅 위에 쌓는다는 뜻이 아니고 많이 축적하고 축재하고 소유하기 원한다는 뜻이다.(『읽은 것을 이해하고 있는가?』, p. 329.) 더욱이 그런 인간의 행위들의 저열함이 드러나는 것은 그 행위들이 돌들을 목표로 하는 경우이다.

우리는 여기서 두 가지 교훈을 얻을 수 있을 것 같다. 첫째 교훈은 우리는 도덕적 판단을 내릴 것이 없다는 것이다. 전도서 기자는 우리에게 평화를 이루고 사랑을 하는 것이 좋다거나, 전쟁을 일으키고 증오를 하는 것이 나쁘다는 말을 하지 않는다. 그는 인간의 삶의 모든 현실이 그렇다고 확인할 뿐이다. 그는 각각의 행위와 느낌도 다 때가 있다는 것이다. 그는 판단하지 않는다. 그는 충고하지 않는다. 하나님은 각각의 일에 알맞은 때를 주었다. 좋건 나쁘건 간에 우리는 그것들을 존중하고 잊지 말아야 한다. 전쟁이 존재한다. 전쟁은 그 때와 기회와 기한을 과거에 가졌었고, 현재도 가지고 있고, 또 미래에도 가지게 될 것이다. 인간을 존중하려면 전부 다 존중해야 한다. 왜냐하면 하나님이 전부 다 존중하기 때문이다.

동시에 나는 사람들이 현대에는 부정적으로 볼 수 있는 것을 더 존중하거나 찬양한다는 사실을 지적하고 싶다. 보라. 우리의 예술 작품을 들어보라. 거기에는 죽음과 파괴와 해체와 단절과 분열과 증오와 전쟁만이 있다. 모든 영화와 텔레비전 방송은 그런 것들을 담고 있다. 사람들은 세상이 다 그렇다고 말한다. 코헬레트는 더 잘 알고 있다. 물론 세상은 다 그렇다. 그러나 그 반대의 모습도 있다. 한쪽 면만을 보지 말고 양면을 다 보아야 한다. 그렇게 하지 않으면 거짓말을 하게 된다. 우리가 알고 있는 정보는 거짓이다. 본문에서 14개의 짝을 이루는 인간의 행위와 감정들은 모순적이다. 이는 각각의 자리가 다 있다는 걸 의미한다는 사실을 우리는 앞에서 보았다. 그것은 계속될 것이다. 이 모든 것은 가능한 시간의 영역에 속한다.

이와 같이 그 모든 것들의 고유한 가치를 수용하기 위해서, 이 본문의 구절들은 도덕적인 선택이나 실제 사실에 대한 도덕의 확립을 피할 뿐만 아니라, 어떤 행위나 행동을 선택하려는 우리의 주장도 가로막아버린다. 이는 예를 들어 과학의 경우와 같이 그 내재적 기준에 따라 그 사실을 존중하는 것도 아니고, 그 사실을 우리가 그 탁월성을 수립할 수 있는 역사에 포함시키는 것도 아니다. 심는 행위가 뽑는 행위보다 더 우월할 수 없다. 웃는 것이 우는 것보다 더 나을 수 없다. 이 본문은 하나의 행위가 그 자체로 의미와 가치가 있어서 더 나은 것이라고 지속적으로 인정될 수 있다는 것을 배제한다. 그러므로 하나의 행위나 특정한 실제 사실을 절대적으로 인정하는 것은 우리에게 금지되는 것이다. 우리가 그걸 탁월하다고 판단할지라도 그렇다.

우리는 죽는 것보다 사는 것을 선호한다. 그러나 죽음을 구하는 문명들도 존재했다. 우리는 전쟁보다 평화를 선호한다. 그러나 그것은 다만 주어진 시대와 시점의 특정한 현상에 지나지 않는다. 스파르타나 나치는 평화보다 전쟁을 선호했다. 이와 같이 우리가 판단하는 영원하고 결정적인 가치들은 배제된다. 시류에 따른 도덕이나 불명확한 도덕조차도, 거기에 자연법적인 토대를 두려고 한다면, 정당성을 상실하며 성립될 수 없게 된다. 왜냐하면 우리는 단지 연속적인 시간의 흐름에 놓인 것만이 아니기 때문이다. 이는 또한 윤리를 넘어시시, 우리가 행위에 부여하거나 그 행위 안에서 얻을 수 있는 미적, 지적인 이차적 의미들을 차단해버린다.

이 확고한 선언이 회의주의자에게서 나오는 것이 아니라는 점을 계속 강조해야 한다. 이 선언은 우리를 모든 게 다 같다는 식의 무관심이나, 그게 다 무슨 소용인가 식의 절망으로 인도하지 않는다. 왜냐하면 코헬레트는 "하나님은 모든 것이 제때에 알맞게 일어나도록 만드셨다"전3:11고 결론을 맺기 때문이다. 따라서 어떤 것일지라도 경험해볼 가치가 있게 되는 것이다. 심지어 죽음까지도 그렇다. 이 말은 우리를 당혹스럽게 한다. 전쟁도, 단절도 통곡도 증오도 다 그렇다니, 이게 정말이란 말인가. 심지어 죽음조차도 경험해볼 가치가 있다는 것이다.271)

---

271) ▲그러므로 자신의 죽음을 전혀 알지 못하도록 죽어가는 사람에게 많은 치료를 집중하여 감금시켜버리는 오늘날의 상황에서 이 문제는 아주 중요하다.

무모한 것은 하나도 없고, 수용하지 못할 일도 하나도 없다. 모든 것을 하나님은 적절하게 가치 있게 만들었다는 사실을 말하고 인정하는 것은 어려운 일이다. 그것은 우리의 판단과 정서에 대한 도전이다. 세상의 현실을 돌아볼 때, 우리는 이 말을 하게 된다. 어떻게 이와 같은 광기를 견딜 수 있단 말인가? 우리는 이 문제를 다시 살펴볼 것이다. 그러나 그렇게 규정되는 것들이 우리가 만든 것들이기도 하다는 점에서, 그것은 또한 하나의 비상한 격려가 될 수도 있다. 그것들은 하나님이 만든 것들일 뿐만 아니라, 하나님이 좋게 알맞게 가치 있게 한 우리의 작품들이기도 하다. 이는 우리의 손이 닿는 모든 일을 다 하는데 있어서 하나의 격려가 되는 것이다.

우리가 얻을 두 번째 교훈은 새로운 순간과 새로운 모험과 새로운 사건을, 거기에 맞는 타당한 의미가 존재하고 그 의미를 발견할 수 있다는 확신을 가지고 맞이해야 한다는 것이다. 왜냐하면 거기에 타당한 의미가 존재하기 때문이다. 이와 같이 코헬레트는 전적으로 비판적인 정신을 견지하지만 비관적인 태도는 전혀 없다. 그런데도 불구하고, 거기에는 한계가 있다. 즉, 모든 것이 다 때에 알맞게 만들어졌다는 말은 결국 모든 일에는 다 때가 있다는 말과 같다는 것이다.

'때'는 하나님이 주는 하나의 선물이며, 하나님이 궁극적으로 주는 선물의 일부분이다. 하나의 선물이란 말은 무작위적인 것이 아니다. 이는 명백해 보인다. 심을 때가 있다. 물론이다. 이는 아홉 달이 지나면 아이를 낳는 때가 오는 것과 같다. 그러나 나머지 것도 다 그렇게 이해해야 한다. 당연히 좋은 때만 존재하는 것이 아니고, 신비하고도 기적적인 방식으로, 울 때가 있고, 찢을 때가 있고, 미워할 때가 있고, 전쟁을 치를 때가 있다. 나는 여기서 코헬레트가 심기에 좋은 때와 자연적인 질서의 준수를 말한 것이 아니고, 심는 일에 맞는 하나님의 때를 분별하는 것을 말한 것이라고 본다. 여기에는 두 가지 정향이 있다.

첫째로 먼저 일에 알맞은 때는 하나님의 때이다. 인간은 하나님이 하나님의 때에 알맞게 성취되기를 원하는 일을 어떻게 인간의 때에 해야 하는지 스스로 찾아내야 한다. 어떻게 하나님의 때를 분별하는가. 하나님이 일을 위해 적절하게 한 시간에 어떻게 그 일을 성취하고, 또한 하나님이 담당하려고 그 일을 다시 취하는 시간에, 어떻게 그 일을 적절하게 성취할지 알아야 한다. 그리고 부정적인 순간에도 하나님의 선물인 '때의 절묘함' beauté을 보여주는 법을 알아야 한다. 그렇게 죽음이 다가오는 때도 있다. 그러므로 아무 때나 아무 방식으로나 일하는 것이 아니다. 우리는 그런 것을 분별하는 임무를 받았다.

어떻게 열려있는 가능한 일들 중에서 하나님의 계획에 들어있지 않지만 하나님에 의해 때가 적절하게 되어 하나님의 나라에 참여할 수 있게 변형되는 일을 선택할 수 있을까? 그런데 우리가 하나님의 때를 모르는 만큼 이는 더더욱 불가능에 가깝고 아주 어려운 일이다. 그러나 우리는 양심의 가책이나 두려움에 빠질 필요가 없다. 그건 원래 그렇다. 그것은 언제나 우리 앞에 열려있는 가능한 일이고, 우리를 마비시키는 대신에 용기를 북돋아 주어야 하는 일이다. 하나님과의 관계에서, 자연에 따른 좋은 시기를 얻으려고 날씨를 점검하고 바람을 예측하는 사람과 같이 하지 말아야 한다. 물론 그 사람은 그러는 동안 아무 일도 하지 않는다.

둘째로 이 본문에서 마지막으로 확실한 점은 하나님의 때에 따를 때 임하는 '때의 절묘함' beauté은 그 일을 하고 그 때 그 일을 지켜보고 전적으로 그 일에 참여한 사람만이 알아볼 수 있는 것이다. 바깥에서 그것을 그냥 바라보기만 하고 더더욱 텔레비전으로 구경만 하는 사람은 결코 알아볼 수 없다. 참여하지 않는 외부인에게는 어떤 일도 결코 때가 적절하지 않다. 호기심이나 무관심으로 확인할 수 있는 객관적인 '때의 절묘함' 이란 존재하지 않는다.

포메이롤272) 공동체의 예식에 나오는 구절이 떠오른다. 이 구절은 "마음이 청결한 자는 복이 있나니 그들이 하나님을 볼 것임이요"마5:8에 맞춘 것으로 "눈이 열리며 그들은 모든 것 안에서 하나님을 본다"라는 것이다. 하나님을 보고 하나님이 하는 일을 분별하기 위해서는 깨끗한 마음을 가져야 한다. 그러나 하나님이 결정하여 선택한 때인 그 일의 때에는 모든 것이 절 '때의 절묘함'에 맞는다.273)

우리는 모순적이고 말문이 막히는 본문의 14개의 짝들이 가지는 의미를 보여주려고 했다. 그러나 또 다른 점을 지적해야겠다. 각각의 경우에 긍정적인 측면과 부정적인 측면이 존재한다. 그래서 결국 서로 상쇄하는 것 같다. 이와 같이 울고 웃고 찾고 잃는 이 14개의 짝들은 서로 상쇄된다.274) 상쇄되는 이 보상효과들은 때로는 긍정적이고 때로는 부정적이다. 부정적인 것으로는 심다/뽑다, 껴안다/헤어지다, 찾다/잃다, 간직하다/버리다, 사랑하다/증오하다 등이 있다. 긍정적인 것으로는 죽이다/치유하다, 무너뜨리다/세우다, 울다/웃다, 통곡하다/춤추다, 찢다/꿰매다, 전쟁/평화 등이 있다. 나는 태어나다/죽다, 돌을 버리다/모으다, 침묵하다/말하다 등은 유보했다. 거기에는 쉽게 납득할 수 있는 이유가 있다.

코헬레트는 우리가 하는 모든 것이 실패한다거나 폐기된다고 결코 말하지 않는다. 그는 그 반대로 말한다. 우리가 파괴하는 모든 것은 다시 회복될 것이다. 우리가 나쁘다고 판단한 것은 좋게 변화할 것이다. 우리가 하는 일들이 모순적이지만 그래도 일을 하는 것이다. 예전에 내가 살던 마을의 사람들이 말하던 바와 같이 "아무튼 만드는 것이나 해체하는 것이나 둘

---

272) [역주] Pomeyrol. 프랑스의 개신교 공동체.
273) 전쟁에 관해서는 젊었을 때 나를 당혹스럽게 했던 피에르 모리(Pierre Maury)의 교훈을 인용한다. 그는 헌신 연대 자비 우정 용기의 가장 경탄스러운 행위들을 발견했던 때는 바로 1차 세계대전 기간의 전쟁 중이었다고 내게 말했다. 그것은 증오를 뛰어넘는 능력이자 심지어 전쟁조차 뛰어넘는 것이었다.
274) ▲그러나 죽이는 것은 치유하는 것으로 보완되지 않기 때문에 완벽한 상쇄는 없다.

다 일하는 것이다."

유감스럽게도 흑자 결산이나 적자 결산은 존재하지 않는다. 인간의 삶과 역사에서 모든 것은 서로 상쇄된다. 그래서 이 파노라마를 보고 나서, 우리는 코헬레트가 제기하는 질문을 이해하게 된다. "사람이 애쓴다고 해서, 여기에 무엇을 더 보탤 수 있겠는가?"전3:9 아무튼 문명과 역사와 인생에서 긍정적이거나 부정적인 것은 하나도 없다. 전쟁을 치르는 사람이나, 평화를 이루는 사람이나 더 얻는 것은 하나도 없다. 소유하는 것은 그 반대의 경우를 수반한다. 우리가 이미 본 바와 같이 영원하고 명백한 역사적 흔적은 존재하지 않는다. 사람들은 과거의 사람들을 망각한다. 사람들은 모아들이거나 잃어버리고, 웃거나 운 사람들을 망각한다.

그러나 코헬레트가 우리에게 간접적으로 말하고 있는 바를 잊어버리지 말자. 어느 것이나 다 때가 있고 시기가 있다.275) 그런데 동시에 그는 그렇게 믿고도 싶을 법한 변증법적인 흐름을 배제한다. 코헬레트가 모순적인 14개의 짝들을 제시할 때, 그는 역사를 이루어가고 진보라 규정할 수 있는 흐름에는 말문을 닫는다. 모든 일에 때가 있다. 그렇다. 그 시기들이 이어진다. 거기에 어떤 논리나 연합은 없다. 나는 이 본문의 나열에서 긍정적인 데서 부정적인 것으로 진행한다거나 혹은 그 반대의 순서와 같은 식의 어떤 항구적인 질서가 없는 이유가 여기에 있다고 믿는다. 또한 결론이나 종합과 같은 세 번째의 명제도 존재하지 않는다. 나열하는데 어떤 발전적인 순서도 없다. 그저 펜 가는 대로 열거한 것이라는 느낌이 든다.

여기서 내게 깊은 인상을 준 것은 그것들을 쉽게 처리하거나 인위적으로 설명하는 것을 거부하는 코헬레트의 태도이다. 그리스도인으로서 나는 분

---

275) 나는 당연히 도름(Dhorme)의 다음과 같은 견해에 동의하지 않는다. 그는 이 본문이 의미하는 바는 "인간은 우연적인 사건들에 놀아날 뿐이고, 하나님이 하는 일의 의미를 파악할 수 없다"라는 것이다. 반대로 이 모든 것에서, 행동하고 알아가는 것은 인간이다. 인간이 없이 일어나는 사건들이란 존재하지 않는다.

명히 이 정직하고 엄격한 배열을 뒤로 하고 그 너머를 겨냥하여 모든 만물의 총괄갱신을 알아보고 선포하고 싶은 마음이 들기도 한다. 즉, 인간 역사의 대상이 되었던 모든 것은 궁극적으로 다 수렴되어 천상의 예루살렘이라 불리는 것과 하나로 통합될 것이다. 왜냐하면 모든 것이 하나님의 기억에 담겨 있고 어느 것 하나라도 상실된 것이 없기 때문이다.

우리에게 언약된 것은 예수 그리스도에 의한 총괄갱신276)이다. 그리스도의 총괄갱신은 개개인과 인류의 모든 삶과 일이 가지는 의미를 드러낼 것이다.277) 이는 그리스도인이 소망을 선포함으로써 역사에 개입하는 것이다. 이것은 전도서의 이 본문에는 없다. 이 본문은 우리로 하여금 이해할 수 있고 경험할 수 있는 모든 것을 기대하게 한다. 그러나 전도자는 우리로 하여금 단지 기대에 머물게 하지 않는다. 왜냐하면 전도자는 결론으로 내린 두 가지 사실을 단언함으로써 저 너머의 세계를 가리키고 있기 때문이다.

하나님은 인간에게 두 개의 선물을 주었다. 하나님은 인간에게 '근심' souci,278)을 주었다.279) 그리고 하나님은 인간에게 '영원을 향한 갈망'을 주었다.

인간의 근심이라니! 참 견딜 수 없는 것이다. 그러나 코헬레트는 확실하게 적어도 두 번에 걸쳐서 인간에게 '근심'을 주는 분은 하나님이라고 말한다. 이 '근심'이라는 말에 대한 번역은 좀 당혹스럽다. '염려' préoccupation

---

276) [역주] 각주 90의 역주 내용을 참조할 것.
277) 나는 『머리 둘 곳 없던 예수』*Sans feu ni lieu*와 『요한계시록』*L'Apocalypse, architecture en mouvement*에서 이 주제를 깊이 다루었다.
278) 혹은 수고나 일거리. 그러나 이 모든 단어들은 염려와 근심과 맥을 같이 한다.
279) ▲"나는 하나님이 인간에게 준 근심을 알았다"(전3:10) 이 구절의 '근심'은 다양하게 근심이나 '수고'나 '짐'으로 번역되고 있다.

라고도 하고 '일거리' occupation라고도 한다. 그러나 전도서 1장 13절과 3장 10절에서 보면 '근심'이 맞는 듯싶다.

그런데 그 근심은 그냥 근심이 아니다. 그것은 예수가 산상수훈에서 우리에게 염려하지 말라고 할 때의 그 단어가 아니라는 점은 분명하다. 그것은 물질적인 삶에 대한 근심이나, 내일에 대한 두려움이나 일과 경제적 삶에 대한 걱정이 아니다. 그것은 결코 하나님의 선물이 아니다. 정반대다. 그것은 인간이 자신을 감옥에 가둔 것이다. 그 감옥은 인간이 잘못 만든 내적인 고문의 장소이다. 그러나 신앙은 우리로 하여금 거기서 벗어나게 한다. 근심하지 말고 살라. 그러나 의식하지 않고 관심을 두지 않거나 무시하라는 뜻은 아니다. 하나님은 우리에게 이 세상에 있으라고 요청한다. 그리고 하나님은 이 근심이라는 선물을 사람에게 준다.

우리는 거기서 먼저 '성찰, 철학, 지혜'의 측면을 본다. 나는 지혜로서 하늘 아래에서 일어나는 모든 것을 비판적인 인식의 방식으로 연구하고 검토하기 시작했다. 하나님이 인간의 마음에 불어넣은 것은 어려운 근심[280]이다. 참된 인간이 되려면, 모든 현실을 바라보고 이해하고 검토하고 분석하는 것 외에 다른 수가 없다. 그것은 무거운 근심이다. 그러나 그것은 하나님으로부터 온 것이다. 놀랍게도 그것은 하나님의 선물이기도 하다. 그렇다면 그 정체를 바로 잡아야 한다.

그것은 아담과 하나님의 관계 단절에서 비롯된 것으로 보인다. 생명과 진리의 근원에서 벗어난 사람이 현실에 대한 무지와 왜곡된 지식에 빠지고, 비판적인 거리두기를 하지 않았다면, 아주 분명하게 사람은 하나의 동물이 되고 말았을 것이다. 하나님과의 관계단절로 자유의 부재와 사랑의 부재라는 두 가지 특성을 지닌 채로 말이다. 하나님과 같이 되기는커녕 사람은 영혼을 잃고 퇴보했을 것이다. 하나님의 선물은 인간에게 이해하고

---

280) ▲그 근심을 나쁘게 보는 사람들도 있고, 현명한 것으로 보는 사람들도 있다.

자 하는 근심과 지성을 유입시킨 것이다. 선과 악의 지식을 가짐으로써 사람은 간교한 악마와는 다른 성품을 가지게 된 것이다.

이 지식은 악마가 우리에게 가져왔다고 주장하는 선과 악의 차원과, 하나님과의 교제에서 오는 참된 선을 구분하게 한다. 여기서 항상 비판적인 태도를 견지해야 할 필요가 있다. 코헬레트는 우리에게 그것이 헛된 것이라는 사실만을 확인하게 될 뿐이라고 선언한다. 이는 완벽한 일관성을 가진다. 인간은 천 갈래의 다양한 길들을 간다. 하나님이 부여한 이 특별한 지성은 인간에게는 무거운 근심이 되어서 그 천 갈래의 길들을 검토하여 결론을 내리게 한다. 일어나는 모든 일들의 의미는 우리에게 포착되지 않지만, 우리는 끊임없이 그 의미를 파악하려는 근심을 가지고 있다.

이해하려는 항구적인 욕구가 존재한다. 키르케고르가 말한 것처럼 최악의 것은 "내가 찾았다"Eurêka라고 선포하는 것이다. 계속해서 그는 고통은 앎에서 오기보다는 앎에 이르지 못함에서 온다고 말한다. 왜냐하면 붙잡을 수 없는 그 앎으로서의 지혜와 과학은 이해와 경험에 기반을 둔 것이기 때문이다. 그런데 본문에서 코헬레트는 실제로 그것은 동일한 것이라고 반복해서 말한다. "나는 하나님이 인간에게 준 근심을 알았다."전3:10

이 근심은 모든 일들은 나름대로 타당하다는 것을 확실히 인식하는 것이다. 그러나 전쟁보다 평화가, 증오보다 사랑이 더 낫지 않은가! 모든 것은 그 시기에 달려 있다. 또한 이 근심은 그 수많은 상반되는 인간의 노력이 결국은 무익할 뿐이라는 사실을 확인하는 것이다. 그러나 이 두 가지를 다 아는 것은 긍정적이다. 그것은 자신이 무슨 일을 하는지 모르고 넘어가는 것이 아니다. 거칠고 신랄하고, 우리를 깊이 뒤흔든다고 해도, 그것은 하나님의 선물이다.

하나님의 다른 선물은 빛의 폭발적인 분출을 일으키고서는 곧 냉정한 지혜의 말씀으로 절제케 한다. "하나님은 사람의 마음에 영원을 향한 갈망을 넣어주셨다.281) 그러나 사람이 하나님이 하시는 일의 시종을 알아낼 수 없게 하였다."전3:11 나는 하나님이 인간의 마음에 영원을 향한 갈망을 넣었다는 말은 결론적이기도 하면서 제한적이라고 본다. 결론적이라 함은 인간에게 다양하고 상반되는 일거리들이 주어져 있고 그 일거리들은 각기 고유한 당연히 잠정적인 시기가 있음으로써, 인간이 자신이 성취한 일에 결코 만족하지 못하고 계속적으로 일을 다시 시작한다는 사실에 연유한다. 즉, 심는 일이 인간을 만족시키지 못하므로, 인간은 뽑아버린다. 찢어버리는 일에 만족하지 못하므로 인간은 궤맨다.

이 만족할 줄 모르는 인간의 행위는 인간이 다른 어떤 것을 갈망하는데서 비롯된다. 그것은 지혜의 욕구와 함께, 뭔가 안정적인 것으로서, 인간은 선하고 참된 어떤 것을 갈망한다. 이런 역사와 문명의 변수들을 확인하게 될 때, 인간의 마음에 만족하지 못하는 항구적인 어떤 것이 존재한다고 어떻게 결론을 내리지 않을 수 있겠는가. 영원을 향한 갈망이 있다. 그러나 이 영원을 향한 갈망을 근거로 해서, 우리가 곧 사라져버리는 일시적인 것들을 분간하며, 특정한 시기에만 존재하여 우리를 만족시킬 수 없는 것들을 가늠한다는 점에서, 이 말은 제한적이라고 할 수 있다. 그것이 모순적이라서가 아니라, 모든 것이 우리 손에서 빠져나가기 때문이다. 이 갈망과 이 영원이라는 개념, 어쩌면 하나님으로부터 온 이 소망 때문에 우리는 영원한 사랑을 끊임없이 요구한다. 우리는 절대적인 그런 의미를 지닌 삶을 계

---

281) 나는 아주 다양한 번역들이 존재함에도 불구하고 전통적인 번역을 취하였다. 그 다양한 번역들 가운데 일례를 보면 갈망이나 의미를 제거하여서, 인간의 마음에 영원을 불어넣었다(그러나 이는 위험하게도 코헬레트가 부정하는 영혼의 불멸성을 지향하는 듯하다)고 한다. '오람'을 '세상'(Barucq)으로 번역한 것도 있다. (네헤르는 이것이 틀리다는 것을 입증했다.) '영원'을 '비밀'(Maillot)로 대체한 경우도 있다. (하나님은 인간의 마음에 비밀을 불어넣었다. 그 비밀이 없다면 인간은 하나님이 하는 일을 알아볼 수 없다. 이는 내가 보기에 코헬레트의 모순적인 긴장과 상반되는 듯하다.) 이 모든 것은 전체적인 뜻에 많이 부합하지는 않는 것 같다. 델리취(Delitzsch)는 '영원을 향한 갈망'이라는 번역을 취했다. 라우하(Lauha)는 그 말이 "이상주의자의 시대착오"에 지나지 않는다고 맹비난했다.

속 구한다. 그리고 우리는 상대적인 것을 경시하려고 한다.

그런데 이와 동시에 마찬가지 방식으로 하나님은 우리에게 상대적인 것들을 좋은 것들로 제시하여 경험하게 한다. 우리는 그것들을 버리지 말아야 한다. 하나님은 인간의 마음에 이 '감춰진 시간', 영원을 향한 갈망을 심어놓는다.282) 하나님의 이 이중적인 행위는 모순적으로 보인다. 그러나 실제로 그것은 우리에게 주어진 하나의 질문이다. 그 질문은 우리 자신에게 개인적으로 주어진 것으로 받아들여야 한다. 그 질문은 하나님이 우리 존재의 모순 가운데 제기하는 것이다.

그러나 그 질문에 대한 대답은 정말로 내 한계를 넘어서는 것이다. 그 대답은 지혜 가운데 없다. 여타의 모든 것은 헛된 것일 뿐이다. 하나님만이 대답을 줄 수 있다. 하나님이 우리 안에서 그 질문을 하고 있는 것이라면, 하나님이 대답하는 것도 우리 안에서이다. 이 모순 가운데, 우리 안에서 우리는 개인적으로 예수 그리스도를 만난다. 그는 인간 안에 있는 하나님이다. 그러나 이 대답은 형이상학적인 것도 신학적인 것도 아니라는 점을 항상 기억하자.

그 대답은 보편적인 것도, 절대적인 것도, 추상적인 것도 아니다. 그 대

---

282) 우리는 "이미 있던 것이 후에 다시 있겠고"라는 말과, 전도서 1장에 나오는 순환적인 흐름에 대해서 조심스럽게 가설을 세워볼 수 있을 것이다. 우리는 그것이 겉으로 보기와는 달리 시간의 순환을 말한 것이 아님을 이미 밝혔다. 그러나 더 나아가서, 그것이 영원을 향한 전망과 갈망과 초조한 마음에서 비롯되는 영원성과 불변성을 표현한 것이라고 볼 수 있지 않을까. 이 본문 구절들이 영원에 관한 말들을 담고 있다는 사실에 주목하자. 한 세대가 오고 다른 세대가 온다. 땅은 영원히 남아 있다. 강물은 끊임없이 흐른다. 바다는 결코 채워지지 않는다. 해 아래 새로운 것은 없다. 그러나 눈은 보아도 족함이 없다. 귀는 들어도 결코 채워지지 않는다. 이런 구절들은 영원을 향한 갈망을 표현한 것이다. 그것이 "해 아래에 새 것이 없도다"라는 말을 푸는 열쇠를 제공한다. 시간의 순환에 관한 철학의 단순한 개념은 그렇지 않다. 노통(Nothomb)은 영원을 향한 갈망을 '먼지'에 대한 해석에 덧붙인다. '먼지'는 영원의 언약이고 "죽을 수밖에 없는 존재임을 알고 있는 인간이 스스로를 불멸의 존재로 느끼게 하는" 것이고, 성적인 본능이나 종족유지 본능을 넘어서서 인간에게 스스로를 불사신으로 느끼게 하는 영원의 본능이 존재하는 것이고, "우리는 결코 우리 자신의 죽음을 믿지 않는 것"이다.

답은 문제에 대한 해결책이 아니다. 한 인간 안에 하나님이 임한 것은 구체적이고 개별적인 사건이고, 시간 속에 존재하는 실재이다. 그것이 시간을 규정하고 시간에 의미를 부여한다. 예수 그리스도와의 만남은 구체적이고 개별적인 사건이고 역사적 순간이다. 그리고 그것은 우리의 삶을 구성하는 모순적인 다양한 일들 속에 있는 우리의 개인적인 역사의 순간이기도 하다. 거기서부터, 즉 하나님이 우리의 소원대로 자신의 아들을 내어준 그 사건으로부터, 우리는 구체적으로 삶을 시작해야 한다.

본문에 나타난 하나님의 이중적인 행위는 그렇게 서로 연결된다. 왜냐하면 각각의 순간 속에서, 하나님이 적절한 때를 만들어가고, 영원을 향한 갈망에 의해 문제가 제기되고, 기막힌 기적적인 현상이 아닌 살아있는 그리스도의 임재가 개입하기 때문이다. 그리스도의 임재는 생생하다. 즉, 삶의 부침 속에 현존한다. 결정적으로 말해서, 영원을 향한 갈증은 삶의 추구와 다름이 없다. "불가피한 죽음 앞에서 삶은 모순이다. 왜냐하면 삶은 살기를 원하고 죽기를 원치 않기 때문이다. 삶에 대한 갈증은 영원에 대한 갈증이다."283) 그 둘은 서로 분리할 수 없는 것이다.

마지막으로 유의할 점은 '영원'이라는 단어를 곡해하지 말아야 한다는 것이다. 그런 곡해를 피하기 위해서 많은 번역자들은 번역을 흐릿하게 하는 경향이 있다. 그러나 내가 보기에 그것은 본문의 활력을 앗아간다. 그런 미봉책은 상태를 더 악화시킬 뿐이다. 이 영원이라는 말을 우리식 개념으로 보지 말아야 한다. 우리의 영원이라는 개념은 시간과 영원을 구분해서 형이상학적으로 구성한 영원이라는 관념에 지나지 않는다. 그것은 미지의 세계로의 진입을 가리키는 것도 아니고, 인간이 알 수도 없고 생각할 수도

---

283) 몰트만(J. Moltmann), 『삼위일체와 하나님의 나라』*Trinité et Royaume de Dieu*, Paris, Editions du Cerf, 1984.

없는 차원을 보여주는 것도 아니다. 그것은 그리스 철학의 무한성이나 "영원한 현재"가 아니라, 무한정 지속되는 시간을 뜻하는 것이다. 그것은 시간의 부동성이나 정지284)가 아니며, 측정할 수 없는 질적인 차원에 진입하는 것도 아니고, 변화의 부재를 뜻하는 것도 아니다.

이런 개념들이 기독교에 스며들었다는 사실이 참 이상하다. 왜냐하면 요한계시록에서 사도 요한이 묘사하는 비전들은, 찬양하고 교대로 갈채를 보내고 엎드리고 흐르는 강물이 존재하고 하는 식으로 모두 다 일정한 시간의 경과를 내포하고 있기 때문이다. 그것을 철학적인 무지나 유치한 수준을 드러내는 표지라고 보는 것은 무의미하다. 그것은 히브리적 사유에 들어맞는다. 히브리적 사유는 추상적이지 않고 현실적이며, 수학적이 않고 체험적이다.

절대성과 무한성과 영원성은 수학적으로 표현될 수 있다. 그러나 히브리적 사유와 기독교적 사고방식은 역사적이다. 천상의 예루살렘에 들어가면 그것이 바뀌는 것이 아니다. 그것은 언제나 "인간과 함께 하는 하나님"의 역사이며, 다양하게 진행되는 역사이다. 하나님이 인간의 마음에 심어 놓은 갈망은 멈추고자 하는 갈망이 아니고, 살고자 하는 갈망이다. 그것은 정해지지 않고 무한하게 지속되는 기간을 향한 것이고, 끝이 없는, 알 수도 없고 확인할 수도 없는 시간 전부를 향한 것이다. 인간은 자신 안에 그런 갈망을 품고 있다. 그것은 자기 자신을 위한 것이고, 자신이 사랑하는 사람들을 위한 것이고, 자신이 하는 일을 위한 것이다. 살아있는 존재를 위한 것이다. 왜냐하면 그 갈망은 살고자 하는 의지와 동일한 것이기 때문이

---

284) 영원이라는 단어를 이와 같이 상대화하는 것은 히브리적 사유에서 그것이 종말과 상관이 없다는 점과 일치한다. 종말이라고 번역되는 히브리어 단어는 '아하렌'이다. 이 단어의 뜻은 뒤에 온다는 것이다. 전도서에서 이 단어는 '하아하로님'으로 두 번 나온다(전 1:11, 4:16). 이 단어는 그리스어로는 '호이 에스카토이'로 번역된다. 그러나 프랑스어로는 '후에 오는 사람들'로 번역된다. (마지막 때의 최후의 사람들이라는 뜻이 아니다.)

다. 그것은 어떤 일에도 정해진 때가 있는데 그 정해진 때는 빨리 끝나고, 그 일과 상반되는 일에도 정해진 때가 있는데 그 정해진 때도 더 오래 지속되는 것은 아니라는 사실에 어긋나는 것이다.

이 갈망은 유대 기독교적 사유에 한정되는 것이 아니다. 엄청나게 오랜 시간 동안 아주 다른 문화와 사회에 속한 사람들이 같은 갈망을 지녀왔다는 사실을 아는 것이 중요하다. 히틀러가 나치제국의 천년왕국을 거론할 때도 그랬다. 마르크스가 인간은 지금까지 선사시대를 살았을 뿐이고, 역사는 공산주의의 확립과 함께 시작될 것이며, 또한 이 공산주의 사회에서는 역사가 폐기되지는 않지만 변증법적인 변화는 더 이상 일어날 수 없다고 선언한 때도 그랬다. 베트콩이 호지명의 만수무강을 노래했을 때도, 이집트인들이 무한한 시간 동안 여행을 할 수 있도록 시체를 방부처리 했을 때도, 모두가 이 영원을 향한 갈망을 표하고 있었다. 그것은 형이상학적인 영원이 아니고, 끝없는 시간이 지속되는 영원이다. 시간은 더 이상 인간의 주인이 아니라고 할 정도로 말이다. '물리적인 시간' chronos이 정복된 것이다.

이 본능적인 갈망들은 우리가 성서에서 찾아볼 수 있는 것과 동일한 것은 아니다. 우리는 이 책의 1부에서 과거도 미래도 존재하지 않는 걸 알았다. 남아있는 것은 현재뿐이다. 이 현재 속에서 우리는 하나님을 만날 수 있다. 현재 속에서만 그럴 수 있다. "하나님이 지금 이 순간이 아니라면 언제 존재할 수 있겠는가? 하나님은 절대적인 시작이다. 복음은 순간들의 연속임을 알아라. 오늘 지금 이 순간이다. '영원의 상 아래에서' [285] 산다는 것은 그날그날을 사는 것이다."[286]

---

285) [역주] sub specie aeternitatis. 스피노자가 지어낸 철학적 용어. 스피노자는 감각의 인식보다 이성의 인식을 우위에 두어서, 이성이 논리적인 필연성으로 얻은 인식을 이 '영원의 상 아래에서' 파악함으로써, 진리를 초시간적인 인식으로 발견하게 된다고 주장한다.
286) 장 쉴리방(Jean Sulivan), 『차이와 결합』 *L'Ecart et l'Alliance*, 1981.

'지속되는 시간'을 현재로 보고 현재를 역사로 보라. 우리는 코헬레트에게서 그 점에 대한 확신을 볼 수 있다. 그것은 창조 때에 약속된 질서에 속한다. 왜냐하면 첫째 날과 둘째 날에 창조된 시간temps과 공간은 인간에게 주어진 삶의 배경인 것이지, 그 주체들이 아니기 때문이다. 인간이 창조 세계의 주체이다. 인간은 창조된 그대로의 자신의 삶을 되찾기 원한다. 그런데 인간이 확인하게 되는 것은 반대로 덧없음, 불안정, 모순, 자신이 행한 일들의 소멸이다. 그리고 영원을 향한 갈망이다. 그러나 그것은 하나의 갈망에 지나지 않는다. 즉, 인간이 시작도 끝도 없는 시간과 무한하게 지속되는 시간에 다가가려는 것은 탄탈로스287)의 형벌과 같다. 거기서 코헬레트의 아주 냉정한 비관주의가 나온다. 이 갈망은 그 자체로는 실현이 불가능하다. 그 사실을 깨닫는 것은 지혜에 속한다. 그러나 지금 우리는 한걸음 더 나아간다. 실재하는 것과 인간이 원하고 기대하고 희망하는 것의 불일치는 하나님이 인간의 무지와 부재와 침묵 가운데 현존하고 있다는 사실을 입증한다.

인간이 기대하는 것은 가치도 의미도 없이 그냥 존재하는 영원 그 자체가 아니다. 그것은 감춰져있는 원초적 기원으로의 회귀나 편집광적인 망상이 아니다. 그것은 하나님이 인간의 마음에 심어놓은 은밀한 '충동' appel이다. 그것은 전적으로 다른 세계를 향한 충동으로 인간이 헤아릴 수도 파악할 수도 만들 수도 없는 것이다. 가차 없이 실재를 드러내는 이 지혜의 미묘한 말은 다른 세계를 향한 출구가 된다.

이 지혜의 엄정함은 부정적인 신학을 낳는 것이 아니라, 굳이 이름을 붙

---

287) [역주] 프랑스어로는 Tantale. 탄탈로스는 그리스 신화에 나오는 제우스의 아들이다. 그는 신들의 역정을 사서 영원한 형벌을 받는다. 목까지 물에 잠긴 상황에서 물을 마시려고 하면 물이 멀어지고, 배고파서 가까이 있는 가지에 열린 과일들을 따려고 하면 바람이 불어 그 가지가 멀어진다. 그래서 탄탈로스의 형벌이란 항상 갈증과 굶주림의 고통을 겪는 것을 말한다.

이자면 실존적인 신학을 낳는다. 하나님에 관해 아는 것이 없다고 말하는 것은 우리의 관심 밖이다. 우리에게 빈 공동, 파열, 단절, 틈이 존재하고, 인간이 생리학적인 로터리 유기체, 신경회로의 유기체가 아니라는 사실을 규명하는 것은 아주 깊은 진리로 우리를 향하게 한다. 뒤미트리우Petru Dumitriu와 노통Paul Nothomb과 같은 몇몇 현대 신학자들은 우리에게 아주 강력하게 선언한다. "모든 갈망은 하나의 결핍을 나타낸다. 모든 결핍과 모든 부재는 어딘가에 하나의 현존이 있음을 뜻한다. 하나의 결핍은 빈 공허가 아닌 충만함과 부합한다."288)

그러나 영원으로 번역되는 히브리어 단어 '올람'의 또 다른 의미를 놓치지 말아야 한다. 그 방면에 정통한 학자들은 그 단어가 '감춘다'는 뜻을 지닌 '렘'을 어원으로 하고 있다고 한다. 우리는 그 점을 뒤에 가서 다시 살펴볼 것이다. 영원은 인간에게 감추어져 있다. 인간이 모르는 것은 감추어진 시간이나 감추어진 일만이 아니라, 인간의 모든 일과 행위에서, 가시적이고 지각할 수 있는 부분과 대조적으로, 감추어져 있는 부분이다. 따라서 우리가 설령 수학으로 시간을 통제할 수 있다거나, 혹은 인류 역사 전체를 그 모든 세부적인 면에 이르기까지 다 알 수 있다고 할지라도, 그것은 여기서 말하는 영원에 해당되지 않는다. 왜냐하면 인간의 마음에 그것을 심어 놓고 지혜의 길로 인도하는 하나님처럼 그것은 감추어져 있기 때문이다.

우리는 전도서에서 하나님의 일을 주시하게 된다. 그러나 그 문제 앞에서 우리는 먼저 그리스도인으로서 신앙을 고백하려고 조심스레 나아간다. 인간의 영원을 향한 갈망에 대해 하나님은 예수 그리스도로 응답했다. 그리스도는 이 갈망을 충족시키는 유일한 존재이다. 왜냐하면 그리스도는 성육신한 하나님, 우리와 함께 하는 하나님, 인간 안의 영원한 하나님이기

---

288) 폴 노통(Paul Nothomb), 『불멸의 인간: 에덴 동산에 대한 새로운 조명』 *L'Homme immortel: Nouveau regard sur l'Eden*, Paris, Albin Michel, 1984.

때문이다. 그러나 이 응답은 보편적이고 추상적으로 하늘에서 떨어지듯이 주어진 것이 아니다.

성육신은 정해진 때에 일어난 구체적인 개별적 사건이다. 정해진 때는 역사에 주어진 때요 내 개인의 삶에 주어진 때로서 "모든 것에는 알맞은 때가 있다"라는 말씀에 포함된다. 그러나 이 경우는 다르다. 왜냐하면 이 경우는 모든 존재를 위한 때이기 때문이다. 그 때는 서로 대립되는 것들이 계속 이어지는 삶과 역사 속에 무조건적으로 들어 있다. 절대적 시간은 우리의 상대적 시간을 넘어선다. 절대적 사랑은 우리가 내린 개별적이고 상황적인 선택들을 다 포함한다. 그리고 그 선택들에 의미를 부여하고, 우리에게 평화를 준다.

마지막으로 우리는 키르케고르의 글을 하나의 대위법적 명제와 최종적인 논평으로 제시할 수 있다.

"결혼하라. 후회할 것이다. 결혼하지 말라. 역시 후회할 것이다. 결혼해도 결혼하지 않아도 둘 다 다 후회할 것이다. [⋯]

어리석은 세상사를 비웃어라. 후회할 것이다. 어리석은 세상사에 대해 통곡하라. 역시 후회할 것이다. 어리석은 세상사에 대해 비웃건 통곡하건 둘 다 다 후회할 것이다. 네가 어리석은 세상사를 비웃어도 통곡해도, 너는 두 경우 다 후회하게 될 것이다.

젊은 처녀를 믿으라. 후회할 것이다. 그 처녀를 믿지 말라. 역시 후회할 것이다. 젊은 처녀를 믿건 믿지 않건 둘 다 후회하게 될 것이다. 네가 젊은 처녀를 믿어도 믿지 않아도 너는 두 경우 다 후회하게 될 것이다.

목을 매달아라. 후회할 것이다. 목을 매달지 말라. 역시 후회할 것이다. 목을 매달건 매달지 않건 너는 둘 다 후회할 것이다. 네가 목을 매달아도 매달지 않아도 너는 두 경우 다 후회하게 될 것이다.

그대들이여 이것이 삶을 살아가는 법의 요점이다. 스피노자가 말하듯이 나는 간헐적이 아니고 지속적으로 모든 것을 영원의 관점oeterno modo으로 바라본다. 많은 사람들도 또한 그런 관점으로 살고 있다고 믿는다. 그런데 사람들은 그 중 하나를 취하고 나서는, 그 반대의 경우들을 이어가거나 매개한다. 그러나 그들은 잘못된 길로 들어선 것이다. 왜냐하면 참된 영원이란 하나의 대안이 있은 이후가 아니라 그 이전에 발견되기 때문이다. 그들의 영원은 시간 속에서 하나의 고통스러운 연속일 수가 있다. 왜냐하면 그들은 이중적인 후회를 할 것이기 때문이다. 내 행동규범은 쉽게 이해할 수 있는 것이다. 왜냐하면 나는 단 하나의 기본 원칙만 있기 때문이다. 그래서 나는 그것을 기점으로 잡지도 않는다. 대안이 이어지는 변증법과 내가 가리킨 영원에 기초한 변증법을 구분해야 한다[…]. 나의 영원한 출발은 나의 영원한 멈춤이다[…]. 나는 지금 멈추지 않는다. 나는 내가 시작했을 때 멈추었다."289)

3. 베푸는 하나님290)

우리는 하나님이 인간에 준 두 개의 신비한 선물들, 즉 지혜를 탐구하는 마음과 영원을 향한 갈망에 대해서 앞에서 논의했다. 그러나 "인간은 시종일관 하나님이 행한 일을 파악할 수 없을지라도, 혹은 파악할 수 없는 채로, 혹은 파악할 수 없는데도 불구하고, 하나님은 인간의 마음에 영원을 향한 갈망을 심어 놓았다." 이와 같이 무한한 거리가 존재하여, 어떤 과학도 인간이 파악할 수 있는 것과 하나님이 행하는 것 사이의 거리를 좁힐 수 있도록 실재에 대

---

289) 키르케고르, 『대안』L'Alternative.
290) 전도서에서 하나님을 언급한 본문들은 나중에 경건한 편집자가 고쳐 넣은 것이라고 판단하는 학자들은 전도서에서 하나님은 거의 아무런 존재도 아니라고 본다. 그것은 놀라운 일이다. 예를 들자면, 라우하(Lauha)는 전도서의 하나님을 운명과 동일시했다.

한 더욱 깊은 이해에 도달할 수가 없다. 하나님이 모든 것을 행한다는 사실을 이미 살펴본 바와 같이, 실재는 하나님이 행한 일의 일부분을 이루지만, 그것은 전체를 이루는 일부분이고 그 깊은 진리는 우리의 지식을 뛰어넘는다.

"이는 내 생각이 너희의 생각과 다르며 내 길은 너희의 길과 다름이니라. 여호와의 말씀이니라."사55:8 사도 베드로는 그것이 천사도 살펴보기를 원하는 비밀이라고 한다.벧전1:12 그 비밀은 마침내 예수 그리스도 안에서 처음부터 끝까지 하나님이 행한 모든 것으로 성취되었다. 그것은 하나님의 측량할 수 없는 무한한 사랑의 신비다. 우리의 갈망으로는 이해할 수도 짐작할 수도 없는 것이 바로 이 일이다. 왜냐하면 가장 신실한 그리스도인이라도 하나님이 예수 그리스도 안에서 행한 일은 다 이해할 수가 없는 것이기 때문이다.

우리는 하나님의 사랑이 어떤 것인지 알 수 없다. 그 크기가 얼마나 큰지 우리는 알 수 없다. 이 사랑은 시작부터 끝까지 함께 한다. 이 사랑은 사랑하고 사랑받기 위해 창조한다. 이 사랑은 인간의 모든 삶과 모든 일을 다 수용한다. 이 사랑은 모든 것을 용서하고 결코 소멸하지 않는다. 물론 내가 쓴 이 몇 문장의 글은 코헬레트가 말했고 또 말하고자 했던 것을 많이 넘어섰다. 그러나 코헬레트는 마치 손으로 안내하듯이 나로 하여금 이 이중적인 깨달음에 이르게 했다.

내가 하나님이 행한 모든 일을 알 수 없는 것은 그 일이 너무 크고 복잡한 것이기 때문이 아니다. 그런 합리주의적인 관점이 아니다. 그것은 우연적이고 양적이고 모순적인 우리 일처럼 우리가 인지할 수 있는 일이 아닌, 질적으로 다른 하나님의 일이기 때문이다. 전도서에서 사랑은 거론되지 않는다. 그러나 바로 그 점이 인간이 모든 것을 넘어서서 가장 원하는 것을 인간 자신은 파악할 수 없다는 사실을 코헬레트가 인지하고 있다는 의미로 내게 다가온다.

　우리가 사랑하고 사랑받는 것 이외에 다른 어떤 것을 더 원하기 때문이라고? 사랑받는다는 그 놀라운 위안과 가슴 떨리는 모험 이외에, 그리고 사랑한다는 그 엄청난 황홀과 환희 이외에 우리가 무엇을 더 바라겠는가? 사랑은 서구문화와 기독교가 개발한 것이 아니다. 우리는 사랑이 수많은 방식으로 표현되어 어디나 존재하는 것을 본다. 성적인 사랑은 우리를 활기 있게 하는 이 사랑의 힘을 드러내는 개별적인 사례가 된다. 정치적인 사랑도 마찬가지다. 그런 류의 사랑은 보편적인 유일한 사랑에 기반을 두지 않기 때문에 잘못되기도 한다. 그러나 사랑은 우리로 하여금 오르가즘에 그친다 할지라도! 영원의 세계에 들어가게 한다는 진부한 말이 세세대대로 계속 전해지는 것은 의미심장한 일이다. 사랑은 사랑을 주고받는 사람에게 자신이 무적의 불멸의 존재이고 자신이 지금 이 순간 경험하는 것이 영원할 거라는 확신을 준다.

　내가 영원한 하나님과 하나님이 행한 불가해한 일을 이렇게 연결시킨 것은 완전히 자의적으로 한 것이 아니다. 코헬레트는 너무나 급진적이고 너무나 심오해서 인간의 일은 덧없고 하나님의 일은 영원하다는 식의 단순한 논리에 만족하지 않는다. 그러나 코헬레트는 우리에게 인간의 일이 무엇으로 이루어져 있는지 밝혀준다. 하나님의 일 앞에서 코헬레트는 침묵을 지킨다. 다만 간접적인 방식으로 그 일을 상기시킬 뿐이다.

　코헬레트는 사랑에 대해서 말하지 않고, 언약이나 토라를 언급하지 않은 것처럼 하나님과의 사랑의 관계에 대해서 우리에게 아무 말도 하지 않았다. 그렇다면 내가 여기서 사랑을 거론한 것은 전도서에 충실하지 않은 것인가? 나는 그렇지 않다고 본다. 왜냐하면 전도서 전체에 걸쳐서 일관적으로 하나님의 일, 하나님의 선물이라는 근본적인 차원이 존재하기 때문이다. 하나님은 전도서에서 무엇보다 주는 존재이다.291) 그렇기 때문에 야훼라는 단어의 부재와 엘로힘 앞에 붙은 관사를 근거로 해서 전도서는 이스라엘에게 내린 계시가 아니라고 말하는 학자들의 주장에 나는 동의할 수가 없다. 그들은 전도서에 나오는 하나님이 하나의 신성, 신적 존재라고 한다.

베푸는 것이 우선인 하나님은 언제나 이스라엘 백성의 하나님이었던 하나님이다. 그 하나님은 자유를 주었고 율법을 주었고 언약을 주었고 말씀을 주었고 아브라함에게 아들을 주었다. 그 모든 사실들을 언급해서 무슨 소용이 있느냐고? 그러나 전도서에는 다른 사실이 나온다. 즉, 이 동일한 하나님은 자기 백성에게 선물을 베푸는 것에 그치지 않고 모든 사람들에게 선물을 베풀었다.292)

코헬레트가 상기시키는 다양한 선물들을 돌아보기 전에 잠시 이 주장을 깊이 성찰해보아야 한다. 성서적으로 하나님이 주는 선물의 주도권을 가진 것은 하나님이다. 즉 하나님은 주는 것으로 시작하며, 나머지 것들이 뒤를 잇는다. 하나님은 선물을 줌으로써 모든 것을 시작한다. 역사의 시작은 하나님에 의해서다. 인간의 의지가 아니다. 그 다음으로 인간은 하나님이 준 선물이나 선물들을 기반으로 활동을 펼쳐간다. 더더욱 중요한 것은 언제나 진정한 의미의 선물이다. 즉, 선물이란 아무 조건도 아무 반대급부도

---

291) 리스(D. Lys)는 그 점을 분명히 확인했다. 그는 '주다'는 어근을 가진 단어가 전도서에서 28번 나오며, 그 중 15번은 하나님의 행위를 뜻하는 것이라고 했다. 더욱이 하나님이라는 단어의 출현은 선물과 관련된 것이다(전1:13, 2:24). 하나님을 언급한 경우는 주는 존재라는 의미를 나타낼 때뿐이다.

292) 코헬레트가 쉽게 하나님의 선물이라는 사실을 받아들인 것이 아닌 만큼 이 선물을 강조하는 것이 더더욱 중요하다. 그 반대다. 여기서 마이요(Maillot)의 주장은 일리가 있다. 그는 하나님이 모든 것의 주인으로서 사랑과 증오를 베푸는 바, 이에 대해 지혜는 아무 것도 설명할 수 없다는 사실을 알고 코헬레트가 분노했다고 주장한다. "그는 은혜를 거꾸로 본다." 도덕과 종교는 이제 하늘의 보상을 기대할 수 없게 된 것이다. 이 무상성은 코헬레트에게는 견딜 수 없는 악이다.

없는 것이다.

선물은 주고받는 메커니즘의 작용이 아니다. 어떤 조건이 붙는 것은 결코 선물이 될 수 없다. 감사를 바라는 것조차 선물이라고 할 수 없다. 하나님이 기대하는 감사도 또한 아무런 대가가 따르지 않는 것이다. 하나님은 아무 거리낌 없이 자유롭게 기쁨을 표현하는 마음에서 우러나오는 감사가 아니면 받아들일 수 없다. 선물은 도덕이나 강제나 반대급부가 따르지 않는다. 따라서 여기서 "공로로 구원을 받는다"는 것은 있을 수 없다. 선물에 대한 언급을 통하여서, 코헬레트는 우리에게 간접적으로 하나님이 자유롭게 인간에게 부여한 구원을 말하고 있다.293)

여기서 잠깐 현대에 와서 선물의 왜곡된 측면을 하나 살펴보자. 오늘날 우리는 소위 과학적, 사회학적, 심리학적, 정신분석학적인 다양하고 복잡한 연구들을 거쳐서, 선물이 굴욕적이고 열등한 관계를 수립한다고 평가한다. 선물을 주는 사람은 자신이 행한 것으로 늘 위선적인 영예를 얻는다. 그는 헐값을 치르고서 스스로 양심에 거리낌이 없는 것으로 자임한다. 선물을 받은 사람은 그 선물 탓에 굴욕을 당한다. 그는 되갚을 수가 없다. 그래서 그는 가장 미약하고 억압받는 존재이다. 선물은 우월한 지위와 지배의 수단이다. 그것은 겉으로는 선한 모양을 갖추었기에 더욱 사악한 수단이 된다. 선물은 선물을 주는 사람에 대해서 그 동기와 거짓 선과 권력 의지에 의문을 제기하지 않게 한다. 이런 식의 논리는 흔히 들을 수 있는 것으로 기독교의 하나님에게도 적용되고 있다. 사람들은 "정의를 구하는 것이지 자선을 구하는 것이 아니다"라고 대담하게 선포한다.

이런 식의 해석은 완전히 왜곡된 것임을 지적해야 한다. 물론 사람들은 때로는 자기의自己義와 경멸의 뜻으로 오늘날 '사랑을 한다'는 말을 그렇고

---

293) ▲그러나 여기서 '자유롭게'라는 말은 당연히 '임의대로'라는 뜻이 아니다. 단지 '무조건적으로'라는 뜻이다. 왜냐하면 그 선물은 절대적인 존재에게서 온 것이기 때문이다.

그런 뜻으로 쓰듯이 자선을 베풀기도 한다. 사람들이 때로는 자신의 우월성을 분명히 하기 위해서 그러기도 한다. 때로는 받는 사람이 굴욕감을 느끼기도 한다. 여기서 나는 '때로는'이라는 말을 썼다. 더 정확히 말해서, 아무런 참된 인간관계도 맺어지지 않을 때마다 그렇다는 것이다.

선물이 인간관계를 맺어가는 한 요소가 될 때, 또한 선물이 관계의 출발점이나 결말이 될 때, 그리고 선물이 반대급부 없이 타인에게 자신을 내어주는 것을 뜻하는 표시로서 진정한 증여가 될 때, 앞에서 말한 그런 정신사회학적, 마르크스의 구조적 해석은 순전한 거짓말이 되어버린다. 그것은 아무 것도 주지 않고 아무런 일도 하지 않는 것을 정당화하려는 위선에 지나지 않는다. 내 권리를 강요하고, "남들은 나에게 빚을 지고 있다"고 주장하며, 모든 것을 법적인 관계로 전환하는 것은, 부지부식 간에 모든 것을 "의무와 소유"로 보는 자본주의의 논리에 빠지는 것이다.

사실 선물에 대한 이런 비판은 선물로 맺어지는 관계를 부정하는 것으로서 책임을 부담하는 인간관계를 부인하는 것이다. 그러나 하나님이 선물을 줄 때, 하나님은 언약을 맺었던 것과 같이 스스로 책임을 맡는 것이다.294) 거짓 선물에 대한 비판은 선물에 대한 현대의 비판이 있기 훨씬 이전에 사도 바울의 서신서에서 이미 발견된다. "내가 내게 있는 모든 것으로 구제하고 또 내 몸을 불사르게 내줄지라도 사랑이 없으면 내게 아무 유익이 없느니라."고전13:3 이보다 더 타당한 말이 있을까?

이 본문은 하나님의 선물을 정확하게 말해준다. 선물은 타인과 진정한 인간관계를 맺게 한다. 그 관계는 교만이나 이해관계나 지배욕에 기반을 둔 것이 아니고, 타인을 위해 자신을 포기하는 것과 진리에 기초한 것이다. 사랑의 충만함을 나타내는 이 선물은 무상의 선물인 은혜라고 불린다. 전

---

294) ▲자신의 모든 사랑을 내어주기 때문에 하나님은 스스로 질투하는 하나님이라 칭할 수 있다.

도서에 은혜가 나타나는 것은 바로 여기이다. 은혜는 하나님이 주는 것을 다양하게 인식하는데서 나타난다. 그러나 이 선물들은 신학적으로 규정되는 것은 아니다. 그것들은 종교적인 지복들에 속하는 것이 아니다. 우리는 코헬레트가 이스라엘의 하나님이 자기 백성에게 준 커다란 선물들을 언급하지 않는다는 사실을 지적했다. 그는 우리에게 전혀 다른 것을 말한다.

우리는 하나님이 인간에게 준 근심souci이라는 선물을 살펴보았다. 그것은 진보하고 변화하고 탐구하고 이해하려는 마음이다. 그것은 어려운 것이라고 코헬레트도 인정한다. 그러나 그 어려움조차 인간을 구성하고 있는 부분이다. 우리는 또한 영원을 향한 갈망도 살펴보았다. 그것도 인간을 구성하고 있는 부분이다.

현재의 순간에 만족하지 않고, 우리가 한 일은 사라져버릴 세대들과 같이 망각될 거라고 여기는 것은 참담한 것이다. 미래를 어느 하나도 예견할 수 없다는 사실을 확인하는 것도 참담한 것이다. 인간은 무한에 대한 지속적인 갈망과, 결코 중단되지 않는 삶에 대한 갈망을 가지고 있다. 바꾸어 말해서, 영원히 존속할 수 없고, 언제나 새로워지는 일을 할 수 없다는 사실을 확인하고, "이는 헛되고 바람을 좇는 일이다"라고 선언할 때, 코헬레트는 또한 "그 사실을 확인하고 전하는 것이 하나님의 선물이다"라고 하는 것이다.

헛되다는 코헬레트의 깨달음은 하나님의 선물이다. 여기서 '헛됨들의 헛됨' 295)이라는 구절에서 '속격'에 관해 언급하는 것이 좋을 듯하다. 이는 어쩌면 모든 것이 헛되다고 선언한 뒤에, 하나님의 선물이라는 또 다른 헛된 것을 말하는 것이 아닐까. 이제 그 선물은 인간의 구성요소가 된다.

이 사실은 창세기 2장과 3장에서 확인된다. 창조주와 피조물의 교제 안

---

295) [역주] 앞의 각주 166번의 역주에서 설명한대로 프랑스어로는 'la vanité des vanités'인데, 문자 그대로 번역한다면 '헛됨들의 헛됨'이 된다.

에서, 아담에게 주어진 모든 것의 현존 안에서, 아담은 눈앞에서 보는 것이 진리였기 때문에 이해하려는 마음이나 영원을 향한 갈망을 가지지 않았다. 모든 것이 정말 좋았다. 그러나 관계가 단절되고 나서, 두 개의 길이 가능했다. 한 길은 관계 단절로 인간이 죽는 것이다. 다른 길은 살아있으면서, 생명의 근원과 단절된 채로, 망상의 삶이나 동물적 삶을 살아가는 것이다. 인간은 스스로 하나님으로 자처하거나, 부지부식 간에 모든 면에서 동물과 유사한 난폭한 짐승이 되어버린다.

이 비극적인 상황에 하나님이 개입한다. 성서에서 수없이 발견되듯이, 하나님은 인간이 만든 기존 상황에 적응해간다. 하나님은 거기에 스스로 적응하지만, 인간이 망가지기를 원치 않는다. 살인하기 전의 가인에 대한 하나님의 꾸짖음은 '왜 네 얼굴이 망가져 있느냐' 는 것이다. 하나님은 인간이 고유한 다른 역할을 맡기를 원했다. 하나님은 인간에게 새로운 역할을 맡겼다. 인간은 더 이상 사랑의 예찬자가 아니다. 하나님은 인간으로 하여금 놀라운 여정을 취하게 했다. 한때 유행했던 말처럼 인간이 정말 인간답게 되고 역사를 창조할 수 있었던 것은 인간이 타락296)했기 때문이라고 주장하는 것은 어리석은 일이다.

코헬레트는 하나님이 이 달라진 인간에게 이 예기치 않은 상황에 걸맞게 새로운 특성들을 부여했다고 우리에게 전한다. 이 선물들이 없다면 그것은 무의미한 것이었다. 그러나 이 선물들은 단지 가능성에 불과하다. 그것들은 탐구하는 마음과 영원을 향한 갈망이다. 우리는 그것들이 이 세상과 이 역사에서 인간의 결정적인 특징이라는 사실을 잘 알고 있다. 철저하게 부정적이고, 가장 명석하고 냉정한 비판자인 코헬레트는 우리에게 그것이 분명한 하나님의 선물이라고 말한다. 즉, 그것은 방법이나 해답이 아니라

---

296) [역주] 라틴어로는 'felix culpa'로 복된 타락이라 할 수 있다. 토마스 아퀴나스는 아담의 타락이 예수 그리스도의 성육신과 또 재림의 언약을 가능하게 했기에 복된 타락이라고 주장한다.

요구요 요청이다. 대부분의 경우 이 선물들은 우리를 헛된 것으로 인도하고 바람을 좇는 것과 같은 헛된 일에 참여하게 한다는 것은 명약관화한 사실이다. 그러나 그렇게 하지 않으면, 인간이 되지 않는다. 아주 간단하다. 그것이 하나님이 첫 번째로 준 선물들이다.

다음으로 모든 성공들이 이어진다고 우리는 말할 수 있다. 코헬레트는 잘 먹고 마시고 누리고 가능할 때 즐기라고 권한다.전2:24,3:13 그러나 그것은 하나님의 선물이다. 곧바로 하나님의 선물이라는 사실은 이 즐거움을 후기 에피쿠로스주의의 차원과는 또 다른 차원에 올려놓는다. 왜냐하면 즐거움을 취하면서, 우리가 하나님의 선물이라는 인식을 가지게 되면, 이중적인 결과가 초래되기 때문이다.

하나는 먼저 우리가 하고 있는 일이 중요하다는 것이고, 다른 하나는 우리가 아무렇게나 무작위의 즐거움을 누릴 수 없다는 것이다. 그래서 우리는 너무나 쉽게 취하는 두 가지 일탈적인 태도를 삼가야 한다. 하나는 식사하기 전에 아주 짧게 기도하고 나서 편안한 마음으로 고주망태가 되어버리는 것과 같은 형식주의적 태도이다. 다른 하나는 식사하는 동안 어떤 잘못도 용서하지 않는, 가혹하고 무자비한 재판관이 지켜보고 있다는 걱정에 쌓여있는 태도이다.

거기에는 기쁨과 즐거움과 행복이 하나님의 선물이라는 깨달음과는 하나도 부합하지 않는 두 가지 오류가 있다. 그러나 그 이외에는 우리는 이 기쁨과 즐거움을 아주 진지하게 받아들여야 한다. 왜냐하면 그것들이 하나님의 선물이기 때문이다. 그것들을 진지하게 받아들이고, 헛되게 낭비하거나 하나님의 뜻에 어긋나는 일에서 즐거움을 취하지 말아야 한다. 거기에 문제의 핵심이 있다. 취하게 하고 즐겁게 하는 것이 모두 다 자동적으로 하나님의 선물은 아니다. 마약이나 음주벽은 하나님의 선물이 아니다.

그렇다면 기쁨은 하나님의 선물이기 때문에 기쁨을 주는 것을 분별하여 거절하지 말아야 하지만, 또 아무 것이나 다 받아들이지 말아야 한다. "그분께서 주시지 않고서야, 누가 먹을 수 있으며, 누가 즐길 수 있겠는가?"전 2:25 이는 참된 것과 거짓된 것을 나누는 경계선으로서 객관적으로는 인지할 수 없고 말로는 설명할 수 없는 것이다.

하나님의 선물을 알기 위해서는, 선물을 주는 하나님을 알아차려야 하며 하나님의 관점으로 그것이 무엇인지 바라보아야 한다. 하나님의 선물은 인간이 수고하여 행복을 얻을 수 있다는 것이다. "사람마다 먹고 마시는 것과 수고함으로 낙을 누리는 그것이 하나님의 선물인 줄도 또한 알았도다."전3:13,5:18 또 다시 코헬레트는 우리의 편견과 고정 관념을 무너뜨린다. 수고하여 일하면 결과와 수익이 따르고, 일하는 사람은 생계를 유지하며 일 덕분에 먹고 마실 수 있다는 것은 우리에게는 아주 당연한 사실이다. 그런데 지혜자는 그렇지 않다고 한다. 일을 해도 정말 얻는 게 하나도 없을 수도 있다고 한다. 그게 일반적이고 정상적인 경우가 될 수 있다고 한다. 일을 해서 결실을 맺고 업적을 낳는다면, 그건 일종의 기적으로 우리로 하여금 격한 환희에 잠기게 할 것이다.

현대인은 완전히 이 선물을 잃어버렸다. 현대인은 자신이 하는 일을 하면서 그 안에서 성과를 얻는 것에 감탄할 줄 모른다. 또한 현대인은 자신의 일이 헛되지 않다는 사실에 감사할 줄 모른다. 그는 모든 것이 자기 덕분에 얻게 된 것이라고 판단한다. 그리고 어쩌다가 자신이 하는 일이 성과가 없게 되면, 설명과 보상을 요구한다.

삶에 대한 두 가지 대조적 인식들의 바탕에는 두 가지 대조적인 태도들이 자리 잡고 있다. 하나는 비관주의적 태도이다. 이는 행복이 임하고 성공이 일어나면 기쁨을 가득 누리는 것이다. 다른 하나는 강요적이고 강박적인 태도이다. 이는 모든 일이 성공해야 하고, 실패하면 독설과 증오를 퍼붓는 것이다. 코헬레트는 우리에게 분명하게 하나님이 어느 쪽을 선택하는지 말한다.

더 나아가서, 일하면서 행복을 얻는 사람은 하나님의 선물을 받은 것이라고 한다. 이것은 현대 사회에 어울리지 않는 또 다른 논리이다. 이 논리는 우리가 떨쳐버릴 수 없는 것이다. 왜냐하면 우리는 일의 효과는 행복을 준다고 여기며 살아가는데, 실제로 하는 일은 가혹하고, 단조롭고, 지루하고, 재미없고, 공허하고, 반복적인 것이기 때문이다. 더 길게 늘어놓을 필요도 없다. 이 모순은 우리 시대의 비극이다.

그러나 우리가 수고하여 일하는 것이 눈부신 성공이라는 행복의 기회가 될 수 있다고 받아들이면 모든 것이 선명해진다. 그렇다면 감사하게 된다. 일을 통하여 일 안에서 얻는 모든 행복은 감사를 받을 만하다. 그 감사의 유일한 대상은 하나님이다. 왜냐하면 자신이 하는 일에서 행복을 얻는 것은 하나님의 선물이기 때문이다.

여기서 더 까다로운 구절이 뒤를 잇는다. "어떤 사람에게든지 하나님이 재물과 부를 그에게 주사 능히 누리게 하시며 제 몫을 받아 수고함으로 즐거워하게 하신 것은 하나님의 선물이라."전5:19 재물이 하나님의 선물이라고? 이는 잘 알려져 있고 또 위험한 것이기도 하다. 이를 격언으로 신봉하며 청교도들은 재산을 축적하였다. 그리고 본래의 뜻을 두 가지로 왜곡시켰다. 하나는 "탐욕스럽게 재산을 모으고 전력을 다해서 소유를 불림으로써, 우리 스스로 하나님의 선물을 확보한다"는 것이다. 또 다른 하나는 "내가 재산을 모은 것은 내가 하나님의 선택을 받은 사람이기 때문이다"는 것이다.

막스 베버가 이 논리를 기반으로 삼아 세운 모든 이론 체계를 우리는 잘 알고 있다. 아무튼 그 논리도 쾌락이 하나님의 선물이라는 선언보다 더 곤혹스럽지는 않다. 그러나 앞에서와 마찬가지로, 우리는 그 결론들을 이끌어내야 한다.

부가 하나님의 선물이라면, 그리고 내가 그걸 사실로 인정한다면, 내가 수단방법을 가리지 않고 부를 쌓아도 괜찮다는 말인가? 네가 사람을 죽여서 부유해져도 하나님은 그걸 선물이라고 인정할 것인가? 그게 하나님의 선물이라면 아무 짓이라도 벌여도 된단 말인가? 부를 축적하거나 이용하기 위해서 사랑에 반한 행동을 해도 된단 말인가? 재산을 하나님의 뜻에 맞게 사용하는 법이 존재하는가? 즉, 내 노력으로 얻었다고 할지라도 하나님의 선물임을 인정하는 뜻을 나타낼 수 있게 재산을 사용하는 법이 존재하는가?

즐거움과 마찬가지로 아주 확실하게 우리는 부와 부의 사용법에 대해서 언제나 판단을 내리고 있는 것 같다. 여타의 모든 다른 오류들을 파생하는 핵심적인 오류는 하나님의 계시를 기계화하거나 영혼을 법제화하는 것이다. 다시 말하자면, 영적인 실재를 논리적으로 이론화하는 것이다. 즉, 가장 저열하고 야만적이고 하나님의 뜻에 반하는 그런 쾌락일지라도, 어떤 부일지라도 "쾌락이나 부가 존재한다면, 그것은 하나님의 선물이다"라는 것이다.

코헬레트가 보여주는 계시의 길은 쾌락이나 부가 하나님의 선물인지 아닌지를 분별하는 법을 알게 하는 길이다. 그 결과는 앞에서 강조한 바와 같다. 그것은 진정한 금욕에 해당한다. 이와 같이 하나님의 선물을 분별하고 자신이 하는 일에서 기쁨을 얻는 것은 인간에 제일 좋은 것이다.[297]

그러나 전도서 5장 19절의 본문은 새로운 관점을 제시한다. 부에 대한 언급과 함께 본문은 하나님은 사람에게 그것들을 누리게 하셨다고 한다. 이는 분명히 축적한 재물의 덧없음에 대해서, 죽음으로서 자신도 모르는 사람에게 계승하게 되는 권력의 덧없음에 대해서 하나님이 응답한 것이

---

297) 리스(D. Lys), 『읽은 것을 이해하고 있는가?』 *Comprends-tu ce que tu lis?*, pp. 404-405.

다. 모르는 사람이 내가 수고한 열매를 누리는 것은 바람을 좇는 것과 같이 헛된 것이다.

"하나님이 어떤 사람에게는 부와 재산과 명예를 원하는 대로 다 주시면서도, 그것들을 그 사람이 즐기지 못하게 하시고, 엉뚱한 사람이 즐기게 하시니, 참으로 어처구니가 없는 일이요, 통탄할 일이다."전6:2 이는 "하나님이 마음에 드는 사람에게는 슬기와 지식과 기쁨을 주시고, 눈 밖에 난 죄인에게는 모아서 쌓는 수고를 시켜서, 그 모은 재산을 하나님 마음에 드는 사람에게 주시니, 죄인의 수고도 헛되어서 바람을 잡으려는 것과 같다."전2:26는 말씀에 대한 대응이다.

이 본문은 엄청난 아이러니를 담고 있다. 하나님은 한 사람에게 재물을 얻고자 하는 열심을 주고 나서, 뒤에 그 재물을 빼앗아서 다른 사람에게 주어버리는 것이다. 재물을 신성화시키는데 대해 하나님이 대응한 것이다. 이와 같이 자신이 한 일과 자라나는 자녀들과 주어진 재물의 열매를 누릴 수 있다는 사실 속에서 하나님의 선물이 발견된다. 거기에는 행복을 누릴 수 있도록 우리에게 주어진 일정한 시간이 있다. 이 선물을 인식하고 인정하는 법을 배우고 그게 선물임을 알아보는 데서 감사가 나온다.

행복하게 보내는 하루하루가 우리에게 감사를 불러일으키게 된다. 코헬레트는 "모든 것이 헛되다"라는 말만큼이나 후렴처럼 반복하는 말이 그것이다. "나는 삶의 기쁨을 찬양했다[…]. 이는 하나님이 사람을 해 아래에서 살게 하시는 날 동안 일하면서 얻게 된다."전8:15 이는 구약에 흔히 보이는 표현법을 보여준다. 그 표현법은 신약에도 이어지지만, 신학자들은 그것을 무시했다. 그 표현은 '와 같이 본다', '여긴다', '마치 … 처럼' 등이다. 나는 코헬레트가 "이것은 하나님의 선물이다"라는 식으로 급하게 말하지 않고, "나는 그것이 하나님의 선물이라고 본다"라고 말했다고 믿는다. 나는 직접적으로 "이것은 하나님의 선물이다"라고 말하는 본문들은 이런 관점으로 보아야 한다고 믿는다.

이는 근본적으로 우리로 하여금 존재론적인 사유에서 실존적인 사유로 넘어가게 한다. 사실은 그대로 존재하는 것이 아니다. 내가 사실을 사실로 보고 인지하고 해석하는 것이다. 코헬레트가 우리에게 전하는 것은 하나님의 행위 그 자체가 아니고, 코헬레트가 하나님의 행위로 받아들이고 해석한 것이다. 나는 그것이 근본적인 것이라고 생각한다. "나는 그것을 하나님의 선물로 이해한다", 그런데 다른 사람은 거기서 다른 것을 보거나 아무 것도 보지 않는다. 그것은 중요하지 않다. 나는 이런 식의 접근방식을 많은 다른 계시의 말씀들에서도 발견한다.298)

이와 같이 사물이나 행위는 객관적으로 정립되는 것이 아니고 해석의 대상이 될 수밖에 없다. 그 해석은 신자에게는 신앙의 고백에 이르게 한다. 나는 그렇다고 믿는다. 그 이상은 아니다. 이 놀랍도록 명확한 구분은 모든 존재론은 모두 다 반성서적이라는 점에 역점을 둔다.299) 그리고 그것은 우리에게 하나님이 존중하는 인간의 자유를 보여준다. "나는 너희 손에 이것을 맡겼다. 너희는 그것을 다르게 체험할 수 있고, 여러 다른 방식으로 받아들일 수 있다. 그것은 너희의 자유이다. 따라서 너희가 책임을 진다." 인간에게 가능한 유일한 행위는 신앙에 기초한 증언이지, 기계적이고 교리문답적인 가르침이 아니다.

이어서 그것은, 비유로 말하는 예수와 같이, 우리가 모든 것을 해석해야 함을 강조한다. 우리는 자유롭게 해석해야 하는 의무를 가지고 세상의 사건들을 접해야 한다. 거기에는 모험과 위험이 따른다. 우리 삶에서 일어나는 모든 것을 하나님의 선물로 받아들이면, 우리는 의미와 기쁨을 가지고 살아가게 된다. 반면에 그렇게 하지 않으면, 우리는 덧없음과 어리석음만

---

298) 이것은 집필 예정 중인 『거룩의 윤리』 *L'Ethique de la sainteté*에서 다룰 것이다.
299) ▲이 점은 신학의 일부분에 의문을 제기하게 한다.

보게 될 것이다. 그러나 그 모든 것을 덧없게 하는 것은 바로 해 아래에서 살아가는 우리 자신들이다.

하나님의 선물들은 끝이 없다. "너는 가서 기쁨으로 네 음식물을 먹고 즐거운 마음으로 네 포도주를 마실지어다. 이는 하나님이 네가 하는 일들을 벌써 기쁘게 받으셨음이니라. 네 의복을 항상 희게 하며 네 머리에 향 기름을 그치지 아니하도록 할지니라. 네 헛된 평생의 모든 날 곧 하나님이 해 아래에서 네게 주신 모든 헛된 날에 네가 사랑하는 아내와 함께 즐겁게 살지어다. 그것이 네가 평생에 해 아래에서 수고하고 얻은 네 몫이니라."전 9:7-9 여기서 두 가지 새로운 선물들을 발견한다. 하나님은 너에게 일을 허락한다. 너는 그걸 깨달아야 한다. 그리고 하나님은 너에게 네가 사랑하는 아내를 준다.

너는 네가 하는 일의 의미를 모른다. 그러나 하나님이 네 일을 허락하고 수용하고 기뻐한다는 것을 확실한 사실로 받아들이는 순간부터 모든 것이 새로운 조명을 받게 된다. 그것은 하나님의 순수한 관대함에서 비롯된 것이다. 우리가 수고한 어떤 일일지라도 하나님이 받아들일 만한 가치가 없다. 솔로몬이 그 점을 누구보다 더 잘 알고 있었다는 사실을 코헬레트는 안다. 솔로몬은 커다란 성전이 하나님의 임재와 부재를 받아들일 수 없음을 인정했다. 그러나 여기에 "나는 네가 한 일을 받아들인다"라는 하나님의 계시가 임한다. 사도 바울은 성령이 하나님 앞에서와 하나님에게 있어 부적절한 우리의 기도를 바꾸어서 하나님에게 전달한다고 우리에게 전한다. 롬8:26

하나님은 네가 한 일들을 기꺼이 받아들인다. 이제 너는 자유롭게 독립적으로 네 일을 할 수 있다. 너는 스스로 선택을 할 수 있고 엄격한 규범에 따르지 않을 수 있다. 왜냐하면 네가 받아들여졌고, 수용되었고, 용서받았고, 사랑받았기 때문이고, 네 일들도 그렇게 되었기 때문이다. 네 일들의 실상 때문에 그런 것이 아니라, 네가 한 일들이기 때문이다. 코헬레트가 냉정하게 보여주는 삶의 곤경 속에서도 깨끗한 옷을 입고 향을 발라야 한다. 혼인잔치의 비유에서 바깥에 던져져 버림받는 사람은 예복을 입지 않은 사람이었다. 즉, 그는 혼인잔치의 초대가 선물이라는 사실을 인정하지 않았던 것이다. 모든 것이 하나님의 선물이고 모든 것이 은혜이다. 이것이 참된 혼인잔치이다. 선물이다.

다른 하나의 선물은 네가 사랑하는 여자이다. 천 명의 여자들 중에서 한 여자도 찾을 수 없었다고 선언한 코헬레트는 네가 진정으로 사랑할 수 있고, 하나님은 네게 사랑에 필요한 날들을 주었다고 말한다. 이와 같이 하나님은 선물로 사랑과 여자만이 아니라, 사랑하는 그녀와 함께 살아갈 수 있는 시간을 네게 준 것이다. 네 삶은 사라지고 말 것이다. 그러나 그 삶이 사랑하는 가운데 정말 좋은 것이 될 수 있다. 사랑으로 채워지고 살아가는 삶의 매 순간은 하나님의 선물이며, 하나님의 현존과 우정이고, 하나님이 네게 손을 내밀어 가까이 하는 것이다. 이러한 것이 하나님의 선물들이다. 우리는 어쩌면 하나님의 선물이 초월의 세계나 구원이나 영생이나 부활과 관계가 없다는 사실을 알고 실망할 수도 있다. 그렇다. 그 모든 것들은 이 땅 위에, 해 아래에 있는 것이다. 그 모든 것들은 우리의 삶과 관계가 있다.

우리는 이미 코헬레트가 부활이나, 정확히는 영혼의 불멸성을 모른다는 점을 보았다. 신학자들은 코헬레트가 낙담하는 것은 모든 것이 인간이 실존하는 세계에만 존재하지, 그 너머의 내세와는 관계가 없다는 점이라고 단언했다. 나는 전도서에서 그 점을 이끌어낼 수 없다고 생각한다. 코헬레트는 엄격하게 구체적이고 현실적이다. 그는 인간의 삶에서 지각할 수 있는 영역에 집중했다. 여타의 것에 그는 관심을 가지지 않았다. 그는 정말 비판적이다. 그런데 그 내용이 급진적이지만 포용적이라는 사실은 또 다른 차원이 존재한다는 걸 의미한다. 우리는 에필로그에서 그런 다른 차원을 접하게 된다. 그러나 그는 정직하게 내세의 불확실한 보상 작용에 하나님을 개입시키지 않는다.

그러나 거기에 보상에 대한 짧은 암시가 존재한다. "하나님은 그가 기뻐하시는 자에게는 지혜와 지식과 기쁨을 주시나 죄인에게는 노고를 주시고 그가 모아 쌓게 하사 하나님을 기뻐하는 자에게 주게 하시지만 이것도 헛되어 바람을 잡는 것이로다."전2:26 이것은 예수의 비유를 떠올리게 한다. "무릇 있는 자는 받겠고, 없는 자는 그 있는 것도 빼앗기리라."눅19:26 이와 같이 선한 자에게는 보상이 있고, 선하지 않은 자에게는 징벌이 따른다. 그러나 결국 이 선물은 지혜와 지식과 기쁨이다.300) 살아가는 동안 순전히 내적으로 주어지는 선물이다. 그러나 그 선물이 삶을 변화시킨다.

악인은 탈취와 지배와 정복에 열을 올리고, 하나님은 악인에게서 그것들을 빼앗아버린다. 그러나 이것은 다만 달란트 비유와 같은 영역에 적용되는 것이라고 나는 믿는다. 이 선물은 불의한 부자에게서 재산을 뺏어서 가난한 의인에게 준다는 식으로 삶에 대해 하나님이 심판하는 것이 결코 아니다. 더욱이 사는 게 그렇지 않다는 걸 코헬레트는 잘 안다. 그는 몇 번이나 그 점을 재차 언급했다. 이는 하나님이 선한 사람을 행복하고 잘 살게 해준다는 전통적인 교리나 명제를 응용한 것이 아니다. 욥을 보라.

그러나 본문을 반대로 해석하는 것도 가능한 일이다. 즉, 하나님은 지혜와 지식과 기쁨을 사람에게 주어서, 그 사람이 하나님 앞에 선한 사람이 되게 하고, 이제 그 사람이 실제로 선한 까닭에 하나님은 그에게 갑절로 보상을 한다는 것이다. 사실 그것은 달란트 비유와 같다. 코헬레트는 이상하게도 그것도 또한 헛되고 바람을 좇는 것과 같다고 결론을 맺는다. 그러므로 우리가 하나님의 심판이라고 부를 수 있는 것조차 헛된 것이 되어버린다. 왜냐하면 이는 우리의 삶에 결정적인 의미를 주기에는 부족하기 때문이

---

300) ▲결코 구원은 아니며, 명예와 부와 성공과 같은 것은 더더욱 아니다.

다.301)

그러나 개인적인 부활의 언약이 없다고 하더라도, 이론의 여지없이 종말론적 차원이 존재한다. 우리는 이 점을 이미 살펴보았다. 그러나 이 점을 여기서 재차 강조해야 한다. 왜냐하면 하나님의 선물들 중에 총괄갱신의 언약이 존재하기 때문이다. 내게는 아주 명료하게 보이는 본문을 통해서 그 점을 다시 살펴보아야 한다. "이제 있는 것이 옛적에 있었고 장래에 있을 것도 옛적에 있었나니, 하나님은 이미 지난 것을 다시 찾으시느니라."전

---

301) 여기서 우리는 리스(D. Lys)가 전도서 2장 24-26절을 은혜에 관한 것으로 본다는 점을 지적할 수 있다. 그는 다음과 같이 해석한다. "인간에게는 먹고 마시고 자신이 하는 일을 즐기는 것 이외에는 즐거움이 없다. 나는 이것 또한 신이 좌우하는 것이라는 점을 확인한다. 그렇다. 신의 은총이 아니라면 누가 먹고 즐길 수 있는가. 그렇다. 자신이 기뻐하는 사람에게 신은 철학과 지식과 기쁨을 준다. 그러나 기뻐하지 않는 사람에게 신은 모으고 축적하게 하여서 자신이 기뻐하는 사람에게 주게 한다. 이것 또한 연기요 바람을 잡는 것이다." 리스는 이 구절들에 대한 제목을 "은혜의 필요성"이라고 붙인다. 나는 하나님의 선물을 강조했다. 그러나 은혜와 은혜에 관한 모든 신학적 내용으로 해석하는 것은 내게는 조금 정도를 넘은 것으로 보인다. "궁극적인 교훈은 절제가 아니고 은혜이다. 인간이 무의미라는 막다른 골목에 몰린 수평적인 차원 안에 수직적인 차원이 개입한다. 하나님은 철학하는 것이건 즐기는 것이건 간에 절대적인 주권을 가진다. 코헬레트는 회의적인 태도를 통해서 은혜에 이른다. 사람은 은혜 덕분에 즐거움을 누린다. 보장되지 않은 즐거움이 부조리한 데서 의미를 찾게 하는 차원을 새롭게 발견하게 하는 것이다. 인간에게 즐거움을 누리는 것이 허락될 때, 이는 타자(un Autre)로서의 하나님의 현존을 가리키는 것이다. 하나님은 모든 만물이 의미를 지니게 하는 뜻을 가지고 있다. 이와 같이 즐거움을 누리는 것은 그 불합리성에도 불구하고 하나님이 거기에 현존한다는 하나의 징표가 된다." 그러나 이는 지나치게 무모한 것이 될 수도 있다. 코헬레트의 냉정한 현실주의적 관점으로 보면 전혀 그럴 수 없다. 즐거움을 누리는 사람은 결코 그 즐거움 속에서 은혜의 징표를 보지 못한다. 은혜임을 알기 위해서는 코헬레트의 계시와 선포가 있어야 한다. 마찬가지로, "이 부조리한 데서 하나님은 의미를 부각시키고, 인간의 노력은 상대적이고 수직적인 또 다른 차원과의 관계 속에서만 의미를 가진다는 점을 보여준다. 그 수직적인 차원에서 하나님은 수평적인 세상에 자신의 계획을 실현한다." 물론 나는 신학적으로는 동의한다. 그러나 그것이 꼭 이 본문에서 나오는 것은 아니다. 본문은 "모든 것이 헛되고 바람을 잡는 것과 같다"라고 끝난다. 그렇다면, 이 본문이 하나님의 선물을 가리키고, 인간이 즐거움을 누리는 데서 받는 은혜를 의미한다면, 우리는 뭐가 뭔지 더 이상 이해할 수가 없다. 이것은 리스로 하여금 헛된 것이 은혜에 연관되는 것을 피하도록 설명하려는 노력을 기울이게 했다. 그러나 그 설명은 너무나 우회적인 것이다. "모든 것이 헛되다"라는 구절은 단지 24-26절의 역설 속에서 의미를 찾으려는 인간의 헛된 노력에 연결될 뿐이라는 것이다. 나는 이런 설명은 불완전하다고 믿는다. 나는 이 본문에서 말하는 은혜가 신학적인 의미와 같은 것인지 문제를 재고한다. 행복한 시간을 보내는 것을 하나님의 선물이라고 인정하는 것으로 충분하다.

3:15 그런데 이 구절은 "모든 것에는 다 때가 있다"는 본문을 완성한다.

하나님은 인간의 마음에 영원을 향한 갈망을 심어놓았다. 이 갈망은 하나님의 선물이다. 그러나 인간은 결코 그 갈망을 채우고 충족시킬 수 없다. 이 갈망에 응답할 수 있는 분은 오직 하나님이다. 하나님은 사라져버린 걸 다시 찾는다. 시간의 흐름 속에 인간이 놓쳐버린 모든 것들은 하나님의 기억 속에 다 남아있다. 우리가 잃어버린 것은 하나도 상실되지 않았다. 하나님이 모든 것을 다시 되찾는다는 사실을 알고 있으면, "이제 있는 것이 옛적에 있었고 장래에 있을 것도 옛적에 있었나니"라는 구절에 낙담하지 않는다. 모든 것이 다 하나님의 나라에 보존되는 것은 아니다. 그러나 모든 것이 다시 새롭게 나타난다. "하나님은 이미 지난 것을 다시 찾으시느니라"는 구절은 마지막 선물에서 구현된다. 즉, 그 마지막 선물은 우리의 모든 기대를 다 채우면서, 인류의 이 이상하고 혼란스러운 역사를 통해서 인간이 행한 모든 일을 다 받아들이는 천상의 예루살렘이다.

하나님의 심판

이와 같이 하나님은 무엇보다 주는 존재이다. 그러나 하나님은 심판도 한다. 코헬레트가 심판에 관해 언급한 것을 검토하기 전에, 먼저 세 가지 요점을 지적하고 넘어가야 할 것 같다.

첫 번째 요점은 스무 개가 넘는 하나님에 관한 본문들 중에서 세 개는 하나님을 심판자로 지칭하고, 스무 개가 넘는 선물에 관한 본문들 중에서는 네 개가 심판을 말하고 있다는 것이다. 그러므로 우리는 하나님의 심판, 심판하는 하나님이 전도자의 중심 관심사라고 말할 수 없다. 물론 이런 숫자에 지나친 의미를 부여하지는 않는다,

두 번째 요점은 내가 심판을 선물과 연관되는 위치에 놓은 것과 관계된 것이다. 더 나아가서 나는 심판이 선물 안에 포함되어 있다고 주장한다. 나

는 다른 곳302)에서 길게 언급했던 바와 같이, 하나님의 심판에 관해서 전통적으로 동일한 오류를 범하고 있다고 믿는다. 우리는 범죄에 관한 형사재판의 관념에서 벗어날 수 없다. 물론 예언서들 속에 심판하는 하나님에 관한 관념이 이미 존재했다는 것은 정확한 사실이다. 심판하는 하나님은 선한 자와 악한 자, 의로운 자와 불의한 자, 죄인인 이방민족들과 택한 민족을 구분한다.

내가 아는 어떤 주석학자들은 이 점을 더 크게 확대 적용하여서, 재판이라는 단어가 들어간 본문들을 언급하면서 사단을 재판의 고소자로 단정하고 예수를 돕는 변호사로 해석하기도 한다. 물론 이것이 완전히 틀리다는 말은 아니다. 그러나 거기에는 전제 조건이 있다. 즉, 과장하여 모든 것을, 특히 비유의 본문들을 재판의 의미로 해석하지 말고, 형사재판을 신학의 중심 소재로 삼지 말아야 한다.

반면에, 내가 확인할 수 있는 것은 3세기부터 교부들은 로마법적인 사고방식의 영향을 받는데, 여기서 중심이 되는 것이 법이라는 것이다. 모든 로마법은 실제 재판에서 비롯된다. 재판은 모든 로마법의 핵심이자 사고의 중심축이다.303) 이 로마법적인 사고방식은 기독교와는 완전히 다른 것이고, 은혜의 실재에는 전혀 접근할 수 없는 것이다. 이 사고방식이 신학적인 방향을 세워서, 공로에 의한 구원의 신학과 정치권력과 연관된 신학이 나오게 되었다. 바로 그것이 또한 200여 년 전부터 불신자들이 그렇게도 비난하는 하나님의 이미지를 낳았다. 거기서 하나님은 냉혹한 심판자로서 무서운 보좌에 앉아 불순종하고 불신하는 자들을 멸절시킨다. 하나님의 중심적인 속성이 지옥과 관계되는 것이다. 그런데 하나님은 구약에서조차

---

302) 자끄 엘륄, 『요한계시록』*L'Apocalypse*, 『머리 둘 곳 없던 예수』*Sans feu ni lieu*.
303) 이 주제에 관해서 백여 명의 학자들을 참조할 수도 있지만, 여기서는 1903년 파리에서 출판한 O. Lenel의 『영구고시록』*Edictum perpetuum*을 언급하는 것으로 그친다. 더 알고자 할 경우에는, 나의 저서인 『제도사』*Histoire des institutions* 1권을 참조하라.

그런 하나님이 아니다.304)

그 이미지는 잘못된 중세의 교리문답에서도, 잘못된 칼뱅주의적인 설교에서도 등장했다. 물론 성서 전체에서도 다른 본문들과 분리되어서 그런 이미지를 허용하는 듯한 본문들이 존재한다. 그러나 먼저 심판은 유죄선고가 아니다. 우리는 그 점을 전도서 본문에서 다시 보게 될 것이다. 다음으로 심판은 민사재판에 해당되는 것일 수 있다. 민사재판에서는 유죄 선고를 받은 사람이 꼭 형벌을 받는 것이 아니다. 더욱이 거기서 심판은 의로운 것의 발현과 평가, 정의의 선언과 선포와 같은 전혀 다른 것이 될 수 있다. 재판이나 유죄선고와 같은 것이 전혀 아니다. 권위자와 인간과 철학자가 판단을 내림으로써 의인을 밝혀준다. 거기서 더 나아가지 않는다.

마지막으로 세 번째 요점은, 전도서에서 하나님이 심판한다는 것은 필연적으로 인간의 자유나, 더 정확히 말한다면 하나님이 허락한 인간의 독립성과 상호연관된 것이다. 독립적인 인간에게는 그 독립을 허락함과 함께 심판하는 하나님이 상응하는 것이다. 동일한 방식으로 심판은 하나님의 기억에는 필수적인 것이다. 하나님이 모든 것을 기억하고 모든 것을 보존한다면, 그걸 거르는 과정이 필요하다. 우리가 앞에서 살펴보았던 바와 같이 그것은 하나님이 성취하기를 원하는 하나님의 일에도 필수적인 것이다.

이와 같이 전도서 본문에서 심판의 의미를 파악하고, 내가 심판을 하나님의 선물에 포함시킨 이유를 설명하기 위해서 먼저 짚고 넘어가야 할 세 개의 요점들을 돌아보았다. 이 본문들 중에서는 하나님을 언급하지 않은

---

304) 리스는 아주 명료하게 코헬레트의 사유를 보여준다. 그는 심판과 사후의 삶을 연결시키는 것은 편견에 불과하다고 한다. 코헬레트의 문제는 사후의 삶을 믿지 않음에도 불구하고, 하나님의 종말론적인 심판을 단언한다는 데 있다. 최후의 심판의 대상인 인간은 해 아래에서의 실존이 전부 다이기 때문에 그 혜택을 더 이상 누릴 수가 없다. 거기서부터 놀랍고도 보상을 바라지 않는 신앙의 행위가 나온다. 즉, 하나님이 우리가 하는 일을 하나님의 영원한 세계에 포함시켜 주리라는 희망 속에 모험적인 선택을 하고 내 존재를 그 일을 함으로써 정당화하는 것이다. 그 선택이 부르는 위험은 공로로 구원받는 신학에 따른 것이 아니다. 그것은 심판에 신비스럽게 작용하는 은혜에 대한 신뢰이다.

것도 있다. "지혜자의 마음은 때와 판단을 분변하나니, 모든 일에는 때와 판단이 따르므로, 사람에게 임하는 화가 심함이니라."전8:5-6 이와 같이 모든 일에 때가 있는가 하면 또한 판단이 있다. 이 본문에서 판단은 하나님이 아니고, 모든 일을 판단하는 지혜자의 능력과 관계된 것이다.

많은 사람들은 본문이 기회를 말하고 있는 것이라고 생각한다. 이는 "모든 것에는 때가 있다"라는 구절을 효용성이나 효율성을 말하고 있는 것으로 보는 것과 같다. 계절에 맞는 때에 심고 또 적당한 때에 뽑는 것은 좋다. 그러나 이 단순한 예를 모든 행위에 다 적용하려고 한다. 여기서 말하는 것이 결코 그런 '때'가 아닌 것을 우리는 이미 보여주었다. 이번에는 또 다른 이면을 보여주려고 한다.

해 아래에서 선과 악, 사랑과 증오와 같은 모든 것은 각각의 자리와 때를 가지고 있다는 것은 사실이다. 거기에 윤리적인 것은 없다. 그러나 지혜자는 때와 판단을 분별한다. 왜냐하면 모든 것에 때가 있지만, 판단도 존재하기 때문이다. 이 판단은 효용성을 따지는 것이 아니고 가치와 정신과 윤리를 헤아리는 것이다. 이는 마지막 구절인 "사람에게 임하는 화가 심함이니라"는 말로 확실해진다. 따라서 그것은 수많은 행위와 일들 속에서 화禍나 화를 낳는 것을 분별하는 것이다.

그 화는 사람에게 심한 고통이다. 심한 고통을 주는 화가 사람에게 임하는 것이다. 그러나 사람이 화를 낳기도 한다. 그것은 주인과 노예의 변증법적인 관계, 카뮈의 사형집행인과 희생자의 변증법적인 관계와 같은 것이다. 그것은 내가 늘 되풀이하는 "누가 우리를 용서할 것인가?"라는 괴로운 질문과도 같은 것이다. 그 화가 그렇게 심한 것은 지혜자가 아닌 사람들은 궁극적으로 심판이 임하여 선과 악이 분리되고 정의가 선포된다는 것을 모르고 있기 때문이다. 그래서 즉각적으로 연이어서 7절에서 "사람이 화를 당한 사람이 장래 일을 알지 못하나니 장래 일을 가르칠 자가 누구이랴"라는 말씀이 뒤를 잇는다. 이는 하나님이 심판도 한다는 사실을 받아들이기 위해 필수적인 것이다.

내가 심판을 하나님이 인간에게 베푸는 선물에 포함시키는 것은 하나님이 심판의 때에 정의를 베푸는 것이기 때문이다. "내가 내 마음속으로 이르기를 의인과 악인을 하나님이 심판하시리니 이는 모든 일과 행사에 때가 있음이라 하였다."전3:17 여기에 설익은 주석을 붙이는 사람들은 전도서 기자가 가장 의례적이고 전통적인 교훈을 말한 것이라고 한다. 즉, 하나님은 의로운 자와 불의한 자를 판단하여 보상적인 심판을 내린다는 것이다. 그런데 우리는 전도서에 그런 관념이 존재하지 않는다는 점을 이미 지적했다.305)

나는 본문이 그런 교훈보다는 조금 더 미묘하다고 믿는다. 본문은 "모든 것에 때가 있다"라는 커다란 주제를 구성하는 일부분이다. 그러나 코헬레트는 "불의를 위한 때가 있고, 정의를 위한 때가 있다"고 말하지 않았다. 그 점은 정말 주목할 만한 것이다. 단순히 생략한 것일까. 그렇다면 그는 그 문제를 다시 제기할 것이다. 그러나 사람들이 하는 일을 살펴볼 때 그가 발견하는 것은 단지 불의한 것이다.전3:16

불의가 군림하는 것은 일상적인 관계에서만이 아니다. 정의가 수립되어야 하는 자리에서도, 즉, 정의가 선포되고 증명되고 적용되어야 하는 자리에서도 그는 불의와 악한 것만을 보게 될 뿐이다. 인간의 정치적, 경제적, 법적, 사회적 행위에서 그는 불의한 것만을 목격한다. 우리는 이미 여러 번 이 점을 언급했다. 그렇다면 인간의 행위 가운데 정의를 위한 때는 존재하지 않는다. 더 나아가서, 자신의 정의를 수립하려는 것보다 더 근본적으로

---

305) 리스는 다음과 같이 쓰면서 이 점을 늘 부각시킨다. "코헬레트는 결단코 현실을 실용주의적으로 분석하고자 한다. 그는 인간이 모든 불의를 보상하는 심판을 내리는 하나님을 기대할 수 있는 최상의 때에 인간이 맞이하게 되는 것은 무차별적으로 평등한 죽음이라고 확실히 말한다."(Lys, 『읽은 것을 이해하고 있는가?』, p. 394.)

불의한 것은 없다. 그렇지만 불의한 것에 보상과 반대급부가 따르지 않을 수 없다. 이 보편적인 불의는 한 때에 국한된다. 하지만 우리는 거기서 공허하고 불합리한 세계로 접어들 수밖에 없다.

인간이 정의를 이룰 수 없다면, 정의는 다른 곳에서 와야 한다. 나는 이 명제에 반대하는 모든 합리적인 주장들을 알고 있다. 그러나 그 명제가 틀린 것이라면, 인간은 이 보편적인 불의 속에 계속 방황해야만 한다. 정치적 정당이나 정치체제가 정의를 수립한다고 주장했던 만큼 더더욱 이 보편적인 불의는 커다란 것이다. 모든 형태의 공산주의체제를 보라. 악인을 정죄하는 관점에서 코헬레트가 정의를 상기시키는 것이 아니다. 그것은 불의에 대해서 정의를 확실하게 입증하기 위한 것이다. 더욱이 우리는 하나님의 정의가 얼마나 유일무이한 것인지 알고 있다. 이에 대해 더 말하지 않겠다. 그러나 하나님의 정의는 정의를 완전히 성취하는 유일한 것이다.

본문을 이와 같이 해석한다면, 그 의미는 인간적인 정의와 하나님의 정의의 관계, 그리고 미래에 대한 위안을 어름어름 말하는 수준을 훌쩍 넘어선다. 그러나 이는 또한 하나님의 심판이 확실히 존재한다는 사실을 받아들이는 것을 말한다. 그 사실을 명심해야 한다. "젊은이여, 젊을 때에 젊은 날을 즐겨라. 네 마음과 눈이 원하는 길을 따라가라. 다만, 네가 하는 이 모든 일에 하나님의 심판이 있다는 것만은 알아라."전11:9

심판이 존재한다. 정의가 무엇인지 알기 위해서는 우리에게 심판이 있어야 한다. 이것은 이신칭의以信稱義의 문제가 아니다. 나는 본문이 말하는 것 이상으로 말하지 않으려고 한다. 그러나 나는 본문이 "네 마음이 즐겁도록 즐기며, 네게 심판이 임한다는 것을 알고 있으라"고 선포하는 것을 막을 수 없다. 이 말씀을 모순적으로 보는 사람은 전도서의 맥락을 전혀 이해하지 못하는 것이다. 여기서 심판은 기쁨의 날개를 꺾기 위한 것이 아니고, 반대로 기쁨에 의미와 깊이를 더하기 위한 것이다. 그것은 일정한 시간의 지속을 뜻한다. 그것은 하나님이 하나님의 심판을 예수 그리스도 안에서 자신에게 내리고, 모든 것이 예수 그리스도 안에서 다 완성된다는 복음을 아직 확실히 보여주는 것은 아니다. 그러나 그것은 이미 하나님이 하나님의 심판으로 정의를 베푼다는 사실을 확인시켜주는 것이다.

이 점을 깨닫게 되면, "의에 주리고 목마른 사람은 복이 있다. 그들이 배부르게 될 것이다"라는 말씀이 진지하게 들려온다. 배부르게 될 것이라는 말은 정의는 정의를 베푸는 하나님으로부터 올 수밖에 없기 때문이다. 하나님은 정의를 심판을 통하여 베푼다. 우리에 대한 심판은 아주 작은 것에 불과하다. 그러나 배고프고 목말라서 먹을 것과 마실 것을 구하는 것만큼이나 절박하게 정의를 구하고, 정의를 위해서 극단적으로 죽음까지도 불사할 때에, 사람들은 비로소 배부르게 될 것이다. 여기서 정의를 위해 신앙이 필요하다는 말은 없다. 다만 한편으로는 배고픔과 목마름이, 다른 한편으로는 주는 하나님이 심판자라는 완전한 신뢰가 요구된다. 그러나 이런 정의의 조치가 우리에게도 적용된다는 점은 분명하다.

더욱이 본문은 위협적이지 않다. 본문은 "너를 심판하게 될 것이다"라고 하지 않고 "너를 심판의 자리에 임하게 할 것이다"라고 한다. 그러나 이 미래에 있을 심판 탓에 주눅 들지는 말아야 한다. 심판에 대한 두려움 속에서 살아가지 말고, 굴종하지도 말아야 한다. 반대로 가능한 모든 일을 하면서 즐거워하고 기쁨을 찾아야 한다.

너는 젊고 경이로운 존재이다. 네 마음과 눈이 원하는 길을 따라가라.306) 편협한 도덕이나 금욕주의로 억제하지 말고 살아라. 네 마음이 원

---

306) 리스는 전도서 3장 22절에 대해서 아주 타당하고 적절한 말을 한다. "인간이 행한 것들은 바람과 같이 헛된 것으로 여겨진다. 그러나 여기서는 인간이 행한 일들을 축적하는 것이 더 이상 삶에 의미를 부여하기 위한 것이라고 하지 않는다. 인간이 행한 일이 가치 있는 것은 인간의 기억(영광) 때문도, 밝은 미래(역사철학) 때문도 아니다. 인간의 행위는 모든 것에 의미를 부여하는 하나님을 신뢰하면서 택하는 모험이다. 그러므로 우리는 아주 초연한 태도로 우리가 하는 일을 즐길 수 있는 것이다." 나는 여기서 '초연한 태도'

하는 것들을 물리치지 말고, 차라리 그것들을 극복하고 승화시켜라. 너에게 주어진 세상을 바라보라. 그 안에서, 그 위에서 살아라. "젊음은 지나쳐야 한다"는 말은 틀리고 어리석은 것이다. 젊음은 감정과 감각이 새로운 때이자, 경험의 활력과 가능성의 발견이 넘치는 때이다. 젊은이여, 이 모든 것을 누려라. 도덕도 금기도 없다. 우리는 이미 정의 대신에 불의가 군림한다는 사실을 살펴보았다. 갇혀 있지 말고 억압 받지 말라.

좀 이상하지만, 우리는 여기서 또 다시 달란트 비유를 떠올리게 된다. 우리는 갇혀서 억압된 마지막 사람이 한 달란트를 받았으나 주인을 두려워하여 아무 위험도 무릅쓰지 않으려고 자신의 달란트를 땅 속에 묻어두고 아무 일도 하지 않고 아무 것도 만들지 않고 아무 것도 개발하지 않는 것을 본다. 그는 주인이 자신에게 준 것을 조심스럽게 그대로 돌려준다. "나는 당신이 냉혹한 주인이라는 걸 알았습니다." 그 사람은 정죄를 받았다. 빌린 재물을 투자하며 원하는 대로 이용했던 사람들은 정죄를 받지 않았다. 그들은 성공했다. 그러나 만약에 그들이 실패했다면? 나는 그래도 주인이 그들을 정죄하지 않았을 것이라고 확신한다. 그러므로 도덕적, 금욕주의적 한계를 두지 말라. 다만 한 가지 사실은 명심하라. 네가 기뻐하며 살아가는 동안, 알고 있으라. 기억하라. 네 마음과 머릿속에 간직하라. 바로 거기서 너의 존재의 근원과 영감을 취해야 한다.

너는 심판의 자리에 나아갈 것이다. 네 마음이 가는 대로 나아갈 때, 당연히 열매와 결과를 맺을 것이다. 그리고 심판이 있을 것이다. 그러나 하나님은 너에게 온전한 독립성을 주었다. 왜냐하면 네가 나중에 어떻게 될지 미리 알지 못하기 때문이다. 아무 것도 너에게 네가 취할 행동을 강제하지 않는다. 너는 언제나 네가 하는 일에 심판이 따르리라는 사실을 알고 있어야 한다. 그러나 그 심판이 어떨는지는 너는 알 수 없다. 네가 참고로 삼을

라는 말 대신에 '자유로운 태도'라고 하고 싶다.

수 있는 것은 정의를 선포하는 분이 무엇보다 코헬레트가 '베푸는 하나님'이라고 지칭한 하나님이라는 사실이다. 그리고 너에게 네 젊음과 힘과 기쁨을 준 것도 바로 그 하나님이다. 네가 잊지 말아야할 것은 바로 그 사실이다.

유일한 악은 하나님이 이 모든 것을 주었다는 사실을 잊어버리는 것이다. 그것 때문에 사람들은 심판의 자리에 나아간다. 지혜는 이 관계에서 이루어진다. 악은 행복을 하나님의 선물과 심판의 가능성에서 분리시킴으로써 나의 기쁨, 나의 욕망, 나의 즐거움을 나의 것으로 만드는 것이다. 그래서 나는 아무에게도 빚진 것이 없고, 나의 행위 중에 심판을 받을 것은 아무 것도 없다는 것이다. 이미 우리가 살펴본 바와 같이, 심판이 임할 것을 인식함으로써, 우리는 모든 것이 다 용인될 수 없다는 사실을 알게 된다. 그래서 우리는 아무 것이나 다 허용하는 이 시대의 커다란 유혹에 우리 자신이 넘어가지 않게 된다. 그것이 최후의 심판이고 주의 날이리라 싶지만, 그런 논의는 정말 중요한 것이 아닌 것 같다.

정말 중요한 것은 모든 사건과 행위를 포함한 모든 일에 하나님의 정의가 적용되는 것인지 아는 것이다. 결국 이 하나님의 정의가 개개인의 공적을 드러나게 할 것이다. 그러나 그것이 최후의 심판이라는데 너무 집착하게 되면, 그 본문에 없는 영적인 차원, 영원한 생명의 차원을 끌어들이는 것이다. 하나님의 심판은 개인적인 사후의 삶을 문제 삼지 않더라도 종말론적일 수 있다. 왜냐하면 코헬레트는 사후의 삶에 관심을 두지 않기 때문이다. 반면에 중요한 것은 이 본문의 종말론적인 심판이 총체적인 것이면서, 또한 개인적인 심판이라는 사실을 깨닫는 것이다. 바룩Barucq과 같은 학자들은 이 주제에 대해 경악한다. "종말론적인 심판만을 알고 있는 곳에서 어떻게 이 지혜자는 개인적인 차원의 심판의 가능성을 엿볼 수 있었단

말인가?"307) 하나님의 계시는 점진적으로 발전하는 것이 아닌가.308)

4. 하나님을 향한 태도

우리는 하나님은 하늘에 있고, 너는 땅 위에 있다고 단언하는 말에 줄곧 머물러 있어야 하는가? 우리만의 불확실한 지혜에 전념하고 침묵과 어두움의 장벽 앞에서 멈춰야 하는가? 하나님과의 친밀함이나 사귐이 없는 채로 전적인 무지에 갇혀있어야 하는가?

신앙의 고백으로 점철되는 전도서 전체는 영감을 받은 것이다. 우리에게 끊임없이 "나 자신이 생각했다", "나 자신이 말했다"고 알리는 것은 코헬레트가 거짓 선지자가 될 수 있다는 두려움에서 예언자처럼 말하고 싶지 않았던 까닭이다. 전도서는 계시의 책이 아니다. 그래서 우리가 이미 살펴본 바와 같이 코헬레트는 종교를 거부하고 하나님과 하나님의 행위에 대한 고정된 관념들을 부인했다. 그는 신화들과 신적인 담론들을 거부했다.309)

---

307) 앙드레 바룩(André Barucq), 『전도서: 코헬레트』L'Ecclésiaste: Qoheleth, Paris, Beauchesne, 1968, p. 185.

308) 이 장을 마치면서, 나는 다음과 같은 리스(Lys)의 입장에 대해서 동의하지 않는다는 점을 밝히지 않을 수 없다. "전도서 2장 23절은 개인의 죽음과 역사의 부조리라는 두 개의 문제에 봉착하게 된다. 하나님의 계획에 인간의 행위를 통합시킴으로써 두 번째 문제는 해결된다(전3:1-15). 이제 정의(전3:16, 4:3)라는 틀에서, 하나님의 종말론적인 정의에 대한 언급과 태어나지 않아서 아예 존재가 없는 것이 죽음(삶보다 더 나은)보다 더 낫다는 결론을 가지고, 첫 번째 문제를 해결해야 한다. 내가 보기에, 이는 형식적으로는 정확하지만 의심스럽다. 사실 코헬레트는 그 두 문제들을 제기하지 않았고 해답을 찾지도 않았다. 그것은 학교에서 하는 강연도 아니고 신학 이론을 구축하는 것도 아니다. 그것은 자신과의 싸움이고 하나님과의 싸움이다. 그것은 정형화되지 않은 다각적인 경험이다. 그것은 살아있는 사람이 단순히 살아있기 때문에 그 사실을 의식하면서 던지는 의문이다. 더욱이, 나는 '하나님의 계획'을 암시하는 말을 어디서도 발견하지 못했다. 그것은 적절한 때라는 관념에서, 인간이 하나님의 계획에 자신의 행위를 적절하게 일치한다는 관념으로 넘어가도록 변화시킨 것이다.

309) ▲그러나 그는 그것들을 인지하고 있었는데, 그 사실은 그가 늘 창세기 1장과 3장을 연상하며 썼다는 점에서 확인된다.

그는 하나님의 존재를 입증하려는 목적으로 하나님을 이용하는 것을 거부했다. 그는 논거나 임시방편이나 진행되고 있는 일을 정당화하고 설명하려는 목적으로 하나님을 이용하는 것을 거절했다. 그러기에는 그는 너무나 진지했고 또 너무나 커다란 경외심을 가지고 있었다. 그러나 그러면서 그가 보여주는 것은 하나님의 실패가 아니고, 지혜와 지식과 철학의 빈곤함과 무력함과 불완전함이었다. 그는 이 땅에 집중하고자 했다. 그는 하나님이 누구인가를 묻기보다 인간은 누구인가를 중심적인 의제로 삼았다. 그는 삶에서 하나님의 뜻은 무엇일까 묻기보다는 어떻게 살 수 있을까를 중심적인 문제로 삼는다. 그는 자신이 답변할 수 없다는 점을 확인한다.

그러나 그는 이 모든 것에 의미가 있다는 점을 단언한다. 그 의미가 무엇인지는 몰라도 그 의미가 존재한다는 사실은 안다. 그렇다면 전도서에서 하나님은 공동체가 경험하는 존재이다. 하나님은 그 불가해성에도 불구하고 회의적인 코헬레트의 가장 가까운 대화자이다. 하나님은 더더욱 답이 없는 질문들을 함으로써 답 없는 질문들에 대답한다. 욥에게 한 것처럼 코헬레트에게도 그러는 것이다. 그러나 알 수 없는 가운데 주어지는 확인할 수 없는 선물은 냉담한 반응이 아니고 지지의 뜻이다.

우리는 여기서 그리스 사상의 핵심과 상반되는 것을 발견한다. "플로티노스는 절대 인격적인 존재를 부정하고 성서의 하나님과 정확히 반대되는 일자一者라는 개념을 수립한다. 일자의 존재와 일자의 사물은 하늘과 땅만큼이나 떨어져 있다."310) 전도서는 이 점에서 인간을 특징짓는 것이 기다림이라고 한다. 인간은 이 하나님의 정의가 나타나기를 기다린다. 그는 헛된 것을 채워주는 것이 임하고 출현하기를 기다린다. 그러나 이 땅에서 기다리면서, 인간이 지혜를 가지고 지혜에 의해서 삶을 영위한다고 주장하

---

310) 게르숌 숄렘(Gershom Sholem), 『이스라엘 신화에서 나타나는 하나님의 이름과 상징들』 *Le Nom et les Symboles de Dieu dans la mystique juive*, Paris, Editions du Cerf, 1983, p. 19.

는 것은 헛된 것이다. 결국, 궁극적인 문제로 지혜와 지식과 철학은 아무런 소용이 없다.

인간이 살아갈 수 있도록 베푸는 하나님과 가질 수 있는 유일한 관계는 경외와 신뢰의 태도로 다가가는데 있다. 하나의 태도를 말할 때, 곧바로 종교적인 태도의 문제가 제기된다. "너는 하나님의 집에 들어갈 때에 네 발걸음을 조심하여라. 말씀을 듣는 것이 어리석은 자들이 제물을 드리는 것보다 나으니, 그들은 악을 행하면서도 깨닫지 못함이니라."전5:1 더욱이 그 제물들이 신앙의 표현이 아니고 단순히 기계적이고 반복적인 행위로 드려질 때, 코헬레트는 예언자들과 같이 우리에게 그 제물들의 헛됨을 경고한다. 네가 성전에 가는 것이 어리석은 자가 남들이 하는 대로 하는 것과 같다면, 멍청한 자가 그럭저럭 아무 일이나 행하듯이 하는 것과 같다면, 그것은 헛수고에 그친다. 그러므로 하나님을 경배하고 하나님의 말씀을 듣는 곳에 가까이 가기 전에 먼저 돌아보아라. 네 발걸음을 조심하라. 네가 한 일을 살펴보아라.

이는 물론 어리석은 사람들, 사회학적인 기독교인들이 정죄 받는다는 뜻이 아니다. 코헬레트는 그들은 자신들이 하는 일을 모르기 때문에 정죄를 받지 않는다고 말한다. 그러나 너는 이제 경고를 받았다. 너는 안다. 너는 성전에 가서 제물을 드리는 것이 그 자체로는 아무런 의미가 없다는 걸 알아야 한다. 너는 말씀을 들으러 가는 것이다. 이것이 근본적인 것이다.

침묵하라. 말씀을 하는 분이 하나님이기 때문이다. 이제까지 쌓인 모든 질문들에 대해서 응답할 수 있는 분은 하나님이다. 그러나 먼저 네가 들으려고 할 때 들을 기회가 생긴다. "하나님 앞에서 함부로 입을 열지 말며 급한 마음으로 말을 내지 말라. 하나님은 하늘에 계시고, 너는 땅에 있음이니라. 그런즉 마땅히 말을 적게 할 것이라."전5:2 이 말씀은 놀랍도록 산상수훈과 헌물에 관한 말씀을 연상시킨다. 그러므로 하나님 앞에서 말하기 전에 듣는 자세를 취한다면, 말씀이 높은 곳에서 하나님으로부터 내려오는 것이지, 네가 말하는 것이 아니다. 우리는 늘 조급하게 하나님에게 말하려고 하고 요구하려고 한다. 그러나 지혜자는 너에게 "너는 먼저 침묵하라"고 말한다. 그것은 무한정, 완전히 침묵하라는 말은 아니다. 불교의 끝없는 침묵을 말하는 것이 아니다. 그러나 먼저 하나님의 임재를 기다리라. 그 뒤에 너는 짧게 대답할 수 있다. 우리는 이미 그 이유를 말했다. 우리는 하나님과 우리를 연결시키는 유일한 것인 말씀을 한없이 존중해야 한다.

다음으로 하나님을 향한 태도에 관한 권고가 이어진다. "네가 하나님께 서원하였거든 미루지 말고 지켜라. 하나님은 어리석은 자를 기뻐하지 않는다. 너는 서원한 것을 지켜라. 서원하고서 지키지 못할 바에는 차라리 서원하지 않는 것이 더 낫다."전5:4-5 이는 아나니아와 삽비라를 연상시킨다. 그들이 아무런 서약도 하지 않았더라면, 그들은 잘못을 범할 수 없었다.

키르케고르는 이렇게 말한다. "종교적인 영역에서 서약을 할 때 조심해야 한다. 서약의 참된 가치는 서약이 이루어지는 기간이 짧은 것과 스스로에 대한 불신의 정도에 따라 정해지는 것이라고 한다. 그렇지 않다. 모든 영혼의 내면적인 태도와 함께, 오늘이나 오늘 아침에 순수한 마음으로 맺은 약속에서 이루어진 동의는 하나님과 친하게 지낸다는 미학자들사제들의 말보다 이 서약에 훨씬 더 심오한 깊이를 더해준다."311)

세 번째로 코헬레트는 우리에게 말한다. 하나님을 가까이 하고 하나님과 관계를 맺는 것은 한없이 진실해야 하는 것이다. 네가 경청할 수 없고 침묵할 수 없고, 순종할 수 없고, 서약을 지킬 수 없다면, 하나님께 가까이 다가가지 않는 것이 더 낫다. 하나님은 가난하고 무지한 사람들에게는 많은 자비를 베풀지만, 하나님을 섬긴다고 하고, 하나님의 이름으로 맹세하고, 헌물을 드리는 사람들에게는 엄격하다.

---

311) ▲키르케고르(S. Kierkegaard), *Post-scriptum définitif*, O,C., XI, 176.

성전에 가는 것은 의식도 아니고, 예식도 아니고, 종교적인 것도 아니고, 의무도 아니다. 그것은 네가 하는 질문들의 진실성을 시험하는 것이다. 모든 것은 헛되다. 네가 종교적인 태도로 성전에 간다면 너는 하나님과의 관계를 헛되게 맺는 것이다. 그것은 용서받을 수 없는 것이다. 그것은 위선자들에 대한 예수의 모든 정죄로 귀속된다. "화 있을진저, 너희 바리새인과 서기관들이여"라고 선포하는 예수의 말씀들을 다시 읽어보라. 거기서, 말씀의 권위자인 예수의 말을 통해서, 전도자의 말씀에 대한 정확한 설명을 얻게 될 것이다. 전도자는 경고의 말밖에 할 수 없었던 것이다.

이와 같이 하나님을 가까이 하는 것은 우리로 하여금 헛된 것을 피할 수 있게 한다. 그러나 우리는 하나님과의 관계를 다시 헛되게 하여, 하나님의 계시를 헛된 허영과 바람과 안개와 연기와 어리석음으로 대할 수도 있다. 그러나 하나님은 아무 일도 없었던 것처럼 그냥 내버려 두지는 않는다. 하나님 앞에서 그런 태도에 대해서 어떤 변명도 가능하지 않다. "대리자하나님의 앞에서 내가 서원한 것이 실수라고 말하지 말라."전5:6 실수는 불가능하다. 하나님의 뜻은 아주 명쾌하다. 그 뜻을 복잡하게 하는 것은 우리 자신이다.

너의 행위가 사람들의 눈에 신앙의 진실성을 조금도 나타내지 않고, 너의 말이 하나님의 계시에 대해서 어리석고 진부한 것만 늘어놓는 말이 된다면, 거기에 해당하는 결과가 따르지 않을 수 없다. 긍정적인 것은 부정적인 것이 된다. 창조주는 파괴자가 된다. 거기서 받는 충격은 잘 알려져 있다. "왜 너는 네 말로 하나님을 진노하시게 하려 하느냐? 어찌하여 하나님이 네 손으로 이룩한 일들을 부수시게 하려고 하느냐?"전5:6 하나님은 너에게 네 활동의 범위를 크게 넓혀주었다. 너는 그것을 어리석게 네 이야기로 몰고 가지 말고, 바람막이나 임시방편으로 삼지 말라. 그렇게 하면 네가 하는 일은 필연적으로 다 소멸되고 말 것이다.

그러므로 이제 하나님을 경외하라.312) 혹은 하나님을 존경하라. 여기서의 경외는 마지막 장에서 다시 살펴볼 것이다 공포나 무서움이 아니라고 수도 없이 전해졌는데, 재차 언급할 필요가 있을까. 여인들이 부활한 예수를 보았을 때, 그녀들은 두려움에 사로잡혔다. 그러나 그 두려움은 우리가 공포라고 규정하는, 신체와 신경에 연결된 심리적인 반응이 아니라고 본다. 그것은 관계적인 영역에 속하는 것으로 도덕적이고 심리학적인 차원에서 타인과 관계하는 어떤 양태에 해당한다. '존경'이라는 해석은 존경이라는 의미에서의 두려움과 두려움이라는 의미에서의 존경이라는 이중적인 의미를 전제조건으로 한다면, 유효하다고 볼 수 있다. 왜냐하면 여기서의 존경은 상급자나 귀부인에게 바치는 공경의 자세를 말하는 것이 아니기 때문이다. 존경 그 자체만으로는 두려움만큼이나 애매하다. "존경하는 도지사님"과 같은 뜻은 아니다.

그러므로 그것은 '전적인 타자'를 진실하게 의식하고 인정하는 것이다. 그리고 가까이 다가가는 것이다. 왜냐하면 '두려움-존경'은 필연적으로 우리와 무한히 멀리 떨어져 있는 존재에게 가까이 다가가는 것을 뜻하기 때문이다. 그러나 가까이 다가감은 갈망과 의지와 소망과 기다림을 전제로 한다. '두려움-존경'은 친밀성이 아니라 신뢰에 기초한다. 우리는 그 점을 꿈과 말을 언급하는 구절에서 이미 살펴보았다. "꿈이 많으면 헛된 일들이 많아지고, 말이 많아도 그러하니, 오직 너는 하나님을 두려워할지니라."전5:7 이는 하나님에게 가까이 다가가는 자세에 관해 권고한 전도서 5장 1-6절의 결론적인 구절이다. 이 구절은 점쟁이와 해몽가들을 공격할 뿐만 아니라, 방언과 황홀경과 광신적인 상태와 중언부언의 기도를 겨냥한다. 코헬레트는 하나님에 대한 두려움으로부터 나오는 절제와 신중함을

---

312) 델리취(Franz Delitzsch)는 전도서를 '하나님을 경외하는 최고의 찬양집'이라고 규정하고 있다.

그런 것들과 대치시킨다.

거짓 선지자는 말을 많이 함으로써 자신의 거짓을 감춘다. 거짓 영성가들은 황홀경과 방언으로 악마적인 것을 숨기고, 거짓 신학자들은 하나님에 관한 담론을 많이 펼침으로써 그렇게 한다. 그러나 너는 하나님을 경외하라. 그러므로 네가 하나님을 존경한다면, 하나님에 관한 지식을 전하려는 욕구와 감정을 잘 절제하라. "너희 진주를 돼지 앞에 던지지 말라."마7:6 내 생각에 예수는 전도서를 숙지하고 있었던 것 같다.

지혜의 시작인 하나님에 대한 경외는 모순을 해결해준다. 우리는 전도서가 언제나 긍정과 부정을 같이 놓는 것을 보았다. 지혜를 분명하게 밝힌 뒤에, 곧바로 전도서는 그 취약점과 맹점을 보여준다. 서로 모순적인 모든 것들에는 다 때가 있다. 그러나 하나님은 주는 하나님이라는 관점이 개입된다. "너는 이것도 붙잡되, 저것도 놓치지 않는 것이 좋다. 하나님을 경외하는 사람은 극단을 피한다. 혹은 둘 다 해소하고 둘 다 놓는다"전7:18 바꾸어 말해서, 이것과 저것은 서로 모순적인 것인데, 하나님에 대한 경외는 그 모순에서 벗어나게 한다. 왜냐하면 하나님 안에는 긍정과 부정이 다 존재하기 때문이다. 그 둘은 다 의로운 것이고 보존되어야 한다. 악이 선이 된다. 극단적으로 예수 그리스도의 죽음은 구원을 성취한다, 선이 악이 된다. 극단적인 예로 율법적인 자기의가 있다. 그 둘을 다 지키는 것만이 의롭다. 그러나 그것은 알파와 오메가인 하나님을 향한 두려움과 존경과 사랑 안에서만 가능하다.

코헬레트는 우리에게 하나님을 경외하는 자에게 복이 있을 것이라고 확언한다. 나는 그 구절에 대해 가장 마음에 와 닿는 번역을 취하려고 한다. "나는 안다. 우리는 이 믿음의 고백을 다시 언급하지 않을 것이다. 하나님을 경외하는 사람들은 잘 될 것이다. 그들은 하나님 앞에서 두려움을 느끼기 때문이다."전8:12 이와 같이 두려움을 가진다는 사실 자체가 이미 복을 부른다. 나는 그것이 보상이라고 생각하지 않는다. 그것은 "하나님을 경외하면, 하나님이 복을 줄 것이다"라는 말이 아니다. 내 생각에 코헬레트는 이미 그 반대되는 사실을 충분히 보여주었다. 그러나 하나님을 경외하는 자는 복을 얻는다. 왜냐하면 그 두려움 자체가 하나님의 임재이고, 두려움을 느끼는 사람에게 주님의 임재를 분명하게 하기 때문이다.

그러므로 두려움이나 존경 대신에 전율이라고 한 슈라키Chouraqui의 해석이 그 점을 잘 연상시키는 것 같다. 하나님 앞에서 전율하는 사람들은 하나님의 임재 가운데 있다. 그러나 이 전율은 감정과 열정과 환희와 충만의 전율인 동시에 두려움의 전율이다. 그것은 하나님을 가까이 함의 전율이다. 그것은 자신의 무력함과 자격 없음을 인정하는 가운데 얻는 최상의 기쁨과 행복이다. "내 마음이 하나님 내 구주를 기뻐하였음은 이 비천한 여종인 나를 돌아보셨음이라."눅1:47-48 이것을 경험하지 않은 사람은 그 복을 알 수 없고 단절된 상태에 머문다. 그러나 이것을 경험한 사람은 비로소 지혜가 무엇인지 어디에 있는지 깨닫게 된다.

"이 모든 것을 내가 마음에 두고 이 모든 것을 살펴본즉, 의인들이나 지혜자들이나 그들의 행위나 모두 다 하나님의 손 안에 있다. 사랑을 받을는지 미움을 받는지 사람이 알지 못하는 것은 아무도 자기 앞에 일어날 일을 알지 못하기 때문이다."전9:1 이 본문은 모두가 같은 운명313)이라는 데

---

313) 이 구절들 속에서 코헬레트가 발전시켜가는 논리에 주목하는 것이 유익할 것이다. "모두가 같은 운명을 타고 났다. 의인이나 악인이나, 착한 사람이나 나쁜 사람이나, 깨끗한 사람이나 더러운 사람이나, 희생 제사를 드리는 사람이나 드리지 않는 사람이나, 다 같은 운명을 타고났다."(전9:2) 여기서는 도덕적인 차원에서 의례적인 차원으로, 의례적인 차원에서 희생 제사의 차원으로 전개되어간다. 이는 모든 종교적 단계들을 포함하는 것이다. 이렇게 세 가지 사실을 밝히는 것이 가져올 수 있는 충격이 이해가 간다. 이 모든 것은 하나도 소용이 없고, 응답이나 의미를 가져오지 못하고, 인간의 운명을 바꾸지 못한다. 즉, 이런 방식으로는 삶을 바꿀 수 없고, 하나님께 나아갈 수도 없다. 희생 제사조차 아무런 쓸모가 없다. 그러나 코헬레트는 그것을 거부하지 않는다. 그는 다만 희생 제사를 드리는 사람도 그런 인간조건을 벗어날 수 없다고 강변할 뿐이다. 코헬레트가 발전시켜가는 논리의 정점은 희생제사를 드리지 않고 희생 제사가 가진 원래의 뜻을 실천하는

서 시작하여 "하나님이 네가 하는 일들을 기뻐하시니, 너는 기뻐하라"는 구절로 끝맺는 일련의 내용에 대한 서두에 해당한다. 아무튼 이와 같이 자신의 운명을 알고 살아간다고 믿는 사람은 아무 것도 모른다. 진짜 사랑과 증오가 무엇인지조차도 모른다. 하나님만이 정말 사랑이 무엇인지 안다. 홀로 있기에 하나님은 인간의 증오가 자신에게 어떻게 미칠지 잘 안다. 그것은 의인을 십자가형에 처하는 것이다. 모든 일을 이와 동일하게 하는 인간 앞에 모든 것이 놓여있다. 지혜로운 것과 어리석은 것을 판단하고자 해도, 인간은 결국에 가서 그런 판단을 할 수 있는 능력이 없다.

의인들과 지혜자들과 그들의 행위는 하나님의 손 안에 있다. 이것이 지혜의 긴 여정의 결말이다. 하나님에게 가까이 가는 길은 지혜를 통해서도 아니고, 철학이나 과학이나 지식을 매개로 해서도 아니다. 정반대로 의인과 지혜자는 하나님의 손 안에 있다. 즉, 지혜는 하나님으로부터 나온다. 지혜는 다른 어느 곳에서도 존재하지 않고, 독립적이지 않다. 지혜는 연기와 안개와 바람과 헛된 것이 되어버린다. 그러나 지혜는 지혜자가 그것이 하나님의 손에 있고 하나님의 선물이라는 것을 인정했을 때부터 하나님의 지혜가 된다.

그러나 이 하나님의 지혜는 당연히 하나님을 향한 두려움과 존경과 전율이라는 인간의 태도에 달려 있다. 이 지혜는 희생 제사나 의식이나 예배 안에 있지 않고, 하나님 앞에 용감하고 겸손하게 서있는 사람 안에 존재한다. 왜냐하면 이것이 코헬레트의 교훈이기 때문이다. 코헬레트는 용기 있게 모든 것을 아무런 제약이나 두려움이나 인간적인 배려 없이 다 검토해 보았다. 그는 오래된 신념들과 도덕과 새로운 철학들과 같은 모든 것을 가차 없이 비판했다. 그는 왕 중의 왕인 솔로몬 대왕과도 멀리 하며 그에 대

것이다. "죽음의 은밀한 매혹에서 벗어나려면 삶의 중심을 바꾸어라." 이것이 여기서 길게 발전시킨 논리의 요점이자 결론이다. 1984년 7월에 출간된 『신앙과 삶』에 실린 피에르 지젤(Pierre Gisel)의 논문, "희생제사에 대한 연구"(Du Sascrifice)를 참조하라.

한 아이러니를 펼치기도 했다.

그러나 동시에 그는 완전한 겸손을 지켰다. 그는 자기 자신을 판단하지 않고는 남들을 판단하지 않았다. 반대로 그는 자기 자신과 자신의 행위를 스스로 판단했다. 자신에 대한 비판으로부터 그는 여타의 비판을 끌어냈다. 그는 하나님 앞에서 겸손한 태도를 견지했다. 너무나 겸손해서 그는 하나님의 이름을 부르지도 않았고 하나님에 대해서 감히 말하지 않았다. 그는 단지 어디서나 하나님이 인간에게 준 선물들을 발견할 뿐이었다. 그래서 그는 하나님을 향한 신뢰의 선언으로 끝을 맺는다. 욥은 하나님의 지혜가 어디 있느냐고 묻는다. 코헬레트는 지혜자의 행위는 하나님의 손 안에 있다고 대답한다.

5. 완성

학자들은 전도서 12장이 하나의 에필로그라고 한다. 이는 내가 보기에는 아무런 의미도 없다. 더욱이 코헬레트가 당시의 신학교에서 도덕과목 교수였다고 단정한다면, 그 제자들 가운데서 원래 저자를 뒤이은 한 명이나 두 명의 필자들이 이 에필로그를 집필한 것이 된다. 그것은 내 생각에는 아주 이상한 일이다. 그래도 전도서의 편집자들이 내용을 덧붙였다는 주장은 계속될 것이다. 또 다른 학자들은 전도서 12장이 8절까지는 원래의 저자가 쓴 것이고, 9-13절만 편집한 것이라고 한다.

사실 마지막 다섯 구절들이 코헬레트가 쓴 것이 아니라는 것은 전문적인 주석학자가 아니라도 누구나 다 알 수 있다. 왜냐하면 언뜻 보아도 코헬레트가 지혜자였고, 많은 수고를 했으며, 많은 시도를 했다고 말하는 것으로 보아서, 신명기에서 모세의 죽음을 기술한 사람과 같이 다른 사람이 말한 것이 분명하기 때문이다. 그러나 첫 번째 부분의 마지막 절인 8절이 다시 "헛되고 헛되다"라는 서두의 구절로 돌아가고, 두 번째 부분의 마지막 절이 "하나님을 두려워하라"라는 데서 어떤 모순이 존재한다고도 볼 수 있다.

그러나 우리는 전도서에 모순이 없다는 점을 보여주려고 해왔다. 나는 뤼소 신부가 인용한 쿠에넨Kuenen의 주장에 동감한다. 그는, 나 자신도 시도했던 바인, 전도서의 일체성을 입증하는 것보다 가설상의 여러 편집자들을 밝혀내어 그 일체성을 부정하는 것이 더 어렵다고 주장했다. 아무튼 전문적인 주석학자들은 이 에필로그가 전도서 전체와 동일한 사고와 연속성을 유지하고 있다고 일반적으로 인정하고 있다. 마지막 다섯 구절들조차도 같은 맥락에 있다고 한다. 그 점이 내게는 중요하다.

그렇다면, 인생에 있을 수 있는 모든 것들을 살펴보고 나서, 코헬레트는 청년기에 있는 사람에게 부탁한다. "너는 청년의 때에, 곧 곤고한 날이 이르기 전에, 아무 낙이 없다고 할 나이가 되기 전에, 너의 창조주를 기억하라."전12:1 이 당부의 말을 단순한 말로 넘기지 말아야 한다. 너의 창조주를 기억하라는 말은 "창조주를 찬양하라"나 "창조주를 섬기라"나 "창조주에게 순종하라"는 말이 아니다. 그냥 기억하라는 말이다. 이 말은 먼저 하나님 편에서 기억하라는 단순한 요청이다. 이는 우리로 하여금 하나님은 강요하지 않는다는 사실을 상기하게 한다.

하나님은 계시를 통해서 인간을 제압하지 않는다. 하나님은 아주 신중하다. 너는 기억하라. 너는 창조주를 잊어버릴 수 있고, 등한시하며 상고하지 않을 수 있다. 하나님은 격노하면서 너에게 임하여, 네가 하나님을 존중하도록 강요하고, 네 무릎을 꿇도록 종용하고, 네 앞을 가로막고, 복종을 강제하지 않는다. 결코 그렇지 않다. 하나님은 모습을 드러내지 않고 인내한다. "나는 문 앞에 서서 문을 두드린다"는 데서 더 나아가지 않는다.

너는 기억하라. 하나님이 네게 요구하는 모든 것은 현재 너의 기억 속에 하나님을 간직하라는 것이다. 그것은 하나님을 사용한지 오래된 구석진 곳에 두지 말고, 조각이나 우상이나 부적절한 이미지로 만들지 말고, 먼지가 덮이지 않게 하라는 것이다. 너는 하나님을 기억하라. 사람들이 하나님을 기억하는 것, 하나님이 우리에게 행한 일을 기억하는 것, 하나님이 신중하게 어둠 속에 임재함을 기억하는 것, 하나님의 이름으로 말하는 사람들의 요청으로만 중단되는 침묵 속에 하나님이 현존함을 기억하는 것은 그만한 가치가 있다.

"이스라엘아 기억하라"고 하나님은 수없이 이스라엘 백성에게 요청했다. 과거의 그 수많은 은혜와 자비와 구원과 계시를 기억하라는 것이다. 그러나 하나님은 그것들을 헛되이 허비하지 않는다. 그렇다면 하나님의 기억에서 그것들을 다시 찾아내어 참조해야 한다. 우리가 말씀을 들으려고 침묵할 때 우리가 할 첫 번째 행동이 바로 그것이다. 그러나 그때 먼저 우리는 수도 없이 많은 행동들에 사로잡히지 말아야 한다.

너는 창조주를 기억하라. 이는 전도서에서 창조주가 지칭된 유일한 경우이다.[314] 아무런 의도나 이유가 없이 그런 것이 아니다. 청년의 교만 속에서 너는 네가 피조물인 것을 기억하라. 이것이 결정적인 실재이다. 너는 피조물이며, 너 자신은 창조자가 아니다. 피조물이란 너에게 네 존재를 준 근원이 따로 있다는 것이다. 너는 모든 것의 시초가 아니다. 언제나 모든 것을 새롭게 다시 시작한다고 믿는 청년이 이 사실을 기억하는 것이 중요하다. 네가 세상에 존재하며 의식을 가지게 되는 것이 모든 것을 다 설명해주는 듯싶은 자연적인 사건과 탄생과 교육에 의한 것도 아니다.

너는 너 자신이 피조물인 창조세계에 속한다. 그것이 의미하는 바는 네가 만물의 주인이 아니고, 너 자신과 창조세계로부터 벗어나서 자유롭게

---

314) 바룩(Barucq)과 같은 주석학자들은 코헬레트가 창조주를 결코 지칭하지 않았다는 자신들의 주장을 확보하기 위해서 이 구절을 배제해버리기도 했다.

네 멋대로 행할 수 없다는 것이다. 특히 명확한 사실은 너는 세계의 창조주가 아니라는 것이다. 창조주는 너와는 분리된 독립적인 존재이다. 네가 동물들과 다른 여타의 것들과 같이 피조물인 한, 너는 아무렇게나 함부로 네 마음과 힘과 교만에 따라 창조주를 대할 수 없다. 청년 시절에, 네 힘과 영예가 절정인 때에, 너에게는 창조주가 존재한다. 바로 그 사실이 모든 것의 주인이 되고자 하는 너의 대담무쌍한 야망에 대한 참된 한계이다. 너는 생명의 근원이고 원천인 하나님과 관계가 있다.

너는 피조물이다. 그렇다면 사람들이 너에 대해 기대할 수 있는 일들과 너에게 열려진 길들이 있다. 그러나 너에게 닫힌 길들도 있다. 너에게는 너를 기다리는 미래가 있지만, 어떤 일들은 네게 금지된다. 피조물이기에 너는 너의 창조주에게 의뢰할 것이 있다. 너는 너의 창조주의 뜻을 알기 위해서 그 말에 귀를 기울이고 그를 바라보아야 한다.

너는 자유로운 존재이지만, 독립적이거나 자율적이지 않다. 너는 "네 자신의 법"이 없다. 네가 그렇게 주장한다고 해도, 너는 선도 악도 모른다. 너는 스스로는 요나처럼 좌우를 분간할 수 없는 존재이다. 여기서 우리는 전도서의 핵심되는 내용을 접한다. "나는 무엇이 지혜이며 무엇이 어리석음인지 분간하려고 애를 썼다."전2:12 그런데 그런 노력은 헛되고 바람을 좇는 것과 같다. 네 자신이 독립적인 존재라고 여긴다면, 너는 해야 할 일을 알 수 없고 지혜가 무엇인지 알 수 없게 된다.

너는 창조주가 아니다. 네가 하는 모든 일에서 기쁨이나 교만을 가진다는 것은 좋다 하자. 그러나 그 모든 것은 하나도 창조한 것이 아니다. 여기서 또 우리는 전도서의 핵심 내용을 접한다. "지금 있는 것은 이미 있었던 것이다."전3:15 너는 네가 창조한다고 생각하지만 결코 그렇지 않다. 너는 너에게 주어진 많은 것들을 개조하여 이용하는 것뿐이다. 너는 이미 열려진 길을 여는 것뿐이다. 너는 아무 것도 창조하지 않는다.

너는 창조주가 아니다. 내가 보는 바로는, 세상의 모든 불행은 캉디드315)가 자신의 터전에 머물러 있지 않은 데서 나오는 것이 아니라, 인간이 자기 자신을 창조주로 착각하는 데서 나온다. 전격적인 정복 전쟁을 일으켜 세계의 지도를 바꾸는 전사이든, 사회를 개조하는 독재자이든 간에, 모양을 갖추지 않은 진흙덩어리를 빚어가는 사람이라는 이미지는 동일하다. 한 국가와 새로운 체제와 한 제국의 창조자의 영광은 또한 자신을 창조주로 착각하는 과학자의 영광과 같다. 그는 별다른 도리 없이 필연적으로 원자폭탄을 만들게 된다.

네가 너 자신을 예술가조차도 창조주로 착각할 때마다, 너는 파괴하고 파멸시키는 존재가 된다. 반면에 인간이 침묵과 신중함과 겸손 속에서 은밀히 일하는 창조주의 형상을 따라서 행한 일은 다 긍정적이고 유익하고 활력을 준다. 인간이 자신을 창조주로 착각하여 권력으로 행한 일은 다 공허감을 불러일으키는 허무한 일이다. 우리는 코헬레트가 우리에게 전하고 싶어 했던 필연적인 궁극성을 다시 발견한다.

그러나 나의 창조주가 존재하고 나는 피조물이라는 이 두 가지 기억에서 중요한 것은 그것을 청년 시절에게 상기해야 한다는 것이다. 청년 시절에 기억하는 것이 정말 중요한 것이다. 코헬레트는 이 말을 11장 9절에서 이미 한 번 언급하고 나서, 여기서 재차 다시 말하는 것이다. 이 요청에서 나는 두 가지의 커다란 주제들을 발견한다.

첫째 주제는 먼저 활짝 피어나고, 행복하고, 즐겁고, 활력이 넘치는 이 시절에, 기억해야 한다는 것이다. 청년이라는 인간의 영광의 시간에, 다시

---

315) [역주] 볼테르의 1759년 작품 『캉디드』*Candide*는 순진한 낙천주의자인 주인공 캉디드를 통하여 당시의 세태를 풍자한 소설로 유명하다. 이 소설은 주인공 캉디드가 세상 밖에서 모진 풍파를 겪고 나서도 낙천적인 태도를 유지하며, 작은 토지를 마련하여 가족을 이루고 사는 것으로 끝을 맺는다. 여기서 엘륄은 자신의 삶의 터전을 벗어나서 혹독한 고초를 당하는 주인공을 빗대어 이렇게 표현한 것으로 보인다.

말해서, 행복과 기쁨과 건강과 활력이 있는 동안에 기억해야 한다는 것이다. 이 기억은 활력과 기쁨을 억압하는데 있지 않고 창조주를 의뢰하는데 있다. 그것은 단지 이 모든 것이 하나님의 선물로 온다는 사실을 인정하는 것이다. 너는 네 영광 가운데 있으니, 이제 네 영광의 얼굴을 너의 창조주에게로 돌리라. 창조주로부터 너의 모든 행복이 온다. 네 입술에서 나오는 것은 네 안에서 우러나오는 찬양과 은혜의 기원과 감사와 하나님을 기쁘게 하는 찬송이다. 창조주가 우리에게 기대하는 것은 바로 이것 이외의 다른 아무 것도 아니다.

나중에 가서는 너무 늦는다. 네가 노년과 죽음에 이를 때, 죽음의 그늘이 네게 드리울 때는 너무 늦다. 애석하게도 그 때에 가서 우리가 창조주를 기억한다고 하자. 우리는 무슨 말을 할 것인가? 우리의 운명을 슬퍼하면서, 과거는 지나갔고 미래는 암담하기에 애원하고 말 것인가. 무서워서 기도할 것인가. 아무런 낙이 없다고 하기 전에 우리는 하나님을 향해 나아가야 한다. 하나님을 향한 우리의 얼굴이 기쁨으로 빛나고, 우리의 기도가 영광스러운 은혜의 기원이 되고 메마른 애가가 되지 않기 위해서 그래야 한다.

삶에 아무런 낙이 없다면, 우리는 우리의 창조주를 향해 나아갈 수 없고, 하나님을 의뢰할 수도 없다. 단지 고통과 죽음을 무서워하게 될 뿐이어서, 하나님은 아편과 보상과 인공 보철과 같은 존재가 되고 최후의 소망이 아닌 희망316)이 된다. 이렇게 된다면, 이제 하나님은 아브라함과 모세와 예수 그리스도의 하나님으로 충일함과 기쁨의 자유로운 하나님이 아니다.

그러나 "너는 청년의 때에 너의 창조주를 기억하라"는 이 권고를 특히나 구원에 관계된 위협적인 경고의 말로 이해하지는 말자. "아직 시간이 있을 때 하나님을 향해 나아가라. 곧 있으면 너무 늦기 때문이다. 즉, 영벌을 받

---

316) [역주] 저자 엘륄은 인간적인 희망(espoir)과 하나님을 믿는 신앙에 기초한 소망(espérance)을 구분한다. 이에 대한 보다 자세한 이해를 위해서는 『잊혀진 소망』*L'espérance oubliée*을 참조하라.

게 될 것이기 때문이다"라는 뜻으로 이해하지 말아야 한다. 전도서에서는 구원이 문제가 아니다. "너는 심판을 받게 될 것이니 정죄 받는 것을 조심하라"고 해석하는 것은 정말 터무니없는 것이다. 우리가 개인 구원에 집착한 까닭에 사람들이 대부분 그렇게 해석했다. 개인구원에 대한 집착은 다른 많은 경우들에서와 같이 계시의 명료성을 흐트러뜨린다.

아직 두 번째 주제가 남아있다. 청년의 때에 창조주를 기억하라는 것은 모든 가능성이 네게 열려있을 때에, 그 가능성들을 창조주를 섬기는데 사용할 수 있도록 아직 소모시키지 않은 힘들이 네게 있을 때에, 그러라는 것이다. 네가 노쇠하여 몸과 맘이 말을 듣지 않을 때에 기억하라는 것이 아니다. 그것은 네가 구원을 받기에 너무 늦다는 말이 아니고, 이 세상과 이 창조세계 속에서 현존하는 하나님을 섬기기에 너무 늦다는 말이다. 앞서서 입장을 정해야 한다. 네가 선택할 수 있을 때에, 수많은 길들이 네 앞에 열려있을 때에, 필연의 무게가 짓누르지 않을 때에 그러라는 것이다. 우리가 여기서 발견하는 것은 바로 그런 전도서의 교훈이다.

선택이 가능한 때가 있다. 네가 적절한 시기들 중에서 하나를 선택할 수 있는 때다. 정치적인 것과 같은 다른 분야의 연구에서 내가 아직 유동적인 상황이라고 부르는 때이다. 그리고는 상황이 동결되는 때가 온다. 모든 것이 총체적으로 엄격하게 다 결정되어버린다. 너는 더 이상 선택을 할 수 없다. 너는 필연에 굴복할 수밖에 없다.

그렇기 때문에 청년의 때에 창조주를 기억해야 하는 것이다. 모든 상황과 사회와 연대와 문화와 정치적 관계와 교회가 다 이 청년의 때를 거친다. 저마다 시작할 때에, 이 일에 쓸 힘이 아직 남아있을 때에 그렇게 해야 한다. 너는 물론 많은 활동과 일에 그 힘을 쓸 수 있다. 너는 전쟁과 혁명과 섹스에 그 힘을 낭비하거나 소진시킬 수 있다. 세계와 너라는 존재를 창조한 창조주를 섬길 수 있는 가능성을 기억하라. 너는 네 힘으로 창조세계를 섬길 수 있고 하나님의 나라를 이곳에 확장해갈 수 있다. 너는 네가 있는 곳으로 새롭게 하나님을 인도할 수 있다. 그러나 그러기 위해서는 청년의 힘이 필요하다. 그 힘이 곤고한 날들에 의해 다 소진되고 사라져버리기 전에, 아무런 낙도 없기 전에 말이다. 이것이 전도서의 마지막 장의 첫 번째 부분이 나에게 뜻하는 것이다.

그리고 경이로운 시가 시작된다.

해와 빛과 달과 별들이
어두워지기 전에,
비 뒤에 구름이 다시 일어나기 전에 그리하라

그런 날에는 집을 지키는 자들이 떨 것이며,
힘 있는 자들이 구부러질 것이며,
맷돌질 하는 자들이 적으므로
맷돌질이 그칠 것이며
창틀에서 내다보는 눈들이
어두워질 것이며

길거리 문들이 닫혀질 것이며
맷돌 소리가 줄어들 것이며
새의 소리에 일어날 것이며
모든 노랫소리가 잦아들 것이다

또한 높은 곳을 두려워할 것이며

길에서 무서움에 떨 것이며
살구나무가 꽃이 필 것이며
메뚜기가 무겁게 느껴질 것이며
꽃봉오리는 힘이 없을 것이라
사람이 영원한 집으로 돌아가며
조문객들이 길거리로 다닌다

은사슬이 풀어지고
금그릇은 부서지며
샘의 물동이가 깨지고
우물의 도르래가 부숴지기 전에

먼지가 원래 있던 곳인 흙으로 돌아가기 전에
목숨을 주신 하나님에게 돌아가기 전에

전도자는 말한다
헛되고 헛되다
모든 것이 헛되다

명백하게 이것은 노년과 인생의 말년에 대한 시이다. 여기에 "아무 낙이 없다고 할 나이가 되기 전에"라는 구절이 덧붙여진다. 좋다. 그런데 이 통상적인 명백한 사실을 말하는 것으로 모든 것이 다 밝혀지지 않는다. 나는 시인으로서의 전도자는 언제나 그가 쓰는 것 이외의 것을 더 말하고 있다고 본다. 시는 우리에게 그 미적인 감동을 전달한다. 언제나 기발한 주석학자들은 이 모든 시에서 알레고리들을 발견하려고 애를 썼다. 그것은 일종

제3부 하나님 · 363

의 어설픈 설익은 미사여구에 지나지 않는다.

거의 모든 사람들이 의견의 일치를 보는 것은 이 시가 노인을 자세하게 묘사하고 있다는 점이다. 어두워지는 것은 노인이 앞을 보지 못하게 된 것이다. 맷돌을 돌리는 사람들이란 노인이 잃은 입 안의 치아들이다. 집을 지키는 자들은 아마도 팔들일 것이고, 맷돌 소리가 줄어드는 것은 귀가 안 들리게 된 까닭이다. 간략히 말하자면, 꽃봉오리는 더 이상 효력이 없다. 왜냐하면 그것이 최음제인데도 노인은 더 이상 성적인 행위를 할 수 없기 때문이다.317)

그러나 많은 다른 알레고리적 해석들이 존재한다. 바룩은 이 모든 것이 미드라쉬 라바318)에 따르면 예루살렘 성전과 토라와 성전지기들과 집기와 성전의 등잔들과 같이 전부가 다 종교적인 것이라고 한다. 어떤 학자들은 이 본문에서 창조주의 권능을 나타내는 폭풍우의 묘사를 보았다. 그것을 단순히 낮이 가고 밤이 시작하는 것으로 본 학자들도 있었다. 그런가 하면 한 국가의 쇠퇴와 붕괴로 보기도 했다. 그러나 모든 사람들이 그 본문을 단어 하나하나에서 알레고리적인 의미를 찾아야 하는 수수께끼와 같은 것으로 해석한다는 점에서는 일치한다.

나는 그것이 잘못된 길이라는 느낌을 가지고 있다.319) 이 본문은 적용범위가 더 넓으며, 요새 흔히 사용되는 현학적인 말로 더 많은 '다의성'을 가진다. 다시 말해서, 이 시는 풀어야 하는 문제를 서술하는 것도 아니고, 단어들의 어순을 바꾼 글자 수수께끼와 같은 것도 아니다. 먼저 텍스트의 아

---

317) ▲포드샤르(Podechard), 스타인만(Steinmann).
318) [역주] 프랑스어로는 Midrach Rabba. 영어권에서는 Midrash Rabbah. 미드라쉬는 유대인들의 경전 해설서로서 전해내려온다. 그것을 수집하여 10권으로 런던에서 1949년에 발간한 것이 바로 미드라쉬 라바이다.
319) 나는 라우하(Lauha)에게서 같은 견해를 접해서 좋았다. 그는 이 시를 알레고리로 해석하지 말아야 한다고 보면서, 알레고리는 코헬레트의 서술 방식(3절과 4절은 예외)이 아니라고 한다.

름다움을 감상하며 감성적으로 받아들이고, 음악을 듣듯이 조용히 보며, 분석하고 이해하려고 하기 전에 감성과 상상으로 다가가야 한다. 이미지와 암시를 나타내는 표현들을 모두 다 흔한 현실의 것으로 보지 말아야 한다.

"더 이상 낙이 없다는 불행의 나날들"과 "헛되고 헛되다" 사이의 본문을 내가 해석한다면, 그것은 모든 쇠망과 모든 단절과 모든 폐쇄와 모든 결말들을 연상시키는 것이다. 죽음에 다가가는 개개인이나 인간의 운명만이 아니다. 모든 것이다. 아무도 행하고 떠맡을 사람이 없는 관계로 더 진행되지 못하고 끝나고 마는 일도 결말을 맞이한다. 구성원들이 사라지므로 마을이나 공동체도 끝이 난다. 하나의 기획도 결코 이루어지지 못한 채 끝마친다. 사랑이 끝나 공포로 대체된다. 예술이 끝나고, 원래의 장소와 의미를 상실한 채 박물관에서 죽음을 맞이하지 않는 한, 그 작품들은 파괴되어 버린다. 더 이상 아무런 힘도 없는 자연도 끝이다. 문명도 종말을 맞이한다. 그것은 종말의 노래이다. 그것은 포우의 "이제 끝이야"320)를 넘어서는 것이다. 물론 이 모든 것의 종말은 이 창조세계의 중심인 인간의 종말을 부른다. 그러나 그것은 여타의 다른 모든 것들의 종말들 가운데 하나일 뿐이다.

그러나 커다란 절규 가운데 희망의 음조들이 남아있다. 그 음조들은 은밀하게 스며들어 있다.321) 그럼에도 불구하고 노래하는 새가 존재한다. 나는 그 구절을 볼 때 원자폭탄을 눈앞에 둔 로맹 가리의 말을 떠올리지 않을 수 없다. "그것이 꾀꼬리가 노래하는 것을 막을 수는 없다." 또 꽃이 피

---

320) [역주] 미국의 시인이자 소설가인 에드가 앨런 포우(Edagar Allan Poe, 1809–1849)가 1845년에 발표한 시 『갈가마귀』*The Raven*에서 주인에게 "이제 끝이야"(Nevermore)라는 외마디 말을 배운 까마귀의 이야기가 나온다.

321) ▲주석자들은 그것들을 본문 전체의 일관성에 맞추느라 땀을 빼는 노력을 기울여야 했다. 그러나 코헬레트는 이런 짧은 모순적인 말들을 우리에게 익숙하게 사용한다.

는 살구나무가 나온다.322) 우리는 살구나무가 희망과 감사와 각성과 활동의 상징인 것을 알고 있다. 살구나무는 밤새 망을 보며 지키는 파수꾼을 말한다. 그 사실은 예레미야가 살구나무 가지를 보고 물었을 때, 하나님이 예레미야에게 대답하는 말씀에 언급되고 있다. "하나님께서 내게 이르시되 네가 잘 보았도다. 이는 내가 내 말을 지켜 그대로 이루려함이라 하시니라."렘1:12

이 종말과 비탄의 한가운데에 하나님의 언약의 말씀이 임한다. 하나님은 그 언약의 말씀이 이행되게 할 것이다. 또한 엄청난 메뚜기 떼가 등장한다. 메뚜기는 파괴자요 포식자이자 영원한 재앙이다. 종말에 관한 이 모든 장면들 가운데 이 말씀의 선포가 있다. 모든 재앙들이 다 맹위를 떨치게 되지 않을 것이다. 메뚜기는 땅을 더 이상 황폐하게 하지 않을 것이다. 여기서 또한 메뚜기는 하나님의 심판이라는 말씀들을 어떻게 떠올리지 않을 수 있을까.

코헬레트는 보다 더 능숙한 시인이고 그가 전하는 계시는 우리보다 더 섬세하다는 점을 인정해야 한다. 그는 종말에 관한 모든 이미지들을 작은 희망과 또 다른 종말을 가리키는 독설들과 교차시킨다. 여기서 또한 나는 현대의 현상을 하나 상기해보고자 한다. 전도서를 연상시키는 그 어둡고 냉혹한 고발 장면을 담은 펠리니Fellini 감독의 대부분의 영화 작품에는 언제나 영화의 한가운데에 소망과 삶과 신앙과 하나님의 임재와 개방을 담은 장면이 있다. 그 장면은 아주 짧지만, 필름 전체에 결정적인 메시지로 작용한다는 사실은 모두에게 알려져 있다. 이와 같이 소망의 메타포가 이 종말의 노래를 잘 조율해줄 것이다.

그것은 인류의 종말이지 한 개인의 종말이 아니다. 왜냐하면 주석학자들

---

322) 봄의 눈부신 상징이자 과실들을 제공해주는 살구나무를 노년의 상징으로 해석하는 것은 정말 이상한 생각이 아닐 수 없다.

이 일반적으로 하나님의 심판은 종말론적이지 개인적인 것이 아니라는 데다 동의하기 때문이다. 왜 죽음이 한 개인의 것이어야만 하는가? "너는 청년의 때에 너의 창조주를 기억하라"는 요청은 개개인 모두를 포함하는 인류 전체를 향한 것이다. 그렇다면 우리는 이렇게 결론을 맺을 수 있다. 실제로 만물에 임하는 이 죽음과 대면할 때 모든 것은 다 헛된 것이다.

그러나 전도서의 마지막 구절은 인간과 관련된 것으로 인간에게만 해당된다. "육체가 원래 왔던 먼지로 돌아가고, 숨이 그것을 주신 하나님께로 돌아가기 전에, 네 창조주를 기억하라."전12:7 이 구절은 창세기 2장과 3장을 떠올리게 한다. 이 구절이 주는 첫 번째 인상은 단지 몸이라는 유기체의 해체라는 사실을 연상시킨다는 것이다. 몸은 먼지로서 보통의 흙이요 하찮은 물질에 지나지 않는다. 그래서 장례의식이나 화려한 무덤이나 장례식장이나 묘지나 기일이나 추모나 추도식 등의 모든 것은 아무런 의미가 없다. 그럼에도 불구하고 먼지로 돌아간다는 말은 거북하다. 왜냐하면 코헬레트는 부패가 먼지로 종결되지 않는다는 사실을 아주 잘 알고 있기 때문이다.

여기서 노통Nothomb이 먼지와 흙을 각각 가벼움과 무거움으로 대비한 것을 떠올리지 않을 수 없다. 그러나 본문은 "육체가 원래 왔던 먼지로 돌아가고"라고 말하고 있다. 이 말은 노통에게 당연히 거북살스럽다. 그는 코헬레트의 시대에 사람들은 창세기 본문의 원래의 심오한 의미를 더 이상 이해하지 못했다고 주장한다. 사람들은 이미 먼지와 흙을 혼동해왔다. 이 주장은 내가 보기에는 너무 성급한 것으로 보인다. 그러나 노통은 창세기 본문에서 인간은 흙아다마에서 벗어난 먼지가벼움였다고 한다. 즉, 먼지는 흙에서 추출되어 흙의 구성요소였지만, 기능적으로 무거움에서 벗어나 가벼움을 지니게 된 것이다. 먼지는 원래 있던 흙으로 돌아간다는 것은 내게는 그리 놀랍게 여겨지지 않는다. 삶이 끝나면 가벼움도 끝이 나고, 죽음과 흙의 무거움만 남는다.323) 인간을 살아있는 영혼으로 만드는 하나님의 숨만이 존속한다. 근본적인 것은 인간을 구성하고 있는 요소가 아니고 하나님으로부터 인간에게 주어지는 것이다. 그러나 여기서 영혼을 문제 삼고 있는 것이 아니다. 전도서는 영혼의 불멸성이나 부활을 선포하지 않는다.

여기에 바람, 숨, 생기, 영과 같은 애매한 뜻을 지닌 '루아흐' ruach라는 단어가 등장한다. 모든 주석학자들은 '영'이라는 뜻을 버리는데 동의하고 있다. 그들은 '생기'라는 뜻은 가능하다고 한다. 그러나 나는 좀 편파적인 것이라는 것 말고는 그 논쟁의 심각성을 정확히 이해하지 못하겠다. 그것이 하나님이 인간에게 불어넣은 생기이고 이 생기324)가 하나님에게로 돌아간다는 것은 창세기 2장325)에 정말 잘 부합된다. 그런데 이 생기가 창세기 2장의 '니쉬마트'에서 전도서 12장의 '루아흐', '영'으로 바뀌었다. 그

---

323) 여기서 나는 노통의 의견에 완전히 반대한다. 그는 이 원초적인 먼지를 불멸의 언약으로 본다. 먼지가 인간에게만 귀속되는 원초적인 가벼움이라면, 먼지로 돌아가는 것은 무로 끝나는 것이 아니고, 불멸성의 언약이다. 하나님의 숨은 거기에 더 이상 존재하지 않는 점은 변함이 없다. 그리스도인으로서 우리는 부활의 의미가 무엇인지 자문해보아야 한다.
324) 생기와 영이 동일한 것이라는 사실은 보상이라는 문제를 배제시킨다. 그리고 존재론적인 차원에서 존재의 일부가 사후에 살아남는 것을 부인함으로써 인간과 동물을 동일시하게 된다.
325) 우리는 코헬레트가 창제기 2장 7절에서 영감을 받았다고 말했다. 그러나 '생기'라는 번역된 단어는 동일한 단어가 아니다. 전도서에서는 숨과 영을 뜻하는 '루아흐'이다. 그런데 창세기에서는 '니쉬마트 하임'을 쓰고 있다. 이 단어는 노통을 난처하게 한다. 먼지가 불멸성을 보장하는 것이라면, 이 생기는 무엇인가? '니쉬마트'라는 단어에 대한 교묘한 주석으로, 노통은 이 말이 의식을 가리킨다는 결론을 내린다. 그것은 존재한다는 의식이다. 나는 그 말이 잘 와 닿지 않는다. 왜냐하면 한 구절만 제외하고는 9개의 다른 성서 구절들은 그런 의미를 띠지 않기 때문이다. 무엇보다도 특히 '니쉬마트'의 선물을 받은 후에 인간이 살아있는 존재가 된 것 같기 때문이다. 인간을 살아있게 한 것은 '의식'만이 아니고 '생기'이다. 코헬레트는 의심의 여지없이 '니쉬마트'에서 '루아흐'로 표현을 바꾸면서 그런 느낌을 강하게 주었다. 그러나 나는 코헬레트가 그 뜻을 하나도 변화시키지 않았다고 본다. 살아있는 인간의 '가벼움'은 죽으면 소멸된다. 인간의 삶의 모든 것은 영으로 하나님에게 돌아간다. 하나님에게 돌아가는 것은 존재한다는 의식만이 아니다. 이는 무얼 말하는 걸까?

러나 본질적으로 '영'과 어떤 차이가 있는가? 왜냐하면 진지하게 볼 필요가 있기 때문이다. 이 생기는 창조주의 것이다. 왜냐하면 창조주가 인간에게 생명을 주기 때문이다. 이 창조주 하나님 자신은 살아있는 존재로 지칭된다. 어떻게 하나님이 인간에게 부여한 생명이 하나님에게 속한 생명이 아니라고 할 수 있겠는가? 바로 이 점이 동물의 생명의 문제에 심각성을 더한다는 것을 우리는 이미 살펴보았다. 그러나 생명이 살아있는 존재로부터 오는 것이라면, 생기와 영에 어떤 차이가 있겠는가?

영은 희미하게 사라지는 유심론적인 것이 아니다. 영은 완전한 생명으로 살아있는 존재이다. 그래서 인간으로 하여금 창조활동을 하고 역사를 이루어가게 한다. 영은 관계를 맺을 수 있는 가능성이다. 그렇기 때문에 영이 떠난 죽은 몸은 더 이상 아무런 관계도 맺지 못하는 것이다. 그것은 생기에 달린 것이지 애매한 보조적인 것에 달린 것이 아니다. 더욱이 이것은 오늘날 주석학자들의 주장으로 간접적으로 확증되고 있다. 그들은 인간이 복합적으로 구성되어 있지 않고, 서로 다른 영과 혼과 육으로 이루어진 존재가 아니라고 주장한다. 인간은 완전한 일체를 이루는 존재로서 영은 곧 육이다. 육은 곧 영이므로 단절은 없다. 그 단절이 인간의 죽음이라면, 영이나 생기는 철학적인 유심론spiritualisme으로 설명하는 것 말고는 아무런 의미도 없다.

영은 구체적인 현실에서 나타날 때 비로소 의미가 있다. 다시 말해서 생명을 주는 영은 생명을 유지시킨다. 그리고 죽을 때 영원한 창조주에게 돌아간다.326) 그러나 내가 보기에 가장 중요한 것은 생명인 이 영이 추상적인 것이 아니라는 점이다. 모든 성서 본문은 생명을 형이상학적이지도 않고 생물학적인 것만도 아닌 역사적 실재로 본다.

326) 여기서 우리는 또 다시 능숙한 히브리어 실력이 텍스트를 밝히는데 한계가 있다는 사실을 확인할 수 있다. 라우하(Lauha)는 이 구절이 단지 인간의 개인적 인격이 끝을 맞이하는 것으로 본다.

영은 인간의 삶의 여정에서 바뀐다. 이 사실은 하나님에게 돌아가는 것이 예전에 하나님으로부터 주어졌던 것과 동일하지 않다는 걸 뜻한다. 이 영은 살아가는 동안 모든 역사와 모험들과 감성들과 두려움과 고통과 소망과 신앙이나 불신앙으로 채워진다. 하나님에게 돌아가는 것은 인간의 드러나거나 감춰진 모든 삶의 역사를 다 지니고 있는 영이다.327) 먼지에 남아있는 것은 더 이상 아무 것도 아니다. 그러나 인간이 삶으로 경험했던 것은 결코 상실되지 않는다. 물론 이 삶과 이 삶의 역사는 헛된 것이고 바람을 좇는 것이고 거의 아무 것도 아니다. 그러나 보라. 하나님이 자신이 예전에 부여했던 인간의 영을 다시 받아들일 때, 하나님은 이 거의 아무 것도 아닌 것을 받아들이고 떠맡는다. 하나님은 영과 생기와 이 거의 아무 것도 아닌 것을 받는다. 그러나 하나님에게 가는 이 거의 아무 것도 아닌 것에 은혜가 깃들어 있다.

니고데모와 만나서 영과 생명에 대해 얘기할 때 예수는 이 점을 분명히 한다. 그가 자신의 제자들에게 유일한 생명의 길은 그리스도와 함께 하는 삶이라고 할 때, 제자들은 말한다. "이 말씀이 이렇게 어려우니 누가 알아들을 수 있겠는가?" 요6:60 예수는 그들에게 대답한다. "내가 너희에게 한 이 말은 영이요 생명이다." 요6:63 영과 생명은 떼려야 뗄 수 없게 결속되어 있다. 예수는 최후의 인간 조건에 완전히 순복할 때 이렇게 말한다. "아버지, 내 영을 아버지 손에 맡깁니다." 눅23:46 그는 생기인 영혼과 자신을 살리는 거룩한 영에 어떤 차이도 두지 않는다. 이런 논의는 쓸데없는 것 같

---

327) 바로 이 점이 인간과 동물을 구분하게 하는 것이다. 인간과 동물은 존재론적으로 같은 생기를 받으므로 동일하다. 코헬레트가 지적한 바와 같이 유일한 차이점은 한쪽은 자신이 죽는다는 것을 알고 있고, 다른 쪽은 그 사실을 모른다는 점이다. 그러나 이 차이점은 한쪽은 삶의 역사를 가지고, 다른 쪽은 가지지 못하게 한다. 한쪽은 자신의 생기를 일하고 노력하는 것으로 채운다면, 다른 쪽은 그렇지 않다. 둘의 생기가 하나님에게 돌아간다고 해도, 인간의 생기는 하나님이 예전에 부여했던 것과는 다르다. 하나님은 인간이 한 일로 더 풍요롭게 된다.

다.

사실 코헬레트는 우리에게 인간의 생명력이 살아계신 하나님에게로 돌아가는 것이라고 말한다. 다시 말해서 인간이 살아왔던 모든 것들을 다 가지고 온전한 생명 가운데 들어간다는 것이다. 생기는 하나님 앞에서 자신의 삶을 살아낸 유일한 개별적인 한 개인의 모든 역사를 다 담고 있다.

그러나 코헬레트의 말은 그 이상을 넘어가지 않는다. 모든 것이 헛되다는 결론을 내린다. 그것은 생기가 하나님에게로 돌아간다는 것이 헛되다는 말이 아니다. 그는 아주 엄격하게, 지속적으로 "해 아래에서"로 말을 한정한다는 점을 상기해야 한다. 그러므로 해 아래에서 생기는 떠났다. 일은 중단되었다. 역사는 끝났다. 너는 거기에 덧붙일 수도, 변경할 수도, 보존할 수도 없다. 해 아래에 남아있는 것은 먼지로 되돌아가는 먼지뿐이다. 결산해 보니 이익이 제로이므로 헛된 것이다. 그러므로 이제 막 삶을 시작하는 청년이여, 너의 모든 것이 헛되게 되기 전에 네가 돌아갈 창조주를 기억하라.

이러한 전도서의 말은 노인이 돌아보는 과거의 헛된 삶과, 젊은 청년이 이제 살아갈 삶 사이에 우리가 끼어있다는 점을 보여주면서 그 깊은 뜻을 전하고 있다. 마지막으로 키르케고르의 말을 다시 들어보자.

"유머humour는 언제나 환기하는 것이고 상기하는 것이다. 그것은 사람들이 회고하면서 발견하는 것이다. 기독교는 앞으로 나아가는 성향을 가지고 있어서 인간이 그리스도인이 되게 하고 또 계속해서 그리스도인이 되어가게 한다. 잠시 멈춤이 없다면 유머도 없다[…]. 기독교는 슬퍼할 여지가 없다[…]. 구원이 아니면 타락이다. 구원은 앞에 있고, 타락은 무엇을 보든 간에 되돌아보는데 있다[…]. 기독교에서는 자신이 주변을 돌아보는 것은 어린 시절의 즐겁고 유쾌한 장면들을 되돌아보는 것이라 할지라도 다 타락이다."328)

"할 말은 다 하였다. 일의 결국을 다 들었으니 하나님을 경외하고 그의 명령들을 지킬지어다. 이것이 모든 사람의 본분이니라. 하나님은 모든 행위와 모든 은밀한 일을 선악 간에 심판하시리라."전12:13-14, 329) 이 구절은 전통적인 주석학자들이 편집자에 의해 삽입된 작은 구절이라고 흔히 무시하고 넘어가는 부분으로, 진부한 내용으로 알려져서 많은 사람들이 조금도 관심을 두지 않는다. 나는 그 사실에 놀랐다. 왜냐하면 나는 이 마지막 구절을 엄청난 힘을 지닌 말로 보았기 때문이다. 할 말은 다 하였고, 일의

---

328) ▲키르케고르(S. Kierkegaard), *Post-scriptum définitif*, O.C., XI, 281.
329) 나는 쇼피노(Chopineau)가 내가 12장에 대해서 직관적으로 지적한 점들을 자신의 주석학적인 견고한 연구를 바탕으로 주장했다는 사실을 발견하고 정말 좋았다. 그는 12장이 경건한 말로 결론을 내리는 것이 아니라, 전도서 전체의 주제를 다시 요약하고 있다는 점을 밝혀준다. 형식적인 면에서 전도서의 특징적인 표현들이 다시 재현되고 있다. 내용적인 면에서는 모순적이라기보다 코헬레트가 취하는 방식의 맥락과 완전히 일치하는 자의적인 반어법적 표현들이 나타난다. 그러나 나는 여기서 전에는 깨닫지 못했던 근본적인 두 가지 이유를 발견했다. 하나는 일의 결국을 들었다는 말은 모든 것이 잊혀졌다고 계속 반복되는 말에 대한 정확한 반박이다. 인간은 다 잊어버리지만 하나님은 다 받아들였다는 것이다. 다른 하나는 훨씬 더 중요한 것이다. 그것은 내가 주석하지 않은 절인 11절과 관련된 것이다. "지혜자들의 말씀들은 찌르는 채찍들 같고, 수집된 잠언의 말씀들은 잘 막힌 못과 같으니, 다 한 목자가 주신 바이니라."(전12:11사역). 이 말이 하나님을 가리키는 것으로 이해하고 싶은 마음이 내게 있었다는 사실을 밝혀야겠다. 그러면 이는 하나님의 계시와 연관된다. 하나님이 코헬레트에게 계시한 것이다. 그러나 나는 좀 불확실하게 판단되는 이런 해석을 감히 무릅쓰고 싶지 않았었다. 그런데 쇼피노는 여기서 쓴 단어인 '로에 에하드'(한 목자)는 하나님을 지칭하는 것일 수밖에 없다는 사실을 밝히고 있다. 그것은 미드라쉬에서 내린 해석이기도 했다(시편 80편 1절에서 '이스라엘의 목자이신 주님"이라고 부르고 있다). 유일한 목자, 한 분이신 하나님은 그 존재만으로 보편적인 무(無)를 배제한다. 거기에다가 미묘한 연관성이 전체를 연결시키고 있다. 이 목자는 역시 목자였던 아벨(헤벨)을 가리킨다. 그러나 이 헛된 목자에 이름이 유일한 '하나'라고 하는 참된 목자를 대비한다. 유일한 목자라는 단어는 헤벨과 반대되는 말이다. 목자라는 말은 왕에게도 적용되어, 솔로몬에게도 해당되었다. 전도서 구성이 헤벨이라는 주제로 이루어진 것과 마찬가지로, 에필로그의 응답은 '로에 에하드'라는 표현 속에 정점을 이루고 있다. 목자로서 하나님은 지켜야할 명령을 내린다. 왜냐하면 그것인 인간의 전부이기 때문이다. 또한 1968년에 Philippe de Robert가 *Cahiers théologiques* 57에 발표한 "이스라엘의 목자"(Le berger d'Israël)를 참조하라.

결국은 다 들었다. 그런데 "일의 결국은 다 들었다"는 구절은 두 가지 의미를 가질 수 있다. 첫째로는, 하나님이 모든 것을 다 들었다는 의미이다. 우리가 말한 모든 것을 다 들었고 받았다는 것이다. 네가 말한 대로 심판을 받을 것이다. 모든 것은 헛되지만, 그래도 하나님은 모든 것을 다 들었다.330)

둘째로는, 부정적인 냉정한 심판도 계속된다. 이는 우리가 인간으로서는 코헬레트를 넘어설 수 없다는 것을 의미한다. 그는 모든 것을 다 말했다. 인간의 삶에 대한 말들과, 인간에게 두어야 하는 신뢰에 대한 말들은 호된 시험을 거쳐서 아무 것도 남지 않았다. 할 말을 다 했다. 이는 전도자가 자신의 책을 다 썼다고 판단했기 때문이 아니라, 아무 할 말도 없고, 인간의 위대함에 대해 더 말할 것이 없기 때문이다. 이제 우리는 땅 끝331)에 이르렀다. 일의 결국을 다 들었다. 남은 것은 공허하고 쓸데없는 말이다. 코헬레트는 우리에게 너무 많은 책은 삼가라고 경고하고 있다.

우리는 바로 앞에서 전도서 기자가 한 일에 관한 언명과 함께 또 다시 이 놀라운 유머를 접하게 되었다. 전도서 기자는 모든 일을 다 듣고 살펴본 뒤에 흥겨운혹은 유쾌한 유머를 발견하게 되었다. 이는 정말 당혹스럽고 깊이 파고들고 거칠고 불유쾌한 일을 잘 설명해주는 대단한 유머이다. 전도서 기자가 궁정 시인이나 세속적인 철학가로 변환된 것이다.

모든 것을 다 들었다. "소송 사유는 다 들었다." 재판은 두 가지 의미에서 끝났다. 인간에게 유익이 되는 것이 더 남아있지 않더라도, 확실하게 말할 수 있는 것은 하나님을 경외하고 그 명령을 준수하라는 것이다. 우리는

---

330) 이런 해석은 네헤르(Neher)가 훌륭하게 발전시켰다. 하나님이 들었던 것은 아벨의 피가 부르짖는 소리였다. 가인과 아벨은 같다. 그러나 셋은 아벨을 대체한다. 우리는 모두 셋의 후손들이다. 인류는 하나님이 들었기 때문에 존재한다. 코헬레트가 남은 자가 누구냐고 물었을 때, 아벨과 가인에게는 남은 자가 없다. 그러나 "우리의 인류는 유일하고 동일한 남은 백성이고, 사람들은 모두 다 살아남은 자들이다. 인류의 역사는 남은 자의 역사이다."

331) 베르나르 샤르보노(Bernard Charbonneau)의 정말 훌륭한 작품으로 미간행된 『땅 끝』 Finis Terrae, vue d'un Finistère을 시사한다.

하나님을 경외하는 첫 번째 태도를 이미 살펴보았다. 이제 거기서 더 나아가야 한다. 하나님을 경외하는 것은 먼저 하나님을 만난다는 뜻을 내포한다. 하나님은 부재가 아닌 현존이다. 하나님은 놀라운 하나님이다. 왜냐하면 하나님은 전능하고 무서운 존재라고 두려워하는 것이 당연하다 알려져 있고, 동시에 사람들이 두려워하도록시130:4 용서하고 은혜를 베푸는 존재로 알려져 있다.

놀라운 것은 용서가 두려움을 불러일으킨다는 점이다. 우리는 그 점을 복음서에서 다시 발견한다. 예수가 미친 사람을 치유했기 때문에 거라사 사람들은 두려움에 사로잡혔다. 예수가 죄인들을 용서했기 때문에 제자들은 두려움으로 가득 찼다. 우리는 여기서 양면성을 본다. 한편으로 하나님이 모든 것을 영원히 다 이루고 사람들은 하나님의 일을 하나도 고칠 수 없기 때문에 하나님을 두려워한다.전3:14 다른 한편으로 하나님이 인간의 생명의 영과, 인간의 삶을 거두어들이기 때문이다. 하나님은 인간을 낙담하도록 내버려 두지 않고, 종잡을 수 없도록 그냥 방기하지 않고, 말씀으로 계명을 내렸다. 그러나 이는 계명을 세세하게 추상적으로 지키라는 것이 아니다.

하나님을 경외하는 것은, 하나님을 다 알 수 없고, 또한 거기에 드러나지 않는 신비가 존재한다는 사실을 알면서, 하나님의 현존 가운데 살아가는 것이다. 그러나 동시에 그 신비가 행복한 것이라는 사실을 알면서 살아가는 것이다. 왜냐하면 하나님을 향한 두려움은 다른 모든 두려움을 몰아내고, 신뢰와 새로운 기쁨의 원천이 되기 때문이다. 자크 라캉Jacques Lacan은 이를 훌륭하게 표현한다. "하나님을 향한 이 잘 알려진 두려움은 매 순간 모든 두려움들을 완전한 용기로 탈바꿈하게 하는 요술을 부린다. 모든 두려움들은 나는 하나님의 뜻을 어길까봐 두려운 것 이외에 다른 두려움은 없다 하나님을 향한 두려움이라 불리는 것과 맞바꾸게 되었다. 하나님을 향한 두려움은 아무리 옥죈다 할지라도, 두려움과는 반대되는 것이다."332)

이 두려움은 이제 하나님과의 또 다른 관계가 시작되는 출발점이다. 장 루르333)는 이 두려움은 하나님의 근본적인 주도권에 대한 응답이라는 점을 밝히고 있다. 하나님은 언약관계를 만든다. 두려움은 하나님이 절대 주권자라는 사실을 인정하는데서 나온다. 두려움의 영역은 모든 존재를 다 포함한다. 마음은 그 고유한 자리이다. 야훼 하나님을 경외하는 것은 하나님의 주권을 받아들이는 것이고, 구체적으로 그렇게 나타내길 원하는 것이다.

이 두려움은 불가피하게 사랑과 연결된다. 두려움 가운데 사랑하는 것과 사랑 가운데 두려워하는 것은 분리시킬 수 없다. 사실 하나님을 향한 두려움은 하나님을 절대적인 "당신"Tu으로 인정하고 참된 대화의 가능성을 인식하는 것이다. 두려움은 즉각적으로 종교적인 윤리를 확립한다. "하나님을 경외하라. 하나님의 계명을 지키라. 그러나 거기에는 두 가지 다른 뜻이 있는 것이 아니다. 왜냐하면 하나님을 경외하는 것은 하나님의 모든 계명을 다 지키는 것이기 때문이다." 신5:29 야훼 하나님은 너에게 무엇을 요구하는가? 그것은 야훼 너의 하나님을 경외하고, 계명을 지키면서 그 길을 따라 가는 것이다. 그러므로 이 두려움은 단순한 하나의 감정이 아니다. 그것은 공포가 아니다. 그것은 우리의 삶이 선하고 진실하기를 원하는 하나님의 뜻을 인식하게 되는 기쁨의 원천이다.

마지막으로 지적할 사항이 있다. 하나님을 경외하고 그 계명들을 지키라는 이 단순한 말은 코헬레트가 그리스 철학에 대한 반론으로 전도서를

---

332) 정신병과 자크 라캉(Jacques Lacan)에 관한 세미나. 1985년에 나온 『금기』*L'Interdit*, no.12 에서 M. Leclerq가 인용한 내용.
333) 장 루르(Jean L'Hour), 『언약관계의 도덕』*La Morale de l'Alliance*, Paris, Editions du Cerf, 1985.

썼다는 가설을 확인시켜준다. 사실 여기서 인간의 전부가 다 드러난다고 말할 때, 코헬레트는 철학에 대한 반론을 선포한 것이다. 철학은 주체와 저자의 주관적인 태도를 고려하지 않고 전개된다. 철학은 미지의 영역terra incognita으로 가는 길을 낸다. 철학은 유일한 안내자로 지성과 이성과 경험과 방법과 관찰을 가진다. 중요한 것은 논리의 일관성, 현실에의 적합성, 진리를 향한 중단 없는 여정, 가설들의 확립 등이다. 철학은 근거 없는 신성불가침의 교훈들에 기반을 둘 수 없다.

코헬레트가 취한 방식을 보자. 한편으로, 네가 헛된 것을 좇지 않고 살려고 한다면, 근본적으로 확실한 태도를 취해야 하는데, 그것은 하나님을 향한 두려움과 공경심이라는 것이다. 그러나 철학자는 먼저 경외심을 가질 수 없다. 철학자는 두려움에 굴복할 수 없다. 다른 한편으로, 네가 온전하고 일관적이고 충만한 존재가 되려 한다면, 영원한 하나님의 계명들에 순종하라는 것이다. 계명들에 기반을 둘 때, 너는 자유롭고 현명하게 될 수 있다. 너는 어리석지 않게 되고, 헛된 질문들을 삼가게 된다. 계명들은 인간의 모든 행위에 대한 절대적인 전제조건이다. 이보다 더 철학에 반하는 말은 없다. 계명을 지키는 것은 인간으로 하여금 살아가고 이해하게 한다.

계명을 지키고, 말씀에 귀 기울이는 것은 엄격한 법적인 기준을 따르는 것이 아니다. 그것은 하나님이 주는 하나님이요 자유롭게 하는 하나님임을 우리가 기억하는 것이다. 그가 주는 것은 살아갈 수 있는 능력이다. 칼 바르트가 말한 것을 또 다시 반복하자면, 계명은 삶과 죽음을 가르는 경계선이다. 이 말씀을 어기는 것은 편협하고 좁은 도덕규범에서 자유롭게 되는 행복을 얻는 것이 아니라, 죽음의 세계로 들어가는 것이다. 그렇기 때문에 코헬레트는 조용하게 선언한다. 그 말씀에 모든 인간이, 또한 인간의 전부가 걸려있다.

원래의 인간인 아담은 헛된 것과 만난다. 모든 것은 헛되다. 헛된 것으로 귀결되는 일들을 다 마친 후에 모든 인간은 헛되다고 결론을 내린다. 우리가 아무 것도 남아있지 않다고 생각할 때, 끝까지 남아있는 것이 있다. "모든 인간은 하나님을 향한 두려움을 가지고 말씀을 경청해야 한다." 그런데 이 말은 우리가 확실하게 알고 있는 것과 상반된다. 우리는 그리스도인이나 유대인으로서 계명을 지키는 것이 아주 좋다는 것을 다 받아들인다. 그러나 계명을 지키는 자는 자립한 인간이다.

우리는 인간이 하나님의 뜻을 구하고 하나님을 사랑하고 신앙을 가지고 있다는 점을 인정한다. 그러나 자립하며 스스로 살아가는 사람이 자신이 원한다면 자율성을 가질 수도 있고, 물론 하나님의 뜻에 순종할 수도 있다는 것은 자명한 사실이다. 바꾸어 말해서, 하나님의 뜻에 순종하지 않는다 할지라도, 인간은 존재한다. 그는 실재가 있고 삶이 있다. 율법과 계명과 하나님의 사랑은 작은 보조물에 해당함으로서, 삶에 무언가를 덧붙이는 것이다. 아주 재빠르게 우리는 그것을 선택사항으로 규정한다. 결국 말씀의 교훈들을 지키거나 하나님을 경배하는 것은 잘 운용되고 잘 갖추어진 우리의 삶에서, 음악이나 예능에서처럼 보조적인 작은 장식물과 같은 역할을 한다.

코헬레트의 가차 없는 급진성이 여기서 나온다. 아무 것도 남지 않는다. 헛된 것이고 연기와 안개와 구름 같은 것이다. 덧없고 유사流砂와 같은 우리의 삶에서 유일하게 안정적이고 확고한 것으로 "하나님을 경외하고, 하나님의 말씀을 경청하라"는 말씀이 존재한다. 모든 인간은 이 말씀에 귀착된다. 다시 말해서 이 말씀에서 떠나있는 모든 사람은 아무런 존재도 아니다. 그는 아벨이다. 여기에 더도 없고 덜도 없고 절충도 없다. 인간을 존재하게 하는 것은, 인간에게 진리와 실재를 부여하는 것은, 돌연히 인간을 창조하는 것은 인간과 하나님의 관계이다. 그것이 인간의 전부이다. 왜냐하면 인간에게서 헛된 것이 다 떠나고 나면, 다른 아무 것도 남아있지 않게

되기 때문이다.334)

그러나 이 관계는 이중적이다. 그 하나가 하나님을 향한 두려움과 공경심이라면, 다른 하나는 하나님의 말씀에 대한 자유로운 순종이다.335)

---

334) 내가 이 책을 마무리하려고 할 무렵에, 다른 것을 찾다가 우연히 자크 모노(Jacques Monod)의 책을 발견하게 되었다. "인간은 거대하고 초연한 우주 한가운데에서 홀로 존재한다는 사실을 마침내 알게 되었다. 인간의 운명뿐만 아니라 인간의 의무도 그 어디에도 기록되어 있지 않은 것이다." 수많은 과학자들이 제시하는 철학의 오만불손한 순진성을 알게 되는 것은 참 충격적이었다. 왜냐하면 만약에 자크 모노가 전도서를 읽었고 묵상해보았다면, 소설 같은 그런 통념은 벗어날 수 있었을 것이기 때문이다. 인간은, 선험적인 운명이나 의무는 어디에도 적혀있지 않다는 사실을 알기 위해서, 자크 모노의 의사과학적인 증명을 필요로 하지 않았다. 코헬레트는 좋은 증인이지만, 유일한 증인은 아니다. 물리학이나 생물학의 이론들은 이 심오한 지식에 조금도 보탤 것이 없다. 사실 자크 모노는 3천 년의 논쟁에서 아무 것도 해결한 것은 없이 하나의 입장을 취한 것이다. 무엇보다 성서가 어딘가에 미리 적혀있어야 하는 의무가 존재한다는 가능성을 배제한다. 그러나 과학의 오만함과 함께, 그는 그 사실을 알게 된 것은 바로 지금이라고 선포한다. 그는 그렇게 해서 자신의 무지를 드러낸다. 그는 한때 유력하고 확실하다고 인정받았지만 오래전부터 등한시되었던 신학과 철학을 애써서 주장하고 있다. "인간은 자신이 세계에서 홀로 존재한다는 사실을 지금에 와서 알게 되었다"는 말에 대해서는, 자크 모노가 전도서에서 겸허해야 한다는 교훈을 받았을 수도 있었을 것이라는 말로 평을 대신한다. 전도서는 사실 그 말보다 조금 덜 단순하다고 밝혀주고 있다. 이 말이 은하계 어디에서도 다른 인간들이 존재하지 않고 외계인이란 허구에 불과하다는 의미라면 그렇다고 할 수 있다. 그 사실을 아는데 과학은 필요 없다. 그 말이 살아있는 동안 인간은 유일한 존재라는 의미라면, 전도서에서 인간과 동물의 관계를 설정했다는 점에서 전도서가 훨씬 더 심오해 보인다. 그러나 그 말이 하나님이 존재하지 않는다는 의미라면(가장 실제 의미에 가까운 경우), 자크 모노는 하나님이 존재하느냐 존재하지 않느냐(아주 잘못된 질문)라는 의문에 대해 증거를 찾아 입증해야 하는 함정에 갇혀 빠져나오지 못하게 된다. 그가 전도서를 읽었더라면, 인간에게 인간의 개별성과 유일성과 고독을 입증할 수 있는 것은 하나님의 현존이라는 사실을 알 수 있었을 것이다. 하나님이 존재하지 않는다면, 인간은 상상을 통해 상대할 수 있는 대화자를 창조해냄으로써만, 그 고독에서 벗어날 수 있을 것이다. 이는 마치 모노가 '우연'을 실체화한 것과 같다. 그러나 마지막으로 만약 이 구절이 "지금에 와서 알게 되었다"를 강조한 뜻으로 해석된다면, 이는 이 모든 것이 결국 견해에 달린 것일 뿐이라는 말에 그치고 만다. 옛날에는 인간은 우주에는 신들이 많이 존재한다고 믿었다. 오늘날에 인간은 우주에 인간 이외의 존재는 없다고 믿는다. 둘 다 그 논리가 그 논리다. 코헬레트는 우리에게 말한다. 그것은 바람을 잡는 것과 같다. 경각심과 감동을 줄 수도 있지만 실제로는 아무런 의미도 없는 이런 종류의 소설적인 글들을 피하려면, 이 말씀을 적용하여 검토해보아야 한다.

335) 순종은 자유와 모순되지 않는다. 우리는 여기서 전도서의 한 특징을 놓치지 말아야 한다. 코헬레트는 우리에게 끊임없이 영혼의 온전한 독립성을 밝히고, 모든 터부를 제거하고, 모든 도덕과 전통적인 규범들을 비판하고, 주변에 설정된 모든 질서를 어겼다. 그런데 여기서 코헬레트는 가장 전통적이고 고전적으로 보이는, 계명들에 대한 순종으로 다시 돌아간다. 전도서를 통해서 우리는 성서 계시의 핵심을 접한다. 그것은 순종과 자유

더 나아가서 순종에 대한 이러한 권고는 전도서의 마지막 측면을 보여준다. 코헬레트는 모든 것을 비판했다. 그러나 독자에게 하나님의 말씀들을 천거할 때, 그가 천거하는 것은 성서 전체의 독서이다. 그 중 제일 먼저 천거한 것은 모세오경이다. 사실 전도서 자체에는 계명들이 없다. 그는 "내가 준 교훈들을 따르라"고 하지 않는다. 전도서에는 인간과 하나님에 관한 성찰이 담겨있다. 그러나 계명들을 언급할 때, 코헬레트는 명시적으로 유대인의 경건과 신앙을 회복하고자 하는 마음이 있었다. 그는 계명들을 기술한 책들과 대비해서 전도서를 눈에 잘 안 띄도록 배치했다.

인간이 헛된 숨에 그치지 않게 할 수 있는 것은 바로 이것이다. 모든 인간은 이 두 개의 중심축들 사이에 위치한다. 왜냐하면 삶에서 중요한 것은 두 개의 중심축들이지, 하나의 축에서 다른 하나의 축으로 이어지는 가운데 동일하고 단순한 한 가지 태도로 살아가는 것이 아니기 때문이다. '두려

의 일체성이다. 두 개의 모델을 들어보자. 유대 민족을 세운 책은 출애굽기이다. 하나님은 무엇보다 자유롭게 해방시키는 하나님이다. 해방된 민족은 사막에서 자신의 자유를 행사하는 경험을 한다. 그 민족은 이 자유로운 삶의 어려움(배고픔, 목마름, 약탈)을 알게 된다. 이 시련을 통해서 유대 민족은 시내산에 오른다. 하나님은 그 산에서 율법과 계명들을 준다. 여기에 어떤 모순이 있는가? 자유롭게 해방시키는 하나님이 노예로 삼는 하나님으로 바뀌었는가? 그것과는 거리가 멀다. 계명은 자유를 확인하는 것이다. 계명은 한계이자 경계선이다. 그 안에 삶과 자유가 가능하다. 그걸 벗어나면, 죽음이 있어서 절대적으로 결정된 길을 가야 한다. 이는 신학적으로 경험적으로 다 사실이다. 그러나 그러기 위해서는, 해방된 한 개인이나 한 민족이 이 계명을 받아들여야 하고, 순종은 자유의 열매가 되어야 한다. 순종은 굴복한 것이거나 비이성적인 것이거나 나약한 것이거나 무기력한 것이 아니다. 순종은 이 계명이 생명을 주는 기쁨에 자유롭게 동참하는 것이다. 다른 모델은 순종의 본보기이자 순종으로 고통 받은 종인 예수이다. 예수는 토라와 하나님이 자신의 아들을 위해 세운 계획과 지금 여기서 하나님이 요청하는 부름에 순종한다. 그는 죽음에 이르기까지 순종한다. 그러나 예수는 자유로운 인간으로 보인다. 그는 율법과 전통과 권위와 금기와 인간관계와 예의와 돈과 증거와 육체적 한계 등으로부터 자유롭다. 그는 이 모든 것으로부터 자유롭다. 그의 순종은 그의 자유를 최고로 드러내는 것이다. 그는 끊임없이 순종을 선택한다. 그는 끊임없이 불순종할 수 있었고, 유혹에 굴복할 수 있었고, 아버지의 영광을 자신의 것으로 취할 수 있었고, 죽음을 피할 수 있었고, 정치적인 지도자가 될 수 있었다. 그는 자신의 자유를 완전히 의식하는 가운데 성 육신에 요구되는 모든 것에 순종하기로 선택한다. 이와 같이 코헬레트에게 자유로운 영혼은 성서적 사고와 전혀 모순적이지 않다. 코헬레트가 우리에게 인간의 전부(그의 자유)는 하나님의 계명을 순종하는 것이라고 재차 언급할 때 그 사실이 드러난다.

움-존경'과 '경청-순종'이라는 두 개의 중심 기둥들 사이에서 인간의 진리와 인간 존재가 흘러나온다. 인간의 전부는 이와 같이 구성되는 것이다. 인간의 존재 전부는 이 상황에서 하나의 전부가 아니다.

인간 존재는 일렁이는 물 위에 떠있는 낚시찌와 같다. 인간 존재는 순간들이 불규칙하게 이어지는 것이다. 이것이 있는가 하면 저것이 이어진다. 아무 것도 하나의 전체를 결정하지 않는다. 인간은 스스로 자랑으로 삼은 것에 제물이 되어 진실한 성의 표시를 매번 다시 하게되고, 헌신한 일들은 서로 상충되고, 단호한 선언은 다음날이면 번복하게 된다. 코헬레트처럼 말한다면, 인간은 어리석고 터무니없는 것을 자신의 자유와 독립성과 확신으로 착각한다. 단독으로 존재하는 자는 존재하지 않는다. 인간은 두 개의 중심축들 사이에 있을 때 확실성과 진리를 가지기 시작한다.

하나는 인간을 살아계신 하나님과 관계를 맺게 하는 유일한 것이고, 다른 하나는 살아가게 하고 사는 길을 가르쳐주는 하나님의 말씀을 인간이 듣게 하는 것이다. 모든 인간이란 인간 전부를 말한다. 우리가 살펴본 바와 같이 남은 모든 것은 말씀의 채에 걸러지고, 이 헛된 것을 죽음과 비존재inexistence와 분리시킬 수 없다. 코헬레트는 이 말씀의 증인으로서 독자로 하여금 이러한 것을 인식할 수 있는 지점까지 나아가게 하도록 바늘로 찌르듯이 날카롭게 자극하는 것이었다. 바로 그것이다. 환상을 해체시키는 것 이외의 다른 방도는 없다. 왜냐하면 환상이 존재하는 한, 인간은 자신의 전부인 하나님의 말씀에 대한 이 "두려움-존경"과 이 "경청-순종"을 인식할 수 없기 때문이다.

그러나 현실적인 모든 것은 환상maya이고 거기서 벗어나는 것이 선이라고 하는 힌두교와, 이 깨우침과 각성이 결정적인 것도 참된 영적인 상태도 아니라고 보는 코헬레트의 목적이 상반된다는 사실을 유념해야 한다. 그 깨우침과 각성은 이 하나님과의 관계에 들어갈 수 있게 하는 전제조건일 뿐이다. 마찬가지로 모든 것이 헛되다는 구절은 "일어나는 모든 일은 전도서의 의미로는 모든 소멸되어가고 지나가고 사라지고 마는 것 알레고리와 우의와 유사성과 비유에 지나지 않는다"336)라는 괴테의 의미심장한 말을 떠올리게 한다. 이 말은 헛되고 헛되다는 구절을 조명해준다. 이 모든 소멸되어가는 것은 그렇지 않은 것의 알레고리이고, 비유적인 유사한 모델이다. 그렇다면 우리는 또 다른 매듭이 지어지는 것을 본다. 이 많은 헛된 것은 살아있는 하나님과 그 말씀의 알레고리가 된다. 우리의 여정이 종착지에 다다른 것이다.

그러나 최종적으로 결정적인 것은 심판이다. 하나님은 좋든 나쁘든 모든 행위와 모든 감추어진 것을 심판대에 오르게 한다. 이 짧은 구절은 마지막으로 또 다시 살펴볼 필요가 있다. 결론을 너무 빨리 내려서는 안 된다. "좋다. 우리는 안다. 그것은 인간에 대한 심판을 말한 것이다. 이 모든 성찰을 하고 난 뒤에 또 다시 심판하는 하나님에 이르고 만 것이다." 그러나 여기서는 인간이 심판받는 것이 아니다. 하나님은 모든 행위를 심판대에 오르게 한다. 심판받는 것은 행위이고, 인간은 어떤 의미에서 심판에서 제외된다.337) 그 모든 것은 역사와 발명과 과학과 정치적 경제적 활동과 문화이며, 피라미드와 대성당이며, 집단 수용소와 병원이며, 모든 지적 도덕적 영적 물질적 작품들이다. 심판에 오르는 것은 이 모든 것들이다.

이는 아주 단순하고 명백하게 보인다. 인간이 하나님을 경외하고 그 말씀을 경청하는 가운데 삶 전체를 보낸다면, 그런 삶은 분명히 심판대에 오르지 않게 된다. 인간은 심판받지 않는다. 단지 인간의 삶이 아닌 것, 자신

---

336) ▲Alles Vergängliche ist nur ein Gleichnis.
337) 노통(Nothomb)이 "선이든 악이든", "좋든 나쁘든"이라는 말이 도덕적인 가치를 가리키는 것이 아니라 전체성을 가리키는 것이라고 주장한 것은 적절하다. 이 구절에서 '모든'이라고 두 번 반복한 것은 그걸 강조하는 것이다. 그 말은 이렇게 해석되어야 한다. 하나님은 모든 행위와 모든 감추어진 것을, 완전히 모든 것을 심판대에 올린다. '선과 악'을 붙인 것은 전체성을 가리키는 것이다.

의 삶이라고 믿고 행했던 모든 일들이 심판을 받는 것이다. 우리는 이미 이 심판의 목적에 대해 말했다. 그것은 하늘로 올라가는 사람들과 지옥으로 내려가는 사람들을 구분하는 것이 아니다. 인간은 여기서 심판받지 않고, 다만 그 행위들을 통해서 간접적으로 심판을 받는다. 인간은 가장 중요한 심판의 대상이 아니고 인간의 구원도 그 대상이 아니다.

그러나 삶을 다 마친 후에, 사는 동안 행했던 모든 일들이 심판의 대상이 된다. 그 모든 일들은 물론 헛된 것이다. 그러나 내가 『머리 둘 곳 없던 예수』에서 이 일들을 구분하는 것의 목적을 밝힌 바와 같이, 그 일들은 해야 할 이유가 있는 헛된 것이다. 이어서, '선과 악'이 좋든 나쁘든 중요한 것이 아니다. 그 말은 심판을 설명하는 것에 지나지 않는다.

중요한 것은 감추어진 것이다. 우리 모두가 알고 있는 말의 의미를 통해서 그것은 간단하고 명백하게 해석된다. 하나님의 심판은 모든 감추어진 것을 드러나게 하는 것이다. 이는 놀라운 것이 아니다. 그러나 그게 전부가 아니다. 먼저 이 심판은 다음과 같은 핵심적인 말씀과 연관시켜서 보아야 한다. 하나님은 외적으로 나타나는 행위나 말에 속지 않고, 인간의 마음을 본다. 감추어진 것은 위선을 통해 남들의 눈에 가려진 것이 아니다. 그것은 마음에 담겨있는 것이고 행위에 의미를 부여하는 것이다.

행위로 말한다면, 인류 역사에 자취를 남긴 위대한 업적들만을 뜻하는 것이 아니다. 행위는 또한 우리의 의식과 무의식의 가장 깊은 곳에 숨겨져 있는 것이다. 우리의 행위는 우리의 미움과 사랑이요, 우리의 교만과 순종이요, 권력이나 지배를 찾는 우리의 정신이요, 우리의 콤플렉스요 어떤 정신분석가도 밝혀낼 수 없는 가장 깊은 것이다. 그것은 사랑일 수도 있고, 섬기거나 동행하려는 마음일 수도 있다. 이런 것이 드러나게 될 뿐만 아니라 심판을 받게 될, 감추어진 것이다. 그런데 여기에 변하지 않는 것이 있다.

예수와 사도 바울과 선지자들은 우리에게 계속 반복해서 말한다. 하나님은 인간의 마음을 보고, 감추어진 모든 것들은 다 드러나게 한다. "내가 전하는 복음대로 하나님은 그 날에 예수 그리스도를 통하여 사람들이 감추고 있는 모든 행위들을 다 드러나게 할 것이다."롬2:16 "내 눈이 그들의 행위를 똑똑히 지켜보고 있으므로 내 앞에서 숨겨질 것은 하나도 없다."렘16:17 "내게 보이지 않으려고 누가 자신을 은밀한 곳에 숨길 수 있겠느냐?" 렘23:24 "악한 일을 하는 자가 숨을 만한 흑암이나 사망의 그늘이 없다."욥34:22 그리고 물론 시편 139편이 있다. "내가 주의 영을 피해 어디로 가며, 주의 얼굴을 피해 어디로 도망치리이까."시139:7 심판이란 무엇보다 먼저, 어쩌면 이게 전부일 수 있다. 즉, 감추어진 모든 것이 다 드러날 것이다. 그것은 베일을 벗는 것이고, 각각의 존재와 모든 것이 계시되는 것이고, 주의 직접적인 계시가 나타나는 것이다.

그러나 어둠을 연상시키는, '감추어진'이라는 말의 히브리어 단어는 전도서 3장에서 언급한 '영원을 향한 갈망'과 같은 어근을 가지고 있다. 여기서 나는 아주 과감한 모험을 시도하려고 한다. 내 생각에 이 단어는 인간이 영원하게 하고, 항구적이게 하고, 무한정으로 지속하게 하려는 것과, 이미 영원하게 된 것을 떠올리게 한다. 나는 히브리 학자들이 반대할 수 있는 것을 다 알고 있다. 그러나 이는 인간이 하나님의 일을 이해할 수 없으면서도 마음속에 영원을 향한 갈망을 가지고 있다는 말과 너무나 잘 부합되어서 내 말을 거기서 멈출 수가 없다. 이것은 단순히 마음에 떠오른 생각이다.

그러므로 인간은 하나님의 선물로서 이 영원을 향한 갈망을 받았다. 그러나 이 갈망이 하나님의 말씀을 듣고 하나님을 사랑하며 두려워하도록 하나님을 향하게 하는 대신에, 인간은 스스로 자신의 영원을 향한 갈망을 채우려고 한다. 그는 자신을 불멸의 존재로 만드는 일들을 한다. 그는 자신의 고유한 수단들을 통해서 자신의 영원성을 확보하려고 한다. 그는 기념비와 기술과 예술과 사상을 수립한다. 감추어진 것이 영원하게 된 것과 만난다. 그렇다면 이런 맥락에서, 우리는 언약 가운데 인간의 일시적인 지상의 삶을 누리기에 필요한 모든 것을 인간에게 주는 하나님이 '심판하는 하나님'이라는 사실이 갖는 결정적인 중요성을 이해하게 된다. 그렇지만 영원한 하나님의 지혜는 영원불멸성을 구하는 모든 것은 연기요 바람을 잡는 것과 같다고 인간에게 선포한다. 그런데 영원성을 계속 찾고 구하는 것보다 더 나은 것이 있는가?

　인간의 유한성이라는 경계석은 옮길 수 없다. 인간에게 가장 중요한 것은 영원한 하나님을 경외하는 것이다. 그것이 지혜의 시작이다. 코헬레트는 그런 말을 하지 않는다. 그러나 물론 그는 시편 111편을 알고 있다. "영원한 주님을 경외하는 것이 지혜의 근본이다. 주님의 계명을 지키는 자는 바른 지각을 가진다."시111:10 이것이 "누가 어리석음과 지혜를 분간하느냐"라는 질문에 대한 답변이다. 그렇다면 이 지혜는 어디서 오는 것일까?

　지혜는 오직 첫걸음만 함께 할 수 있다는 사실을 코헬레트는 안다. 그 첫걸음은 바로 하나님과의 참된 관계를 맺는 것이다. 그러니 전도서를 다시 처음부터 읽어야 할지도 모르겠다. 왜냐하면 모든 것이 하나님을 경외하는 것으로 시작하는 것이 분명하기 때문이다. 거기서부터 모든 나머지 것이 나온다. 그 나머지는 헛된 것, 일시적인 쾌락, 베푸는 하나님을 인정하는 것, 인간의 어리석은 행위들이다. 하나님은 우리를 손수 이 마지막 문으로 인도했다. 이 마지막 문은 곧 삶으로 들어가는 첫 번째 문이다.

자끄 엘륄과의 대담

1993년 4월 14일, 페사크에서 장–프랑수아 프티(Jean-François Petit) 2015년 현재 파리 카톨릭 대학 철학과 조교수는 『존재의 이유』 *La raison d'être: Méditation sur l'Ecclésiaste*,에 관해서 자끄 엘륄과 대담을 가졌다. 22년이 지난 후인 오늘, 자끄 엘륄이 1969년에서 1986년까지 주간했던 『신앙과 삶』에 최초로 그 대담 기사를 싣게 된 것은 뜻 깊은 일이다. 우리는 이 대담 내용을 우리에게 전달하고 공개할 수 있게 허락한 장–프랑수아 프티에게 심심한 감사의 뜻을 표한다.

『신앙과 삶』 *Foi et Vie*, 2015년 6월호에 실린 대담기사

장–프랑수아 프티: 엘륄 교수님, 우리에게 이 책을 쓰게 된 동기와 또 이 책이 교수님의 전체 저술들 가운에 어떤 위치에 있는지 말씀해 주시기 바랍니다.

자끄 엘륄: 사실 전도서는 나에게는 최근 20년 동안 너무나 중요한 책이었고, 언제나 나에게 많은 영향을 주었지요. 세상에 대한 이해와 함께, 계시와 신앙에 대한 이해에 있어서도 그렇습니다. 나는 처음부터 『세상 속의 그리스도인』을 서론으로 하고 전도서 『존재의 이유』를 결론으로 하는 책을 쓰겠다고 마음먹었었습니다.

그렇다면 이 책은 교수님의 저술활동의 종결이자 결말이라는 건가요?

자끄 엘륄: 맞습니다. 내가 앞으로 쓰는 것은 다 이 책보다 앞에 배치시

켜야 할 것입니다.

이 책의 중요한 주제들 중의 하나는 "모든 것이 모순"이라는 것입니다. 교수님께서 그 말의 의미를 자세하게 말씀해 주실 수 있겠습니까?

자끄 엘륄: 그 말은 어쩌면 나 자신이 젊은 시절 한때 마르크스의 영향을 크게 받았다는 사실에 연유한 것일 수 있습니다. 나는 언제나 현실의 움직임과 사상의 움직임은 변증법적이라고 생각해왔습니다. 따라서 모든 일은 부정적인 면과 긍정적인 면이 함께 작용하여서, 또 다른 실재를 초래하고, 그 실재는 부정적인 면의 긍정적인 면이 되고, 그렇게 또 계속 이어집니다. 나는 결국 그런 방식으로 모든 일이 모순을 통해서 진행한다고 생각합니다. 즉, 부정적인 것이 없다면, 발전은 없습니다.

이 책에서는 어느 순간 '헛됨'과 '현실' 그리고 중요한 요소인 '하나님의 선물'이라는 세 가지 주제들로 된 구도가 발견됩니다. 그렇다면 그게 그 대립을 넘어서려는 시도가 되는 건지요.

자끄 엘륄: 맞습니다. 모든 대립들과 모든 모순들은 성육신의 경이로움으로 나타나는 하나님 안에서 다 해결되기 때문입니다. 인간과 하나님 간의 모순은 예수 그리스도 안에서 해결됩니다.

어떤 주석학자들은 이 책을 읽으면서 조금도 만족스럽게 여기지 않을 것이 틀림없습니다. 교수님은 어떤 일련의 전제들에 이의를 제기합니다. 특히 전도서에서 문제가 되는 전제는 책의 논리적인 일관성과, 형식적 해석에 따른 의미 규정의 필요성과, 히브리적 사유만이 아니라 전체 맥락에 텍스트를 위치시킬 필요성과 같은 것입니다. 모든 연구서들을 다 읽고 나서도, 교수님은 같은 입장을 지킬 것입니까?

자끄 엘륄: 물론입니다. 내가 언제나 이 입장을 고수하는 데는 두 가지 이유가 있습니다. 첫째 이유는 신학적인 것입니다. 나는 성서의 책이 역사적 층위들의 연구를 막는다고 생각하지 않습니다. 그러나 성서의 책은 지금 우리에게 전달되는 모든 것 그대로 계시와 진리로서 받아들여져야 합니다. 둘째 이유는 내 전공은 원래 법학과 법제사입니다. 나는 로마법을 전공했습니다. 즉, 나는 주석이 어떤 것인지, 가필한 것들을 연구하는 것이 어떤 것인지 학습했던 것입니다. 간혹 가다가 나는 신학자들에게 그들의 텍스트 분할 연구가 우리 로마법 학자들의 연구에 비해서 아주 피상적으로 보인다고 좀 못되게 말하기도 했습니다. 바꾸어 말해서, 나는 전도서를 통해 이 책을 쓰면서, 또한 휴머니스트적인 방법으로 전도서를 연구했다는 말입니다. 그럼에도 불구하고 나는 여러 층위들을 벗어나서 쉽게 부정할 수 없는 기본적인 하나의 일관성을 발견했습니다.

이 책은 아주 특별한 세계, 아이러니의 세계로 우리를 인도합니다. 교수님은 이 아이러니를 전도서 전반에서 발견한 것인가요, 아니면 조금은 오늘날의 세계에 대한 교수님의 인식을 반영한 것인가요?

자끄 엘륄: 그것은 전도서에 대한 공감과 함께 이 책에 애착을 느끼게 하는 요인들 중의 하나라고 볼 수 있습니다. 나 자신이 스스로 아이러니를 실제로 사용하기도 합니다. 내 생각에, 우리가 처한 상황 속에서 아이러니는 문제들을 제자리에 돌려놓습니다. 더 중요한 문제들이 있고, 훨씬 덜 중요한 문제들이 있습니다. 대중 매체는 그 모든 것을 아무런 관점도 없이 동일

한 방식으로 제시할 뿐입니다. 아이러니는 간추려서 중요한 가치들과 그렇지 않은 것들을 분간하게 하는 방편입니다.

바로 그 점에서 교수님은 계시에 관해서는 간접적인 커뮤니케이션이 유일하게 용납될 수 있다고 주장합니다. 교수님이 설정한 말씀과 진리의 관계를 자세히 해주시겠습니까? 여기서 나는 교수님의 다른 책 『굴욕당한 말』 *La Parole humilié*도 함께 고려하는 것입니다.

자끄 엘륄: 창세기와 출애굽기 전반에서 사람은 하나님을 일대일로 대면할 수 없습니다. 그래서 사람은 한편으로는 하나의 그림자만을 볼 수 있을 뿐이고, 그 그림자는 글자 글대로 진리 자체가 아니라 우리가 감당할 수 있는 유일한 계시로 받아들여야 합니다. 모세가 시내산에서 내려왔을 때, 모세는 자신의 얼굴을 수건으로 가려야만 했습니다. 왜냐하면 시내산 밑에 있는 이스라엘 백성들은 모세의 얼굴을 감당할 수 없었기 때문입니다. 우리도 사정은 언제나 같습니다. 나는 아이러니가 곧 그 수건이라고 생각합니다.

그렇다면 전도서는 교수님으로 하여금 창세기를 재해석하게 했다는 말이 됩니까? 교수님은 전도서를 계시 속의 이 핵심적인 위치에 놓는 것입니까?

자끄 엘륄: 맞습니다.

교수님은 또한 전도서는 도덕에 관한 책이 아니고, 에피쿠르스의 쾌락주의적인 지혜의 책도 아니라고 합니다. 그 점은 주석학자들이 쉽게 동의하는 부분입니다. 그러나 교수님은 그 출발점이 좀 부정적인 데 근거한다고 말씀합니다. 동시에 교수님은 그것이 부정적인 신학은 아니라고 말씀합니다.

자끄 엘륄: 부정적인 신학은 하나님의 성품이 아닌 것을 확인하는 신학입니다. 제거해야 할 일련의 분명한 사실들을 올바르게 설정합니다. 그러나 그 신학은 그 너머로 나아가지 않아서 사람들을 가로막습니다. 그것이 도달하는 것은 결국 완전한 불확실성이라는 걸 나는 아주 잘 압니다. 긍정적인 의미에서 부정적인 신학은 하나님에 관해서 일련의 부정적인 주제들을 제시하여, 우리로 하여금 형용할 수 없는 존재인 하나님에게로 나아가게 합니다. 전도서도 그런 점이 있습니다.

반대로, 나는 좀 유보적이긴 합니다만, 교수님은 코헬레트가 역사의 순환적인 개념을 무너뜨렸다는 걸 부인하는 것 같습니다. 교수님은 "전도서는 우리에게 역사의식을 소개하는 책이 아니다."라고 말씀합니다. 교수님은 정말로 새로움이 전혀 없다고 생각하십니까?

자끄 엘륄: 내가 그렇게 말한 것은 아마 그런 의미가 아니었을 겁니다. 전도서는 역사 너머의 역사 외적인 책입니다. 그러나 창세기와 같이 전도서는 우리에게 하나의 푯말을 제시하여 거기서부터 역사에 관해 돌아볼 수 있게 합니다. 그렇지만 전도서 자체는 거기에 포함되지 않습니다.

좀 독창적인 또 다른 주제는 코헬레트는 '결단의 순간'을 말한다는 것입니다. 여기서 교수님은 코헬레트와 빌리 그레함을 혼동하는 것은 아닌지요. 교수님은 진정으로 사람들이 앙가주망을 할 수 있도록 도와야 한다고 생각합니까?

자끄 엘륄: 사람들은 코헬레트의 말을 듣고 절박함에 처해지거나, 혹은 거부감으로 코헬레트를 거부하거나 할 겁니다. 그러나 일단 코헬레트의 말을 듣고 진지하게 받아들인다면, 전도서는 사람들이 도덕적이거나 신학적인 입장이 아니라 삶의 실존적 입장을 선택하게 할 겁니다. 사람들은 그걸 경계합니다. 신맛이 나는 걸 경계하듯이 그걸 경계하는 것은 당연한 일입니다.

이제 책의 마지막 부분으로 넘어가겠습니다. 교수님은 때때로 좀 빨리 지나치는 듯한 경향이 있습니다. 예를 들어 인간은 불의하다는 말이 인간은 하나님 앞에서 불의한 모습이라는 말과 같은 것이 아니라는 주장에 교수님은 동의하지 않는 듯합니다. 그것이 전도서의 텍스트를 대하는 교수님의 방식입니까?

자끄 엘륄: 그렇지 않습니다. 거기서 내가 실제로 조금 빨리 지나쳤다고 봅니다. 만약에 그걸 심화시키기 원했다면 내가 다른 저서들에 비해 그걸 더 반복해서 언급했으리라는 점을 감안할 때 말이지요.

교수님은 두려움과 존경을 한쪽으로 하고 경청과 순종을 다른 쪽으로 하여서, 그 양자 간의 관계를 설정하여 대립하는 모델을 어떻게 세웠는지요?

자끄 엘륄: 두려움과 존경은 하나님에게 나아갈 수 있게 하는 첫 번째 태도입니다. 사람이 하나님을 일대일로 대등하게 대한다면, 벼락을 맞거나 어떤 만남도 이루어지지 않을 것입니다. 따라서 두려움과 존경은 경청의 전제조건이기도 합니다. 하나님과의 관계 안에 있다면, 어떤 일이든지 다 일어날 수 있음을 인정해야 합니다. 있는 그대로 다 받아들여야 합니다. 그

렇지만 또한 "아닙니다. 나는 아닙니다"라며 거부하는 사람들 가운데 선지자 엘리야도 있긴 합니다.

악의 문제에 대해서, 사람들은 교수님의 말에 조금 당혹스러워 합니다. 악이 그렇게 설명될 수 있다면 오늘날의 많은 그리스도인들의 문제는 어떤 것인지 설명해 주시면 좋겠습니다.

자끄 엘륄: 내 생각에 거기에 두 가지 요소가 있습니다. 사탄을 고소자로, 악마를 분열시키는 자로 말하는 성서의 말씀을 아주 진지하게 받아들여야 합니다. 여기서 유념할 것은 그것이 인격체들을 말하는 것이 아니고 각 사람 안에 존재하는 하나의 실재를 말한다는 점입니다. 우리는 우리 안에 우리의 악마, 즉 분열시키거나 고소하려는 성향을 담지하고 있습니다. 우리는 역사와 인간관계에서, 법적인 형태의 고소가 아니라 할지라도, 그 사실이 얼마나 중요한지 알고 있습니다. 그것은 아주 핵심적인 것입니다.

전도서를 읽으려는 사람들에게 교수님이 바라는 것이 무엇인지 결론 삼아서 우리에게 말씀해 주시면 좋겠습니다.

자끄 엘륄: 내 생각에, 전도서와 같은 책에서 얻을 수 있는 개인적인 열매는 먼저 우리 자신에 관해서 진지한 성찰을 하게 한다는 것입니다. 아마도 전도서는 성서의 많은 다른 책들보다 우리를 더 직접적으로 절박한 상황에 처하게 합니다. 다시 말해서, 우리는 성서의 많은 책들을 호기심으로 읽을 수 있습니다. 사람들이 창세기에서 창조의 시기들을 분석하려고 할 때 나는 언제나 아연실색하게 됩니다. 그리고 사람들이 성서의 책들을 우리에게 어떤 시대에 관해서 밝혀줄 역사책들로 볼 때도 필요할 때도 있겠지만 그

렇습니다. 그것은 성서에서 개인적인 차원으로 예리하게 지적하는 말씀들을 제거하고, 인간의 진리와 구별된 참된 진리를 담은 말씀들을 삭제해 버리는 것입니다.

　사람들은 지금 전도서를 읽거나 아니면 나중에라도 읽어야 합니다. 왜냐하면 전도서를 제쳐놓고서 그 모든 말씀이 실제로 나와 관계가 없다고 말하는 것은 정말 불가능하다고 나는 믿기 때문입니다. 그래서 내 생각에 전도서는 복음서의 입문서로서 아주 중요합니다. 왜냐하면 복음서를 그저 위로로 가득 찬 부드럽고 작은 영적인 이야기로 보고 싶지 않다면, 전도서를 통해서 자기 자신의 아이러니와 상실의 고행을 겪고 나서 복음서를 읽는 것이 좋기 때문입니다. 또한 복음서는 마태복음 25장의 심판의 조명 아래 읽어야 합니다. 전도서는 이 심판을 우리 자신에게 돌리게 합니다. 그렇게 되면 전도서는 정말 유익하게 우리를 비추는 거울이 됩니다.

엘륄의 저서연대기순 및 연구서

- *Étude sur l'évolution et la nature juridique du Mancipium*. Bordeaux: Delmas, 1936.
- *Le fondement théologique du droit*. Neuchâtel: Delachaux & Niestlé, 1946.
  → 『자연법의 신학적 의미』, 강만원 옮김(대장간, 2013)
- *Présence au monde moderne: Problèmes de la civilisation post-chrétienne*. Geneva: Roulet, 1948.
  → 『세상 속의 그리스도인』, 박동열 옮김(대장간, 1992, 2010(불어완역))
- *Le Livre de Jonas*. Paris: Cahiers Bibliques de Foi et Vie, 1952.
  → 『요나의 심판과 구원』, 신기호 옮김(대장간, 2010)
- *L'homme et l'argent* (Nova et vetera) Neuchâtel: Delachaux & Niestlé, 1954.
  → 『하나님이냐 돈이냐』, 양명수 옮김(대장간. 1991, 2011)
- *La technique ou l'enjeu du siècle*. Paris: Armand Colin, 1954. Paris: Économica, 1990.
- (E)*The Technological Society*. New York: Knopf, 1964.
  → 『기술 혹은 세기의 쟁점』, 안성현 옮김(대장간 출간 예정)
- *Histoire des institutions*. Paris: Presses Universitaires de France, plusieurs éditions (dates données pour les premières éditions);. Tomes 1-2, L'Antiquité (1955); Tome 3, Le Moyen Age (1956); Tome 4, Les XVIe-XVIIIe siècle (1956); Tome 5, Le XIXe siècle (1789-1914) (1956) → 『제도의 역사』, (대장간, 출간 예정)
- *Propagandes*. Paris: A. Colin, 1962. Paris: Économica, 1990
  → 『선전』 하태환 옮김(대장간, 2012)
- *Fausse présence au monde moderne*. Paris: Les Bergers et Les Mages, 1963.
  → (대장간 출간 예정)
- *Le vouloir et le faire: Recherches éthiques pour les chrétiens*: Introduction (première partie) Geneva: Labor et Fides, 1964. → 『원함과 행함』, 김치수 옮김(대장간 2018)
- *L'illusion politique*. Paris: Robert Laffont, 1965. Rev. ed.: Paris: Librairie Générale Française, 1977. → 『정치적 착각』, 하태환 옮김(대장간, 2011)
- *Exégèse des nouveaux lieux communs*. Paris: Calmann-Lévy, 1966. Paris: La Table Ronde, 1994. → (대장간, 출간 예정)
- *Politique de Dieu, politiques de l'homme*. Paris: Éditions Universitaires, 1966.
  → 『하나님의 정치와 인간의 정치』, 김은경 옮김(대장간, 2012)

- *Histoire de la propagande*. Paris: Presses Universitaires de France, 1967, 1976.
  → 『선전의 역사』(대장간, 출간 예정)
- *Métamorphose du bourgeois*. Paris: Calmann-Lévy, 1967. Paris: La Table Ronde, 1998. → 『부르주아와 변신』(대장간, 출간 예정)
- *Autopsie de la révolution*. Paris: Calmann-Lévy, 1969.
  → 『혁명의 해부』, 황종대 옮김(대장간, 2013)
- *Contre les violents*. Paris: Centurion, 1972.
  → 『폭력에 맞서』, 이창헌 옮김(대장간, 2012)
- *Sans feu ni lieu: Signification biblique de la Grande Ville*. Paris: Gallimard, 1975.
  → 『머리 둘 곳 없던 예수-대도시의 성서적 의미』, 황종대 옮김(대장간, 2013).
- *L'impossible prière*. Paris: Centurion, 1971, 1977.
  → 『우리의 기도』, 김치수 옮김(대장간, 2015)
- *Jeunesse délinquante: Une expérience en province*. Avec Yves Charrier. Paris: Mercure de France, 1971.
- *De la révolution aux révoltes*. Paris: Calmann-Lévy, 1972.
  → 『혁명에서 반란으로』, 안성헌 옮김(대장간, 2019)
- *L'espérance oubliée, Paris*: Gallimard, 1972.
  → 『잊혀진 소망』, 이상민 옮김(대장간, 2009)
- *Éthique de la liberté*, 1, 2 vols. Geneva: Labor et Fides, I:1973, II:1974.
  → 『자유의 윤리1』, 김치수 옮김(대장간, 2018), 『자유의 윤리2』, 김치수 옮김(대장간, 2019)
- *Les nouveaux possédés*, Paris: Arthème Fayard, 1973.
- (E)*The New Demons*. New York: Seabury, 1975. London: Mowbrays, 1975.
  → 『새로운 신화에 사로잡힌 사람들』, 박동열 옮김(대장간, 2021)
- *L'Apocalypse: Architecture en mouvement*, Paris. D esclée 1975.
- (E)*Apocalypse: The Book of Revelation*. New York: Seabury, 1977.
  → 『요한계시록』(대장간, 출간 예정)
- *Trahison de l'Occident*. Paris: Calmann-Lévy, 1975.
- (E)*The Betrayal of the West*. New York: Seabury, 1978.
  → 『서구의 배반』, (대장간, 출간 예정)
- *Le système technicien*. Paris: Calmann-Lévy, 1977.
  → 『기술 체계』, 이상민 옮김(대장간, 2013)
- *L'idéologie marxiste chrétienne*. Paris: Centurion, 1979.
  → 『기독교와 마르크스주의』, 곽노경 옮김(대장간, 2011)
- *L'empire du non-sens: L'art et la société technicienne*. Paris: Press Universitaires de

France, 1980. →『무의미의 제국』, 하태환 옮김(대장간, 2013년 출간)
- *La foi au prix du doute: "Encore quarante jours.."*. Paris: Hachette, 1980.
  →『의심을 거친 믿음』, 임형권 옮김 (대장간, 2013)
- *La Parole humiliée*. Paris: Seuil, 1981.
  →『굴욕당한 말』, 박동열 이상민 공역(대장간, 2014년)
- *Changer de révolution: L'inéluctable prolétariat*. Paris: Seuil, 1982.
  →『인간을 위한 혁명』, 하태환 옮김(대장간, 2012)
- *Les combats de la liberté*. (Tome 3, L'Ethique de la Liberté) Geneva: Labor et Fides, 1984. Paris: Centurion, 1984. →『자유의 투쟁』(솔로몬, 2009)
- *La subversion du christianisme*. Paris: Seuil, 1984, 1994. [réédition en 2001, La Table Ronde] →『뒤틀려진 기독교』, 박동열 이상민 옮김(대장간, 1990 초판, 2012년 불어 완역판 출간)
- *Conférence sur l'Apocalypse de Jean*. Nantes: AREFPPI, 1985.
- *Un chrétien pour Israël*. Monaco: Éditions du Rocher, 1986.
  →『이스라엘을 위한 그리스도인』(대장간, 출간 예정)
- *Ce que je crois*. Paris: Grasset and Fasquelle, 1987.
  →『개인과 역사와 하나님』, 김치수 옮김(대장간, 2015)
- *La raison d'être: Méditation sur l'Ecclésiaste*. Paris: Seuil, 1987
  →『존재의 이유』, 김치수 옮김(대장간, 2016)
- *Anarchie et christianisme*. Lyon: Atelier de Création Libertaire, 1988. Paris: La Table Ronde, 1998→『무정부주의와 기독교』, 이창헌 옮김(대장간, 2011)
- *Le bluff technologique*. Paris: Hachette, 1988.
- (E)*The Technological Bluff*. Grand Rapids: Eerdmans, 1990.
  →『기술담론의 허세』, 안성헌 옮김(대장간, 2020)
- *Ce Dieu injuste..?: Théologie chrétienne pour le peuple d'Israël*. Paris: Arléa, 1991, 1999. →『하나님은 불의한가?』, 이상민 옮김(대장간, 2010)
- *Si tu es le Fils de Dieu: Souffrances et tentations de Jésus*. Paris: Centurion, 1991.
  →『네가 하나님의 아들이라면』, 김은경 옮김(대장간, 2010)
- *Déviances et déviants dans notre societé intolérante*. Toulouse: Érés, 1992.
- *Silences: Poèmes*. Bordeaux: Opales, 1995. → (대장간, 출간 예정)
- *Oratorio: Les quatre cavaliers de l'Apocalypse*. Bordeaux: Opales, 1997.
- (E)*Sources and Trajectories: Eight Early Articles by Jacques Ellul that Set the Stage*. Grand Rapids: Eerdmans, 1997.
- *Islam et judéo-christianisme*. Paris: Presses universitaires de France, 2004.
  →『이슬람과 기독교』, 이상민 옮김(대장간, 2009)
- *La pensée marxiste*: Cours professé à l'Institut d'études politiques de Bordeaux de

1947 à 1979 Edited by Michel Hourcade, Jean-Pierre Jézéuel and Gérard Paul. Paris: La Table Ronde, 2003. →『마르크스 사상』, 안성헌 옮김(대장간, 2013)
- *Les successeurs de Marx*: Cours professé à l'Institut d'études politiques de Bordeaux Edited by Michel Hourcade, Jean-Pierre Jézéquel and Gérard Paul. Paris: La Table Ronde, 2007. →『마르크스의 후계자』 안성헌 옮김(대장간,2015)
- *Le vouloir et le faire*. Paris: Geneva: Labor et Fides, 2019.
  →『원함과 행함2』, 김치수 옮김(대장간, 2021)

기타 연구서
- 『세계적으로 사고하고 지역적으로 행동하라』(*Perspectives on Our Age*: *Jacques Ellul Speaks on His Life and Work*), 빌렘 반더버그, 김재현, 신광은 옮김(대장간, 1995, 2010)
- 『자끄 엘륄 - 대화의 사상』(Jacques Ellul, *une pensée en dialogue*. Genève), 프레데릭 호농(Frédéric Rognon)저, 임형권 옮김(대장간, 2011)
- 『자끄 엘륄입문』신광은 저(대장간, 2010)
- *A temps et à contretemps: Entretiens avec Madeleine Garrigou-Lagrange*. Paris: Centurion, 1981.
- *In Season, Out of Season: An Introduction to the Thought of Jacques Ellul:* Interviews by Madeleine Garrigou-Lagrange. Trans. Lani K. Niles. San Francisco: Harper and Row, 1982.
- *L'homme à lui-même: Correspondance*. Avec Didier Nordon. Paris: Félin, 1992.
- *Entretiens avec Jacques Ellul*. Patrick Chastenet. Paris: Table Ronde, 1994

대장간 **자끄 엘륄** 총서는 중역(영어번역)으로 인한 오류를 가능한 줄이려고, 프랑스어에서 직접 번역을 하거나, 영역을 하더라도 원서 대조 감수를 원칙으로 하고 있습니다.
이 일은 한국자끄엘륄협회(회장 박동열)의 협력으로 이루어지고 있으며, 총서를 통해서 엘륄의